Bismarckstraße
Hildeboldplatz
Im Klapperhof
59
Magnusstraße
Hohenzollernring
BELGISCHES
VIERTEL
Ehrenstraße
9
Brabanter Straße
Friesenwall
Pfeilstraße
NEUMARKT-
VIERTEL
Rudolfplatz
1
2
3
4
5
6
7
9
11
12
13
15
16
19
20
21

GISA FUNCK GREGOR SCHWERING

»WIR WAREN HOCHGEMUTE NICHTSKÖNNER«

GISA FUNCK GREGOR SCHWERING

»WIR WAREN HOCHGEMUTE NICHTSKÖNNER«

DIE RAUSCHHAFTEN JAHRE DER KÖLNER SUBKULTUR 1980–1995

KIEPENHEUER & WITSCH

Der Verlag Kiepenheuer & Witsch hat sich zu einer nachhaltigen Buchproduktion verpflichtet. Gemeinsam mit unseren Partnern und Lieferanten setzen wir uns für eine klimaneutrale Buchproduktion ein, die den Erwerb von Klimazertifikaten zur Kompensation des CO_2-Ausstoßes einschließt. Weitere Informationen finden Sie unter www.klimaneutralerverlag.de

FSC www.fsc.org
MIX
Papier | Fördert gute Waldnutzung
FSC® C014496

1. Auflage 2023

Covergestaltung: Barbara Thoben, Köln
Covermotiv: © Wolfgang Burat
Karten zum Buch: Oliver Wetterauer
Gesetzt aus der ITC Garamond und der Bebas Neue Pro
Satz: Buch-Werkstatt GmbH, Bad Aibling
Druck und Bindung: GGP Media GmbH, Pößneck
ISBN 978-3-462-00606-3

»Cigarettes and Cigarettes and Kölsch. Later and later the night becomes.«

BRIAN BUTLER

Inhalt

Prolog

Am Abend des 15. Januar 1980 passiert für die meisten Kölner nichts Besonderes. Dennoch ist es kein Abend wie jeder andere. Denn im *Basement*, dem Club unter der Christuskirche, tritt eine damals weitgehend unbekannte englische Band auf, die später nicht nur Weltruhm erlangen sollte, sondern auch nachfolgende Musikergenerationen nachhaltig beeinflussen würde: *Joy Division*. Die Gruppe um den charismatischen Sänger Ian Curtis befindet sich seit Beginn des Jahres auf einer Tournee zunächst durch Belgien und die Niederlande. Da liegt es nahe, auch in Köln Station zu machen.

Es ist Dienstag, kurz vor 20 Uhr. Wir stehen mit anderen Punkfans in der Kälte und warten. Wir, das sind Freunde, Bekannte, Fremde und ich. Obwohl Winter ist, trage ich den dünnen Trenchcoat vom Flohmarkt. Auf den Rücken habe ich mit Farbe *»Wire 12 XU«* geschrieben. Das Erste ist der Name, das Zweite ein Song meiner Lieblingsband. Um mich herum sieht man viele schwarze Klamotten. Vielleicht ist es aber auch nur die Nacht, die alles dunkel erscheinen lässt. Auf den Jacken blitzen Badges, also diese kleinen runden Anstecker aus Metall. Sie sind mit Bandnamen oder irgendwelchen Parolen beschriftet. Die meisten haben kurze Haare, ich auch.

Wir warten vor dem *Basement*. Die Betreiber des Clubs

nutzen die Krypta der evangelischen Christuskirche, um gelegentlich Konzerte zu veranstalten. Auch Punk-Konzerte. Dabei ist Punk eigentlich schon tot. Die wichtigen Alben der *Sex Pistols*, der *Clash* oder *Damned* sind vor drei Jahren erschienen. Von da an, sagen wir, begann der Ausverkauf beziehungsweise: Diese Platten waren schon der Ausverkauf. *The Great Rock 'n' Roll Swindle*.

Dennoch: Das ist neu oder wenigstens anders. Jeder will plötzlich in einer Band spielen. Ich versuche es am Schlagzeug. Oder schreibe Songtexte. Auf Deutsch. Auch das ist neu, dass man zur Musik deutsche Texte macht. Zuvor gab es das ja nur im Schlager. Oder bei Udo Lindenberg. Doch der ist ein *boring old fart*.

Nachmittags oder abends treffen wir uns im *Kurfürstenhof* an der Bonner Straße oder im *Blue Shell* an der Luxemburger. Der Boden schwarz-weiß gefliest, ein Billardtisch, alle möglichen Leute: Punks, Künstler, Nachtgestalten.

Vor ein paar Wochen habe ich im *Basement Charge* gesehen. Deren Platte *Caged & Staged* ist auf einem Indie-Label rausgekommen. Das wissen wir zu schätzen. Jetzt also, am Dienstag, ist *Joy Division* in der Stadt. Ich weiß nicht viel über die Band, habe nur wenige Songs des ersten Albums *Unknown Pleasures* im Ohr. So richtig Punk ist das ja nicht – zu lange Stücke, recht langsam gespielt, relativ aufwendig produziert. Aber es passt doch ganz gut zu den anderen Bands, deren Musik ich gerade höre: *Gang of Four*, *Cure*, *Siouxsie and the Banshees* und immer noch *Wire*.

Dabei gibt es Gerüchte über den seltsamen Band-Namen: *Joy Division*? Es soll irgendwas mit KZs zu tun haben, damit, dass dort jüdische Frauen SS-Schergen sexuelle Dienste leisten mussten. So erklärt es mir Nichtcheck. Er hat es, sagt er, irgendwo gelesen. Genauer weiß er es dann aber doch nicht. Auch *Joy Divisions* Platte wird independent, auf *Factory Records*, vertrieben. Das finde ich gut.

Noch ist es kalt, wir stehen weiter draußen und warten auf den Einlass. Der Roadie der Band geht durch das Publikum. Ein echter englischer Punk – bleich, groß, im Sid-Vicious-Look: Lederjacke mit Badges, Stachelfrisur, Springerstiefel. Oder ist er vielleicht gar kein Engländer und kein Roadie? Aber das ist auch egal, der Typ sieht einfach beeindruckend aus. Es wäre schön, wenn er zur Band gehört. Irgendwie.

Dann ist Einlass. Die Karten kosten 6,50 DM und sind rosa mit kleinen Sternchen drauf. Sie werden abgerissen, schnell füllt sich der Raum. Der ist eher klein, fasst vielleicht zweihundert Leute. Die Decke ist gewölbt, die Wände aus Backstein, unverputzt. Es ist eben die Krypta einer Kirche. Die Bühne ist kaum erhöht. Wenn man nicht direkt vor ihr steht, kann man schlecht sehen. Also dränge ich mich nach vorne, versuche einen Platz vor der Rampe zu erwischen. Die anderen wollen das auch und es wird bereits jetzt, bevor der Pogo überhaupt begonnen hat, heftig geschubst. Dann wieder warten. Diesmal auf die Band. Wenigstens ist es nicht mehr kalt. Bier holen? Dafür müsste man noch mal durch die Menge.

Jetzt kommen Ian Curtis, Bernard Sumner, Peter Hook und Stephen Morris auf die Bühne, stöpseln die Instrumente ein. In den Boxen knackt es, die Musiker schlagen die Saiten an, drehen an den Knöpfen von Gitarre und Bass. Morris schiebt sich hinter das Schlagzeug, betätigt kurz mit dem Fuß die Bassdrum und haut mit den Sticks aus den Handgelenken auf die Snare. Curtis trägt ein schwarzes Hemd und eine dunkle Stoffhose mit Schubtaschen, Sumner einen Seitenscheitel. Über seinem weißen Hemd hängt eine schmale Krawatte. Hook mit Bart. Das ist für Punks eigentlich verboten.

Dann prescht die Musik los. Den Drummer kann ich nicht genau erkennen, höre nur das Rumpeln des Beats. Sumner hat die Gitarre in den Händen, spielt aber auch das Keyboard. Hooks Bass, der ihm fast auf Kniehöhe hängt, klingt ziemlich aggressiv, manchmal wie eine Gitarre. Curtis' Gesang ist tief, rau, zugleich zerbrechlich, nicht jeder Ton sitzt. Das gilt auch für den Rest der Band. Der Sound ist laut und verwaschen. Wiederholt werden die Stücke durch das Fiepen der Rückkopplungen zerrissen. Aber das ist alles nicht wichtig. Wir sind ja nicht bei *Genesis* oder *Deep Purple*. Muckertum und virtuoses Können verachten wir.

Curtis' Bühnenshow ist auffällig. Zwar bleibt er meist hinter dem Mikro, rudert dabei aber hektisch mit den Armen, bewegt sich wie ein Roboter. Das sieht schon seltsam aus. Vor ihm tobt der Pogo und anderes Gerangel. *Love will tear us apart* geht sofort ins Ohr. Der einzige Hit der Band. Und dann *Transmission*: »Radio – live transmission«. Erst hämmert Hooks Bass los, dann setzt vorwärtstreibend das Schlagzeug ein. Sumners Gitarre kommt hinzu. So fängt das Stück an.

Da plötzlich passiert es: Curtis bricht zusammen. Ich denke mir nichts dabei, fällt er halt um. Sowieso kann ich im Gewühl kaum sehen, was auf der Bühne genau abgeht.

» **Peter Bömmels:** Curtis' Zusammenbruch nahm ich beim Konzert nicht als solchen wahr. Ich dachte, wie wohl die meisten, das wäre Show. So wie bei James Brown. Doch als Curtis von der Bühne getragen werden musste, bekam ich ein mulmiges Gefühl. Dass er einen epileptischen Anfall gehabt hatte, erfuhr ich viel später.

Dann kommt Curtis aber doch noch mal zurück und die Band spielt ein letztes Stück. Danach ist Schluss, *Joy Division* verlassen die Bühne. Im *Basement* wird es hell.

» **Ralf Niemczyk:** Genau weiß ich nur noch, dass diese *Joy Divison*-Fans alle ca. 10.000 Badges hatten. Viele davon waren am Ende des Konzerts durch das Pogo-Gerangel abgerissen und die waren ja noch selten. Hinterher sind die Fans dann im Raum rumgelaufen und suchten ihre blöden Anstecker. Das war sehr witzig, wie die Punks so schrien: Fuck – mein Badge ist weg!

Nach dem Konzert drängen wir uns raus und sind ziemlich beeindruckt. *Joy Division* trat als Punk-Band auf. Zwar gab es auch diese langsam-düsteren Stücke, doch insgesamt war es schnell und pogotauglich, trotz Keyboard. *Closer*, die neue LP, kaufe ich mir einige Tage später. Als ich sie endlich höre, hat das wenig mit dem Konzert zu tun. Die Stücke sind lang, die Synthesizer mächtig. *Love will tear us apart* ist gar nicht drauf. Und dann noch das Cover: Es ist weiß, in der Mitte sieht man ein Grabmal.

» **Peter Bömmels:** Der unnachahmliche drangvolle Sound der Band beeindruckte mich am meisten. Kein Wunder, dass *Joy Division* hinterher Musikgeschichte schrieb. Die Performance der Band war eine überzeugende Demonstration ihres passionierten Welt-Grundgefühls. Ganz und gar glaubhaft! Als gelernter Melancholiker konnte ich mich mit *Joy Division* absolut identifizieren. ›New Wave‹ war als Bezeichnung dafür eine Beleidigung. Als Referenzgröße könnte man höchstens die *Doors* nennen. *Joy Division* kamen zwar aus dem Punk, kreierten aber nach und nach einen ihnen gemäßen, völlig neuen und dunklen Sound, der im Wesentlichen durch den Sänger Ian Curtis und den Bassisten Peter Hook getragen wurde. Ihre Klangwelt war uneingeschränkt ansteckend.

» **Ralf Niemczyk:** Ich persönlich fand das Konzert gar nicht so toll, weil ich nicht so viele Songs kannte, nur diese zwei Singles. Das war auf Konzertlänge aber doch eher so depri-getragen. Zwar schon mit diesem Bass-Sound und so, aber in der damaligen Zeit hätte man sich eher ein volles *Sex Pistols*-Punkkonzert gewünscht.

» **Peter Bömmels:** Meinen allerersten Artikel im *SPEX* schrieb ich dann über dieses Konzert. Im Mai hatte sich der Sänger der Band das Leben genommen. Und so wurde aus meinem Artikel ein verspäteter Nachruf. Das war mir ein Anliegen, weil ich wusste, dass *Joy Division* ohne die Stimme von Ian Curtis nie mehr dieselbe Band sein konnte wie vorher.

» **Jörg Burger:** Das Konzert war im *Basement*, ne? Da war ich nicht dabei, muss ich gestehen. Zwar habe ich im *Basement* einige Konzerte gesehen, *XTC* zum Beispiel, aber bei *Joy Division* war ich nicht. Aus irgendwelchen Gründen konnte ich an dem Tag nicht, ich war ja noch Schüler. Aber ich sah damals echt viele Konzerte, *Dead Kennedys* in Bonn oder *Siouxsie* in der Mülheimer Stadthalle. Nur dieses Konzert verpasste ich leider. Aber fragt mal Wolfgang, ob er da war.

» **Wolfgang Voigt:** Natürlich weiß ich von dem *Joy Division*-Konzert im *Basement.* Immerhin heirateten meine Eltern 1960 in dieser Kirche. Insgesamt war ich oft im *Basement*, aber nicht an diesem Abend und nicht zu diesem Konzert. Dabei ging ich eigentlich auf jedes Konzert und es gab ziemlich viele, zum Beispiel in der Mülheimer Stadthalle.

Nach dem Freitod ihres Sängers Ian Curtis sind die Musiker der Band zunächst geschockt. Doch kreieren sie unter dem neuen Namen *New Order* wiederum einen Sound, der die Musikwelt beeindruckt. Aus dieser Mixtur, in der sich die Tragik einer Person mit dem plötzlichen Ende als erfolgreicher Wiederauferstehung einer Band paart, erwächst nun der Mythos *Joy Division.* Er ist aus der Geschichte populärer Musik nicht mehr wegzudenken. Köln ist Teil dieses Mythos.

Dabei weist dieses Ereignis über sich selbst hinaus. *Joy Division* repräsentiert einen kulturellen Aufbruch, an dessen Anfang die Band zwar nicht steht, zu dem sie aber nach wie vor gezählt werden kann. Gemeint ist der sich aus Großbritannien und den USA verbreitende Punkrock, der nicht allein einen harten, temporeichen und bewusst minimalistischen Musikstil benennt, sondern auch ein Zeichen der Rebellion sowie des Aufbruchs setzt: *Destroy* oder *No Future* markieren als Schlachtrufe des Punk, dass es so nicht weitergehen kann: nicht mit dem Leben, nicht mit der Gesellschaft und nicht mit einer Musik als Vehikel und Ausdruck dieses Lebens und dieser Gesellschaft. Fast wichtiger ist aber das Signal, das Punk an sein Publikum sendet: *Do it yourself!* Um eine Musikerin oder ein Musiker zu sein, musst du weder ein Instrument beherrschen noch Noten lesen können – drei Akkorde reichen, um eine Band zu gründen und auf die Bühne zu gehen. Dieses Konzept des »Tut es einfach!« hat Punkrock zwar nicht erfunden, er macht es aber für viele Kulturschaffende auch aus anderen Bereichen erneut attraktiv und gangbar.

» **Jörg Burger:** Insofern war Punk ein drastischer Einschnitt und ich habe sofort alle alten Platten ausgemustert.

Allerdings verfügt Köln gegen Ende der 1970er-Jahre nicht ansatzweise über eine so produktive Punkszene, wie sie etwa in Düsseldorf um den *Ratinger Hof* existiert. Überregional oder gar international erfolgreiche oder wegweisende Aktivitäten oder Projekte sucht man in Köln (noch) vergebens. Dennoch: Das erste deutsche

Punkkonzert, das in Form einer Artikelüberschrift überregional Geschichte schreibt, findet in Köln statt, genauer: in Rodenkirchen, einem Viertel im Süden Kölns. Dort treten am 11. Oktober 1977 in der Schulaula des Gymnasiums die Bands *Male* und *Charley's Girls* auf. Beide kommen aus Düsseldorf. *Charley's Girls*, die Formation um den Sänger Peter Hein und den Gitarristen Franz Bielmeier, aus der durch mehrere Verpuppungen hindurch die Bands *Mittagspause* und *Fehlfarben* hervorgehen, gilt als ›Kultband‹ des *Ratinger Hofs*. *Male*, die Band gruppiert sich um den Gitarristen und Frontmann Jürgen Engler, gilt als jüngste Punkband Westdeutschlands. Resultat des Auftritts ist eine Saalschlacht zwischen den Musikern, dem Publikum und dem Schulhausmeister: »Rodenkirchen is burning«. Unter diesem Titel bringt Alfred Hilsberg – Journalist, Labelbetreiber, ›Punkpapst‹ – die Lage in der Musikzeitschrift *Sounds*, in der er im Heft 3/1978 über die deutsche Punkszene berichtet, auf den Punkt.

Punkrock kam also bis Köln. Zwar schlägt er dort nicht ein wie in Düsseldorf. Doch kann spätestens das *Joy Division*-Konzert sowohl für diese Position im Wartestand als auch für den Beginn einer Entwicklung stehen, in der sich auch in Köln Alternativen zum etablierten Kulturbetrieb ausbilden (werden).

Vorrede

»Nichtskönner« (Bömmels), »Galerist ohne Programm« (Buchholz), »Studienabbrecher« (Graw), »blutiger Anfänger« (Hummelt), »Zufall« (Schauhoff), »nicht abgezockt genug« (Türke), »kompletter Autodidakt« (Voigt): So beschreiben sich unsere Zeitzeugen selbst zu Beginn ihrer Laufbahn. Ausgebuffte Profis, die ihr Know-how souverän und zielführend einzusetzen wissen, waren sie also zunächst nicht. Stattdessen ging es ihnen ums Selbermachen, ums Einfach-mal-Loslegen und den Mut zum dilettantischen Scheitern.

Der 15. Januar 1980 markiert für einige dieser Kölner Kreativen ein entscheidendes Datum. Denn an jenem Winterabend trat im Keller der Christuskirche im Belgischen Viertel eine englische Punk-Band auf, die wenig später weltberühmt werden sollte: *Joy Division*. Und einer, der sich dieses Konzert damals 1980 zusammen mit rund hundert anderen Punk-Fans in Köln angeschaut hat, war Peter Bömmels, der, durch *Joy Division* inspiriert, kurz darauf die Zeitschrift *SPEX* mitbegründete. Das Jahrzehnt war noch jung, aber der Bruch mit den optimistischen, farbenfrohen, psychedelischen Siebzigern bereits spürbar. »Dance, dance, dance to the radio!«, forderte Ian Curtis im letzten Song seines Kölner Auftritts. Mitten im Refrain erlitt er einen epileptischen Anfall, der Gig musste abgebrochen werden.

Es war der dramatische Schlussakkord eines Konzerts, das man rückblickend als Startschuss für einen Do-it-yourself-Aufbruch werten kann, aus dem ausgerechnet das relativ kleine Köln als bundesdeutsche Kunst- und Kulturhauptstadt hervorging. Als hätte die Domstadt nur auf diesen *Joy Division*-Weckruf gewartet, wurden in den Folgejahren in ihr viele neue Projekte ersonnen, Dispute geführt und Inspirationen getauscht – und zwar immer im Überschwang und grundsätzlich lautstark an der Theke, mit großer Leidenschaft und mit heiligem Ernst. Es war eine wilde, harte, exzessive, aber auch träumerische Zeit, in der die Kölner Kunstszene Weltruf erlangte, die Musikzeitung *SPEX* zum popintellektuellen Sprachrohr aufrückte und mit *Minimal Techno* der *Sound of Cologne* entstand. Für rund fünfzehn »rauschhafte« Jahre schien die Luft an den »Think-Tank«-Theken der Stadt nur so vor kreativer Energie zu flirren – und gelang Köln der Aufschwung zur international wahrgenommenen Kulturmetropole. Wobei sich die Kreativszene im Schatten des Doms damals nie extra zum Ideenaustausch verabreden musste, weil man sich als analog vernetzter Künstler (oder Möchtegern-Künstler) in den Achtziger- und Neunziger-Jahren sowieso jede Nacht ungeplant traf: In den einschlägigen Kneipen und Galerien. Man lief sich ständig »zufällig« über die Füße – sei es im *Blue Shell* oder im *Cafe Central*, im *Grünen Eck* oder im *Rose Club* oder allerspätestens im *Six Pack* oder *Königswasser*. Nachts wurde die Kölner Innenstadt damals zur Bühne, auf der jeder, der zur Boheme dazugehören wollte, eine möglichst coole Performance abliefern musste. Und dabei ging's öfter nicht gerade zimperlich zu.

Vor diesem Hintergrund halten wir es für legitim, das Konzert einer englischen Punkband an den Anfang einer Entwicklung zu stellen, in der Köln für etwa zehn Jahre mehr war als die traditionsreiche Dom-, Römer- und Kölsch-Stadt. Und mehr als die Karnevalshochburg, Heimat des 1. FC oder Hauptstadt der deutschen Comedy und der Mundart-Musik.

Dieses Buch stellt den Versuch dar, anhand der abgedruckten Zeugnisse die Geschichte verschiedener Szenen, Treffpunkte, Projekte, Kollaborationen und deren Akteure noch einmal lebendig werden zu lassen, als Köln für kurze Zeit *das* kulturelle Zentrum der Bundesrepublik war. Es soll dabei aber nicht um eine nostalgische Verklärung gehen. Und schon gar nicht wollen wir mit unserem Buch einem weiteren Köln-Mythos Vorschub leisten. Früher war nicht alles besser. Es soll auch nichts aufgearbeitet oder gar enthüllt werden. Ein Regime, dessen Geschichte zu bewältigen wäre, steht nicht zur Debatte. Denn diese rauschhaften Kölner Jahre waren so voller Energie, so bewegt, vielfältig und intensiv, dass die Erinnerung daran zwangsläufig getrübt sein muss. Wie aber ist es »wirklich« gewesen? Das lässt sich im Nachhinein nur noch aus dem Chor unterschiedlicher Stimmen heraushören und nicht mehr abschließend klären. Diese großartige Kölner Kulturphase war so, wie die verschiedenen Beteiligten sie erlebt haben und erinnern. Gerade ihre Vielfältig- und auch Widersprüchlichkeit machen den Reiz dieser spannenden Köln-Chronik aus – ganz im Sinne des poetischen Credos: Eine herbeierzählte Wahrheit ist in der Regel ›wahrer‹ als eine Aufzählung nüchterner Fakten.

Um den Lesefluss zu erhalten, haben wir oftmals auf die zusätzliche Nennung weiblicher oder männlicher Formen verzichtet. Diese sind aber, sofern es sich nicht um konkrete Personengruppen handelt, stets mitgemeint.

Köln, im April 2023 Gisa Funck, Gregor Schwering

SPEX – EINE GESCHICHTE: POPSTADT.

Vorab

In den Achtziger- und Neunziger-Jahren des vorigen Jahrhunderts war Popmusik eine ziemlich ernste Angelegenheit. Zumindest, wenn man *SPEX*-Leser war. Und wer wollte das damals eigentlich nicht sein?! Wer cool sein und mitreden wollte, der *musste SPEX* lesen. Oder wie es Starschreiberin und Mitbegründerin Clara Drechsler einmal auf den Punkt brachte: »Es gab nur zwei Lager: Wir selbst und die Doofen.«

Und zu den Doofen wollte man natürlich nicht gehören. Also kaufte man sich als junger Szenemensch (heute würde man ›Hipster‹ sagen) die *SPEX* – und damit ein Popmagazin, das mehr war als eine Musikzeitschrift. Viel mehr. Nichts Geringeres als die Heilige Schrift des Pop, also Religion. Und dass deren goldene Zeiten eigentlich nur rund fünfzehn Jahre währten, blenden ihre Jünger bis heute lieber aus.

So umweht die 1980 in Köln gegründete und im Juni 2020 endgültig eingestellte Musikzeitschrift weiterhin ein mythischer Glanz. Und lässt sich die *SPEX*-Geschichte natürlich nicht mal eben so nacherzählen. Nein – dafür ist zu vieles daran immer noch zu sehr umstritten. Es wird auch vierzig Jahre nach Gründung des Magazins immer noch lieber hitzig über *SPEX* debattiert als dessen

Geschichte nüchtern rekapituliert. Kein Wunder also, dass es bis heute keine offizielle Heft-Chronik gibt, sondern nur vage Annäherungen an das Kultphänomen in Form von Romanen (*Spucke* von Wolfgang Frömberg oder *Phonon* von Dietmar Dath) sowie in Gestalt einer Artikelsammlung, wie sie das *SPEX-Buch* von Max Dax aus dem Jahr 2013 darstellt.

Die Ehrfurcht vor dem einstigen Trendmedium ist immer noch groß. Und natürlich kann sich auch das nachfolgende Kapitel nicht anmaßen, die endgültige Wahrheit über diese Popbibel aus Köln zu verkünden. Aber über vierzig Jahre nach Gründung des Magazins ist es vielleicht doch langsam an der Zeit, den *SPEX*-Mythos etwas durchzupusten – und dessen Geschichte mit dem notwendigen Abstand zu erzählen.

»No more Heroes«: Der Sound einer Revolte

Was für viele wegweisende Erfindungen gilt, gilt auch für die Zeitschrift *SPEX*: Ihre Geburt verlief holprig und hindernisreich. Und niemand aus dem achtköpfigen Gründungsteam hätte sich wahrscheinlich im September 1980 vorstellen können, dass ausgerechnet dieses Low Budget-Heft aus dem Belgischen Viertel nur ein paar Jahre später zu einem intellektuellen Sprachrohr der westdeutschen Babyboomer-Generation aufsteigen würde.

Dessen Geburtstermin fiel mit 1980 nicht ganz zufällig in ein Jahr, das nicht nur zahlenmäßig eine klare Trennlinie zwischen den Jahrzehnten markiert. Auch ideologisch wich der Hippie-Optimismus der Siebziger-Jahre nun relativ abrupt einer düsteren Zukunftsskepsis in den Achtzigern. Unheilschwangere Schlagworte wie »Waldsterben« und »Wiederbewaffnung« machten in Westdeutschland die Runde – und man fürchtete sich angesichts der Aufrüstung im Kalten Krieg vor einem neuen Atomschlag.

Die Folge war, dass sich mit den *Grünen* 1980 die erste alternative Partei zwischen den Rechts-Links-Blöcken gründete und zeitgleich die Friedensbewegung so viel Zulauf erhielt wie niemals zuvor: 300.000 Bundesbürger demonstrierten am 25. Oktober 1980 im Bonner Hofgarten gegen atomare Aufrüstung. Knapp zwei Jahre später, am 10. Juni 1982, waren es schon 500.000 Protestierende, die abermals in Bonn für den Frieden durch die Straßen liefen. Und am Jahresende 1983 hatten nicht weniger als vier Millionen Westdeutsche den sogenannten Krefelder Appell gegen die Stationierung von US-amerikanischen Mittelstreckenraketen unterzeichnet. Das Engagement für den Weltfrieden wuchs in den frühen 1980er-Jahren zu einer Massenbewegung an, schließlich befand sich die strikt in Ost und West geteilte Nation immer noch latent im Krieg. Daran gemahnten nicht nur die täglich über Westdeutschland hinwegdonnernden Tiefflieger der Bundeswehr, sondern auch das rhetorische Gerassel der Politiker beider Blöcke des Kalten Krieges, die sich regelmäßig mit Erst- und Vergeltungsschlägen drohten. Die Jugend der BRD reagierte auf dieses unheilvolle Szenario mit *No Future!*-Sprüchen. Und sie kleidete sich für den Fall eines neuen Weltkriegs schon mal vorsorglich militärisch ein: mit schwarzen Lederjacken, martialischen Nietengürteln, Springerstiefeln und Bundeswehr-Parkas.

Pünktlich zum Dekadenwechsel hatte sich also der Himmel der Sozial- und Selbstverwirklichungs-Utopien schlagartig verfinstert – und es war auch popmusikalisch plötzlich radikal Schluss mit verschwurbelten Gitarren-Solis, langen Haaren und gesäuselten »Ey, Du!«-Botschaften. Die desillusionierte Jugend des frisch geschlüpften Achtziger-Jahrzehnts hörte jetzt lieber den deutlich härteren, schnelleren und betont unmelodischen Sound des Punk, der bereits 1976/77 von Großbritannien nach Deutschland herübergeschwappt war. Angesichts eines offensichtlich bevorstehenden Weltuntergangs hieß die neue Parole: Fuck auf die alten Werte und weg mit den hergebrachten Idolen! Was bei aller Zukunftsdüsternis in Westdeutschland auch ein jugendliches Freiheitsgefühl aufkommen ließ. Wenn die bürgerlichen Rollenvorbilder sowieso keinen Sinn mehr ergaben, wozu sollte man sich dann als junger Mensch überhaupt noch anstrengen, irgendwelchen alten, überholten Zielvorgaben zu entsprechen? Punk rief zu einer fröhlich-krawalligen Verweigerung von Karriere auf, indem man ungeniert tat, worauf man gerade Lust hatte, ohne sich groß darum zu kümmern, ob es ›richtig gelernt‹ war oder eine Zukunft besaß.

So schlug 1980 die Stunde der kreativen Dilettanten: Wer zwei oder drei Akkorde auf der Gitarre greifen konnte, durfte sich Musiker nennen. Und wer nur halbwegs die Pose des aufmüpfigen Genies beherrschte, wurde zum Künstler geadelt. Zum Eishauch der Apokalypse gesellte sich auf diese Weise das freche Lüftchen der Anarchie hinzu – ohne das weder Punk noch die Gründung des Popmagazins *SPEX* denkbar wäre.

Keines der acht Gründungsmitglieder verfügte beim ersten Redaktionstreffen im Frühjahr 1980 über sonderlich viel Schreiberfahrung. Alle waren Autodidakten, die quasi ohne Vorkenntnisse ins Zeitungsgeschäft stolperten, dafür aber umso mehr von der Großartigkeit ihres Tuns überzeugt waren.

» **Peter Bömmels:** Wir wollten ein Magazin machen über die neue Musik der Zeit, also über Punk, New Wave, die jungen deutschen Bands damals, aber auch über deren Vorväter wie Lou Reed, *New York Dolls* oder Bowie. Wir wollten den *Do-it-yourself*-Spirit der Zeit einfangen, diese Aufbruchsstimmung, damit die nicht einfach unterging und verrauschte. Wir waren begeisterte, unprofessionelle Anfänger – so wie viele Musiker damals auch.

»Das Hier und das Jetzt behalte ich«: Musikkritik im Zeichen der Punkrevolte

Es wird oft vergessen, wie weit links das Herz der ersten *SPEX*-Redakteure schlug. Tatsächlich schlug es erst einmal sehr weit links. Nicht genug, dass der spätere *Spiritus Rector* des Blatts, Diedrich Diederichsen, in seiner Jugend Maoist war. Auch die beiden *SPEX*-Erfinder Gerald Hündgen und Peter Bömmels begeisterten sich schon als Jugendliche für linke Ideologien. Der 1952 geborene Soulfan Hündgen war bekennender Trotzkist; sein 1951 in Köln geborener Kumpel Peter Bömmels träumte, K-Gruppen-beeinflusst, von einer Zukunft im kommunistischen Sozialismus: »Ich hatte sozusagen nur Abitur gemacht, damit ich in den SDS eintreten konnte.«

Nach seinem Sozialwissenschaftsstudium arbeitete Bömmels dann erst einmal als Erzieher in einem Kinderladen, während er sich selbst das Malen und Zeichnen beibrachte. Wie viele junge Linke damals war auch der Sohn eines Hauptpostschaffners aus Nippes von der Selbstermächtigungsenergie des Punk fasziniert und schloss sich Ende der Siebziger-Jahre den sogenannten wilden Malern der *Mülheimer Freiheit* an, die wenig später im Kunstbetrieb für Furore sorgten. Noch aber war es nicht so weit. Noch hatte der vielseitig talentierte Bömmels quasi täglich neue Ideen. Darunter auch die, zusammen mit seinem Kumpel Gerald Hündgen eine Musikzeitschrift zu gründen. Allein, es haperte zunächst an der Umsetzung.

Dann aber besuchte der 28-jährige Bömmels am 15. Januar 1980 ein Konzert der nordenglischen Band *Joy Division* im *Basement*-Club, das für ihn zum Erweckungserlebnis wurde. Und zwar nicht nur deshalb, weil *Joy Divison-Sänger* Ian Curtis an diesem Abend auf der Bühne zusammenbrach und von einem epileptischen Anfall geschüttelt wurde. Es war vor allem der neue, ungewöhnliche Sound der Band, der den jungen Maler faszinierte.

Diese merkwürdige Mischung aus monoton-metallischem Gitarrenklang und melancholischer Songbotschaft, in der bereits die Wende hin zu mehr postmoderner Coolness mitschwang.

In seinem allerersten *SPEX*-Artikel vom September 1980 versuchte der begeisterte Konzertbesucher, die Magie des Abends so in Worte zu fassen: »Die Eindringlichkeit und Klarheit, mit der *Joy Division* das glitschige Gefühl zwischen Wut und Trauer, süß und bitter ausdrücken konnte, war einfach überzeugend. [...] Kalter Stahl, Fensterreihen, Neon [...]. *Joy Divisions* Verdienst wird bleiben, ein Stück näher an unsere ›moderne Seele‹ gekommen zu sein.«

Bömmels spürte intuitiv, dass sich mit *Joy Division* ein tiefgreifender, sozialer Wandel ankündigte. Prompt kam ihm seine Idee mit der Popzeitschrift wieder in den Sinn – und so trommelte er nach dem Konzert gemeinsam mit Gerald Hündgen eilig andere Musikfans in Köln zusammen, um das Projekt endlich aus der Taufe zu heben.

> » **Peter Bömmels:** Die anderen Leute aus der *SPEX*-Urmannschaft kannte ich aus meinem privaten Umfeld, meistens von der Uni. Mit Wilfried Rütten habe ich in einer WG zusammengewohnt. Miki Synuga war ein Freund aus Düsseldorf. Christoph Pracht, der das Layout machte, hatte ich in einer Warteschlange vor einem Konzert kennengelernt. Und unser Fotograf Wolfgang Burat wohnte direkt gegenüber.

Langfristige Pläne aber verfolgte die spontan zusammengewürfelte Truppe mit dem *SPEX*-Projekt erst einmal nicht. »Unser Ansporn war am Anfang nur: Die zweite Nummer schaffen«, erklärt Bömmels. »Genauso wie junge Künstler auch erst mal nur darauf schauen, die nächste Ausstellung hinzukriegen. Und klar war auch: Schulden durften wir nicht machen. Wir waren alle nicht kreditwürdig und unterkapitalisiert. Etwas Geld kriegten wir mühsam über Anzeigen von Kneipenwirten rein.«

Doch so sehr die acht Gründungsmitglieder – darunter Clara Drechsler als einzige Frau – ihre Zeitschrift auch nur als Spaß-Experiment verstanden, ihr Anspruch daran war dennoch von Anfang an hoch. Nichts Geringeres als ein Sprachrohr für die *Musik zur Zeit* sollte ihr Magazin sein, wie sie ihren Lesern selbstbewusst gleich in der Titel-Unterzeile mitteilten. Eine höchst ehrgeizige, wenn nicht sogar revolutionäre Zielsetzung. Denn neuere Popmusik kam 1980 fast noch gar nicht als Thema in deutschen Zeitungen vor. Von den vielstimmigen, debattierfreudigen und auch dauerempörten Kulturdiskursen unserer heutigen Internetgesellschaft war man damals noch weit entfernt.

» **Diedrich Diederichsen:** Es gab noch nicht diese Fülle an Zeitschriften, Blogs et cetera. Eigentlich gab es damals überhaupt kein Feuilleton, das sich für neue Entwicklungen in der Kultur interessierte. Vor Mitte der 1990er-Jahre suchte man zum Beispiel in der ZEIT vergeblich nach einem halbwegs kompetenten Text zu irgendeinem Popmusik- oder zeitgenössischen Kunstphänomen. Heute schreiben viele Spezialisten in einem aufgeregten Feuilleton. Aber damals war's so: Irgendwelche Ressort-Chefs hielten zu ihren Jugendprägungen und alles andere nahmen die einfach nicht zur Kenntnis.«

Auch der 1962 geborene Ralf Niemczyk, der im Sommer 1982 zur *SPEX*-Redaktion stieß, kann sich noch gut erinnern, wie popkulturell verschnarcht insbesondere das FAZ-Feuilleton in den 1980er-Jahren war. »Da wurde, wenn überhaupt, vielleicht mal die neue *Dire Straits*-Platte besprochen. Wohlgemerkt: Vier Monate nach dem Erscheinungstermin.«

Die ersten Spexler wollten dagegen aktueller und weniger akademisch über ihre Lieblingsbands berichten. »Wir schreiben aus der Perspektive des begeisterungsfähigen Konsumenten. Wir sind keine abgehobenen Rezensenten, und wir sind auch nicht das Goethe-Institut«, stellte Clara Drechsler in ihrem Bilanzartikel nach dem ersten Redaktionsjahr klar. Und Peter Bömmels ergänzt zum basisdemokratischen Ursprungscredo des Hefts: »Wir wollten näher dran sein als die anderen und die Fans kontaktieren.«

Diese Idee eines *Do-it-yourself*-Journalismus von unten trieben die Spexler dann am Anfang sogar so auf die Spitze, dass sie ihre Leser im Januarheft 1981 dazu aufforderten, ihnen doch bitte Demotapes mit selbst aufgenommener Musik zuzuschicken, die man anschließend im Blatt besprechen wollte. Ein Aufruf, der nach Aussage von Bömmels postwendend dazu führte, dass das *SPEX*-Team mit schlecht produzierter Amateurmusik überschwemmt wurde – und die Aktion schließlich abbrechen musste: »Ja«, meint Bömmels heute, »an diesem Basisideal sind wir krachend gescheitert!«

Etwas zugespitzt könnte man also sagen: Die Gründung von *SPEX* war 1980 die publizistische Punk-Antwort auf eine bildungsbürgerlich verschlafene Musikkritik. Denn über den rebellischen Sound der Subkultur berichteten bis dahin offiziell eigentlich nur – und auch dort redaktionsintern heftig umstritten! – die beiden Hamburger Monatsmagazine *Musikexpress* und *Sounds*, während alle anderen Zeitungen die sogenannte Krachmusik Punk und New Wave weitgehend ignorierten. Es herrschte noch die Zeit einer strikten Frontstellung zwischen E- und U-Kultur. Und Popmusik galt bei den meisten deutschen Feuilletonisten als ein minderwertiges Jugendphänomen, dem man keine große Bedeutung beimaß. Genau gegen dieses vorherrschende Diktat eines ›guten‹ Bildungsbürgergeschmacks zog man bei *SPEX* nun zu Felde, indem man die angeblich minderwertige Musik zum ernsthaften Betrachtungsgegenstand erhob. Die frühen Schreiber konnten sich also durchaus zu Recht als Vorkämpfer für einen freieren, nichtelitären Kunstbegriff fühlen.

Entsprechend großmäulig traten sie auf. Allen voran Clara Drechsler, die zum Profil des Hefts 1981 schrieb: »Es sollte sein: Eine Musikzeitung, die sich mit dem etwas schwammig umrissenen Gebiet ›Neue Musik‹ beschäftigt. Da dieses Musikbusiness schnelllebig ist, hatten wir es auch eiliger […]. Wir wollten noch ein bisschen Spaß an unserer Zeitung haben, ehe die ganze Musikszene wieder in bleierne Langeweile absinken würde.« Ohne die *SPEX*-Zeitung, so konnte man sie verstehen, würde die Nation also angeblich sofort in »bleierner Langeweile« versinken, was trotz aller popkulturellen Verschlafenheit der damaligen Presse dann doch maßlos übertrieben war. Und zwar nicht nur im Hinblick auf die Hamburger Konkurrenz-Zeitschrift *Sounds*, wo Profikritiker wie Alfred Hilsberg und Diederichsen schon lange vor den Spexlern über Punk berichtet hatten.

»You can't take my Dreams«: Aufschwung zum Meta-Fanzine

Auch die Idee, als Laie seine eigene Musikzeitschrift zu machen, war vor vierzig Jahren keineswegs besonders ungewöhnlich. Ganz im Gegenteil. Je strikter sich die bildungsbürgerliche Elite damals der Punkrevolte verweigerte, desto öfter nahmen deren Fans auch anderswo in der Republik die Berichterstattung einfach selbst in die Hand. Nicht weniger als dreihundert private Fanzines (Kurzform für »Fan-Magazine«) kursierten um 1980 in Westdeutschland, darunter etwa das 1977 gegründete Pionierheft *The Ostrich* von Franz Bielmeier aus Düsseldorf, für das Szenegrößen wie Gabi Delgado von *DAF* oder Peter Hein von *Fehlfarben* schrieben. Hohes Ansehen unter Punkfans genoss außerdem das von Christian Wegner, Michael Reinboth und Thomas Elsner herausgegebene Fanzine *Elaste* (aus Hannover, ab 1982 aus München), das zum Vorläufer der späteren Lifestyle-Magazine *Tempo* und *Wiener* wurde. Das *SPEX*-Team stand also mit seiner Mission, aus Fan-Perspektive über die angesagte »Musik zur Zeit« zu berichten, keineswegs alleine da. Ja, sogar direkt vor Ort, in Köln, existierte 1980 bereits Fanzine-Konkurrenz in Gestalt der Heftchen *Kolonie* (initiiert vom späteren *SPEX*-Autor Dirk Scheuring) und *Wellenreiter*, das ein Gymnasiast namens Ralf Niemczyk herausgab.

» **Ralf Niemczyk:** Der *Wellenreiter* war eine Ein-Mann-Zeitung, die, unterstützt von ein paar Kumpels, aus vielleicht zwanzig fotokopierten, zusammengetackerten DIN-A4-Seiten bestand. Aus heutiger Sicht war das ein Blog auf Papier, ermöglicht durch einen Technologie-Sprung: Fotokopien wurden billiger.

Tatsächlich kam die deutsche Popkritik-Revolte in den frühen Achtzigern erst durch eine technische Neuerung so richtig in Schwung. Denn erst dadurch, dass kurz vorher überall in westdeutschen Großstädten zahlreiche Kopierläden neu eröffnet hatten, wurde es für Hobbyschreiber überhaupt bezahlbar, private Texte in hoher Auflage zu drucken. Unter Punks und New Wavern wurde es daraufhin schick, nicht nur seine eigene Band zu gründen, sondern auch sein eigenes Musikblättchen herauszugeben.

» **Ralf Niemczyk:** Das hatte man sich von den Engländern und Amis abgeschaut. *Support your local scene! Put your city on the map!* Auch in anderen Städten gab's solche selbst gebastelten Heftchen, die Indie-Papst Alfred Hilsberg dann in der Hamburger Musikzeitung *Sounds* auf seiner Kolumnenseite *Neuestes Deutschland* neben Kassetten und ähnlichem Grassroots-Kram besprach. Auf diese Weise entstanden untereinander Kontakte. Das war eine frühe, analoge Vernetzung von regionalen Underground-Typen.

Seinen *Wellenreiter* verkaufte der Oberstufenschüler aus Nippes damals für eine Mark pro Stück in Kölner Szenekneipen und in Herbert Egoldts Plattenladen *Rock-O-Rama* in der Weidengasse. Die Artikel tippte er mühevoll auf einer mechanischen Schreibmaschine ab und schnitt die Seiten hinterher »erpresserbriefmäßig« auseinander, um sie im Anschluss per Klebestift wieder zu lustig-chaotischen Layouts zusammenzusetzen. Eine aufwendige Gestaltungsweise, die zwar stundenlange Bastelarbeit erforderte, dem *Wellenreiter* aber ein freches Outfit verlieh, das ihn von anderen Blättchen abhob.

Schaut man sich im Vergleich dazu frühe *SPEX*-Ausgaben an, springt einem sofort ins Auge, wie sehr das selbst ernannte Szene-Sprachrohr schon rein optisch vom *Do-it-yourself*-Spirit der Fanzines geprägt war. Die ersten Nummern in existenzialistischem Schwarz-Weiß fielen vor allem durch ihre DIN-A3-Übergröße auf. Im Inneren hantierte Layouter Christoph Pracht dann gern mit dem Eddingstift und griff auf Comicfiguren, Sprechblasen oder Barcodes als Grafikelemente zurück.

Der innovative Charme der ersten Hefte speiste sich aber auch aus deren Inhalt. Strotzten die ersten Nummern doch nur so vor Stilblüten, Rechtschreib- und Kommafehlern. »Power und Dynamik« wurde im Februar 1981 da etwa tapfer als »Pauer und Dünamik« abgedruckt, »tolerant« mit doppeltem »ll« geschrieben; Genitive trennten die frühen *SPEX*-Schreiber häufig englisch und falsch mit Apostroph-S ab, oder sie versahen das Wort »Widerspruch« auch schon mal mit langem »ie«. In einem Lästertext über den Schlagersänger Udo Jürgens (ja, auch über den wurde zu Anfang berichtet!) war im Oktober 1981 von einem merkwürdig »deliciösen Büffett« die Rede, während der frühe Kolumnist Xao Seffcheque stur das Wort »Diktus« statt »Duktus« benutzte –

und noch im Mai 1983 »Philosoph« eiskalt als »Vilosof« buchstabierte.

Ganz im Sinne des 1981 in Berlin ausgerufenen »genialen Dilletantismus« folgten die *SPEX*-Pioniere der ungestümen Punk-Devise: Fuck auf die Rechtschreibregeln! Hauptsache, die Message stimmt.

Was sich in den frühen Ausgaben dann auch des Öfteren in recht unbeholfenen Formulierungen niederschlug. Etwa dort, wo die ersten Spexler Musikern in Interviews ständig banale Verlegenheitsfragen stellten à la: »Wie fandet ihr's denn so heute Abend?« – oder »Was wollt ihr mit eurer Musik bewirken?« (Interview mit den *Inmates* im Oktober 1980). Oder auch dort, wo sie immer wieder aufs Neue das Punk-Sündenthema Nummer eins aufs Tapet brachten: die große »Schwindelfrage«, ob sich eine Undergroundband nun womöglich politisch indiskutabel an die böse Major-Plattenindustrie verkauft hatte – oder eben nicht. Bis ungefähr 1982 war das eine hitzig debattierte Grundsatzfrage innerhalb der jugendlichen Subkultur. Da Punk und Postpunk als Soundtrack des antibürgerlichen Protests galten, wurden kommerzielle Absichten oder Chart-Erfolge solcher Bands von deren Fans gelinde gesagt argwöhnisch betrachtet. Geld mit der heiligen Message der Anarchie zu verdienen oder als Punkrocker gar zu einer zahlungskräftigeren Plattenfirma zu wechseln, hieß für viele Szenegänger, sich ans kapitalistische System zu verkaufen, sprich: Verrat an der rebellischen Sache zu begehen.

Als entscheidender Ur-Sündenfall galt in dieser Erzählung der Wechsel der Londoner Punkrockgruppe *The Clash* 1977 zum Major-Label *CBS*, kurz nachdem die Band gerade erst von der Londoner Musikzeitschrift *NME (New Musical Express)* zu den Kronprinzen der szeneheiligen *Sex Pistols* ausgerufen worden war. Entsprechend groß war die Entrüstung vieler *Clash*-Fans. Zum Zeichen ihrer Verachtung zerstörten einige prompt Platten der Band in der Öffentlichkeit. Und als die gefallenen Idole rund um den Gitarristen

Joe Strummer am 19. Mai 1980, also drei Jahre später, in der Hamburger Markthalle auftraten, wurden sie vom jugendlichen Publikum mit Pfiffen und Wurfgeschossen als Verräter begrüßt.

Immerhin elf lange Songs hielten die *Clash*-Musiker damals beim Hamburger Auftritt den Attacken stand, bevor sie letztendlich doch von der Bühne fliehen mussten, weil ihre eigenen Fans sie Fäuste schwingend verfolgten. Im Saal hatte sich vorher das Gerücht verbreitet, Strummer habe einen blutend zusammengebrochenen Punkfan mit seiner Gitarre niedergeschlagen. Kurz danach gab's im Publikum kein Halten mehr, und es kam zu einer Massenschlägerei, bis die Hamburger Polizei einschritt und unsinnigerweise *Clash*-Frontmann Strummer als Urheber des Krawalls festnahm.

»Die *Clash* waren da – es hat gekracht«, bilanzierte Diedrich Diederichsen, damals noch *Sounds*-Redakteur, das Skandalkonzert in der *Markthalle* 1980 nüchtern, das als deutscher Vergeltungsschlag für den Unschuldsverlust der Punk-Bewegung in die Musikhistorie einging.

Der Ausverkauf der Revolte hatte also schon lange eingesetzt, bevor die *SPEX*-Rebellen überhaupt auf der Bildfläche erschienen. Nichtsdestoweniger fühlte sich die Redaktion zunächst weiterhin bemüßigt, ihren Musikidolen regelmäßig (mal mehr, mal weniger direkt) auf den systemkritischen Gewissenszahn zu fühlen. Eine pseudoreligiöse Glaubensinquisition, die in den frühen *SPEX*-Artikeln dann natürlich dauernd ins Leere lief. Denn was kann bei Glaubensfragen schon anderes herauskommen als Mutmaßungen oder Binsenweisheiten? Von daher fiel auch das Resümee von Gerald Hündgen zum Hamburger Nachfolgekonzert von *The Clash* im Mai 1981 denkbar banal aus. »Ich wüsste nicht, warum ich mich von *Clash* verraten fühlen sollte«, urteilte er am Schluss seiner Reportage: »Sie sind immer noch Menschen […]. Leute, die genauso verwirrt sind wie wir (fast) alle heute.«

Tja, wer hätte es gedacht? Selbst die berühmtesten Szeneverräter *The Clash* waren also letztlich nur Menschen. Ein Fazit, das in seiner Kalenderweisheits-Gültigkeit bezeichnenderweise dann gleich mehrfach in den frühen *SPEX*-Texten Verwendung fand – und zur Charakterisierung so unterschiedlicher Musiker herangezogen wurde wie den US-amerikanischen Avantgarde-Rockern von *Pere Ubu* oder den britischen Wohlklangbrüdern von *Haircut 100*, über die Ralf Berend 1982 urteilte: »Popper sind auch Menschen.« Bei diesen geradezu hilflos anmutenden Bekenntnissen merkt man deutlich, wie mühevoll sich die *SPEX*-Autodidakten das Artikelschreiben erst einmal selbst beibringen mussten.

» **Peter Bömmels:** Unsere Schreibe als Autoren mussten wir mühsam erarbeitend erfinden. ›Zu hölzern, zu bräsig, vollkommen uninspiriert!‹, hallte es oft durch die Redaktionssitzungen. Unser Leuchtturm war die geniöse Clara, die Jüngste von uns. Sie hatte rasch ihren eigenen Stil: Die unmissverständliche, aus irgendwelchen Ärmeln geschüttelte, harte Ansprache. In der Regel waren es haarscharfe Treffer vom Feinsten.

Ähnlich wie ihr Kollege Bömmels hatte auch die 1961 geborene Clara Drechsler vor ihrem *SPEX*-Einstieg ein musikalisches Erweckungserlebnis hinter sich. In der Dellbrücker Vorstadtkneipe *Muckefuck* traf sie im Frühjahr 1980 zufällig auf Gerald Hündgen, der dort als DJ Platten auflegte. Für die junge Frau nichts weniger als eine Schicksalsbegegnung, nachdem sie vorher recht orientierungslos durch die Gegend gezogen war: »Ab dem Alter von 13 wohnte ich nur noch sporadisch zu Hause«, erzählt sie. »Ich lebte auf der Straße oder bei irgendwelchen Leuten. Und ich kam mit Musik in Berührung, indem ich durch die Wohnungen und Zimmer anderer Leute zog und deren Platten hörte. Als ich mit Gerald zusammenstieß, der in einer peinlichen Fenstergardinenkneipe Punkrock auflegte, dachte ich: ›Das ist es jetzt, da hast du etwas gefunden!‹«

In jener Frühjahrsnacht im *Muckefuck* wurde für die junge Streunerin dann tatsächlich auf einen Schlag alles anders. Denn Clara Drechsler war von der Musikauswahl des neun Jahre älteren Hündgen auf Anhieb so begeistert, dass sie ihn ansprach und sich von ihm überreden ließ, zum ersten *SPEX*-Redaktionstreffen mitzukommen. Dort traf die junge Frau dann auf sechs weitere, deutlich ältere, männliche Schallplatten-Nerds. Von daher hatte sie es im Gründungsteam eigentlich gleich doppelt schwer: als einzige Frau und mit Abstand jüngstes Mitglied der Crew. Nichstdestoweniger fand die Autodidaktin erstaunlich schnell zu ihrem ganz eigenen, unverwechselbaren Stil, der sie schon bald zu einer Vorzeigeautorin des Blatts machte, samt einer anwachsenden Fangemeinde. Ein Höhenflug, der Drechsler selbst allerdings stets suspekt blieb. »Mein Status in der Redaktion war aber eben auch ein anderer, weil ich einen anderen Lebensweg hatte«, bilanzierte sie ihre *SPEX*-Karriere 2019. »Weil ich so bescheuert war. Weil ich so unverträglich war. Weil ich mit Leuten nicht zurechtkam. Später wurde mir natürlich klar, dass ich als Mädchen in diesem Umfeld anders auftreten, ein bisschen unverschämter sein und mich gegenüber Leuten durchsetzen musste, die dachten: ›Was will die denn hier? Darf sie das? Hat sie überhaupt Ahnung?‹«

Trotz allem oder gerade deshalb passte die talentierte Draufgängerin bestens zu einem Magazin, bei dem jugendlicher Größenwahn von Anfang an zum erklärten Schreibprogramm gehörte. Insofern hatten die ersten *SPEX*-Redakteure auch keine Skrupel, bereits ab der sechsten Ausgabe eine Kolumne zu installieren, in der ein Autor mit dem sprechenden Pseudonym »Shunt« (lautmalerisch angesiedelt zwischen »Schund« und »Schand«) von da an regelmäßig über andere Fanzines herzog. Ein klares Signal an die eigene Leserschaft, dass man sich bei *SPEX* von vornherein als ein höherwertiges Medium begriff, das sich Verrisse gegenüber der Privat-Konkurrenz erlauben durfte. Und folgerichtig kam Shunt denn auch gleich in seiner allerersten Sammelkritik 1981 zu dem Schluss, dass rundweg alle von ihm begutachteten Laienblättchen »langweilig oder mehr oder weniger einfallslos« seien, inklusive des vernichtenden Zusatzes: »Deutsche Fanzines glänzen meist zusätzlich durch Mikroschrift und schlechten Druck.« Mit dieser Hobbyschreiberei wollte man beim Meta-Fanzine *SPEX* nichts zu tun haben.

» **Peter Bömmels:** Nee, so haben wir uns nie verstanden. Nur Fan sein war zu eng. Wir wollten kritisch Meinungen vertreten. Also Platten oder Konzerte anhören und beschreiben, was daran gut oder schlecht oder nur lau war. Wir waren zwar ebenfalls Fans und Begeisterte, wollten aber trotzdem uns und anderen erklären, warum wir von einer Musik enttäuscht waren und warum nicht.

»You gotta fight for your right (to party)!« – Wie politisch war das *SPEX*-Magazin?

Wenn Bömmels heute über das *SPEX*-Magazin spricht, verwendet er dafür gern den Ausdruck »Medium der Gegenöffentlichkeit«. Womit er einen politischen Kampfbegriff zitiert, der in den 1970er-Jahren geradezu wie eine Zauberformel durch die linke Szene geisterte, nachdem ihn Oskar Negt und Alexander Kluge 1972 eigentlich für eine neue proletarische Revolte erfunden hatten. Da der Arbeiterklasse aber (dank der fortschreitenden Technisierung der Berufswelt) auch damals schon der traditionelle Arbeiter abhandenkam, wurde dieses Revolutions-Etikett relativ schnell von seinem proletarischen Zusatz entkoppelt – und avancierte danach zu einem weitreichenderen Hoffnungsbegriff für eine Zukunftsgesellschaft fernab aller Klassengrenzen, in der jeder Bürger gleiche Rechte genießen sollte. Die Anhänger einer linken »Gegenöffentlichkeit« machten sich also nicht nur für unterprivilegierte Proletarier stark, sondern durchweg für alle Verlierer des spätkapitalistischen Systems – auch für solche, an die Negt und Kluge eigentlich weniger bis gar nicht gedacht hatten: Frauen, Migranten, Schwarze, Homosexuelle, sowie für die Ausgebeuteten in den Entwicklungsländern.

Diese, seit Mitte der 1970er-Jahre aufkommende »linksalternative« Erzählung beschwor zwar immer noch altbewährt sozialistisch eine gerechtere Welt. Sie stellte nach den Irrungen der APO und des RAF-Terrors aber doch in Rechnung, dass sich die Welt seit Karl Marx weitergedreht hatte – und man die Machtverhältnisse im Spätkapitalismus nicht mehr so einfach anhand von Rechts-Links- und Oben-Unten-Kategorien beschreiben konnte. Das wiederum machte diese neue linke Erzählung auch für bürgerliche Kreise attraktiv. Zu ihrem bundesdeutschen Hauptsprachrohr schwang sich am 27. September 1978 die *Tageszeitung* aus Berlin auf, nachdem vorher auf lokaler Ebene bereits mehrere linksalternative Stadtzeitungen entstanden waren, so etwa die *StadtRevue* in Köln oder auch die *Zitty* und der *tip* in Westberlin.

Verglichen mit all diesen links-kämpferisch auftretenden Blättern war das *SPEX*-Magazin in den 1980er-Jahren tatsächlich eher unpolitisch. Oder besser gesagt: nur verdeckt pop-politisch. Die häufig zitierte Bezeichnung für die Zeitschrift als ein »Medium der Gegenöffentlichkeit« wirkt von daher etwas irreführend. Denn bis zum sogenannten *Cultural Studies*-Schwenk in den frühen Neunziger-Jahren und bis zu Diederichsens berühmtem Bekenntnisaufsatz *The Kids are not alright* von 1992, der eine klare Positionierung der Redaktion gegen die Neue Rechte festschrieb, bezog das Kölner *SPEX*-Kollektiv eigentlich kaum einmal eindeutig linkspolitisch Stellung. Wenn sich bis dahin jemand im Blatt zur großen Politik äußerte, dann eigentlich fast immer nur aus (pop-)ästhetischer oder historischer Sicht, sodass heikle Rechts-Links-Zuschreibungen weitgehend ausgeklammert blieben.

Diese auffällige Ausweichstrategie hatte sicherlich etwas mit einem generellen Misstrauen vieler jüngerer Westdeutscher gegenüber dem Politikbetrieb zu tun, nachdem sich die 68er-Revolte totgelaufen hatte und nicht wenige ehemalige APO-Aktivisten bequem im Establishment untergekommen waren. Zu aufdringlich und zu desavouiert kam den Jüngeren darum das politische Gerede der Älteren vor.

» **Ralf Niemczyk:** Vom 68er-Mythos war ja nur noch eine verschwafelte Betulichkeit übrig. Alles ausdiskutiert, keine Aktion mehr. Es muffte nach Hasch und Patschuli. Ich erinnere mich an diese Punkjacken-Aufschrift *Pogo on a Hippie!* Voll stumpf, traf aber die Stimmung!

» **Wolfgang Burat:** Die politischen Themen waren einfach irgendwie durchdiskutiert. Vielleicht war die Art der Reflexion auch nicht mehr radikal genug. Es löste sich alles so langsam in Gitarren-Gegniedel und esoterischem Gelaber auf. Beides wurde für mich zum Symbol der niedergehenden Hippie-Generation: Das Gitarrensolo und die Esoterik.

In den Augen ihrer Nachfolger waren die 68er-Revolutionäre feist und selbstgerecht geworden und klangen ihre alten Kampfformeln von einer herrschaftsfreien Gesellschaft nur noch hohl. Viele jüngere Rebellen setzten deswegen lieber auf individualistischen Protest – und zeigten ihre Verachtung fürs herrschende System nun bevorzugt ästhetisch statt politisch, indem sie sich auffällig kleideten und nichtkonforme Musik hörten.

Oder anders ausgedrückt: Antibürgerlicher Protest wurde in den Achtziger-Jahren mehr zu einer Frage des Lifestyles als zu einer Sache von Massenkundgebungen. Und so manchem Szenegänger war die ökige Friedensbewegung damals allein schon deshalb suspekt, weil deren Aktivisten einfach zu unstylisch gekleidet waren – mit ihren Birkenstock-Latschen, fusseligen Norwegerpullis und selbst gefärbten Windelhalstüchern. Dazu kam noch die peinlich naive Forderung nach Frieden inmitten einer hochkomplex aufgebrochenen Welt am apokalyptischen Abgrund. Welcher jugendliche Hipster wollte bei diesem einfältigen Wollsockenaktivismus schon freiwillig mitmachen?

> » **Diedrich Diederichsen:** Unser eigentlicher Feind war damals die Friedensbewegung. Wegen des unglaublich niedrigen gemeinsamen Nenners, den die hatte. Wie kann man der Welt keine andere Forderung zumuten als ›Bitte keinen Krieg!‹. Schließlich herrschte doch schon kein Krieg. Also: Worum geht's bitte?!

Von daher polemisierten die eigentlich linken *SPEX*-Autoren der Achtziger-Jahre längst nicht nur gegen rechtspolitische Spießer oder behäbig gewordene Altlinke. Sie zogen auch gegen die auf den Friedensdemos mitlaufenden Linksalternativen zu Felde. Und weil sie mit diesen neuen, ›fusseligen‹ Wollsockenaktivisten auf keinen Fall verwechselt werden wollten, gingen sie in ihren Artikeln oft merkwürdig verdruckst mit der eigenen Linksgesinnung um.

So etwa in einer langen Reportage von Olaf Dante Marx über den britischen Bergarbeiterstreik, der von Anfang März 1984 bis Anfang März 1985 dauerte, also ein ganzes Jahr. Historisch betrachtet war es einer der härtesten Gewerkschaftskämpfe des an Arbeitskämpfen nicht armen Königreichs. Und er richtete sich gegen die von der Regierung Thatcher massenhaft angekündigten Schließungen von Kohlegruben auf der britischen Insel.

Zeitweise beteiligten sich mehr als 100.000 Bergarbeiter am öffentlich hitzig diskutierten »Coal Strike«. Am Ende aber nutzte ihnen alle Zähigkeit nichts, und Tausende verloren dauerhaft ihre

Jobs. Ein nationales, linkspolitisches Trauma für Großbritannien – nie ganz verwunden, bis heute.

Wie aber schrieb der Popdandy Olaf Dante Marx, eigentlich ein überzeugter Kommunist, im *SPEX*-Magazin über diese britische Klassenkampf-Tragödie? Bezeichnenderweise eben gar nicht klassenkämpferisch, sondern so, dass man in seiner dreiseitigen Reportage im Märzheft 1985 quasi nichts über die konkreten Ziele der streikenden *Miners* erfuhr, dafür aber jede Menge darüber, wie unstylisch die Grubenkumpels beim Arbeitskampf rüberkamen. »George O'Dowd [alias Boy George] sagt, die Bergarbeiter seien schrecklich langweilig. Er hat ja recht«, notierte Marx, um danach mit Blick auf das proletarische Mutterland der Popmusik allen Ernstes zu behaupten: »[Aber] was hat Pop in der Welt der Arbeit zu suchen?«

Und längst nicht nur Marx wurde als *SPEX*-Autor in den Achtzigern regelrecht berüchtigt dafür, über Politisches betont apolitisch-spöttisch zu schreiben. Auch andere Autoren des Blatts brachten dieses Kunststück im Jahrzehnt der Popironie immer wieder fertig. So etwa auch Clara Drechsler in einem Porträt über die nordenglische Band *Redskins* im Juniheft 1986, worin sie paradoxerweise ausgerechnet die sozialistische Mission der Gruppe von vornherein ausblendete, indem sie die agitatorischen Songs kurzerhand zur ästhetischen Zumutung erklärte. »Nichts tut mir mehr leid, als sagen zu müssen: Die *Redskins* sind immer noch am eindrucksvollsten, wenn man außer den Titeln nichts vom Text [der Songs] versteht«, schrieb sie hier und ließ ihre Missachtung des völlig ernst gemeinten Links-Aktivismus von *Redskin*-Sänger Chris Dean sogar in der rhetorischen Witzfrage gipfeln: »Brauchen wir den Song über Gewerkschaftsbürokratie?« Und die Antwort auf diese Spottfrage konnte natürlich nur lauten: Nein, so etwas brauchen wir in Zeiten des postmodernen Zweifels natürlich nicht! Und nein, als linker *SPEX*-Ästhet wollte man sich nicht über Gebühr mit den hässlichen und letztlich immer irgendwie frustrierenden Niederungen des realen Klassenkampfes oder einer drögen Tagespolitik beschäftigen.

»Politikverdrossenheit« hieß das Befindlichkeits-Etikett der Stunde dafür, auch wenn der Begriff dann erst 1992 zum deutschen Wort des Jahres gewählt wurde. Eine tiefe Skepsis gegenüber Machtinstitutionen und sozialpolitischen Heilsversprechen aber war unter jungen Westdeutschen auch schon Jahre vorher verbreitet, zumal die Diagnosen der damals populären Medienkritik ebenfalls zutiefst kulturpessimistisch ausfielen. Nach den Analysen prominenter Medienphilosophen der 1980er-Jahre wie Jean Baudrillard oder Vilem Flusser standen Politikereignisse nämlich generell im Verdacht, riesige Manipulationsspektakel zu sein – egal, ob von rechts oder von links. Was viele junge Linksintellektuelle vor dem Mauerfall zusätzlich abschreckte, sich am fragwürdigen Politikgeschäft zu beteiligen.

» **Diedrich Diederichsen:** Realpolitik galt in den 80ern als irrelevant oder als ›Simulation‹. Realpolitik war einfach etwas, wo man sagte: Soll sich doch das doofe Fernsehen damit beschäftigen! Das galt als unter Niveau, als: Wie-kann-man-nur?! Und wir fanden den Satz von Blixa Bargeld zwar blöd: ›El Salvador gibt's gar nicht, das hat sich das Fernsehen ausgedacht!‹ Der war uns zu einfach. Aber so in diese Richtung ging's schon. Irgendwo schnappte ich in dieser Zeit einmal sinngemäß ein Statement zur Lage auf: ›In den Staaten des realen Sozialismus gibt es wenigstens noch die gute, alte Lüge. Auf die kann man mit Aufklärung reagieren. Aber wir leben mitten in der semiotischen Vergiftung, da muss man anders mit umgehen.‹ Das beschreibt ganz gut unsere Position damals.

Als digital komplett durchleuchteter Bürger des 21. Jahrhunderts mag man sich bei solchen Aussagen verwundert die Augen reiben.

Aber tatsächlich fürchteten sich auch schon vor dreißig, vierzig Jahren die Theoriejünger der Postmoderne vor der totalen Hightech-Überwachung. Und auch sie warnten schon vor einer Welt der medial generierten *Fake News*, in der Wahrheit und Lüge kaum noch voneinander zu unterscheiden sei.

Nur, dass sie damals noch nicht von *Fake News* sprachen, sondern von »simulierter Hyperrealität« oder »semiotischer Vergiftung« und damit zwei Schlüsselbegriffe des in jenen Tagen schwer angesagten Apokalypse-Gurus Jean Baudrillard zitierten.

Angesichts derart schwer entwirrbarer Verhängnis-Zusammenhänge hieß es, als Zeitgenosse auf der Hut zu sein und sich nicht allzu vorschnell für eine womöglich falsche Polit-Mission vereinnahmen zu lassen. Eine Distanzattitüde, die auch in der *SPEX*-Redaktion gepflegt wurde.

» **Ralf Niemczyk:** Es gab bei der *SPEX* sicherlich das Bestreben, sich vom mainstream-rockigen *Musikexpress* abzugrenzen. Und man führte einen Coolness-Wettstreit mit der Hamburger *Sounds*. Einen wirklich politischen Aspekt habe ich dabei aber nie gesehen. *SPEX* war höchstens insofern ›Gegenöffentlichkeit‹, als man hier bereits früh eine Band wie *The Cure* auf dem Cover hatte, als die noch kaum jemand kannte.

Einmal allerdings kam es im Mai 1982 dann doch kurzzeitig zu einem echten *SPEX*-Politskandal (oder Skandälchen), nachdem Clara Drechsler kurz vorher Robert Görl und Gabi Delgado von *DAF* zum Interview getroffen hatte. Zu diesem Zeitpunkt zwei sehr erfolgreiche Elektro-Soundtüftler aus Düsseldorf, die für Aufregung sorgten, weil sie nicht nur in ihrem Tanzhit *Der Mussolini* offensiv mit faschistischen Codes kokettierten. Auch sonst zeigten Görl und Delgado ein provokantes Faible für Militärsymbolik und outeten sich früh als Anhänger der martialisch auftretenden Skinheadszene (»Da gibt's kein Rumgerede. Da gibt's Aktion«, erklärte Delgado dazu markig im *SPEX*-Interview 1980). Gleichzeitig aber beteuerten die beiden *DAF*-Musiker in Interviews immer wieder treuherzig, wie wenig rechtsextrem sie trotz ihrer Anspielungen seien – und wie sehr ihre Faschismus-Zitate nur der Provokation dienten. »Man sollte aus der ganzen Nazigeschichte kein Tabu machen«, verteidigte Delgado diese *DAF*-Strategie in der *SPEX*. »Das führt dann nur dazu, dass das ganze Nazitum auf einer Art Heiligenpodest steht. Und das ist viel gefährlicher als eine spielerische Konfrontation damit.« Ihr Spiel mit den historisch vorbelasteten Symbolen aber sorgte natürlich trotzdem für viel Empörung, auch in den frühen *SPEX*-Heften, wo Gerald Hündgen den beiden *DAF*lern gleich mehrfach kritische Nachfragen zu ihrer Gesinnung stellte. Zu einer Ächtung der Band jedoch führte das im Blatt lange nicht, bis Clara Drechsler dann im Frühjahr 1982 der Kragen platzte.

Wutentbrannt erklärte sie im Interview mit dem Duo dessen Ausweich-Rhetorik drastisch zu »Scheiße« und »Blabla« und unterstellte Görl und Delgado einen rechtsextremen »Kryptopolitismus«, bevor sie mitten im Gespräch aufsprang und aus dem Zimmer stürmte. (Ihren Aufnahmerekorder aber ließ Drechsler munter weiterlaufen und verwendete die während ihrer Abwesenheit aufgenommenen Nonsens-Aussagen der beiden Musiker später auch eiskalt fürs abgedruckte Interview.) Am Ende ihres Artikels rief die bekennende Antifaschistin dann ganz unironisch zum Boykott der beiden Techno-Pioniere aus Düsseldorf auf: »DAF sind lästig. Schmeißt sie in den Sandkasten! Kerkert sie ein ins Laufställchen […], aber hört nicht auf ihr Geschwätz!«

Das war einer der ganz seltenen, glasklar linkspolitisch formulierten Aufrufe in einem *SPEX*-Heft der Achtziger-Jahre (was Drechslers Redaktionskollegen in der Folgezeit jedoch keineswegs davon abhielt, sich auch weiterhin mit den beiden *DAF*lern zu treffen).

Ansonsten aber blieb auch alltagspraktisch vom Anfangsideal des linksautonomen Selbstverlags schon bald nicht mehr allzu viel übrig in der *SPEX*-Redaktion. Denn ganz so frei und unabhängig, wie es sich die Gründungsredakteure zunächst vorgestellt hatten, waren sie faktisch nie, weil das Blatt finanziell auf Anzeigen und die Unterstützung von Plattenfirmen angewiesen war. Sobald dann über eine Musikgruppe ein kritischer Artikel erschien, kam es laut Bömmels schnell zur Aufkündigung des Kontakts und hieß es am Telefon: »›Wir können euch leider nicht mehr unterstützen.‹ Das mussten wir erst lernen.«

»This is not a Lovesong«: Selbstausbeutung und Heldentum der ersten Jahre

Apropos Lernen: Wie fand die erste Redaktion überhaupt zu ihren Beurteilungskriterien? Wie organisierte sie sich? Und wer bestimmte die Themen, redigierte die Artikel? Bei Nachfragen wird schnell klar: All das war zu Beginn in der *SPEX*-Redaktion bestenfalls rudimentär vorhanden. Oder, wie Clara Drechsler 1981 freimütig schrieb: »Wir [machen] eine konzeptlose Zeitung. Es gibt kein Redaktionsstatut, kein *SPEX*-Manifest.«

Vieles schauten sich die Gründungsredakteure also erst einmal recht ungeniert aus anderen Fanzines oder bei den Profi-Kollegen der *Sounds* und des *NME* ab. Anderes ergab sich eher zufällig über Freundschaftskontakte – oder schlicht aus der Nähe zum *Ratinger Hof* in Düsseldorf, dem rheinischen Epizentrum der Punkrevolte, wo nicht nur angesagte Lokalmatadoren wie *Mittagspause, Der Plan* oder *DAF* auftraten, sondern auch international bekannte Bands wie *Wire, Pere Ubu* oder *999*. Die Nachbarschaft zum *Hof* war für die ersten *SPEX*-Macher zweifellos ein entscheidender Standortvorteil. Gleich mehrere Artikel der frühen Hefte beschäftigten sich mit Bands, die man vor oder nach dem Konzert in Carmen Knoebels Hotspot zum Interview abfing. Darüber hinaus konnte man einige Stammgäste des *Hofs* wie Thomas Schwebel oder den umtriebigen Exil-Österreicher Xao Seffcheque als Autoren gewinnen. Der Düsseldorfer Anteil am Kölner *SPEX*-Projekt war somit zu Beginn durchaus hoch, zumal Seffcheque rasch mit einer Heftkolumne namens O. R. A. V. (»Ohne Rücksicht auf Verluste«) auf sich aufmerksam machte. Ja, der aufmerksamkeitsheischende Seffcheque schreckte im August 1982 noch nicht einmal davor zurück, als fast nackter Pin-up-Boy – nur mit Tennissocken, Sonnenbrille und einem aufgeschlagenen Trenchcoat bekleidet – auf der Rückseite des *SPEX*-Hefts zu posieren. Was bei den Lesern allerdings nicht auf Gegenliebe stieß. »Das Foto von Alexander Seffcheque besaß unserer Meinung nach einen relativ geringen sittlichen Nährwert«, höhnte in der Folgenummer ein gewisser »Prinz Eugen von der Lahn« per Zuschrift und setzte im *Pluralis Majestatis* hinzu: »Wir kamen lediglich zu dem Schluss, dass Alexander Seffcheque nicht vergessen sollte, nach seiner Gesichtsoperation auch seinen Schwanz liften zu lassen.«

Ähnlich wie bei anderen linken, selbst organisierten und hoffnungslos unterkapitalisierten Blättern jener Zeit ging es bei *SPEX* also erst einmal – wohlmeinend ausgedrückt – experimentell-enthusiastisch zu. Man probierte viel aus und versuchte potenzielle Käufer sogar in BRAVO-Manier mit ausschneidbaren Starporträts, Rätselspielen oder Fragebögen zu locken, die Nonsens-Fragen enthielten wie: »Warum [werden] immer die anderen [berühmt], warum nicht ich?« Das alles waren Anfängerpeinlichkeiten, die heute innerhalb der Fangemeinde aus gutem Grund gnädig mit dem Mantel des Schweigens bedeckt werden.

Ein zweiter großer Vorteil für die Gründungsredaktion bestand darin, dass sie dank Peter Bömmels von Anfang an über enge Kontakte zur rheinischen Kunstszene verfügte. Dadurch ergaben sich schnell Kooperationen und entwickelte sich früh »eine kleine Kunst-Ökonomie im Umfeld von *SPEX*«, wie es Diedrich Diederichsen nennt. Die *Mülheimer Freiheit*-Kumpanen von Peter

Bömmels, Walter Dahn und Jiri Dokoupil, steuerten Zeichnungen und Texte für die ersten Nummern bei. Befreundete Galeristen schalteten Anzeigen. Und einige *SPEX*-Mitarbeiter fanden lukrative Nebenjobs im Kölner Kunsthandel. So arbeitete Redaktionsassistent Lothar Gorris in der Galerie von Monika Sprüth oder wurde Grafiker Christoph Pracht regelmäßig von Kölner Galeristen beauftragt.

Im Austausch für solche Gefälligkeiten nahmen es die Spexler mit dem journalistischen Abstandsgebot nicht immer allzu genau und berichteten nicht nur über Ausstellungen befreundeter Künstler (inklusive ihres Mitgründers Bömmels) auffallend wohlwollend. Auch sonst wurden Veranstaltungen und Publikationen eigener Mitarbeiter und Förderer recht skrupellos im Blatt beworben. Man pries die Möbel von Gründungsmitglied Miki Synuga an. Man druckte Werbeanzeigen für Bücher von *SPEX*-Autoren wie Diedrich Diederichsen, Götz Alsmann, Gerald Hündgen oder Joachim Lottmann. Man räumte Sponsoren wie der Düsseldorfer PR-Agentur GGK bereitwillig mehrere Sonderseiten Werbung im Heft ein – oder überließ dem *Mülheimer Freiheit*-Galeristen Paul Maenz in der September-Ausgabe 1984 großzügig Platz, damit er sich schreibend über seine Lieblingssängerin Eartha Kitt ausbreiten konnte.

Die Grenze zwischen Eigenwerbung und Journalismus blieb im *SPEX*-Magazin stets überaus durchlässig. Und die Spexler entwickelten sich im Laufe der Zeit zu wahren Meistern der eigenen Selbstvermarktung. Schließlich begriffen sie sich von Anfang an primär als Kreuzritter für einen besseren Popgeschmack – und erst in zweiter Linie als Musikberichterstatter. Auf journalistische Fairnessregeln konnten oder wollten sie da im Zweifel keine Rücksicht nehmen.

Umso ernster aber nahmen es die Urspexler mit ihrem basisdemokratischen Gründungsideal. Jeder – egal, ob Layouter, Fotograf oder Autor – hatte zu Beginn dasselbe Stimmrecht und wurde umgekehrt genauso gleichberechtigt als Arbeitskraft ausgebeutet und oft genug gleich mit mehreren Aufgaben betraut, besonders während der heißen Produktionsphase. Man traf sich zum Auftakt in einem Hinterhof der Brüsseler Straße 96, »in einer alten Droschkengarage«, erzählt Wolfgang Burat. Eine Zusammenkunft für ein Juxprojekt, das ursprünglich nur für eine einzige Heftnummer geplant war. Als diese Premierenausgabe mit Jah Wobble auf dem Titelblatt dann aber schnell vergriffen war und es Nachfragen hagelte, beschloss die achtköpfige Truppe, ihr *SPEX*-Experiment fortzusetzen, und zog in eine größere Unterkunft um, in ein Dachapartment am Hansaring 119.

Hier jedoch war die Miete teuer. Also wechselte die Redaktion schon im Februar 1982 wieder den Standort und siedelte in die Kölner Südstadt in einen Nebenraum der *StadtRevue* (am Zugweg 10) über, der sich die Spexler politisch verbunden fühlten. Im Juni 1983 stand dann bereits der nächste Umzug an: Diesmal ging's nach nebenan, in die Severinsmühlengasse 1, bevor man im Sommer 1987 zurück ins Belgische Viertel zog und gleich mehrere Büroräume an der Aachener Straße 40–44 anmietete, die praktischerweise schräg gegenüber von der redaktionsintern hochgeschätzten *Six Pack*-Bar lagen, an deren Tresen die *SPEX*-Redakteure nach Feierabend gern weiterdiskutierten. Damit war die Etablierung des ursprünglichen Sponti-Blatts auch räumlich sichtbar abgeschlossen.

Davor lag ein langer und mühevoller *Learning-by-doing*-Prozess, zumal über der Redaktion von Anfang an hartnäckig der Pleitegeier schwebte. Gleich mehrmals stand das Blatt, berichtet Ralf Niemczyk, schon in seiner Gründungsphase vor dem Aus, hätten die Herausgeber nicht (allen voran Wilfried Rütten) immer wieder und oft in allerletzter Minute privates Geld reingepumpt.

Trotzdem blieb die Situation bei *SPEX* dauerhaft prekär, obwohl die ersten Redakteure als wahre *Do-it-yourself*-Helden fast alle Arbeiten selbst erledigten. Und zwar wohlgemerkt: in der Regel völlig ohne Bezahlung. Hochgemut schrieben, lektorierten, fotografierten und entwarfen sie nicht nur das Layout für ihre

Zeitschrift selbst. Sie hefteten auch über ein Jahr lang die Seiten der einzelnen Exemplare eigenhändig zusammen und lieferten sie höchstpersönlich an ihre Kunden aus. Einzig den Druck ihres Magazins überließen die Pop-Enthusiasten von Anfang an einem Profi, nämlich Georg Stach, einem Kumpel ihres Fotografen Bernhard Schaub. Der räumte den Kölnern zwar generös einen Preisrabatt ein, hatte aber den Nachteil, dass seine Druckerei 130 Kilometer von Köln entfernt im sauerländischen Arnsberg lag. Jemand musste die frisch gedruckten Zeitungsseiten also jedes Mal aufwendig mit dem Auto abholen. Ein (natürlich ebenfalls unbezahlter) Fahrjob, den Fotograf Wolfgang Burat übernahm, weil er damals stolzer Besitzer eines *Simca*-Kastenwagens war.

» **Wolfgang Burat:** Ich bin dann öfter nach Neheim-Hüsten bei Arnsberg gedüst und habe unsere frisch gedruckte Zeitung abgeholt. Den Drucker kannten wir, weil das ein Freund von Barney war [Bernhard Schaub]. Und nach dem Druck haben wir uns dann alle irgendwo getroffen, weil die Blätter sortiert werden mussten. Dafür sind wir immer mit mehreren Leuten um einen Tisch voller Papierstapel rumgelaufen und haben die Blätter in der richtigen Reihenfolge zusammengelegt. Meistens zu viert oder zu fünft. Das war ganz unterhaltsam und nett. Und es gab immer Freiwillige, die uns geholfen haben. Und wenn die Zeitung dann nach ein paar Stunden fertig geheftet war, bin ich wieder mit meinem *Simca* los Richtung Ruhrgebiet, bis hoch nach Dortmund, und habe die Plattenläden abgeklappert. Dort warteten die Verkäufer dann oft schon sehnsüchtig auf die neuen *SPEX*-Exemplare und legten sie gut sichtbar neben die Kasse.

Immerhin drei Monate ging das so, bis die Redaktion mit *Farbo Druck* in der Kölner Südstadt einen ähnlich kostengünstigen

Drucker fand und Wolfgang Burat seinen aufwendigen Abholservice einstellen konnte. Die nächtlichen Sonderschichten der Handmade-Produktion aber behielten die Spexler noch ein weiteres Jahr lang bei, an die sich Bömmels sogar mit einer gewissen Wehmut erinnert: »In diesen langen Nächten hatten wir die interessantesten Diskussionen!«

Sehr viel weniger wehmütig jedoch blickt er auf die anfänglichen Verkaufstouren zurück, bei denen er zusammen mit seinen Kollegen abends durch die Kölner Kneipen zog, um die handgefertigten *SPEX*-Exemplare höchstpersönlich an die Leser zu bringen. »Das war furchtbar, eine echt harte Nummer! Man bekam Sprüche zu hören wie: Ich hau dir gleich eins auf die Fresse! Nur, weil man den Ansatz einer Frage zum Auftritt einer Chorweiler Punkband formuliert hatte. Das schlimmste Schimpfwort aber war: Du Künstler!«

Dabei waren die ersten *SPEX*-Hefte billig und kosteten, immerhin 20 bis 25 Seiten dick, gerade einmal 2,50 Mark. Mit der zehnten Ausgabe aber war im Juni 1981 schließlich die Schmerzgrenze der Selbstausbeutung erreicht, und Clara Drechsler kündigte in ihrer unnachahmlichen Manier eine Preiserhöhung um 50 Pfennige an: »Steigende Druckkosten (Papierkosten), steigende Satzkosten, steigende Reprokosten, steigende Mietkosten (Büro), steigende Vertriebskosten (Postgebühren), steigende Bierkosten steigern ständig unsere Ausgaben«, lautete ihre Begründung, plus des unschlagbaren Arguments: »3 DM sind immer noch besser als 3,50 DM!«

Tja, wer konnte dem widersprechen?! Der Preis des Blatts kletterte 1983 aber trotzdem auf 3,80 Mark, im Juli 1984 auf 4,80 Mark, bis er in der Hochphase des *SPEX*-Kults in den 1990er-Jahren stolze sechs Mark, schließlich sieben Mark erreichte. Dennoch warf der Verkaufserlös nie genug Gewinn ab – und blieb die Zeitschrift durchgängig während ihres vierzigjährigen Bestehens ein Low-Budget-Produkt, das vor allem von der Opferbereitschaft seiner Mitarbeiter lebte. An Honorare für Autoren war jahrelang sowieso nicht zu denken, zumal im marxistisch geschulten Gründerteam Artikelschreiben als luxuriöse Selbstverwirklichung galt, wie sich Niemczyk erinnert. »Anfangs gab's kein Geld für niemand, später dann Mini-Löhne für alles Organisatorische. Und bei der Bezahlung wurde es politisch: Nur ›entfremdete‹ Arbeit wurde entlohnt!« Konkret bedeutete das, dass außer der Putzfrau und dem inoffiziellen Chefredakteur Gerald Hündgen eigentlich niemand bei *SPEX* Geld sah. Man schuftete für lau. Beziehungsweise für die ›Ehre‹, wie es auch hier euphemistisch hieß. Erst nach rund zehn Jahren wurde ein verbindliches Zeilengeld eingeführt, allerdings auf allerniedrigstem Niveau, wie Peter Bömmels betont. »Wir waren stolz, dass wir unseren Autoren überhaupt etwas bezahlen konnten!«, rechtfertigt er diese Dumpingstrategie: »Entscheidend war das Überleben des Blattes. Die Druckrechnung war unerbittlich! Die darauf folgende auch!«

Fast überflüssig, an dieser Stelle noch zu erwähnen, dass es beim *SPEX*-Magazin natürlich auch jahrelang keine offiziell bezahlten Recherche-Reisen gab, sondern nur »die üblichen Deals mit Schallplattenfirmen«, wie es Diederichsen nennt. Er meint damit, dass die Plattenfirmen öfter die Reisekosten von *SPEX*-Autoren übernommen haben. Was dann auf so heikle Arrangements nach dem Motto hinauslief: »›Wenn ihr über die *Woodentops* schreibt, dann schicken wir euch nach London mit drei Übernachtungen.‹ Und dann hatten wir meistens irgendwelche Freunde in London und konnten gleich eine ganze Woche bleiben – und interviewten nebenher noch weitere Bands, was dann ebenfalls auf den *Woodentops*-Etat ging. So sprangen neben dem Artikel über die *Woodentops* am Ende noch andere Texte raus.« Aber wer auf Kosten der Promoter nach London reist, der kann im Anschluss über das promotete Musikprodukt natürlich nicht wirklich frei schreiben. Von publizistischer Unabhängigkeit konnte bei *SPEX* folglich nur bedingt die Rede sein. Ganz allmählich aber wuchsen die Einnahmen, die das Team jedoch meistens sofort wieder in eine bessere Produktionsqualität steckte, sodass die Mitarbeiter vom ökonomischen Aufschwung lange nichts mitbekamen.

Und als besonders demütigend empfand es Diederichsen als *SPEX*-Redakteur, dass er aufgrund der ewig klammen Finanzlage neben seiner Schreibarbeit ständig dazu genötigt war, Bettelanrufe bei potenziellen Werbekunden zu machen – oft ohne Erfolg.

» **Diedrich Diederichsen:** Das war ein letztlich nie gelöstes *SPEX*-Problem über all die Jahre, dass wir fast nie Anzeigen für Markenartikel bekamen. Wir wollten immer so gerne Markenartikler als Kunden gewinnen, bekamen aber fast nur Anzeigen von der Schallplattenindustrie, sodass wir in der Regel eine einzige Marlboro-Anzeige im Heft hatten, und der Rest war Werbung der Schallplattenindustrie. Und das war natürlich furchtbar. Denn das bedeutete, dass man diese Schallplattenleute andauernd am Telefon hatte, die einen dann immer wieder fragten, wie wir denn die neue Sowieso-Scheibe finden würden und ob wir denn nicht auch etwas darüber schreiben wollten. Unterm Strich, glaube ich, haben wir alle bei *SPEX* mit nichts so viel Zeit verschwendet, wie mit Schallplattenfirmen-Abwimmeln und Dann-doch-wieder-Anrufen-und-nach-Anzeigen-Fragen.

Das nach außen so glorreich schimmernde *SPEX*-Rittertum hatte für die Mitwirkenden also durchaus seine unglamourösen Schattenseiten, weil man sich als Autor des Magazins das Engagement für die Zeitschrift überhaupt erst einmal leisten können musste. Entweder, indem man über einen zusätzlichen Brotjob verfügte – oder über reiche Eltern. Nicht selten zahlte man als Schreiber sogar noch drauf, wie Ralf Berend seinen Lesern in einem Artikel 1982 verriet: »Man bekommt übrigens kein Geld für diese Arbeit.

Für 3 Std. Fahrt, 30–60 Minuten Interview, 3 Std. Warten, 1–2 Std. Schreibmaschine-Schreiben. Im Gegenteil, dieser Job kostet Geld! Telefongebühren mit der Redaktion und den Plattenfirmen. Kauf von Tonbändern und Fotofilmen. Kauf von Schallplatten, Benzin und Portokosten. Für die *SPEX* zu schreiben, hat für mich privat nur einen Sinn: Bei dem enormen Input muss auch ein Output stattfinden.«

Berends kokette Begründung, wonach er sich die Gratis-Schinderei fürs Blatt angeblich nur aus persönlichem Mitteilungsbedürfnis antat, dürften allerdings nur die wenigsten seiner Kollegen geteilt haben. Das wahre Motiv, sich fürs Magazin ausbeuten zu lassen, lag natürlich in dessen Coolness-Faktor begründet. Der nämlich umflorte die Kölner Zeitschrift schon bald. Und er nahm in demselben Maße zu, in dem der Hipness-Stern des Hamburger Konkurrenzblatts *Sounds* ab 1982 zu sinken begann. Insofern verdiente man als *SPEX*-Schreiber zwar nie viel Geld, genoss aber zunehmend mehr Prestige innerhalb der Kulturszene. Und das war vielen Pop-Propheten letztlich wichtiger als der schnöde Mammon, auch weil der Idealismus sich später sogar auszahlte. So legte der offizielle Redaktionsassistent Lothar Gorris nach seiner *SPEX*-Zeit eine beeindruckende Journalistenkarriere hin, als ihm 1997 der Einstieg beim *SPIEGEL* gelang, wo er zwei Jahre später zum Leiter der Kulturredaktion aufstieg und hier bis 2017 die Geschicke bestimmte. Auch Dietmar Dath, *SPEX*-Chefredakteur von 1998 bis 2000, wurde im Anschluss berühmt. Man berief ihn 2001 ins *FAZ*-Feuilleton, wo Dath bis heute als Filmredakteur wirkt und weiterhin als marxistischer Science-Fiction-Autor von sich reden macht. Und natürlich kennt jeder deutsche Popintellektuelle den einstigen *SPEX*-Vordenker Diedrich Diederichsen, der nach Lehrtätigkeiten an verschiedenen Hochschulen inzwischen als einer der gefragtesten Poptheoretiker des Landes gilt. Gorris, Dath, Diederichsen: Diese drei Namen (und noch ein paar andere mehr) stehen heute leuchtend dafür, dass das *SPEX*-Magazin durchaus als Sprungbrett in die oberste Kulturetage taugen konnte.

Solche Vorzeigekarrieren sollten aber nicht dafür herhalten, die Personalpolitik des Kölner Popmagazins nachträglich schönzureden. Denn zur unschmeichelhaften Wahrheit der *SPEX*-Zeitschrift gehört, dass sie an einem ironischen Widerspruch krankte, der leider bis heute die meisten linkspolitischen Blätter in Deutschland kennzeichnet. An jenem Widerspruch nämlich, sich einerseits lautstark für die Anerkennung sozialer Minderheiten und deren Rechte einzusetzen, andererseits aber trotzdem skrupellos gerade die eigenen Mitarbeiter finanziell auszubeuten. Denn in puncto Lohndumping bildete das *SPEX*-Magazin keine Ausnahme, sondern war nur ein unrühmliches Beispiel mehr für eine branchentypische Heuchelei. Wenig überraschend darum, dass es am Anfang gar nicht so leicht war, neue Talente für die Redaktion zu gewinnen. Gleichzeitig aber spürten Bömmels und Co. früh, dass sie sich kreativ verstärken mussten, wollten sie nicht wie viele andere Selbstverwirklichungsprojekte der 1980er-Jahre sofort wieder in der Versenkung verschwinden. Was lag da näher, als die eigenen Fans anzusprechen? Beziehungsweise: die eigenen Leserbriefschreiber?

»Shout, shout, let it all out!« – oder: Wie die Leser an der *SPEX*-Geschichte mitschrieben

Wie ungemein wichtig den *SPEX*-Redakteuren von Anfang an der Kontakt zu ihren Lesern war, lässt sich schon daran erkennen, dass sie bereits in der allerersten Ausgabe vom September 1980 einen Leserbrief abdruckten, obwohl sie zu diesem Zeitpunkt ja noch gar keine eigenen Leser haben konnten. Also borgten sie sich für die Premierenausgabe den traurigen Brief des *Gang of Four*-Schlagzeugers Hugo Burnham aus Großbritannien, der ein paar Wochen vorher in der britischen Musikzeitschrift *NME* gestanden hatte – und in dem Burnham aus Anlass des Herointodes von Punksänger Malcolm Owen hart mit der romantischen Verklärung von Drogen ins Gericht ging. »Malcolms Tod sollte nicht ausgebeutet werden, wie es zum Beispiel der verantwortungslose und pathetische Sid Vicious machte – dem's nur darum ging, die Scheiße zu verherrlichen«, schrieb Burnham und prophezeite zynisch: »Dieses üble Business neigt schon genügend zur Verherrlichung von Heroin. Malcolm aber machte aus seinem Problem kein Geschäft, deshalb wird er wohl in ein paar Wochen vergessen sein.« Das waren mutige Sätze für eine mehrheitlich drogenfreundlich eingestellte Punkgemeinde, und die erste *SPEX*-Redaktion pflichtete diesem Statement in ihrem Einleitungstext ostentativ bei: »Auch wenn wir nicht mit jeder einzelnen Bemerkung des Briefs übereinstimmen, meinen wir doch, dass er alles Wesentliche sagt – besser, als wir es könnten.«

Indem die Gründungsredakteure aber bereits an dieser Stelle im allerersten Heft einem Leserbriefschreiber wie Hugo Burnham zubilligten, einen Sachverhalt treffender als sie selbst auf den Punkt zu bringen, läuteten sie früh einen Rollenwechsel ein, der zu einem wichtigen Markenzeichen des *SPEX*-Magazins wurde. Denn ganz anders als bei den meisten deutschen Zeitungen sonst besaßen die Leser hier ein außergewöhnlich großes Mitspracherecht und wurden geradezu wie gleichrangige Redaktionskollegen behandelt. Nicht genug damit, dass die Redakteure selbst noch bitterböseste Kommentare ihrer Fans auf der kultig verehrten Leserbriefseite abdruckten. Sie beantworteten deren Zuschriften auch regelmäßig persönlich im Heft – und nahmen wiederholt Themenvorschläge auf. Auf diese Weise schrieben die *SPEX*-Leser früh an der Zeitung mit, indem sie (genauso wie es in den Fanzines üblich war) mit der Redaktion in einer Art fortlaufendem Gespräch verbunden waren, bei dem man sich gegenseitig duzte, als stände man abends gemeinsam am Kneipentresen.

Aus heutiger Sicht könnte man die Leserbriefseite der *SPEX* als Chatforum vor der Erfindung des Internets bezeichnen, in dem sich die westdeutsche Boheme der Achtziger- und Neunziger-Jahre über ihr Selbstverständnis austauschte – und die feinen Unterschiede eines popkulturellen Coolseins beschwor. Entsprechend rasch avancierte die ein- bis zweiseitige Rubrik zu einem Lieblingsteil des Magazins, wenn nicht sogar zum Hauptkaufargument für viele Fans, weil man die allmonatlich abgedruckten Leserkommentare schon bald kennen musste, um mitreden zu können. Und ganz ähnlich wie in späteren Netzforen wuchsen sich auch manche Fandispute in der *SPEX*-Zeitung zu wahren Fortsetzungsromanen aus, so zum Beispiel der Briefwechsel mit einem jungen Menschen namens »Conny Losch« aus der hessischen Kleinstadt Grießheim, der oder die seine/ihre Gender-Identität nicht preisgab, den wir uns aber der Einfachheit halber weiblich vorstellen wollen.

Diese *SPEX*-lesende Musikliebhaberin Conny Losch meldete sich erstmals im Mai 1985 per Leserbrief zu Wort, um sich bitter über den fehlenden Polit-Enthusiasmus des Autors Olaf Dante Marx zu beschweren, wobei sie ihre Schimpfkanonade mit dem herrlich größenwahsinnigen P. S.-Vorschlag enden ließ: »Die einzige Möglichkeit, die Zeitung noch zu retten, besteht darin, mich in die Redaktion aufzunehmen.« Als die Redaktion auf diese Empfehlung jedoch nicht reagierte, legte Losch in der nachfolgenden Juni-Ausgabe sofort noch einmal nach, indem sie in einem zweiten Leserbrief nun gleich das gesamte Zeitungsteam als »zugekiffte Bonzenkinder« beschimpfte, die »mit ihrer intellektuellen Pisserei Eliten heranzüchten« würden. Und siehe da: Diesmal funktionierte ihre Polemik und druckten die geschmähten Spexler als Antwort direkt unter ihrem Leserbrief immerhin den jovialen Oberlehrer-Ratschlag ab: »Conny-Baby, entweder die Klaue und die Groß-und-Klein-Krakelei hört auf, oder wir lassen die Kolumne sterben, dein Ghostwriter.«

Als die Kleinstädterin daraufhin beleidigt schwieg, ergriffen wiederum die Redakteure die Initiative und veröffentlichten in der Juli-Ausgabe 1985 auf der Leserbriefseite den flehenden Aufruf: »Liebste Leser! Was ist geschehen? Habt ihr die Tintenfäßchen leergetrunken? War die Juni-Nummer nicht mies genug? Wir sind so einsam ohne eure Zuschriften. […] Todtraurig, das sagen zu müssen: Selbst Conny Losch hat uns verraten. Schreibt, ihr Verlierertypen!«

Ehrensache natürlich, dass die angesprochene Losch sich sogleich zurückmeldete und im Septemberheft unter der Überschrift *The Notorious Conny Losch* mit einem dritten *SPEX*-Brief aufwartete, diesmal in Überlänge. Über zwei Spalten lang beklagte die Provinz-Marxistin darin erneut mit all ihrer jugendlichen Verve den fehlenden Revolutionsgeist der Spexler: »Was wärt ihr ohne mich? Richtig! Nichts! Ihr besteht nur aus Image […] Ihr lenkt ab von dem, was wichtig ist, und das professionell […] Und es ist klar: *SPEX* existiert leider nicht, um für seine Leser über Musik oder gar Politik zu schreiben, sondern umgekehrt: *SPEX* benutzt Musik, um über sich selbst zu schreiben.«

Ganz offensichtlich war die enttäuschte Revoluzzerin noch nicht vom zeittypischen Virus des postmodernen Zweifels infiziert, was die Popironiker aus Köln im Gegenzug köstlich amüsierte. »Conny, Baby«, schrieben sie in ihrer, erneut direkt unter Loschs Septemberbrief abgedruckten Antwort, »deine Pamphlete, wir bewundern sie: Ihre Zähigkeit, ihre Entschlossenheit, ihren desparaten Mut, ihre Literarizität; besonders, wenn du deine Unangepasstheit so weit treibst, renitent an deiner [Krakel-]Schrift festzuhalten.«

» **Peter Bömmels:** Ja, die Leserbriefe lagen uns sehr am Herzen. Eine Anrede darin werde ich nie vergessen: ›Lieber Dirk Bescheuring‹. Genial! Und wenn ich mich heute mit ehemaligen *SPEX*-Lesern unterhalte, erzählen sie mir oft, wie unglaublich wichtig die Zeitschrift für ihr Selbstverständnis gewesen ist.

In der Tat: Für nicht wenige jugendliche Popfans der Prä-Internet-Ära wurde die allmonatliche *SPEX*-Lektüre sogar »so wichtig wie der Sonnenschein«, wie es Heftleser Klaus W. Jäger in einer Zuschrift 1987 ausdrückte. Also überlebenswichtig. Schließlich mussten junge Westdeutsche damals, in jenen bleiernen Jahren der Helmut-Kohl-Regentschaft, noch ganz ohne Hightech-Anschluss ans Weltgeschehen auskommen und oft genug in einer öden Provinz aufwachsen.

Aber gerade für solche jungen Popschwärmer, die sich abseits des Mainstreamgeschmacks und fernab der Metropolen unaufgehoben, einsam und gelangweilt fühlten, wurde das Kölner Magazin zu einer wichtigen Troststimme. Zu einer identifikatorischen Rückversicherungslektüre, dass man als massenuntauglicher Musikfan vielleicht doch nicht ganz so allein, ausgeschlossen und unverstanden mit seinen Vorlieben und Sehnsüchten dastand, wie man sich fühlte, sondern dass es dort draußen irgendwo vielleicht doch noch eine andere, allen Nützlichkeitserwägungen entsagende Bohemewelt gab, bevölkert mit ähnlich träumerisch veranlagten Freaks. Die *SPEX*-Zeitung verhieß einen links-bohemistischen Gegenentwurf zum drögen Effizienzethos des unter Helmut Kohl aufblühenden Neoliberalismus, dank dessen ab 1983 ein Finanzpragmatismus der sozialen Kälte in Westdeutschland einzog, der selbst Jugendliche erfasste und plötzlich überall geschäftsmäßig mit Schlips und Aktentasche herumrennen ließ.

Die Lektüre von *SPEX* dagegen erzählte jungen Deutschen davon, dass es womöglich doch noch eine abenteuerlichere Lebensalternative gab, als gleich nach dem Abitur eine Banklehre zu machen oder sich für ein BWL- oder Jura-Studium einzuschreiben. Es waren letztlich neo-romantische Signale, die das Heft in den Achtziger-Jahren aussendete. Und einer der jugendlichen Popromantiker aus der Provinz, der diese verlockenden *SPEX*-Signale damals sehnsüchtig hörte, war der vom Bodensee stammende Hans Nieswandt, der von 1990 bis 1993 schließlich selbst Heftredakteur wurde – und als House-DJ später die deutsche Techno-Revolte mitbeeinflusst hat. »Die *SPEX*«, betont Nieswandt, »war für mich als Schüler eine fast religiöse Lektüre. Und zu diesem Kosmos dazuzugehören, das war für mich als Teenager der absolute Traum!«

» **Heike-Melba Fendel:** Es gab eben diese vielen Jungs in den Dörfern, die da irgendwo im Fränkischen oder so hockten, und die extra in die nächste Großstadt gefahren sind und sich die *SPEX* gekauft haben. Und die haben dann wirklich jeden Satz aus diesen Heften auswendig gelernt!

Alterstypisch waren die vorwiegend jugendlichen *SPEX*-Leser und -Leserinnen auf der Suche nach Orientierung und identifikatorischer Selbstbestätigung. Beides hofften sie heftlesend zu finden. Wurden ihre Erwartungen dann aber enttäuscht, schlug die stürmische Begeisterung fürs Peergroup-Magazin nicht selten in eine ebenso flammende Verachtung um, wenn nicht sogar in blanken Hass. Die Leserbriefseiten der *SPEX*-Hefte strotzten in den 1980er-Jahren darum nur so vor wütenden Beschwerdebriefen, die häufig derb oder nicht selten so hochaggressiv formuliert waren, dass sie locker den Tatbestand einer juristisch einklagbaren Ehrverletzung erfüllten. Doch egal, wie heftig die Anwürfe ihrer Leserschaft auch ausfielen, die *SPEX*-Redakteure druckten über Jahre hinweg stoisch fast alles ab. Darunter auch sexistische Beleidigungen gegenüber den weiblichen Mitarbeiterinnen des Blatts und selbst die Zeilen eines Stalkers, der Clara Drechsler im Novemberheft 1986 postalisch androhte, ihr demnächst mit Kuchen vor den Redaktionsräumen in der Kölner Südstadt aufzulauern. »Im nächsten Jahr werde ich wissen, was ihr Lieblingskuchenstück ist«, kündigte dieser »Dieter aus Berlin« an und grüßte unheilvoll: »Bis dann, Clara!«

Einzig bei eindeutigen Nazi-Hassparolen zog die Redaktion nach ein paar Jahren die Reißleine und stellte in Person von Clara Drechsler im November 1983 auf der Leserbriefseite unmissverständlich klar: »Wenn wir den Applaus von Rassisten suchen würden, DANN wären wir wirklich der letzte Dreck. [...] Adolf und Eva können sich in Zukunft ihre Versuche sparen, sich auf diesem Wege zu profilieren.« Abgesehen von rechtsextremistischer Hetze aber gaben sich die *SPEX*-Macher erstaunlich tolerant gegenüber den Verbalentgleisungen ihrer Fans. Schließlich wussten sie als gewiefte Selbstvermarkter nur zu gut, dass sich kaum etwas besser verkauft als skandalträchtige Provokationen.

Nach dem Vorbild des britischen *NME* verstärkten sie ihren Kontakt zu den Lesern dann 1985 noch einmal zusätzlich, indem sie im Februar dieses Jahres mit dem »*SPEX*-Leserpoll« [= Umfrage] ein weiteres Feedback-Forum im Blatt einführten, das bei den Fans rasch ebenso beliebt wurde wie die bereits vorher sehr beliebte Leserbriefseite. Eingefleischte *SPEX*-Jünger erachteten es von da an als ihre quasi heilige Pflicht, sich an den alljährlichen Poll-Abstimmungen des Magazins zum besten Musiker/besten Song/zur besten Band des abgelaufenen Popjahres zu beteiligen, in denen auch immer Juxkategorien wie »Bester Leserbrief« oder »Knalltüte des Jahres« vorkamen. Das *SPEX*-Poll-Rankingspektakel wurde ab 1985 jedes Mal frühzeitig mit viel Tamtam im Heft angekündigt und entwickelte sich rasch zu einer Alternativ-Bestenliste, die in der deutschen Musikbranche dann tatsächlich als Korrektiv zu den offiziellen Verkaufscharts wahrgenommen wurde und einen gewissen Einfluss entwickelte, weil nicht nur prominente Kritiker sich an den *SPEX*-Charts orientierten, sondern auch Musiker, Promoter und Produzenten. Für die leidenschaftlichen Fans des Blatts aber waren diese alljährlichen Ranking-Polls natürlich schnell noch viel mehr: nämlich nichts Geringeres als *der* ultimative Wissenskanon in puncto Popmusik, dessen wechselnde Namen und Titel wahre *SPEX*-Jünger jedes Mal sofort wieder neu auswendig lernten, um sie allzeit bereit auf Knopfdruck herbeten zu können.

Der permanente Austausch mit den eigenen Fans hatte für die *SPEX*-Redakteure somit gleich mehrere Vorteile. Ganz praktisch lieferten ihnen die Zuschriften schlicht Textmaterial, mit dem sie ebenso amüsant wie kostenlos ihre Heftseiten füllen konnten. Darüber hinaus schweißte das ständige Feedback beide Fraktionen schon bald zu einer verschworenen Glaubensgemeinschaft zusammen. Und – last but not least: Die Leserbriefe dienten den Zeitungsmachern auch als Talentreservoir.

Gleich mehrere Autoren und Autorinnen des Blatts wie Dirk Scheuring, Rainald Goetz oder die beiden Grether-Schwestern Kerstin und Sandra starteten ihre *SPEX*-Karriere nämlich genau hier: auf der Leserbriefseite. Und auch der 19-jährige Ralf Niemczyk tauchte im Mai 1982 zum ersten Mal mit einer Zuschrift im Blatt auf. Darin beschwerte sich der Fanzine-Macher aus Nippes unter dem Pseudonym *Wellenreiter* wütend über eine angebliche Verspießerung der *SPEX*. »Der Trend zum Schicki/Elite-Blatt scheint nicht mehr aufzuhalten zu sein«, schimpfte Niemczyk und forderte: »Ich möchte endlich mal was über Proll-, Punk-, Skin-, Black-Flag-Bands in der Oberschlaupresse lesen!«

Klar, dass die punksozialisierten Gründungsredakteure diesen Vorwurf nicht auf sich sitzen lassen konnten. Und auch klar, dass Peter Bömmels den jungen Kritiker sofort ansprach, als der ihm zufällig im *Blue Shell* über die Füße lief, der damaligen Lieblingskneipe der *SPEX*-Truppe.

» **Ralf Niemczyk:** Einige von denen waren ja ein lockeres Jahrzehnt älter als ich, also Establishment. Da gab's dann so verbale Scharmützel, kleine Streitereien, gerne mit Clara Drechsler. Das ruckelte sich aber bald zusammen. Und irgendwann hieß es: Willste nicht mal eine

Plattenkritik schreiben? Alles sehr niederschwellig, ohne klassische Bewerbung.

Das Zögern des jungen Punk währte dann auch nicht lange. Schon im Juli 1982 war es so weit – und Niemczyks erster *SPEX*-Artikel erschien über ein für ihn persönlich durchaus brisantes Thema. Schreckte der Debütant doch für seinen allerersten Heftartikel nicht davor zurück, eine lange Reportage über seine Heimatstadt Köln und deren Potenzial als Popmusikmetropole zu veröffentlichen. Ein Potenzial, das, so stellte der Neuling unter der Überschrift »Stadt der Verachteten« enttäuscht fest, so gut wie gar nicht vorhanden war. Daran konnten nach Meinung von Niemczyk auch lokale Nachwuchsbands wie *D Zeit D* mit Olaf Karnik oder *Fasaga* mit Dirk Scheuring nichts ändern. Schwer betrübt bilanzierte er am Ende seiner dreiseitigen Reportage: »Eine Million Einwohner und keine berühmte, neue Band (außer Acht gelassen seien Mainstreambands wie *BAP*). Nur Schwätzer und Säufer – abgesehen von einzelnen Ausnahmen trifft's wahrlich zu. Keine Chance für Colonia, die Zukunft wird es zeigen.«

Nur »Schwätzer und Säufer«? Keine Popzukunft für Colonia? Was für ein niederschmetterndes Urteil! Schließlich trat mit der *SPEX*-Zeitschrift ja gerade erst ein Kölner Printmedium an, um von der Domstadt aus das deutsche Popuniversum zu erobern. Kritiker Niemczyk durfte aber trotzdem fürs Blatt weiterschreiben und mauserte sich bald zusammen mit den gleichaltrigen Autoren Dirk Scheuring und Olaf Karnik zu einer Edelfeder der zweiten *SPEX*-Generation. Seine Lehrmeister der ersten *SPEX*-Generation hat er in bester Erinnerung.

» **Ralf Niemczyk:** Peter Bömmels war Pädagoge und Künstlertyp, der einen stets in Debatten verwickelte. Gerald Hündgen war der Soul- und Polit-Checker, erweiterte nicht nur den musikalischen Horizont. Clara Drechsler genoss als burschikos rüberkommende Musikfrau wegen ihrer krawalligen Art viel Respekt. Und Willy Rütten war eine weise Herausgeberfigur, der bereits ein Volontariat bei der Deutschen Welle hinter sich hatte. Er hat einen immer gewarnt, bloß nicht Journalist zu werden! Von wegen: Da hätte man keine berufliche Zukunft!

»The Lunatics take over the Asylum« – *SPEX* wird Avantgarde-Lektüre

1983 wurde zum Jahr eines entscheidenden Wandels für die *SPEX*-Redaktion, weil es journalistisch mit einem Paukenschlag anfing, den kaum jemand vorausgesehen hatte. Denn 1983 begann mit dem Ende der Hamburger Zeitschrift *Sounds*, die an den Schweizer Verleger Jürg Marquard verkauft wurde. Damit fiel unverhofft nicht nur das bekannteste Fachmagazin für Popmusik in Westdeutschland weg, sondern auch das entscheidende Konkurrenzmedium für *SPEX*. Was die Newcomer aus Köln erst einmal mit Triumphgeheul begrüßten. »*Sounds*, Gott sei ihrer Seele gnädig, ist eingegangen«, spottete Clara Drechsler im Januarheft 1983 und setzte genüsslich hinzu: »Das kratzt uns kein bisschen, außer, dass wir hoffen, dass 20.000 *Sounds*-Leser und alle Anzeigenkunden sich jetzt vertrauensvoll an uns wenden.«

Die Schadenfreude der Spexler über den Tod des vorher leidenschaftlich bekämpften Rivalen aus Hamburg hielt aber nicht allzu lange an, weil sie bei den eigenen Lesern gar nicht gut ankam. »Es gibt schon seit den alten Römern ein ungeschriebenes Gesetz, dass man über Tote nicht schlecht sprechen sollte«, schimpften etwa Silvia Kleinmeier und Brigitta Lauer aus Leutenbach per Leserbrief im Februar und fragten nicht zu Unrecht: »Warum kommt Eure Auseinandersetzung mit der *Sounds* erst jetzt?« Auch Leser Simon Leunig war über Drechslers posthumes Bashing entsetzt: »Eine jubelnde Würdigung der späten *Sounds* wäre nötig gewesen.

Was kommt stattdessen? Mäkelnde, kleinkarierte Mini-Nachrufe.« Und Thomas Böhmer aus Frankfurt am Main schrieb aufgebracht über so viel Pietätlosigkeit: »Was soll das Geschimpfe von Clara? [...] Meiner Meinung nach habt ihr nicht nur die Chance, sondern auch die verdammte Pflicht und Schuldigkeit, die Nachfolge von *Sounds* anzutreten. Wer sollte es sonst tun?« Mit dieser Frage traf *SPEX*-Leser Böhmer exakt den wunden Punkt. Denn so sehr sich Clara Drechsler und ihre Mitstreiter vorher auch immer wieder über den berühmteren Konkurrenten aus Hamburg lustig gemacht hatten, die Wahrheit lautete doch unschmeichelhaft: Ohne das *Sounds*-Magazin fehlte den Poprevoluzzern aus Köln schlagartig ein entscheidendes Orientierungsmedium. Die Bürde der Nachfolge lastete schwer auf ihnen. Und sie wurde umso schwerer, je öfter die eigenen Leser sie in den nächsten Monaten an ihr publizistisches Erbe erinnerten. »Seid ihr euch eigentlich eurer Verantwortung bewusst?!«, fragte ein gewisser Tim noch im November 1983 per Leserbrief und setzte beschwörend hinzu: »Ihr seid die letzten Überlebenden von 77!«

Doch genau dieser Anspruch, mit einem Mal unverhofft als *die* einzig wahre, übrig gebliebene Pressestimme für die Jünger der Punkrevolte dazustehen, überforderte die Neulinge vom Rhein schnell. Wie sollten sie auch Meinungsführerschaft für sich beanspruchen, wenn die eigentlichen Popkritikpioniere in Deutschland doch alles ehemalige *Sounds*-Autoren wie Alfred Hilsberg, Diedrich Diederichsen oder Kid P. (alias Andreas Banaski) waren, die jetzt quasi arbeitslos herumliefen und nur auf eine Gelegenheit zur *SPEX*-Demontage zu lauern schienen?

Es kam, wie es kommen musste – und wie es sich viele Popfans 1983 auch wünschten. Die Spexler überwanden ihren Stolz und klopften bei ihren alten Konkurrenten an, um sie zu bitten, künftig bei ihnen mitzuarbeiten.

» **Diedrich Diederichsen:** Die haben sofort, als es mit der *Sounds* vorbei war, bei mir angefragt. Übrigens nicht nur bei mir, sondern auch bei anderen ehemaligen *Sounds*-Autoren. Wir kannten uns ja alle vorher schon.

Ganz so unaufgeregt, wie es Diederichsen erzählt, aber wird diese Verschmelzung der beiden Fraktionen höchstwahrscheinlich nicht abgelaufen sein. Dafür hatte man sich vorher zu lange und zu heftig bekämpft. Außerdem handelte es sich beim 1957 geborenen Wortführer der *Sounds*-Mannschaft, Diedrich Diederichsen, um einen Musikkritiker, der mit seinem an Lester Bangs und Julie Burchill geschulten Assoziativstil zunächst alles andere als optimal zum Fansound von *SPEX* passte. Würzte dieser zwar marxistisch geschulte, aber dem Elitären keineswegs abgeneigte Popdandy seine Texte doch nur allzu gern mit Verweisen aus Philosophie, Kulturtheorie, Literatur und Politik, was seinen Lesern akademisches Vorwissen und einiges an Gehirnschmalz abverlangte. Kurzum: Der intellektuell anspruchsvolle Stil Diederichsens vertrug sich erst einmal eigentlich gar nicht mit dem anti-elitären Selbstverständnis des punkbeeinflussten *SPEX*-Gründungsteams. Weswegen einige Kölner Redakteure auch prompt allergisch auf seine Texte reagierten. So kritisierte Gerald Hündgen noch im Januarheft 1983 den Hamburger Kollegen mit den Worten: »Wenn Diedrich Diederichsen sich z. B. über *Haircut 100* auslässt, ist das an der Musik selbst gar nicht zu erklären. Der ›oberflächliche‹ Hörer empfindet es nur als angenehme Popmusik. DD hingegen wird davon zu seinem Feuerwerk von Ideen und Assoziationen getrieben. Das ist zwar interessant zu lesen, was man aus *Haircut 100* alles machen kann. Aber […] vielleicht hat der Leser ja gar nicht lesen wollen, was alles aus einer Platte rauszuholen ist. Und wenn er's gelesen hat, fühlt er sich bloß als Würstchen.«

Für den Soulfan Hündgen klangen die verweislastigen Diederichsen-Artikel schlicht zu sehr nach elitärer Bildungshuberei. Und er stand mit diesem Verdikt in der *SPEX*-Redaktion keineswegs allein da. Auch seine Kollegin Clara Drechsler machte sich im selben Heft über Diederichsens Gehirnakrobatik lustig, die »bei aller Privatheit immer unpersönlicher und reizloser« geworden sei. Noch verachtungswürdiger aber fand sie dessen ehemaligen *Sounds*-Kumpan Kid P., den sie als »reinsten Antichristen« und »Langeweiler« beschimpfte, weil er – igitt! – »mit billigen Witzchen nerv[e]«.

An solchen Aussagen lässt sich leicht ablesen, dass der Autorenzuwachs von der Elbe in der Kölner Redaktion 1983 nicht nur bejubelt wurde. Anscheinend sahen sogar diejenigen, die sich damals aktiv dafür einsetzten wie Peter Bömmels, in der Verbrüderung mit den Ex-Rivalen eher ein notwendiges Übel als eine willkommene Verstärkung. Zumindest klingt auch der inzwischen in Berlin lebende Maler nicht gerade euphorisch, wenn er rückblickend darüber spricht: Man habe sich 1983 halt in einer akuten Notlage befunden, kommentiert Bömmels die Anwerbung der Ex-*Sounds*-Leute, weil Gerald Hündgen kurz vorher seinen Chefposten hingeworfen hatte. »Danach brauchten wir einen neuen Chefredakteur«, so Bömmels. »Und dann kam Diederichsen. *Wir* haben ihn selbst geholt.«

Man merkt dem *SPEX*-Veteranen auch vierzig Jahre später noch an, dass ihm diese Personalentscheidung nicht leichtgefallen ist. Schließlich kam mit Diederichsen nicht irgendein Musikjournalist zur *SPEX*, sondern der kommende Pop-Papst des Jahrzehnts, der mit einem ebenso großen Selbst- wie Sendungsbewusstsein ausgestattet war. So wagte es der damals 26-jährige Diederichsen als erster deutscher Musikkritiker überhaupt, in seinen Artikeln das Unterhaltungsphänomen Popmusik mit kulturwissenschaftlichen Thesen zu unterfüttern. Zudem, führt Bömmels weiter aus, taugte DD nicht zum Fußsoldaten, sondern eher zum Alphatier: »Diedrich ist halt *the big dictator*. Also jemand, der bestimmt. Man muss schon einen sehr dicken Kopf haben, um sich gegen ihn zu behaupten. Einen Kopf mit reichlich Inhalt, versteht sich.«

Übernahm mit dem Poptheoretiker Diederichsen also Mitte der Achtziger-Jahre ein »Bestimmer« das *SPEX*-Ruder, um danach im Hintergrund die Strippen zu ziehen und die Zeitschrift nach seinem Gusto umzumodeln? Darüber gehen die Meinungen bis heute auseinander. Und zur Natur der Sache gehört, dass Diederichsen selbst sein *SPEX*-Wirken deutlich weniger dramatisch sieht.

» **Diedrich Diederichsen:** Na, ich glaube, dass der Wechsel hin zu einer mit mehr professionellem Anspruch auftretenden Zeitschrift tatsächlich schon passiert war, *bevor* ich zur *SPEX* kam. Eine professionelle Zeitschrift zu machen, war ja zum Beispiel auch der Anspruch des Grafikdesigners Christoph Pracht. Und Leute wie Gerald Hündgen, Wilfried Rütten oder Peter Bömmels waren alles gestandene Linke mit Soziologie-Studium, die ebenfalls sehr diskursiv sein konnten und nicht sehr fanartig waren.

Alles halb so wild also? Nun, anzunehmen ist trotzdem, dass Diederichsen schon allein aufgrund seiner Belesenheit und Prominenz auf die neuen Kollegen in Köln einschüchternd wirkte. Bereits im Februar 1983 veröffentlichte er im Heft unter der Überschrift *Krieg und Frieden* einen Kolumnentext, der nicht nur von Foucault- und Baudrillard-Verweisen strotzte, sondern durchaus auch als Kampfansage an die Redaktion gelesen werden konnte. Denn in diesem Artikel rechnete der neue Kollege nicht nur mit seinem *SPEX*-internen Kritiker Gerald Hündgen ab, indem er ihm mit Fingerzeig auf Baudrillard einen veralteten Kulturbegriff unterstellte.

Der neue Mann aus Hamburg stellte auch hier gleich zu Anfang unmissverständlich klar: »Ich hoffe, dass ich mich in *SPEX* genauso vertraulich mit den Lesern aussprechen werde, wie ich es in *Sounds* konnte. Schreibe ich für andere Zeitschriften, muss ich immer erklären, was ich schon längst weiß, muss ich mich in Wiederholungen ergehen. Einem Freund muss man nicht erst das Selbstverständliche erklären.«

Einem Freund muss man nicht erst das Selbstverständliche erklären: In diesem scheinbar harmlos klingenden Bekenntnissatz schwang tatsächlich schon die ganze programmatische Wende mit, die das *SPEX*-Magazin unter der Federführung von Diederichsen nehmen sollte. Jene grundlegende Wandlung weg von der Fanpostille hin zu einer avancierten Kulturzeitschrift für eine standesbewusste, akademisch geschulte Popintelligenzia, der man fortan nicht mehr die Fachbegriffe eines angesagten Wissensdiskurses extra »erklären« musste – und die ein Bedürfnis nach sozialer Abgrenzung qua exklusiver Insider-Codes besaß, anhand derer man die Welt in coole *SPEX*-Freunde und weniger coole Nicht-*SPEX*-Bescheidwisser einteilen konnte. Ein von Diederichsen zumindest maßgeblich angestoßener, radikaler Profilwechsel, den er selbst so umschreibt: »Na ja, im Umfeld der frühen *SPEX* gab es ja damals noch eine Menge Leute, die die Zeitung vollschrieben und die man heute nicht mehr so kennt. Die also viel Volumen produzierten. Drei Seiten Interviews mit irgendeiner durchreisenden britischen Band, die von Bierpreisen handelten. Oder von: ›Wie war's *on the road*?‹. Oder von: ›Wie findest du die neue Platte?‹. Also von banalem Geplauder. Davon gab's zunächst relativ viel in der *SPEX*. Das wurde auch erst einmal gern genommen, weil nie irgendwas bezahlt werden konnte bis zu einem bestimmten Zeitpunkt. Doch die Autoren solcher Plaudertexte, die waren dann irgendwann draußen.«

Mit anderen Worten: Nach dem Einstieg des ehemaligen *Sounds*-Redakteurs und seinen Kumpanen wurde es für nicht metaebenengeschulte Autoren schlagartig schwieriger, weiterhin Texte unterzubringen. »Ja, man merkte: Jetzt wird's ernster«, bestätigt Ralf Niemczyk. »Es war vergleichbar mit der nächsten Ebene in einem Computerspiel: Nun kommt Level drei und vier. Das lief aber nicht über Diktatoren-Cheftum, sondern eher über ein kollektives Besserwerden des gesamten Blatts. Die fanzinemäßigen Erlebnisaufsätze der Frühzeit wichen jetzt größeren Reportagen UND diskursmäßigen Ansätzen.«

Starschreiber Diederichsen erhielt außerdem im Gegensatz zu fast allen anderen *SPEX*-Mitarbeitern ein festes Redakteursgehalt, das sich jedoch im Vergleich zu dem, was er ab 1984 hauptberuflich als Texter der Düsseldorfer PR-Agentur GGK verdiente, lächerlich gering ausnahm. »Es war, als wäre ein Starspieler von *Real Madrid* aus Düsseldorf dafür bezahlt worden, damit er bei einem Verein in Köln spielen kann«, bringt es Niemczyk auf die Fußballformel und verschweigt dabei nicht, dass auch er sich damals Sorgen um seine Weiterbeschäftigung bei *SPEX* machte. »Man befürchtete, jetzt würden die übermächtigen Profis einreiten. Schließlich dockten bald auch Joachim Lottmann, Andreas Banaski, Michael Ruff und andere an.«

In diesem Sinne brachte der Hamburger ›Pop-Professor‹ seine eigene Autorenmannschaft an den Rhein mit, deren Namen ebenfalls bereits ein gewisser Nimbus umgab. Alle diese neuen Schreiber verliehen dem Magazin dann ab 1983 deutlich mehr Glanz. Durch sie entstand in der Kölner Redaktion aber auch etwas, was man bis dahin dort kaum gekannt hatte: interner Konkurrenzdruck. Auf die Qualität der Texte wirkte sich das sichtbar positiv aus, auf die Betriebsstimmung weniger, weil die Kölner Mitarbeiter jetzt stärker unter Beobachtung standen und an den versierteren Profis aus Hamburg gemessen wurden. »Die hanseatische Verwandtschaft hat das Blatt anspruchsvoller gemacht und die seit Heftbeginn bestehende Nähe zur Bildenden Kunst verstärkt«, resümiert Niemczyk den Transformationsprozess. »Das Blatt bekam mehr Format, Theorie und Außenwirkung. In den Kopf des Lesers wurde sozusagen mehr Substanz reingekippt.« Substanz, die sich dann keineswegs nur aufs Musikalische beschränkte. Schließlich hatten die Spexler den Popbegriff schon immer sehr weit ausgelegt und neben den üblichen Bandporträts und Plattenkritiken auch Abseitigeres, wie

Filmkritiken, Milieureportagen oder (ganz verwegen!) Gedichte von Rolf-Dieter Brinkmann oder Frank O'Hara, abgedruckt. Kein Wunder also, dass Diederichsens schillernder Name ab 1983 bald auch andere Schreiber fernab der Musikbranche anzog. Allen voran den exzentrischen Jungschriftsteller Rainald Goetz aus München, der sich im Juni des Jahres beim Literaturwettbewerb in Klagenfurt publikumswirksam die Stirn aufschnitt und als blutender Punkdichter berühmt wurde.

Daneben war Goetz auch ein begeisterter Musikfan und über den Wechsel seines Lieblingskritikers Diederichsen zur *SPEX* zunächst heillos entsetzt. Bitterlich beklagte er sich im Märzheft 1983 mit einer langen Zuschrift: »Oh, Herr Diederichsen, das hat mir in den Augen wehgetan, Ihren Namen in dem Wecker- und Klemm- und deshalb Krampflockerblatt *SPEX* lesen zu müssen. Es stimmt nämlich nur ganz selten, dass man den Rahmen von einem DummBlatt in die Gescheitheit aufsprengen kann, indem man das Richtige sagt. *SPEX* ist für einen wie Sie, lassen Sie es sich gesagt sein, kein Boden, auf dem Sie stehen und von dem aus Sie Ihre gescheiten Schläge locker führen können. In einem Morast muss ein jeder versinken.«

Man muss es den Kölner Redakteuren hoch anrechnen, dass sie in ihrem Transparenz-Ethos selbst solche ehrverletzenden Statements noch brav abdruckten. Und anscheinend war auch Wutschreiber Goetz über so viel journalistische Nehmerqualität beeindruckt. Zumindest stürzte er sich nur ein knappes Jahr später, seinen eigenen Unkenrufen zum Trotz, selbst in die Untiefen des von ihm als »Morast« diffamierten Magazins und belieferte das *SPEX*-Team ab Februar 1984 regelmäßig mit langen Textergüssen über die Dummheit der Welt im Allgemeinen und die Leiden des jungen Rainald G. an ihr im Besonderen.

Bis heute genießt der Büchnerpreisträger von 2015 bei vielen *SPEX*-Fans einen fast sakrosankten Heiligenstatus. Man sollte darüber aber nicht vergessen, dass Goetz in seinen damaligen Heftkolumnen nicht nur bewusst die Grenzen der Schreibkonventionen austestete, sondern auch solche der Anständigkeit.

Insbesondere dann, wenn er hierin auf Frauen zu sprechen kam. Die New Yorker Punk-Autorin Kathy Acker verglich er in einer Kolumne mit Hitler, oder er unterstellte Frauen aus dem Kulturbereich auch schon mal eine minderwertige »Schleim«-Produktion.

Und spätestens in seinem Text *Fleisch* aus der Mai-Ausgabe 1984 brannten beim Literatur-Raubauz aus München die Sicherungen durch und wurde Goetz zum sexistischen Provokateur. Denn hierin stänkerte er ausgerechnet gegen seine eigene *SPEX*-Kollegin Heike-Melba Fendel derart hemmungslos, dass nicht nur der Geschmähten glatt die Spucke wegblieb (mehr dazu auf den Seiten 95–96).

Allerdings waren misogyne Sprüche im männlich dominierten Kulturbetrieb der 1980er-Jahre leider keine Seltenheit, sondern gehörten – ähnlich wie rassistische oder sogar faschistische Schimpfwörter – geradezu zum ›guten‹ Szeneton. Das kann und soll Goetz' sexistische Aussetzer nicht entschuldigen. Doch spricht aus ihnen eben auch ein hartgesottener Zeitgeist, den damals auch andere männliche Autoren/Künstler wie Joachim Lottmann oder Martin Kippenberger an den Tag legten, um sich mithilfe von politisch unkorrektem Schockvokabular und -verhalten zu profilieren. Schließlich galt in der Ära der postmodernen Ironie kaum etwas als uncooler, als seine eigene Verletzlichkeit preiszugeben oder gar einen Opferstatus für sich zu reklamieren. Als ›cooler‹ Hipster der 1980er-Jahre gab man sich emotional unantastbar und war strikt darauf bedacht, persönliche Härte und Unbezwingbarkeit zu demonstrieren, indem man andere öfter aufs Gröbste beleidigte und fremde Schmähungen umgekehrt möglichst unbeeindruckt wegsteckte.

»Ja, das ist interessant«, kommentiert Diederichsen diese auffällige Beleidigungstoleranz der damaligen Popboheme. »Shitstorms gab's damals ja eigentlich auch schon in der *SPEX*, vor allem in den Leserbriefen. Aber alle fanden solche Beschimpfungen eigentlich immer nur lustig. Denn diese Beschimpfungen waren eben auch oft, sogar wenn's total *ad personam* ging, eingesponnen in einen Kokon aus Humor und Groteske. Deswegen hat sie niemand als Aggression empfunden.«

Unter dem postmodernen Banner des *Anything Goes* war dem verächtlichen Spott bis in die Neunziger-Jahre hinein selbst in linken und sozialkritischen Kreisen kaum eine Tabugrenze gesetzt. Es regierte vielmehr die augenzwinkernde Abhärtungsdevise des Sartiremagazins *Titanic*, wonach gelebte Gleichberechtigung darin bestand, dass man alle und jeden gleichberechtigt beleidigen durfte.

Abgesehen von solchen Stilfragen aber kann man den Kurswechsel der Popzeitschrift *SPEX* 1983 unterm Strich so zusammenfassen, dass es sich mit ihr im Kohl-Wendejahr ähnlich verhielt wie mit vielen Undergroundbands zu diesem Zeitpunkt. Die enthusiastische Energie des Punkaufbruchs war verpufft. Die originellen Ideen blieben aus. Und die Redaktion konnte den eigenen Mangel an Professionalität immer schlechter mit genialischem Charme kaschieren. Sie brauchte Input. Und den fand sie dann ironischerweise bei den etablierteren Ex-Konkurrenten des *Sounds*-Magazins rund um Diedrich Diederichsen. Eine publizistische Frischzellenkur, die ihren Preis hatte, weil Diederichsen und seine Kumpanen auch eine andere, anspruchsvollere Form der Popkritik nach Köln mitbrachten – und so dafür sorgten, dass die *SPEX*-Zeitschrift hinterher nicht mehr dieselbe war.

Kurzfristig, so berichtet Bömmels, habe sich gegen diesen Professionalisierungsschub sogar redaktioneller Widerstand formiert. Einige jüngere *SPEX*-Mitarbeiter hätten sich gegen Diederichsen und seine Mannschaft aufgelehnt, bis der Aufruhr aber schnell und einigermaßen kläglich in sich zusammengebrochen sei. »Es war sicherlich begrüßenswert, dass die *SPEX* mit Diederichsen sprachlich und inhaltlich anspruchsvoller wurde«, fasst Bömmels den Wandlungsprozess zusammen. »Doch das Flapsige, Witzige und durchaus Geistreiche der frühen Hefte ging mehr und mehr verloren. Diedrich hat alles dominiert, stalinesk sozusagen. Das hat den Jüngeren zugesetzt. Und eine Folge des Konflikts war, dass Diedrich dann plötzlich selbst gehen wollte. Es brauchte ein längeres gastronomisches Gespräch, ihn davon zu überzeugen, weiterzumachen. Mit Geld konnten wir ihn ja nicht locken.«

»Dear prudence, won't you come out to play« – Eine Handvoll »Nichtskönner« erobert Deutschland

Als Führungsfigur mag der Poptheoretiker Diederichsen umstritten gewesen sein. Weitgehend unstrittig aber ist, dass er der *SPEX*-Zeitschrift als prägender Kopf zwischen 1983 und 1990 ihre sieben goldenen Jahre bescherte, in denen sie zum wichtigsten deutschen Musikblatt aufrückte, wenn nicht zum einflussreichsten Kulturmedium der Bundesrepublik. Ein erstaunlicher Siegeszug des verlagsunabhängigen Selfmade-Produkts, der auch dadurch begünstigt wurde, dass die *SPEX*-Heimatstadt Köln ab 1982 ebenfalls in einen Aufwind geriet – und sich zu einer international gefeierten Kunstmetropole wandelte. Nicht Hamburg, München oder Westberlin galten mit einem Mal als bundesdeutscher *place to be*, sondern die kleinere, aber auch quirligere und feierlustige Rheinmetropole, die plötzlich scharenweise Kreative aus aller Welt anzog. Vor allem aus den USA und New York kamen in den 1980er-Jahren Künstler und Künstlerinnen nach Köln herüber, auf der Suche nach einem geheimnisvollen ›Cologne-Spirit‹, woraufhin die sogenannte Artbridge zwischen dem Big Apple und Cool Colonia entstand, an der die Spexler über Peter Bömmels direkt beteiligt waren. Der nämlich feierte mit seinen *Mülheimer Freiheit*-Kollegen Anfang der Achtziger-Jahre den entscheidenden Durchbruch und wurde als Maler danach rasant in die erste Liga des Kunstbetriebs katapultiert, wodurch sich auch für seine *SPEX*-Mitstreiter höchst glamouröse Kontakte ergaben. Unverhofft zählte man auf einmal den international gefeierten, afroamerikanischen Maler Jean-Michel Basquiat, den britischen Soulmusiker Kevin Rowland oder den New Yorker Hip-Hop-Pionier *Fab 5 Freddy* zu seinen neuen Freunden.

Diedrich Diederichsen, der sich in Hamburg bereits mit den jungen Malern der Hetzler-Galerie angefreundet hatte und mit der aufstrebenden Künstlerin und Kunstkritikerin Jutta Koether liiert war, erwies sich in dieser Hinsicht als perfekter Vermittler. Denn er brachte nicht nur seine privaten Künstlerkontakte nach Köln mit, sondern er freundete sich nach seinem Umzug auch mit Martin Kippenberger an, dem schillerndsten und umstrittensten jungen BRD-Künstler jener Jahre, der 1982 ebenfalls von Berlin aus in die Domstadt übersiedelte.

Vom Kunsthype, insbesondere vom Hype um die Lokalstars der *Mülheimer Freiheit*, so meint auch Diederichsen, habe die Kölner *SPEX*-Redaktion entscheidend profitiert. »Peter Bömmels hat natürlich Verbindungen hergestellt. Walter Dahn war ebenfalls mit *SPEX* verbunden«, erläutert er. »Der hatte damals eine Band, *Die Hornissen*, die in *SPEX* eine Vierfarb-Anzeige geschaltet hat. Umgekehrt wurde in der Zeitschrift auch über die Paul-Maenz-Events berichtet. Und es ergaben sich neue, lukrative Geldverdien-Möglichkeiten. Das alles hatte etwas sehr Befruchtendes.«

Dank der neuen Kunstfreunde aus New York gelang der Redaktion dann im November 1983 ein spektakulärer Coup, der die Musikbranche aufhorchen ließ. Denn in diesem Heft veröffentlichte Lothar Gorris mutmaßlich als erster deutscher Journalist überhaupt ein langes Interview mit der US-Sängerin Madonna Ciccione, die nur wenige Monate später mit ihrem Debütalbum *Madonna* quasi über Nacht zum Weltstar wurde. Noch aber kannte kaum jemand in Deutschland die 25-jährige Newcomerin aus Detroit mit der charakteristischen Kieksstimme. Bömmels' US-Kumpels hatten den Interviewtermin in New York arrangiert, für den Gorris dann extra einflog. Und man merkt seinem *SPEX*-Artikel deutlich an, wie hingerissen der Autor vom Charme der jungen Madonna war – auch wenn er sich ein paar grobschlächtige Bemerkungen über das Äußere seiner Gespächspartnerin nicht verkneifen konnte: »Ihr zu kurzes Hemd legt immer wieder ihren kleinen Bauch frei«, notierte er in seinem Text. »Das weiß sie recht gut zu kaschieren, im richtigen Moment aber setzt sie diese Waffe schonungslos ein, und das wirkt.« Abgesehen von solchen zweifelhaften Bäuchlein-Beobachtungen zollte Gorris der kommenden Popdiva jedoch höchsten Respekt. »Ihre Musik nicht zu mögen, ist nahezu unmöglich«, behauptete er in seinem Porträt begeistert. »Diese Singles sind wunderbar.« Den Ehrentitel des deutschen Madonna-Entdeckers konnte ihm danach niemand mehr nehmen. Ebenso wenig wie der Kölner *SPEX*-Redaktion den klaren Beweis dafür, dass sie ein hervorragendes Trendgespür besaß.

Und nicht nur mit dieser Exklusivstory gelang den Spexlern 1983 ein entscheidender Sprung nach vorne. Auch optisch wechselte das Heft jetzt ins Hochglanz-Segment, und die Redaktionsabläufe professionalisierten sich. »Mit dem ersten Farbcover mit Kim Wilde im Oktober 1983 kam eine echte Magazinstruktur«, erinnert sich Ralf Niemczyk. »Das Ganze wurde strukturierter, auch die Angebote der Plattenfirmen wurden prominenter. Von da ab wählte man zumindest die Titelstory nach einem möglichen Indie-Starpotenzial aus.« Mit dem Erfolg aber ereilte die Poprevoluzzer aus Köln zwangsläufig ein Problem, das alle erfolgreichen Rebellen irgendwann einholt. Nämlich das Imageproblem, als Underdog mit einem Mal plötzlich selbst oben im Establishment angekommen zu sein.

Spätestens 1983 mussten die *SPEX*-Redakteure anerkennen, dass die Punk- und New Wave-Revolte vorbei war und dass die meisten ihrer Idole inzwischen entweder das Zeitliche gesegnet hatten oder selbst zu massenkompatiblen Stars geworden waren, die man (etwa *The Cure* oder *Die Toten Hosen*) gar nicht mehr so leicht von konventionellen Hitparadenstürmern unterscheiden konnte. Der ursprüngliche *SPEX*-Glaubenssatz, wonach es einen ›guten‹ Dissidenzpop der Indie-Labels und einen ›bösen‹ Kommerzpop der Major-Industrie gab, ließ sich damit beim besten Willen nicht mehr aufrechterhalten. Was aber bleibt einem Rebellenblatt, wenn ihm das Rebellische abhandenkommt?! Die poststrukturalistisch geschulte Truppe um Diedrich Diederichsen fand für dieses eigentlich dilemmatische Glaubwürdigkeitsproblem einen ziemlich cleveren Dreh. Die Lösung hieß: Selbstironie.

Dazu nahmen die *SPEX*-Autoren ab Mitte der 1980er-Jahre immer öfter ihr eigenes Underdog-Image auf die Schippe, indem sie jetzt ganz bewusst gegen ihr ursprüngliches Anti-Kommerz-Credo verstießen – und auf einmal gerade jene Mainstreambands hochschrieben, die vorher aus Indie-Perspektive strikt verpönt gewesen waren. Laut Diederichsen funktionierte diese neue selbstironische *SPEX*-Strategie so: »Wenn wir zum Beispiel wussten, dass unsere Leser sich alle sicher waren, dass die *Simple Minds* das absolut Letzte sind, dann ging es uns vor allem darum, die *Simple Minds* zu verteidigen, also alle geschmacklichen Sicherheiten anzugreifen. Es war uns bei *SPEX* viel wichtiger, Feindschaften herzustellen, als irgendwelche Freundschaften festzuschreiben. Und die Möglichkeit, ein Avantgarde-Publikum mit extrem etablierten Mainstream-Themen zu nerven, gehörte zu unseren Lieblingsregistern.«

Konkret angewendet sah dieses neue Verwirrspiel dann beispielsweise so aus, dass Diederichsen im Februar 1985 eine Verteidigungsschrift über die Teenie-Schmachtband *Duran Duran* veröffentlichte – im vollen Bewusstsein, dass er damit schon bei der Wahl der Themen den größten Tabubruch beging, der im pseudoreligiösen *SPEX*-Geschmackskosmos überhaupt denkbar war.

Denn *Duran Duran* waren nicht einfach nur schrecklich gut aussehende und schrecklich erfolgreiche Mainstream-Popper. Nein, diese fünf pausbäckigen Chatstürmer waren überdies die erklärten Lieblingsmusiker von Lady Diana und standen damit exakt für jenes reaktionäre Old-Empire-England, gegen das sich die britischen Punks und Postpunks nur wenige Jahre zuvor noch so wütend aufgelehnt hatten!

Das alles wusste Diederich Diederichsen Anfang 1985 natürlich nur allzu gut. Und natürlich wusste er auch allzu gut, was seine Leser von ihm erwarteten. Sie erwarteten, dass er die fünf biederen Föhnwellenträger nach allen Regeln der Hämekunst niedermachen würde. Doch genau diesen Gefallen tat Diederichsen den *SPEX*-Fans im Februar 1985 eben gerade nicht.

Stattdessen verteidigte er in seinem Artikel *Duran Duran* als »unsere allerliebste Scheißband«, indem er *ex negativo* darlegte, warum ausgerechnet diese fünf Schmonzbubis irgendwie doch bedeutsam für die Pophistorie wären. Ja, Diederichsen verstieg sich in seiner schrägen Apologie sogar zu der Aussage: »Ich sehe hier Leistungen, die heutzutage keiner der ziellos umherschweifenden Pop-Rebellen überhaupt je in Erwägung ziehen würde. Ich sehe hier die unfreiwillige Intelligenz großartiger strategischer Erfolg silbrig schimmern. Ich glaube, wir alle können nur erahnen, was wir alle von *Duran Duran* halten werden, wenn wir das Jahr 2007 erleben dürfen.«

Nun ist das Jahr 2007 vorübergegangen, ohne dass außer ihm noch ein zweiter Kritiker die besonderen Verdienste von *Duran Duran* für die Musikgeschichte festgestellt hätte. Aber sei's drum. Die März- und April-Ausgaben der *SPEX* quollen 1985 geradezu über vor empörten Leserbriefen – und zwar bemerkenswerterweise gleich von beiden Seiten, weil sich sowohl die Fans der Band als auch deren Verächter durch Diederichsens ironisch vergiftete Lobeshymne aufs Gröbste beleidigt fühlten.

Mehr an Aufmerksamkeit konnte man als *SPEX*-Autor nicht erreichen. Und genau darauf legten es nun bald auch schon andere Provokateure an. Nachdem man verkaufsträchtige Top-Ten-Stars in der Redaktion zunächst jahrelang entweder verächtlich ignoriert oder als Kommerzschrott verurteilt hatte (und sich etwa Peter Bömmels in der Frühphase dazu verstieg, die NDW-Erfolgssängerin Nena als Nazi-taugliche »Jungvolk«-Verführerin zu bezeichnen), zeigten sich die Heftschreiber ab 1983 zunehmend aufgeschlossener gegenüber Hitparaden-Stars.

Seitenlang und überraschend wohlwollend berichteten nun also auch Lothar Gorris, Ralf Niemczyk, Gerald Hündgen oder Jutta Koether über BRAVO-Lieblinge wie *Wham*, Patsy Kensit, Paul Young, *Trio* oder *Sade*. Also über Chartstürmer, die für harmlosen Wohlfühlpop standen – und eben gerade nicht für jenen krachigen Sound linker Subkultur, der bei Hausbesetzungen oder Arbeiterstreiks im Hintergrund mitlief. »Ja, irgendwann herrschte keine strenge ›Wir sind Nische und bleiben da‹-Ideologie mehr, sondern eher die Tendenz zum schrillen Mix«, kommentiert Niemczyk diese Kehrtwende weg vom strikten Indie-Postulat des Anfangs. »Das passte auch ganz gut zum 80er-Underground-Lifestyle: Auch ohne viel Kohle konnte man damals auf Champagnerpartys mittanzen. Und gerade in der Popkultur war der *Low Budget Bohemien* ja ein echtes Karrieremodell.«

Mit einer Lieblingsband der Achtziger-Jahre allerdings taten sich die Spexler dauerhaft schwer. Nämlich mit der irischen Gruppe *U2*. Dabei galt gerade diese vierköpfige, folkige Rockband aus Dublin eigentlich als *die* zentrale linkspolitische Gewissensinstanz der damaligen Popwelt. Schon in ihrem frühen Hit *Sunday bloody Sunday* von 1983 prangerten die vier Gutmensch-Rocker den britischen Imperialismus an. In der Nachfolge-Hymne *Pride (in the Name of Love)* erinnerten sie ehrenvoll an die schwarze Bürgerrechtsbewegung von Martin Luther King. Und vor allem Bono Vox, der messianisch auftretende, charismatische Sänger, nutzte in den Anfangsjahren der Gruppe praktisch jede Gelegenheit, um sich abseits der Bühne lautstark für mehr Unterstützung der Ärmsten und Ausgebeuteten zu engagieren. Von daher natürlich Ehrensache, dass *U2* am 13. Juli 1985 zusammen mit anderen britischen

Popstars beim großen *Live Aid*-Konzert im Londoner Wembley Stadion auftraten, dessen Einnahmen den Hungerleidenden in Äthiopien zugutekamen. Im Folgejahr ging die Band dann als Botschafter für *Amnesty International* auf Tour. Kurzum: Mehr generös-menschenfreundlicher Popstareinsatz, als ihn Bono und seine *U2*-Kumpanen in den 1980er-Jahren leisteten, war eigentlich kaum möglich. Und doch fremdelte die sonst so Underdog-freundliche *SPEX*-Redaktion hartnäckig ausgerechnet mit dieser Band und erklärte sie zum Entsetzen vieler Heftfans sogar zu ihren Hauptfeinden.

Warum nur?! Nun, man darf vermuten, dass hier eine gewisse messianische Konkurrenz eine Rolle spielte. Denn ähnlich wie die Spexler verstanden sich auch Bono und seine *U2*-Kumpanen als Erweckungsprediger einer frohen Popbotschaft. Nur, dass die vier Jungs aus Dublin es aus völlig anderen Motiven taten als die Kölner. Während die postmodern angehauchten *SPEX*-Schreiber für einen linksanarchischen Hedonismus eintraten, bekannten sich Bono und seine Bandkollegen öffentlich zu einem konfessionsübergreifenden Christentum.

Das musste auf die säkularen Popironiker vom Rhein verstörend wirken und galt ihnen offenbar als unverzeihliches Sakrileg. Zumindest reagiert Diederichsen noch heute ausgesprochen distanziert, wenn man ihn auf *U2* anspricht: »Oh ja, *U2* war wirklich der Feind! Und da kann ich auch heute noch klar sagen, dass ich die immer noch ablehne. Ich habe sogar einmal eine Rezension über die bekannteste aller *U2*-Platten geschrieben, *Joshua Tree,* oder wie heißt die noch? Wo dieser Song drauf ist *Where the streets have no name.* Und schon diesen Titel fand ich programmatisch so beschissen. *Where the streets have no name.* Nein, Alter! Eben nicht! Denn alle Straßen haben einen Namen. Und das ist eigentlich auch interessant, dass alle einen haben. Also, nenn ihn doch! Und genau diese Ästhetik der Vagheit von *U2*, diese Idee, dass ein Nicht-auf-den-Akkord-Kommen und so ein Flageolett-Dehnen irgendetwas mit Sensibilität und Tiefe zu tun hätten, das ist der bescheuertste Kitsch, den man sich vorstellen kann! Und ich glaube, *U2* ist tatsächlich eine der ganz wenigen Bands, wo niemand bei *SPEX* Spaß daran gehabt hätte zu sagen: Ach, vielleicht finden wir die jetzt doch mal gut! Also so eine Kehrtwende im Urteil einzuläuten, damit sich die allzu sicheren *SPEX*-Leser tüchtig ärgern konnten. Bei den *Smiths* zum Beispiel hat es so eine Kehrtwende im Urteil gegeben, aber nicht bei *U2*!«

Die Feindschaft zu Bono und seiner Band war offenbar eine der ganz wenigen Glaubenskonstanten im ansonsten wechselhaft-launischen *SPEX*-Geschmackskosmos. Entsprechend verfinstert sich auch die Miene von Peter Bömmels sofort bei Nennung des Bandnamens. »Warst du schon mal auf einem *U2*-Konzert?!«, fragt er indigniert zurück: »Also, bei dem *U2*-Konzert, auf dem ich war, haben die Leute inbrünstigst jede Zeile mitgesungen. Da lief's mir eiskalt den Rücken runter. Aber nicht vor Begeisterung. So ist Faschismus, habe ich gedacht.«

Angesichts einer derart einmütigen *U2*-Verachtung bei *SPEX* muss es natürlich umso perfider erscheinen, dass *U2*-Sänger Bono im Juli 1985 schließlich doch ein einziges Mal prominent auf dem Titelblatt der Zeitung auftauchte: in hübsch züchtiger Bet-Pose. Vielleicht hätte diese Schäfchen-zur-Schlachtbank-Haltung die zahlreichen *U2*-Fans, die sich daraufhin erwartungsvoll das *SPEX*-Heft kauften, bereits warnen müssen. Denn der dazugehörige Artikel im Inneren der Ausgabe war tatsächlich nichts Geringeres als ein Frontalangriff auf ihre Schwärmerseele, ließ Jutta Koether hierin doch unter der Überschrift »Von der Freiheit eines Christenmenschen« wahrlich kein gutes Härchen am Dubliner Pop-Prediger samt seiner Fangemeinde. »Natürlich ist es verboten, für den lauen Schwebezustand einzutreten, den *U2* seit vier Jahren außerordentlich erfolgreich mit ihrer Musik propagieren, auch gegen die komplette Anspruchslosigkeit, mit der sie ihr Publikum einfangen«, schrieb Koether gleich zu Anfang ihres Artikels, um noch erbarmungsloser fortzufahren: »[Aber] gegen diesen musikalischen Schmelz kann man sich wehren. Man kann die Platten ignorieren und das Phänomen der allgemeinen Schlaffheit der 15–25-Jährigen der Achtziger-Jahre an den Pranger stellen. Doch das *U2*-Gefolge wird es nicht hindern, dieser sauberen, in Ozon-Schichten schwebenden Band zuzujubeln.«

Für den Bühnen-Messias Bono hatte die gestrenge *SPEX*-Zensorin im Anschluss erst recht nur Spott parat: »In ihm sind alle Eigenschaften von U2 konzentriert: Mittelmäßiges Äußeres, bescheidenes Auftreten, unschuldige Miene [...] Sein Vertrauen in die Menschheit geht so weit, dass er deine Hand ergreift und sie ergriffen schüttelt, mit einem derart dankbaren Blick, dass es kein Zeuge Jehovas überbieten könnte. [...] Den Titel ›Band der 80er-Jahre‹ haben sich U2 erworben, weil sie als Musiker exakt im rechten Moment den Soundtrack für Resignation, Anspruchslosigkeit und Unsicherheit jener Jahre komponiert und sich allem Bösen, Schmutzigen entzogen haben.«

Mal ehrlich: Kann man überhaupt etwas Schlimmeres über eine Popgruppe und einen Popsänger schreiben?! Vermutlich nicht. Und so ließen auch diesmal wieder die empörten Leserbriefe nicht lange auf sich warten, welche die Redakteure dann im August 1985 hocherfreut unter der Überschrift »Bonos Jünger ziehen in den heiligen Krieg« zusammenfassten – und als Fan-Sammelklage abdruckten. Darunter auch die Zuschrift einer gewissen Claudia Pape aus Hamburg, die wahrscheinlich vielen verstörten Lesern aus der Seele sprach, indem sie fragte: »Ist es denn so schlimm, wenn jemand Christ ist? Ist es nicht im Gegenteil schön, dass es noch Gefühlsmenschen wie Bono gibt?« Man kann sich leicht vorstellen, mit welch breitem Grinsen die *SPEX*-Mannschaft rund um Jutta Koether solche Statements zur Kenntnis nahm. Die Heft-Lektüre entwickelte sich fortan zu einer popkulturellen *éducation sentimentale*, bei der die Redaktion der eigenen Jüngerschaft mithilfe von hochtrabenden Thesen, Sarkasmus und Selbstironie die schwärmerischen Flausen auszutreiben versuchte – und danach trachtete, die mehrheitlich jungen Leser in ihren oft naiven Vorstellungen vom Startum und Musikgeschäft nachhaltig zu erschüttern. Damit aber veränderte sich die Rolle der *SPEX*-Redakteure gegenüber ihrem Publikum grundlegend. Während sich das Gründungsteam noch als Vertreter einer anarchischen Subkultur begriffen hatte, die keinesfalls besserwisserisch auftreten wollten, agierte die neuformierte Truppe um Diederichsen zunehmend als quasipädagogische Urteilsinstanz, deren kaum verhohlenes Ziel es war, die eigene Leserschaft zu einem besseren Musikgeschmack zu erziehen, zu einem cooleren Pop-Wissen und einem postmodernkorrekten Lebensstil.

Wie dieser erlauchte *SPEX*-Kanon dann allerdings genau aussehen sollte – und aus welchen Pop-Zutaten er eigentlich konkret bestand, das wechselte ständig und wurde mit den Jahren selbst für treueste Anhänger der Zeitschrift immer undurchschaubarer und rätselhafter.

»Everyday I write the book« – in Distinktionsgewittern oder: Wie die *SPEX*-Lektüre zur Geheimwissenschaft wurde

Kein Vorwurf verfolgt das *SPEX*-Magazin seit Mitte der Achtziger-Jahre so hartnäckig wie der Vorwurf der popkulturellen Schlaumeierei. Und wohl kaum eine andere deutsche Zeitschrift steht seitdem (und selbst posthum noch) so sehr im Verdacht eines geheimniskrämerischen Cliquentums. Der *SPIEGEL*-Autor Christoph Twickel (der früher selbst fürs Magazin geschrieben hatte) brachte den Kern dieser ewigen Klage in seinem Nachruf zur eingestellten Printausgabe 2019 so auf den Punkt: »Das, was *SPEX* ausgemacht hat, hatte mit Journalismus wenig zu tun. Jedenfalls, wenn man unter Journalismus eine vermittelnde Tätigkeit versteht.« Wohl wahr. Zweifellos war vieles in den Heften ab den mittleren Achtzigern für Nicht-Eingeweihte wenig bis gar nicht verständlich. Den Spexlern dies aber vorzuwerfen, ist ungefähr so unsinnig, als würde man einem Punkgitarristen vorwerfen, dass er nicht Harfe spielt. Denn mit schnödem Musikjournalismus hatten die Kölner Popschreiber nun einmal von Anfang an nie viel im Sinn. Stattdessen war das, was den Charme, die Poesie und den unvergleichlichen Charakter ihrer Zeitschrift vierzig Jahre lang ausmachte, etwas völlig anderes. Oder, um es mit Diederichsen zu sagen: »Informationsvermittlung spielte bei *SPEX* keine große Rolle, weil man hier vor allem Behauptungen aufstellte. Die Informationen standen vielleicht in den Kleinanzeigen, aber unser Hauptding war ja: Behaupten seitens der Autoren und Autorinnen wie auch seitens der Interviewten, also der Musiker und Musikerinnen.« Um die *SPEX*-Mission angemessen beurteilen zu können, hilft einem von daher eher der Begriff *Chuzpe* weiter. Oder auf Deutsch: Frechheit. Denn genau das hatten viele *SPEX*-Artikel: Sie hatten Chuzpe. Und das hieß: Ihre Autoren missachteten in trotziger Unverfrorenheit mehr oder weniger konsequent alle Grundregeln des Journalismus. Das fing schon damit an, dass die *SPEX*-Schreiber in der Regel eine völlig andere Perspektive einnahmen als ihre Profikollegen. Statt wie sonst üblich möglichst objektiv über ein Thema zu berichten, wahrten sie gerade keine Distanz, sondern schrieben aus höchst subjektiver Sicht über Musiker und Bands – und stilisierten sich dabei selbst gern zu Künstlern, die zuallererst ihre eigene Haltung, ihren ganz persönlichen Style, ihre *Attitude* rüberbringen wollten.

Berühmt gemacht hatten diesen Sound eines radikal subjektiven, literarisch ›befreiten‹ Journalismus, bei dem ein Thema oft genug nur noch als Aufhänger diente, um ausgiebig in persönlichen Gedanken- und Gefühlslagen zu schwelgen, rund zehn Jahre früher US-Autoren wie Norman Mailer, Tom Wolfe oder Hunter S. Thompson. In den USA rangierten deren strikt selbstbezogene Zeitungsreportagen unter dem Etikett *New Journalism.* Was irreführend war, weil es sich bei solchen Ich-Monologen eigentlich um »das glatte Gegenteil von Journalismus« handelte, wie Clara Drechsler in einem *SPEX*-Interview 2019 zu Recht feststellte. »Unser damaliger Grafiker [Christoph Pracht] pflegte immer zu sagen: ›Wir müssen mal wieder etwas behaupten!‹ Das gehörte zu unserem Selbstverständnis. Man behauptete einfach mal: So ist es wichtiger, richtiger, schöner. Und damit man machen konnte, was man wollte, musste man ein unverschämtes Auftreten an den Tag legen. [...] Und dazu gehörte, dass man literarische Texte schrieb und nicht in erster Linie darauf achtete, dass eine Band angemessen repräsentiert wurde.«

Diese eigenwillige, ›literarische‹ *SPEX*-Definition von Musikkritik bekam manche Combo dann durchaus schmerzhaft zu spüren, weil die ungestümen Heftschreiber meistens mehr an einer gelungenen Formulierung interessiert waren als an einem ausgewogenen Urteil. Entsprechend erledigte beispielsweise Dirk Scheuring die Nachwuchsband *Amy and the Angels* im Oktoberheft 1981 mal eben in vier flotten Sätzen. »Von *Amy and the Angels* hatte man mir erzählt, dass sie eine tolle Frauengruppe sein sollten«, begann er seine Kritik lapidar, um die Polemikbombe im Folgenden umso effektvoller platzen zu lassen. »Sie waren eine Frauengruppe. Toll waren sie nicht. Und Themen wie ›I hate myself to be in love‹ können mich auch nicht recht begeistern.«

Fair und seriös waren solche amüsanten Fallbeil-Urteile natürlich nicht. Aber so viel Lust an der Provokation, so viel Mut zu der Frechheit, seinen persönlichen Popgeschmack mal eben kurzerhand, schwups!, zum Maß aller Dinge zu erklären, das las (und liest) sich einfach herzerfrischend. Die Geste des jugendlichen Größenwahns gehörte somit von Anfang an zur *SPEX*-DNA. Was mit Diederichsen und anderen Bücherlesenden Autoren dann letztlich nur neu dazukam, war die intellektuelle Aufladung dieses Angebertums. Oder besser gesagt: Oft genug auch nur die semi-intellektuelle Aufladung. Denn als ganz so schlau und ganz so gelehrt, wie manche *SPEX*-Texte jetzt aufgemotzt waren, erwiesen sie sich bei etwas näherem Hinsehen nicht. Auch die *SPEX*-Erstürmung des akademischen Elfenbeinturms war eine Erstürmung mit der Punkgitarre in der Hand. Und ähnlich frech und spielerisch, wie sich die Schreiber der ersten Generation über die Grundregeln des Journalismus hinweggesetzt hatten, gingen die Autoren der zweiten Generation jetzt mit den Kriterien der Wissenschaftlichkeit um.

Da reichte im Zweifel ein flüchtiger Seitenblick ins Philosophiehandbuch, um die Sprachtheoreme des österreichischen Philosophen Ludwig Wittgenstein in einen Artikel über das nordenglische Independent-Flaggschiff *The Fall* einzubauen – und zwar nur aus dem einzigen Grund, weil der berühmte Anfangssatz aus Wittgensteins schwer zugänglichem Klassiker *Tractatus logico philosophicus* eben einfach prima zum Namen von Smiths Band passte. »Die Welt ist alles, was *The Fall* ist«, kalauerte Diedrich Diederichsen also munter in der Überschrift zu einem Porträt über den kettenrauchenden *The Fall*-Sänger Mark E. Smith. Alles klar?! Vermutlich nicht. Aber um Erkenntnisstiftung im klassischen Sinn ging es bei solchen intellektuellen Verweisspielchen auch in der Regel gar nicht, sondern eher um den Spaß am geistreichen Witz und um das Aufzeigen neuer Betrachungsweisen von Popmusik.

Und nach demselben Rezept fingen nun bald auch andere *SPEX*-Autoren an, gewagte Literaturverweise in ihre Artikel einzubauen. Da leitete Joachim Lottmann im Maiheft 1986 eine Fernsehkritik beispielsweise mit dem berühmten »Ceterum censeo«-Spruch des römischen Senators Cato zum 2. Punischen Krieg ein. Oder schickte Frank Sawatzki im selben Jahr einem langen Porträt über die US-Frauenband *The Bangles* einen Vers des lateinischen Dichters Ovid vorweg. Andreas Banaski verglich den Blue-Eye-Soul der Erfolgsgruppe *Simply Red* 1987 allen Ernstes mit den sozialkritischen Romanen von Charles Dickens, während Olaf Dante

Marx in einem Interview mit *Soft Cell*-Sänger Marc Almond erst einmal ausgiebig über den Dandyliteraten Joris-Karl Huysmans schwadronierte.

Auf der Suche nach einer eigenen Sprache und neuen Bewertungskriterien für Popmusik griffen die *SPEX*-Autoren der zweiten Generation zunächst ungeniert auf alle möglichen Lesefrüchte zurück. Unterschiedlichste Geistesgrößen wie Schiller, Goethe, Nietzsche, Marx, Brecht, Wilhelm Reich oder Franz Jung wurden herbeizitiert, manchmal sogar direkt nebeneinander, im selben Satz. Und die fortgeschrittenen Techniker dieses unerschrockenen *SPEX*-Eklektizismus liebten es, solche Bildungsfrüchte dann auch noch möglichst kurios mit Informationen aus der Welt des Fußballs, der Tagespolitik, des Boulevards oder des Schlagers zu verknüpfen. So konnte man etwa im Jahresrückblick von Diederichsen aus dem Januarheft 1985 den erstaunlichen Textanfang lesen: »Erkenne die Lage, sagt Gottfried Benn und schlägt den *NME* auf. Was sollte er sonst tun? Will man nicht der Beliebigkeit anheimfallen, liest man. Immer wieder die *Prawda* und produziert danach immer wieder *Prawda*-Artikel.« Eine Ähnlichkeit zu experimenteller Dada-Prosa war an solchen Stellen durchaus gegeben. Und als intellektuell seriös kann man diesen *SPEX*-Verweisstil sicherlich nicht bezeichnen. Dafür aber öfter als amüsant und anregend zu lesen, sowie als revolutionär in seinem Anspruch, Popmusik zum Gegenstand einer quasi-wissenschaftlichen Betrachtung zu erheben.

Zumal sich die Heftautoren der Achtziger-Jahre immer wieder auch selbst über ihren pseudowissenschaftlichen Sound lustig machten, indem sie ihre intellektuell klingenden Verweise gern mit betont bodennahen Kommentaren aus der eigenen Redaktion konterkarierten. Da zitierte etwa Andreas Banaski in dem bereits erwähnten *Simply Red*-Artikel nicht nur den englischen Romancier Charles Dickens, sondern verwies als weitere »Fachstimme« auf seinen *SPEX*-Kollegen Diederichsen mit dem derben Hinweis:

»Diederichsen sagt, er bekomme von dieser Musik Hämorrhoiden.« Jutta Koether baute in ein Henry-Rollins-Porträt von 1987 ebenfalls betont krachlederne Insider-Statements aus der Redaktion mit ein: »Diedrich sagt, er [Henry Rollins] sei die Madonna des Punk. Clara sagt, die Bauchmuskeln [von Rollins] sind wirklich schlaff.« Kein konventioneller Musikkritiker wäre auf derart abstruse Ideen und Verknüpfungen gekommen. Aber es waren genau solche originellen und eigentlich völlig unstatthaften Vergleiche und Assoziationskombinationen, die bald den Reiz der *SPEX*-Texte ausmachten. Abgeschaut hatten sich die Spexler diese respektlose High-Low-Collagetechnik des Kritikenschreibens einmal mehr bei ihren britischen Vorbildern vom *NME*, wo Starautoren wie Lester Bangs oder Julie Burchill schon länger Literatur mit Journalismus vermischten, Boulevardtrash mit Wissenschaft – und Fakten mit Behauptungen.

»Lester Bangs zum Beispiel machte das ja genauso«, unterstreicht Diederichsen und fährt fort: »Der feuerte in seine Texte auch irgendwie alles rein, was ihm als vielseitig interessierter Mensch gerade so durch die Birne rauschte. Das war also nicht auf unserem Mist gewachsen. Und vom Schema her lief das ungefähr so ab: Am Nachmittag Clarice Lispector lesen, dann *Kid Creole and the Coconuts* hören, danach im Fernsehen eine Szene aus einem Otto-Preminger-Film sehen – und schon ist ein Artikel fertig, der trotzdem total stimmig ist und nie beliebig.« So wunderbar leichtfüßig und spielerisch wurde man in den Achtziger-Jahren zum *SPEX*--Intellektuellen! Und das änderte sich eigentlich erst mit dem Mauerfall und den rechtsextremen Anschlägen auf die Migrantenwohnheime in Hoyerswerda, Rostock-Lichtenhagen, Mölln und Solingen in den frühen Neunziger-Jahren, die auch innerhalb der *SPEX*-Redaktion zu einer neuen Ernsthaftigkeit und Repolitisierung führten. Vorher jedoch regierte im Blatt oft genug der pure Spaß an einer möglichst originellen Kombination von Popkultur und Bildungskanon. Und auch: am Wissensbluff. Fremdwörter wie ›idiosynkratisch‹, ›sophisticated‹ oder ›enigmatisch‹ erfreuten sich unter den Heftautoren großer Beliebtheit, weil sie schlau und geheimnisvoll klangen und von ihrer Bedeutung her zu fast jedem Pop-Phänomen passten: perfektes Vokabular fürs intellektuelle Posertum.

Und kaum waren die ersten, mit derartigen Fremdwörtern und Lektüreverweisen gespickten Artikel erschienen, da liefen die Stammleser natürlich schon Sturm. Jahrelang erreichte die Redaktion eine nicht abebbende Flut von Beschwerde-Briefen, in denen sich empörte Fans über »die Denkerwerkstatt Diederichsen« aufregten, über »Reich-Ranickihafte Ausflüge« oder »die akademische Schlabbersoße«. Vom »Verrat« am punkigen Ursprungscredo war die Rede, vom Verlust der »Streetcredibility«. Ein verärgerter Leser schlug den *SPEX*-Redakteuren im September 1986 sogar spöttisch vor, Diederichsen solle doch bitte künftig »Vokabelerklärungen unter seinen Artikel abdrucken!«. Indes – alles Klagen und Schimpfen half auch diesmal nichts. In den nächsten Jahren etablierte sich der intellektuelle Verweisstil im Heft. Und es war sicherlich kein Zufall, dass der sogenannte Zitat-Pop der 1980er-Jahre deutschlandweit nirgendwo mehr Beifall fand als im *SPEX*-Magazin. (Gemeint waren damit so unerschrockene Popgruppen wie *Prefab Sprout* oder *Scritti Politti,* die sich nicht scheuten, ihre Begeisterung für postmoderne Philosophie in Songs zu verarbeiten, etwa in der Refrainzeile von *Scritti Politti* »I'm in love with Jaques Derrida«.)

Aber nicht nur wegen der höheren Fremdwortdichte und der nun häufiger auftretenden Literaturverweise wurde die Lektüre des Blatts anspruchsvoller und schwerer verständlich. Als Hüter der großen, neo-romantischen Popversprechens verlangten die *SPEX*-Gurus noch deutlich mehr von ihren Fans als nur den gelegentlichen Griff zum Fremdwörterlexikon. Sie verlangten darüber hinaus, dass diese als wahre Popjünger ALLE *SPEX*-Ausgaben seit Anbeginn der *SPEX*-Zeitrechnung lückenlos gelesen hatten und auswendig kannten, *bevor* sie überhaupt ein neues Heft in die

Hand nahmen: »Ja, klar, wir gingen als Schreiber immer selbstverständlich davon aus, dass wir alles, was irgendwann einmal vorher im Blatt gestanden hatte, als bekannt voraussetzen konnten«, erklärt Diederichsen diese Grundmaxime der *SPEX*-Wissenschaft. Das Resultat war ein internes Referenzsystem, ohne dessen Kenntnis sich der Inhalt vieler Texte von vornherein nicht richtig erschloss. »Daraus leitete sich dann dieser Vorwurf ab, *SPEX* sei angeblich arrogant oder elitär gewesen«, weiß Diederichsen. »Weil wir diese ständigen Rückverweise auf uns selbst in unseren Texten hatten. Dabei war das gar nicht arrogant oder elitär in Bezug auf bestehende Arroganz- und Eliten-Hierarchien, sondern einfach nur in Bezug auf die Frage: Bist du nun *SPEX*-Leser oder nicht? Und wenn du einer bist, warum weißt du dann nicht, was Michael Ruff vor drei Monaten über die *Associates* geschrieben hat? Das kann doch gar nicht sein, dass du das nicht weißt!«

Man hatte als *SPEX*-Insider also wirklich viel zu tun, um sich die Codes der Spexologie lesend anzueignen. Und dass das Heft bei so viel Verklausulierung auf Nicht-Stammleser zwangsläufig ausgrenzend wirkte, streitet Diederichsen auch gar nicht ab. »Die Vorstellung, dass *SPEX* ein Geheimbund sein sollte, war durchaus in der Redaktion vorhanden«, meint er. »Nicht so explizit, wie ich es hier ausspreche. Man hat sich nicht direkt darüber verständigt. Aber wir alle fanden es peinlich, wenn jemand irgendetwas in seinem Text allzu sehr ausbuchstabierte, was doch eigentlich jeder von uns wissen konnte! Und es ist doch auch hässlich, wenn man etwas Bekanntes noch einmal extra erklärt.« Durch diese ständige Selbstbezüglichkeit fabulierte sich die Redaktion mit der Zeit ihre private Mythologie herbei. Das mögen manche Kritiker heute als spätpubertären Geltungsspleen belächeln. Unbestreitbar aber stellen die Artikel der ersten und zweiten *SPEX*-Generation eine wichtige Pionierleistung für den deutschen Kulturjournalismus dar – schlicht und einfach aus dem Grund, weil es vorher hierzulande noch gar keine richtige Sprache für Popmusik gab.

»In den späten 1970er-Jahren entstand leider diese schlimme Konvention, wie man über Popmusik journalistisch schreiben müsste, also diese locker-flapsige Jugendkeller-Sprache«, erinnert sich Diederichsen. »Man schrieb also statt über eine Platte über eine ›Scheibe‹, und für CDs verwendete man das Wort ›Silberling‹ usw. Zugleich aber versank die Musikkritik damals im Elend des Deskriptiven. Und dazu kam dann noch eine Selbst-Positionierung der meisten Kritiker als ›rockig‹, also als irgendwie ›locker‹. Weshalb sogar sehr junge Kritiker damals so einen Sozialarbeiter-Jargon draufhatten, der klang, als wären sie zwanzig Jahre älter und würden Vollbart tragen. Und diese bis dahin übliche Sprache für Popmusik, die an den Journalismus-Schulen gelehrt wurde, die lehnten wir bei *SPEX* absolut ab! Das wollten wir dezidiert anders machen.«

Auf der Suche nach einer neuen Begrifflichkeit für Popmusik verständigten sich Diedrich Diederichsen und andere *SPEX*-Vordenker dann mit der Zeit auf die damals angesagten, französischen Theoretiker des Strukturalismus und Poststrukturalimus als fürs Heft maßgebliche Referenzgrößen. Schließlich hatten Denk-Gurus wie Jacques Lacan, Francois Lyotard, Jean Baudrillard oder Gilles Deleuze den großen Vorteil, dass ihre Theorien in ihrer Vagheit weitläufig interpretierbar waren – und sich kulturwissenschaftlich breit anwenden ließen. So konnte man Baudrillards Idee einer angeblich »simulierten« Scheinwirklichkeit der Mediengesellschaft beispielsweise problemlos auf jedes Pop-Ereignis beziehen oder Lyotards berühmte Diagnose vom »Ende der Erzählungen« auch auf Songtexte und die Krise der Plattenindustrie anwenden.

Als dann aber mit den fremdenfeindlichen Anschlägen auf Asylbewerber- und Gastarbeiter-Unterkünfte in den frühen Neunziger-Jahren plötzlich sehr real eine gewaltbereite Neue Rechte in Deutschland auf den Plan trat, wirkte das auf viele Linksintellektuelle wie ein Schock. Gerade erst hatte sich die westdeutsche

Linke grummelig mit der von konservativen Politikern bejubelten Wiedervereinigung abgefunden. Nun jedoch herrschte blankes Entsetzen über die Bilder eines mordlüsternen Neonazi-Mobs in Deutschland. Und auch die *SPEX*-Redakteure reagierten auf so viel Hass tief verstört. Angesichts brennender Migranten-Wohnheime verging ihnen auf einmal spürbar die Lust am postmodernen Spiel einer ständigen Relativierung von (historischer) »Wahrheit«. Unter dem Einfluss studierter Kulturwissenschaftler wie Tom Holert, Mark Terkessidis, Tobias Nagl und des Schriftstellers Marcel Beyer wurde der Sound des Blatts in den Neunziger-Jahren nun deutlich ernsthafter, akademischer und politisch kämpferischer – weil sich die *SPEX*-Redaktion genötigt sah, klar sichtbar Position gegen eine erstarkende Neue Rechte in Deutschland zu beziehen und dafür eine inhaltliche Kurskorrektur in Richtung der postmarxistischen *Cultural Studies* vornahm.

Die »Poplinke« wurde erfunden, und die *SPEX* avancierte zu einem Hauptsprachrohr dieser neuen Bewegung. Erst mit dieser programmatischen Wende weg vom postmodernen Posertum hin zu den postmarxistischen *Cultural Studies* und zu postkolonialen und feministischen Diskursen wurde das Heft in den Neunzigern tatsächlich zu einer intellektuellen Lektüre, sodass man es im Untertitel 1997 folgerichtig zu einem »Magazin für Populärkultur« umbenannte.

Doch sollte man der *SPEX*-Mythenbildung auch in diesem Punkt nicht allzu sehr auf den Leim gehen. Denn komplett durchgesetzt hat sich der akademische Sound selbst nach der viel beschworenen »*Cultural Studies*-Wende« im Blatt nie. Stattdessen blieb die *SPEX* bis zum Schluss ein Potpourri aus verschiedensten Texten, Tonlagen und Betrachtungsweisen – und gab es neben der theoriegestützten Analyse stets weiterhin bis zum Schluss Artikel, die völlig ohne den gelehrten Wissenschaftsverweis auskamen.

Warum aber machten eigentlich nur so wenige Frauen bei *SPEX* mit? Glaubt man den männlichen Kollegen, lag es nicht daran, dass die Jungs unter sich bleiben wollten. »Umgekehrt könnte man ja auch fragen: Warum hat bei *Malaria* kein Mann mitgespielt? Ich jedenfalls hätte es toll gefunden, mit mehr Frauen bei *SPEX* zusammenzuarbeiten!«, sagt Peter Bömmels. Und auch sein Kollege Ralf Niemczyk beteuert: »Niemand in der Redaktion hätte eine weitere Clara Drechsler als Mitarbeiterin abgelehnt. Nur leider tauchte diese nicht auf. Es gab damals einfach schlichtweg nicht viele Frauen, die sich nerdmäßig mit komischer Musik beschäftigten und dann auch noch darüber schreiben wollten.«

Zur Ehrenrettung des männlich dominierten Popblatts *SPEX* kann man tatsächlich anführen, dass nicht nur hier in den Achtziger- und Neunziger-Jahren ein eklatanter Frauenmangel herrschte. Auch sonst waren Frauen im deutschen Musik- und Kulturbetrieb mindestens bis zur Jahrtausendwende stark unterrepräsentiert. Und insbesondere professionelle Popkritikerinnen stellten zu jener Zeit eine absolute Ausnahmeerscheinung dar – und kamen noch seltener vor als die hierzulande ebenfalls schon rar gesäten Popmusikerinnen. Aber reicht das als Begründung wirklich schon aus, um die jahrzehntelang vorherrschende Männerdominanz bei *SPEX* zu erklären?

Zur Beantwortung dieser Frage ist die Heftkarriere der 1961 in Köln geborenen Heike-Melba Fendel recht aufschlussreich. Neben der Starreporterin Clara Drechsler und der vorrangig an Bildender Kunst (und kunstaffinen Popstars) interessierten Jutta Koether war Fendel eine von drei Autorinnen, die in den Achtziger-Jahren regelmäßig mit Texten im *SPEX*-Blatt auftauchte.

Zusammen mit ihrer besten Freundin Brigitte Schenk hatte die Kölnerin vorher die Gesamtschule in Chorweiler besucht, eine Schule, die in den Siebziger-Jahren in konservativen Kreisen verrufen war, weil man dort nach den anti-autoritären Prinzipien linker Reformpädagogik unterrichtete.

» **Heike-Melba Fendel:** Das war eine Szenerie, in der Bürgerkinder wie ich auf eher schwierige Menschen von ganz unten trafen, und das alles bei einer gewissen Kapitulation des Lehrkörpers und der Eltern vor diesen Verhältnissen. Das hätte natürlich leicht in die Verwahrlosung führen können (und ich habe auch einige Drogentote in meiner Jugend erlebt). Diese große Freiheit führte bei mir aber dazu, dass ich Spaß daran entwickelte, extrem selbstbestimmt zu leben, getrieben von einer Abenteuerlust und einem gewissen Größenwahn, der mich dazu brachte, mich quasi immer wieder neu in verschiedenen Rollen zu erfinden.«

Noch vor dem Abitur zog die Siebzehnjährige also zu Hause aus, um zunächst in einem besetzten Haus an der Antwerpener Straße im Belgischen Viertel unterzukommen. »Das war ein sogenanntes Kaußen-Haus, also vom Kölner Immobilienhai Heinz Günther Kaußen, der zwar immer mit einer ALDI-Tüte durch die Gegend lief, aber damals Tausende von Wohnungen in Köln besaß.

Unter den Hausbesetzern fiel Fendel nun allein schon wegen ihrer anarcho-untypischen Vorliebe für Kleider auf: »›Damenhaft‹ ist ein blöder Ausdruck dafür«, meint sie heute. »Aber ich fing schon mit zwölf Jahren an, mir schöne Kleider anzuziehen, und habe seitdem nicht mehr damit aufgehört. Unter den Jugendlichen existierten damals eigentlich nur drei Gruppen: Popper, Waver und Punks. Aber zu diesen drei Gruppen fühlten ich und meine Freundin Brigitte uns nie zugehörig. Also bildeten wir mit unseren Kleidern unsere eigene Gruppe, die man höchstens einer Cindy-Lauper-Richtung hätte zuordnen können, wenn überhaupt.«

Insofern verstand sich die Hausbesetzerin zwar als politisch links, konnte aber mit dem Feminismus einer Alice Schwarzer nichts anfangen. Somit hatte die junge Fendel auch keine Skrupel, sich hin und wieder nackt auszuziehen: Sei es für die Künstler der *Mülheimer Freiheit* oder 1984 für eine Szene in Werner Nekes Film *Johnny Flash*, in dem Helge Schneider die Rolle des Liebhabers spielte. Auch eine Performance im *Kurfürstenhof* des Südstadt-Kneipiers Bernd Schmitz entpuppte sich als Nacktauftritt im Duo, den Fendel zusammen mit ihrer Freundin Schenk absolvierte. Furchtlos zwängten sich die jungen Frauen in zwei getrennt von der Kneipendecke hängende Metallkäfige, um stundenlang von den Gästen des *Kurfürstenhofs* angestarrt zu werden. Eine nicht unbedingt angenehme Erfahrung, sagt Fendel rückblickend. Feministische Skrupel hätte sie bei dieser Aktion aber nicht gehabt. »Mein Leben ist sowieso vom Ja-Sagen gekennzeichnet«, erklärt sie: »Ich sage einfach immer gern Ja, wenn mich jemand was fragt. Weil mich alles interessiert. Weil ich neugierig bin und weil ich sehr wenige Vorurteile habe. Und mein feministisches Bewusstsein war damals einfach noch nicht vorhanden. Aber die Frauen aus dem *StadtRevue*-Milieu, die haben sich damals natürlich furchtbar über mich aufgeregt.«

Im Anschluss an das Abitur ging Fendel dann und erneut in Begleitung ihrer Freundin für anderthalb Jahre nach New York, um in der US-Megacity Karriere zu machen. Als das jedoch nicht so richtig klappte, kehrte sie mit Schenk 1981 in ihre Heimatstadt Köln zurück, im Gepäck jede Menge abenteuerlicher New-York-Erfahrungen, die sie schließlich in einer Reportage fürs *SPEX*-Magazin aufschrieb. Selbstironisch erzählte sie darin von eher unschönen Erfahrungen in New York. Beispielsweise hatten die beiden Kölnerinnen zeitweise neben zwei Prostituierten im berühmten *Chelsea Hotel* gewohnt. »Während die eine ihrer Arbeit frönte, wartete die andere bei uns auf das freie Bett«, schrieb Fendel schnoddrig. Aber es war natürlich genau dieser unjammerige, jugendlich-übermütige Tonfall, mit dem die Köln-Rückkehrerin die Tücken des harten

Skyscraper-Alltags beschrieb, der bei den *SPEX*-Lesern und Redakteuren gut ankam. Der dahinter anklingende ›Was kostet die Welt‹-Gestus passte ebenfalls bestens zum Sound des Magazins.

Kein Wunder also, dass Peter Bömmels die Neueinsteigerin nach ihrer ersten Reportage aufforderte, doch mehr fürs Heft zu schreiben, zumal Fendel damals in Kölner Szenekreisen herumerzählte, dass sie Schriftstellerin sei.

» **Heike-Melba Fendel:** Bis ich dreiundzwanzig war, habe ich eigentlich gar nichts geschrieben, sondern immer nur krass übers Schreiben rumgequatscht. Ich habe einfach überall behauptet, ich würde Schriftstellerin sein. Was mir im Nachhinein total peinlich ist. Aber damals war ich mit einem riesigen Selbstbewusstsein gesegnet. Und wenn jemand mal nachfragte, was ich denn konkret geschrieben hätte, war ich absolut empört. Das empfand ich als eine absolut unzulässige Frage!

Irgendwann gab die Germanistikstudentin dem Druck aber nach und schrieb in nur wenigen Tagen ihre erste Kurzgeschichte.

» **Heike-Melba Fendel:** Ich werde nie vergessen, wie ich mir damals mein Belegexemplar in der Redaktion im Ferkulum abgeholt habe und wie ich mit dem zusammengerollten Heft unterm Arm stundenlang durch die Südstadt gelaufen bin, weil ich mich nicht getraut habe, es aufzumachen und nach meiner Geschichte zu suchen. Das war ja wirklich mein allererster veröffentlichter literarischer Text! Das war so heilig. Und ich bin dann zwei oder drei Stunden lang mit diesem *SPEX*-Heft unterm Arm durch die Südstadt gelaufen und konnte kaum atmen vor Begeisterung.

Die Veröffentlichung ihrer Kurzgeschichte wurde für Fendel zum *SPEX*-Durchbruch. Danach war sie als weibliche Kraft neben Jutta Koether und Clara Drechsler im Redaktionsteam gesetzt und erhielt sogar ihre eigene Heftkolumne. Diese beschäftigte sich allerdings nicht mit Popmusik und auch nicht, wie Koethers fast zeitgleiche Kolumne *Mrs. Benway* mit Kunst, sondern unter dem Titel *Mode, Menschen, Möglichkeiten* mit dem als oberflächlich geltenden Thema Mode. Und genau das wurde für die Neueinsteigerin schon bald zum Problem. Denn eine Modeserie in der *SPEX*, sagt Fendel selbst, »war natürlich gegen die reine, hehre Lehre! Das fanden die Leser damals ganz ganz schlimm. Und ich wurde dafür heftigst gebasht in den Leserbriefen.«

So ahnte die Schreiberin bereits vorher, dass ihre literarischen Modeberichte in der Kölner Popbibel einen gewissen Affront darstellten. Über das Ausmaß an Aggression und Feindseligkeit, das ihr nun umgehend von männlichen *SPEX*-Lesern entgegenschlug, war sie aber doch überrascht und erschrocken. Einige Hardcore-Fans empfanden Fendels Kolumnentexte nämlich gleich als so frevelhaft, dass sie glaubten, die Autorin in Briefen mit sexistischen Beleidigungen überziehen zu dürfen. Regelrecht rufschädigend wurde dieses Fendel-Bashing, als sich mit Rainald Goetz in der Mai-Ausgabe 1984 auch noch ein prominenter Jungschriftsteller zu Wort meldete und quasi zum Anführer des frauenfeindlichen *SPEX*-Gegröles gegen seine eigene Heft-Kollegin aufschwang.

» **Heike-Melba Fendel:** Dieser Goetz-Text gegen mich, der stand ja dann auch noch genau in dem Heft, wo ich mit Jutta [Koether] und Clara [Drechsler] vorne auf dem Cover abgebildet war. Ausgerechnet da hat der [Goetz] von einer Begegnung von uns [beiden] geschrieben und gesagt, ich würde behaupten, dreiundzwanzig zu sein, wäre aber in Wahrheit schon achtundzwanzig und würde löchrig-augenfaltig aussehen.

Wie aber reagierten die anderen *SPEX*-Männer auf die frauenfeindlichen Pöbeleien gegen ihre Mitarbeiterin? Bemerkenswerterweise eben nicht so, wie man es von anständigen Kollegen erwarten würde. Statt der heftig attackierten Fendel zu Hilfe zu eilen, wurden die Chauvisprüche sowohl der Leser als auch von Goetz nach alter Hefttradition unzensiert abgedruckt. Von daher mag es stimmen, dass die *SPEX*-Mannschaft der ersten und zweiten Generation gern mehr Frauen an Bord gehabt hätte. Sie tat aber wenig bis gar nichts dafür, dass sich Autorinnen in ihren Reihen auch wohl und geschützt fühlen konnten. Stattdessen sahen die Männer des Blatts tatenlos zu, wenn Mitarbeiterinnen wie Fendel oder Drechsler regelmäßig zur Zielscheibe misogyner Ausfälle wurden. Denn während sich manche Leser bei Fendel darüber aufregten, dass sie als »Modetante« (Goetz) zu niveaulos fürs Popblatt wäre, nahmen andere Drechsler wiederum genau umgekehrt übel, dass sie als Musikkritikerin ebenso kompetent und selbstbewusst auftrat wie ihre männlichen Kollegen. Verkörperte Drechsler mit ihrer Lust an der Provokation und ihrem frechen Schreibstil doch ziemlich genau den Gegentypus zum devoten, weiblichen Popgroupie. Das machte einigen männlichen *SPEX*-Fans offenbar schwer zu schaffen. Gleich mehrfach schlugen sie der Redaktion in Zuschriften vor, die Autorin doch besser zum Pin-up-Girl der Marke »Playmate des Monats« umzufunktionieren. Oder sie erinnerten Drechsler an ihre »Frauenpflicht«, sich »langsam mit dem Gebären von Nachwuchs zu beschäftigen«.

Wobei man an dieser Stelle unbedingt noch darauf hinweisen muss, dass eine freche Klappe (wie sie Clara Drechsler zweifellos besaß) in der damals männerdominierten Kölner Kulturszene für eine kreativ ambitionierte Frau absolut unerlässlich war. Denn ohne ein »recht massives Auftreten« hatte man als Frau im martialischen Achtziger-Jahrzehnt schlichtweg keine Chance, wahrgenommen zu werden, wie sich die ab 1990 mit den Spexlern zusammenarbeitende *Texte zur Kunst*-Herausgeberin Isabelle Graw erinnert.

» **Isabelle Graw:** Der Sexismus war ausgeprägter und direkter als heute. Ich spreche deshalb auch von den ›dunklen Jahren‹. Es gab viel Lustiges, aber es gab auch viele sexistische Demütigungen. Und ich sah mich damals zum Beispiel oft mit ganz massiven Sprüchen zu meiner Oberweite konfrontiert. Man wusste in diesen stark alkoholisierten Männerrunden nie, was auf einen zukommt. Geht es heute um meine Oberweite – oder gibt's ein vernünftiges Gespräch? Werde ich zur Zielscheibe oder nicht? Das war schon sehr anstrengend. Und ich war sehr froh darüber, dass ich Jutta [Koether] als Freundin hatte, die wie ich nicht trank. Wir waren immer die einzigen beiden Nicht-Trinkenden, die mit dabeistanden.

Innerhalb der trinkfreudigen ›Jungsdomäne‹ Pop musste man als Bohemienne vor dreißig, vierzig Jahren also hartgesotten sein und eine gewisse Durchsetzungskraft mitbringen, um sich Gehör zu verschaffen. Und genau das tat Drechsler. Ähnlich wie ihre großmäuligen männlichen Kollegen haute sie in ihren Texten mächtig auf die Pauke, bauschte Thesen auf, polemisierte und kanzelte ab, was das Zeug hielt. Womit sie die Leserschaft wie kein anderes Mitglied der Redaktion in den 1980er-Jahren polarisierte. Nicht einmal der jahrelang ebenfalls von *SPEX*-Fans mitunter heftig gebashte Diederichsen konnte da mithalten.

Im Vergleich zu allen anderen Autoren und Autorinnen der *SPEX* war Clara Drechsler diejenige, die mit Abstand die glühendsten Verehrer hatte, die ihr Liebesschwüre und Heiratsanträge schickten und flehentlich um ein Autogramm oder abgedrucktes Fotoporträt baten. Und es war gleichzeitig wiederum sie, die es mit den bösartigsten Gegnern zu tun bekam, die ihr in Leserbriefen Gewalt androhten oder sie mit Unflätigkeiten überschütteten. Die Heftigkeit, mit der das Publikum gerade auf Clara Drechsler als androgyne Popfrau reagierte, ist bemerkenswert und hatte sicherlich damit zu tun, dass sie ähnlich unverschämt auftrat wie die *SPEX*-Männer, also denselben Status einer quasi unfehlbaren Pop-Päpstin für sich beanspruchte.

Und so ist es interessant nachzulesen, wie sich immer mehr ein ritueller Schlagabtausch zwischen Drechsler und ihren Verächtern entspann. Je schlimmer deren Beschimpfungen auf die Autorin einprasselten, desto selbstironischer und provokanter reagierte diese darauf. Was natürlich prompt zu weiteren postalischen Entrüstungsstürmen im Blatt führte.

Wenn ein *SPEX*-Fan mal wieder empört an die Redaktion schrieb, dass man bestimmte (männliche) Stars doch nicht der angeblich inkompetenten Reporterin Drechsler überlassen dürfe, dann knöpfte diese sich schreiberisch erst recht die besonders ikonisch verehrten Kerle im Musikbusiness vor, um sie genüsslich vom Sockel zu stoßen. Die Kunst der amüsanten Pop-Entmystifizierung in nur wenigen, treffsicheren Sätzen beherrschte Drechsler wie keine Zweite. Und sie räumte dabei auch immer wieder mit so einigen Männermythen im Popkosmos auf. Am amüsantesten gelang ihr das vielleicht in einem viel diskutierten Porträt über die US-amerikanische Speedmetal-Band *Slayer*, das im Juniheft 1987 erschien und erneut für heftige Empörung sorgte. Denn zu diesem Zeitpunkt stand *Slayer* in dem Ruf, »die härteste Band der Welt« zu sein. Ein Jahr, bevor Drechslers provokanter *Slayer*-Artikel erschien, hatte die Band ihr legendäres Album *Reign in Blood* herausgebracht, das noch heute als Meilenstein gilt, weil es nicht nur musikalisch neue Maßstäbe setzte in puncto Geschwindigkeit, Brutalität und Düsternis. Auch inhaltlich machten die vier Musiker vor keinem Tabu halt. Ihre ins Mikrofon gebrüllten Songs handelten von KZ-Arzt Josef Mengele, Serienkillern und Satan persönlich. Alles Warme oder Positive der menschlichen Existenz war bei diesem atonalen Zerstörungsangriff konsequent ausgespart.

1987 gingen die Berserker von *Slayer* dann mit ihrem neuen Album auf Deutschlandtournee, bei der sie Drechsler zum Interview abfing. Und was schrieb die aufmüpfige *SPEX*-Frau ungeniert über den selbst erklärten ›Satansgitarristen‹ Kerry King?! Sie schrieb: »Kerry King, der sonst an einem Stachelkissen erkennbar ist, das er am Arm trägt, gleicht nun einem lieben Bärchen, im kuscheligen Jogginganzug, und das Blut gerinnt einem in den Adern, wenn man daran denkt, wie sich der Mann nachts quälen muss, wenn er sich wieder Anregung für einen neuen Songtext holt.« Der Satansjünger als Kuschelbär im Jogginganzug? Oha! Doch es kam in Drechslers *SPEX*-Artikel noch schlimmer für King, weil die Interviewerin zwei Spalten später folgende Sätze über die Metal-Bösewichte hinterherschickte: »Es gibt einfach heute nichts, was mich so erheitern kann und rühren, wie Hannemann und King, die gewissenhaft auf der Bühne ihr Gewinsel absondern! [...] Du lachst dich schlapp!«

Das war natürlich fies, die heftigste Metal-Platte des Jahrzehnts mal eben als »Gewinsel« abzutun. Und dann auch noch zu behaupten, über das furchteinflößende Geklampfe könnte sich frau allenfalls »schlapplachen«. Klar, dass manchem *Slayer*-Fan da das Zähnefletschen verging. Und so bekam Clara Drechsler gleich wieder böse Männerpost. Ein schwer getroffener *Slayer*-Verehrer namens »Arnold« warf ihr in der Juli-Nummer 1987 wegen des Artikels »Ignoranz, Arroganz, Penetranz« vor und erklärte die Autorin schlichtweg für geisteskrank, indem er ihr »gute Besserung« wünschte.

Zum Glück aber ließen sich Clara Drechsler, Jutta Koether und Heike-Melba Fendel, die nach ihrer Modekolumne später Filmkritiken für *SPEX* schrieb, in den 1980er-Jahren nicht von solchen groben Beleidigungen abschrecken. Alle drei Autorinnnen haben mit viel Mut und scharfem Witz zahlreiche Bands, Kunstwerke und Filme fürs Kölner Kultblatt besprochen und damit die lange vorherrschende Männerheldenerzählung hinterfragt und zurechtgerückt. Als journalistische Pionierinnen haben sie vor allem anderen Kritikerinnen in Deutschland entscheidend den Weg geebnet.

Darunter zuallererst ihren *SPEX*-Nachfolgerinnen, den beiden Zwillingsschwestern Kerstin und Sandra Grether, die ab 1989 anfingen, regelmäßig für das Kultblatt zu schreiben, um danach zu dessen prominentesten Autorinnen aufzusteigen. Diese beiden 1975 geborenen und nahe Heidelberg aufgewachsenen »Dorfpunkettes« gelten heute als wichtige Vertreterinnen der feministischen Popkritik in Deutschland. Wobei sich die beiden Grethers (ähnlich wie andere Gender-Aktivistinnen unserer Internetdemokratie) dezidiert für einen Feminismus 2.0 einsetzen, der im Gegensatz zur vorherigen ›Latzhosen‹-Variante für eine ebenso selbstironische wie hedonistische Form weiblicher Selbstermächtigung plädiert.

Die Grether-Schwestern erfanden dafür den etwas schnöden Begriff »Popfeminismus«. Andere Aktivistinnen sprechen lieber von »Lipstick-« oder »Rock-'n'-Roll-Feminismus«, weil bei dieser aktualisierten Form die Lust am eigenen Körper eine zentrale Rolle spielt. Als überzeugte Feministin darf oder sollte frau durchaus sexy und glamourös sein: So lautet eine Kernbotschaft des neuen Popfeminismus. Und so betonen die Grether-Zwillinge in Interviews bis heute immer wieder gern, wie sehr sie die stets perfekt gestylte Popqueen *Madonna* verehren.

Mit ihrem Credo für eine selbstbewusste weibliche Sinnlichkeit schien es vor allem die fünfundzwanzig Minuten jüngere Kerstin in der *SPEX*-Redaktion der Neunziger-Jahre auf den ersten Blick leichter zu haben als ihre Vorgängerinnen, nachdem man sie 1995 als einzige Redakteurin ins Männerteam berufen hatte. Schließlich rückten nach der viel beschworenen *Cultural Studies*-Wende des Hefts auch bei *SPEX* identitätspolitische Fragen in den Vordergrund – und damit auch die Frage nach der Gleichberechtigung der Geschlechter. Ein weiterer Faktor, der dem Popfeminismus in Deutschland Anfang der Neunziger-Jahre Auftrieb verlieh, war ein neuer Musiktrend aus den USA.

Denn im Fahrwasser des Grunge-Hypes entstand damals in den Vereinigten Staaten die *Riot Grrrl*-Bewegung, die von Frauenbands wie *Bikini Kill, Babes in Toyland* oder *Hole* (gegründet von der Kurt-Cobain-Witwe Courtney Love) angeführt wurde. Aus Protest gegen die männerdominierte (Indie-) Popbranche fingen solche Neopunk-Musikerinnen an, zu krachigen Gitarren über ihre Erfahrungen mit Sexismus zu singen und sich gegen herkömmliche Rollenklischees im Musikgeschäft mit betont ›schlampiger‹ Kleidung aufzulehnen.

In Deutschland fühlten sich Bands wie *Die Braut haut aufs Auge* oder die *Lassie Singers* der *Riot Grrrl*-Bewegung verbunden, und bis heute sorgt das feministische Punkrevival in Gestalt der russischen Band *Pussy Riot* für Schlagzeilen. Glaubt man allerdings den Grethers, führte das alles damals trotzdem nicht dazu, dass sich an der latent frauenverachtenden Haltung der *SPEX*-Redaktion in den 1990er-Jahren grundsätzlich etwas änderte. In einem langen Zeitschriftenartikel resümierten die beiden Zwillingsschwestern 2018 ihre Tätigkeit fürs Magazin bezeichnenderweise unter der Überschrift »Fremd im eigenen Haus« und bilanzierten nüchtern: »Bei *SPEX* zeigte man sich [in den Neunzigern] zwar offen für Spannendes von Frauen, ohne sich aber auch nur im Geringsten aus den Zuschreibungsmustern des ›Anderen‹ zu befreien. [...] Außerdem grassierte ein Klassismus, der sich nur auf Frauen bezog: Wenn ein *SPEX*-Autor in einer Review zum Ausdruck bringen wollte, dass er eine bestimmte Band oder ein Musikstück besonders scheiße, überproduziert und belanglos fand, griff er oft auf die beliebte Formel zurück, das sei ›Musik für Verkäuferinnen und Hausfrauen‹.«

Nach gelebter Gleichberechtigung klingt das wahrlich nicht, zumal Kerstin Grether (die als Kulturredakteurin jahrelang immerhin zwölf Heftseiten verantwortete) in diesem Artikel noch ein paar weitere Details aus dem damaligen Redaktionsalltag verrät. »Die ansonsten männerbesetzte *SPEX*-Redaktion behandelte meinen Ansatz, über feministisch-dekonstruktivistische Theorien zu schreiben, so, als würde es sich dabei um eine hochartifiziell-hysterische

Kunstrichtung aus Paris handeln«, notiert sie da: »[Und] was mir die Arbeit am meisten erschwerte, war die ständige Zuschreibung von ›Hysterie‹, obwohl das ja eigentlich ein Lacher ist, eine Frau der ›Hysterie‹ zu bezichtigen, eine jahrhundertealte Zuschreibung, die jeder Mensch, der sich auch nur fünf Minuten mit Feminismus beschäftigt hat, sofort wieder vergessen sollte. Bei männlichen Musikjournalisten [dagegen] wurde schnelles, emotional geprägtes, genialisches Sprechen vollkommen anders gewertet. Sie galten als besonders leidenschaftliche Fürsprecher für ihre Sache.«

Nur mit festem Willen und dank der Unterstützung feministisch aufgeschlossener *SPEX*-Kollegen habe sie, so schreibt Kerstin Grether, es langsam gegen den internen Männerwiderstand geschafft, mehr Artikel über Musikerinnen im Blatt unterzubringen – und mehr Autorinnen bei *SPEX* durchzusetzen. Dieser Kampf aber habe fast ein Jahrzehnt lang gedauert, sodass man ihrer Meinung nach erst ab Mitte der Nuller-Jahre von einer halbwegs gendergerechten Heftredaktion sprechen könne, in der Frauen nicht mehr benachteiligt waren. Es brauchte also offenbar einiges an Überzeugungskraft und Geduld, bis Mitarbeiterinnen bei *SPEX* voll akzeptiert waren.

»It's the end of the world as we know it – and I feel fine!«: Der Mauerfall und seine poplinken Folgen

Zwei Revolutionen erwischten das *SPEX*-Team dann gegen Ende der Achtziger-Jahre ziemlich unvorbereitet und stürzten die sonst so großspurig auftretende Redaktion in eine heftige Identitätskrise. Die eine Revolution war eine musikalische, die andere eine politische. Musikalisch wurde die internationale Popwelt durch die Erfindung von Acid House und Techno sowie durch die britische »Rave-O-Lution« im Sommer 1988 gehörig durcheinandergewirbelt. Politisch fiel am 9. November 1989 die Berliner Mauer.

Es kam zur deutschen Wiedervereinigung – und mit einem Mal drängte machtvoll die Tagespolitik ins Blickfeld, sodass sie selbst von den *SPEX*-Ironikern nicht länger ignoriert werden konnte.

» **Diedrich Diederichsen:** Ja, 89/90, Mauerfall und Wiedervereinigung, das war so ein bürokratisches Ereignis«, sagt er. »Das wurde natürlich zur Kenntnis genommen. Aber kein Mensch aus unserem Umfeld hatte die Wiedervereinigung damals irgendwie auf der Rechnung. Man empfand das eher so: Mein Gott, Wiedervereinigung? Das nervt jetzt aber! Oder auch: Was ist da eigentlich genau los? Oder: Berlin? Ach – nööö! Tja, man war damals etwas borniert.

Während viele Westdeutsche nach dem Mauerfall die von der Kohl-Regierung avisierte Wiedervereinigung jubelnd begrüßten, betrachteten die meisten Linksintellektuellen den überstürzten Ausverkauf der DDR kritisch. Und auch die theoriegeschulten ›Poplinken‹ der *SPEX*-Redaktion brauchten ein paar Jahre, bis sie sich vom Realitätsschock erholt hatten, dass Politik offensichtlich doch nicht nur eine Baudrillard'sche Simulation war, sondern spektakuläre Weltveränderungen bewirken konnte. Wie perplex die Spexler vom Mauerfall waren, zeigt nicht zuletzt ihr sechsseitiger Rückblick auf das Jahr 1989 in der Januar-Ausgabe des Folgejahres. Darin brachten es die beiden Redakteure Diederichsen und Nieswandt nämlich fertig, das neuralgische Wort Mauerfall kein einziges Mal zu erwähnen. Stattdessen erinnerten sie lieber an den »knuddeligen« Außenminister Hans-Dietrich Genscher, allerdings wohlgemerkt nur in seiner apolitischen Schwundstufe: als Comic-Witzfigur Genschman. Nein, mit dem welthistorisch bedeutsamen Zusammenbruch der DDR wollte man erst einmal nichts zu tun haben. Und so druckte die *SPEX*-Redaktion selbst im März 1990 noch munter ein Statement des Dortmunder Independent-

Musikers Phillip Boa ab, der auf die Frage nach der unmittelbar bevorstehenden Wiedervereinigung allen Ernstes antwortete: »Ich bin *natürlich* [sic!] dagegen. BRD und DDR sollten ein Verhältnis wie BRD und Österreich bekommen.«

Wie viele westdeutsche Linke lehnte das *SPEX*-Team den Zusammenschluss von BRD und DDR erst einmal ab, weil damit ein fast doppelt so großes Deutschland auf der europäischen Landkarte erschien, das ungute Erinnerungen an imperialistische Kaiser- und Hitler-Zeiten weckte. Als es dann zu den fremdenfeindlichen Übergriffen von Hoyerswerda, Rostock-Lichtenhagen und Mölln kam, wurde die Redaktion aber doch aus ihrer politischen Schockstarre gerissen.

» **Diedrich Diederichsen:** Diese rechtsradikalen Anschläge haben unser Weltbild 1991 und 1992 eigentlich viel mehr verändert als der Mauerfall. Dass es sozusagen eine Neue Rechte in Deutschland geben könnte, darüber hatte vorher ja keiner von uns nachgedacht. Im gesamten Weltbild von *SPEX* kamen Rechte vorher ja eigentlich überhaupt nicht vor, sondern höchstens als lustige Provokation gegen Linke. Doch ansonsten hatte man bis zu Mölln und Hoyerswerda nur damit zu tun, rhetorisch radikaler, respektloser, sarkastischer zu sein als die schnarchigen Linken, aber nicht damit, irgendwelche Grundfreiheiten zu verteidigen oder Rassismus zu bekämpfen.

Entsprechend schwammig fiel darum auch lange die Abgrenzung der *SPEX*-Redaktion zur rechten Musikszene aus. Was eine weitere uncharmante und bis heute oft unterschlagene Wahrheit der Zeitschrifthistorie ist. Denn der ironische Gebrauch von Nazi-Vokabular, Nazi-Outfit und Nazi-Symbolik galt auch unter linken, auf Coolness bedachten *No Future*-Anhängern durchaus als angesagt. Punkgötter und -göttinnen wie Sid Vicious oder Siouxsie

Sioux traten immer wieder gerne mal mit Hakenkreuz-T-Shirt oder Hakenkreuz-Armbinde auf. Es war also gar nicht so einfach, äußerlich sofort auf Anhieb zu unterscheiden, wer nur ein harmloser Provokateur im Fascho-Gewand war – und wer zu den wirklich ›bösen‹ Nazis gehörte.

Politisch fragwürdig wirken aus heutiger Sicht daneben auch die jahrelang im Blatt abgedruckten Werbeanzeigen für den Kölner Plattenladen *Rock-O-Rama* von Herbert Egoldt. Monat für Monat tauchte in den frühen *SPEX*-Nummern eine Spalte auf, in der dieser Laden beworben wurde, obwohl spätestens seit 1981 redaktionsintern bekannt war, dass dessen Besitzer Egoldt besonders für ultrarechte Skinhead-Bands schwärmte und deren Platten später auch im großen Stil vertrieb. Erst als ein mordlüsterner Mob 1991 und 1992 johlend mit Molotow-Cocktails, Springerstiefeln und kahl geschorenen Schädeln tagelang vor brennenden Hochhäusern stand, in denen Menschen in Todesangst verzweifelt SOS-Plakate an die Fenster hängten, wurde auch den *SPEX*-Redakteuren eindringlich klar, zu welcher menschenverachtenden Brutalität jugendliche Rechtsextremisten fähig waren. Plötzlich sah damals alle Welt: Die kennen keine Skrupel. Und ab da fand niemand bei *SPEX* das kokette Spiel mit den NS-Emblemen mehr lustig.

Die Bilder von grölenden Neonazi-Horden, die in Hoyerswerda und Rostock-Lichtenhagen mehrere Tage lang fast ungehindert durch die Polizei und beklatscht von einer voyeuristischen Nachbarschaft Brandsätze und Steine auf Migranten-Wohnheime schleuderten und regelrecht Jagd auf wehrlose Menschen machten, lösten Schockreaktionen rund um den Globus aus. Und sie prägten sich als »Tage der Schande« *(SPIEGEL)* tief ins kollektive Gedächtnis ein. Danach war beim besten Willen nicht mehr zu leugnen, dass das wiedervereinigte Deutschland nicht nur aus friedlichen, »blühenden Landschaften« bestand, wie sie der selbst ernannte Einheitskanzler Helmut Kohl 1990 wahlstrategisch versprochen hatte. Aber nicht nur in der ehemaligen DDR loderte der Fremdenhass hoch. Auch in Westdeutschland kam es nach der Wiedervereinigung zu grausigen Anschlägen durch Rechtsradikale. Und auch hier waren es auffällig junge Neonazis, die Brandanschläge verübten, diesmal auf Häuser türkischstämmiger Familien. Drei Frauen, darunter zwei Jugendliche, starben am 23. November 1992 in Mölln. Fünf weitere junge Frauen kamen am 29. Mai 1993 in Solingen in den Flammen um, das jüngste Opfer war erst vier Jahre alt. Der rechte Terror schien in jenen ›Baseballschlägerjahren‹ völlig außer Kontrolle zu geraten. Und nicht wenige geschockte Bundesbürger gaben Helmut Kohl daran eine Mitschuld, weil er sich merkwürdig unbeeindruckt von der Mordserie im eigenen Land zeigte. Seine Teilnahme an der Trauerfeier für die türkische Opferfamilie Genc in Solingen lehnte Kohl 1993 ab, mit dem zynischen Hinweis, er halte nichts von »Beileidstourismus«.

Für viele Linke klangen solche Sätze aus dem Mund eines Bundeskanzlers in höchstem Maße beunruhigend. Eine derartige Abwehrrhetorik erinnerte sie fatal an jene alte, unrühmliche Routine deutscher Politiker und Juristen, die Gefahr eines mörderischen Nationalismus zu unterschätzen und auf dem rechten Auge blind zu sein.

» **Diedrich Diederichsen:** Den ersten Schock erlebte ich damals rund um die WM 1990. Eigentlich fanden wir es bei *SPEX* immer gut, die Fußball-WM zu feiern, und haben jedes Mal begeistert mitgemacht. Doch während des allgemeinen Jubels darüber, dass Deutschland 1990 Weltmeister wurde, merkte ich, wie sich die allgemeine Stimmung politisch verändert hatte. Ich hatte das Endspiel im *Königswasser* gesehen und schräg gegenüber auf dem Ring steht ja diese Autoskulptur von Wolf Vostell. Und auf diesem Auto saßen nach dem Abpfiff des Spiels dann plötzlich Leute, die Deutschlandfahnen schwenkten. Aus anderen Straßen kamen noch mehr Leute mit Deutschlandfahnen dazu, darunter auch diese Fahnen aus der Kaiserzeit. Und der zweite Schock war für mich die Tatsache, dass sich ab 1990 so eine intellektuelle Rechte in Deutschland formierte. Ich erlebte da beispielsweise eine Szene in Berlin, als ich in die *Paris Bar* ging – und da saß dann plötzlich Hans-Jürgen Syberberg. Der hatte kurz vorher dieses Buch *Vom Unglück und Glück der Kunst in Deutschland nach dem letzten Kriege* veröffentlicht. Also dieses Buch, in dem dieser völlig zu Recht skandalisierte Satz drinsteht: ›Wer mit den Linken oder mit den Juden ging, machte in Deutschland Karriere.‹ Und da saß Syberberg dann auf einmal in der *Paris Bar*, die für mich damals noch für Cecil Taylor, Free Jazz und Moderne Kunst stand. Und in dieser Welt tauchte jetzt ein Typ auf, der verharmlosend über die Nazis redete. Das war schon beunruhigend.

Als Diederichsen wenig später auf Fernsehbildern aus Rostock-Lichtenhagen und Hoyerswerda Rechtsradikale mit *Malcolm X*-Baseballkappen sah, geriet er noch mehr ins Grübeln, mit dem Ergebnis, dass er im November 1992 seinen wohl berühmtesten und seitdem oft zitierten *SPEX*-Aufsatz *The Kids are not alright* veröffentlichte.

Dieser Essay wurde später auch deshalb so berühmt, weil er nicht einfach nur eine weitere Warnung vor dem eskalierenden Rechtsruck in Deutschland war. Diederichsen legte damit auch eine sieben Seiten lange Grabrede auf sein eigenes Sujet vor, weil die Popkultur seiner Meinung nach durch die fremdenfeindlichen Anschläge ihre Unschuld verloren hatte – und als Ausdrucksmittel einer Jugendrevolte vorerst irreparabel beschädigt war: »Es scheint dringend angezeigt, von dem Konzept Jugendkultur mit allen angegliederten Unter-Ideen wie Pop, Underground, Dissidenz durch symbolische Dissidenz, Tribalismus, Revolte, Abgrenzung etc. Abschied zu nehmen. Sie scheinen nicht mehr in der Lage zu sein, die fundamentale Differenz, die wir je in jugendkultureller Praxis gesehen haben, festzustellen: den Unterschied zwischen Nazis und ihren Gegnern.«

Das klang ernüchternd. Und es war eine folgenschwere Diagnose, auch für das *SPEX*-Magazin. Schließlich galt Popmusik bis dahin und allen Kommerzialisierungstendenzen zum Trotz immer noch als Soundtrack eines links-subversiven Rebellentums, nachdem sie vorher vierzig Jahre lang die großen Revolten der westlichen Nachkriegsgesellschaften musikalisch begleitet hatte: Angefangen bei den skandalösen Rock 'n' Rollern wie Buddy Holly oder Elvis Presley, die sich in den Fünfzigern mit ihren lasziven Hüftschwüngen und Stampfrhythmen gegen den US-amerikanischen Puritanismus aufgelehnt hatten. Auf sie waren in den Sechziger-Jahren wütende Gitarrenrocker und Folkrock-Sängerinnen wie Jimmy Hendrix, Jim Morrison, Neil Young, Joni Mitchell oder Janis Joplin gefolgt, die mit ihren Freiheitsliedern die Hymnen für die Hippie-Bewegung und die 68er-Studentenproteste lieferten. Wieder ein knappes Jahrzehnt später waren es schwarze Musiker wie Kool DJ Herc, Afrika Bambataa oder Grandmaster Flash aus der New Yorker Bronx gewesen, die den Hip-Hop erfanden und anfingen, gegen die Benachteiligung der Black Community in den USA anzurappen. Und selbst die britische Punk-Bewegung Ende der Siebziger-Jahre konnte man mit etwas gutem Willen immer noch als linksrebellischen Protest verstehen: als nihilistischen Aufschrei einer prekariserten, perspektivlosen Unterschichtsjugend gegen ein festgefahrenes Establishment.

So gesehen hatte man als avancierter Popfan vier Jahrzehnte lang auf der moralisch ›richtigen‹, nämlich politisch linken Seite gestanden: auf der Seite der Unterdrückten und sozial Benachteiligten. Mit dieser Gewissheit aber war es mit den *Malcolm X*-Kappen tragenden Attentätern von Rostock-Lichtenhagen und

Hoyerswerda endgültig vorbei. Herrschte bis dahin bei vielen Popfans die unausgesprochene Übereinkunft, dass gewisse Musikvorlieben und Fansymbole zumindest ansatzweise für eine antirassistische, antinationalistische und antikapitalistische Haltung standen, wurde spätestens jetzt offenkundig, dass eine solche Verständigung über popkulturelle Codes nicht mehr funktionierte. Auch ein Neonazi konnte eine *Malcolm X*-Kappe tragen oder zum Hardcore-Punk von Henry Rollins pogen; auch ein Börsenmakler konnte sich das T-Shirt einer kapitalismuskritischen Grungeband wie *Nirvana* überstreifen oder ein homophober Religionsfanatiker zu den Dance-Hits der queeren Musiker von *Frankie goes to Hollywood* tanzen. Das Fantum für bestimmte, gegen herrschende (Unrechts-) Konventionen rebellierende Popstars taugte nicht länger als Ausweis für eine widerständige, nonkonforme Gesinnung.

Ja, mehr noch: Je stärker die Ökonomisierung der Popkultur in den Neunzigern voranschritt, desto deutlicher wurde sichtbar, dass die Popmusik immer mehr an gesellschaftsverändernder Kraft verlor. Und es sollte noch ein paar Jahre dauern, bis Diederichsen für diesen Bedeutungswandel im global entfesselten Kapitalismus schließlich die Unterscheidungskategorien »Pop 1« und »Pop 2« erfand. Mit »Pop 1« bezeichnete er die Phase, in der die Popmusik bis in die frühen 1980er-Jahre hinein subversive Wirkmacht entfaltete und zum reichweitenstarken Sprachrohr für Minderheiten und jugendliche Subkulturen wurde. »Pop 2« dagegen markierte für Diederichsen die Etablierungsphase danach, als sich die Popmusik in den westlichen Konsumgesellschaften der 1990er-Jahre quasi totsiegte – und »Pop« zum Universalbegriff für alles Mögliche wurde, während die Musik selbst, auch in ihren rebellischen Erscheinungsformen, zunehmend zum unpolitischen Wohlfühlprodukt schrumpfte. »Mittlerweile steht das Kurzwort [Pop] für eine abendlandverschlingende Verblendungsmelange, in der Guildo Horn, Helge Schneider und Harald Schmidt alle dasselbe meinen«, brachte Diederichsen 1998 seine pessimistische Diagnose in einem

SZ-Artikel auf den Punkt. »Der Popbegriff scheint nicht nur endlos zuständig, sondern auch endlos dehnbar. Heute scheint schier alles Pop zu sein.« Die ihm nachfolgenden *SPEX*-Redakteure Tom Holert und Mark Terkessidis kamen angesichts des fortschreitenden Siegeszugs einer bis in den letzten Nerdwinkel durchökonomisierten Popkultur 1996 im Aufsatzband *Mainstream der Minderheiten* zu einem ähnlich desillusionierten Urteil. »Die Mythen über Pop, die in den Achtziger-Jahren tatsächlich noch zu einer politischen Praxis taugten«, schrieben sie einleitend, »sind heute mehr als fragwürdig geworden.«

In gewisser Weise holte die Spexler Mitte der Neunziger-Jahre noch einmal dasselbe Dilemma ein, mit dem sie sich bereits zehn Jahre früher herumgeschlagen hatten, nach dem Ende von Punk und Postpunk. Nämlich die Grundsatzfrage, wie dissident und ›indie‹-mäßig sie als erklärtermaßen linke Popfans in Zeiten des spätkapitalistischen Turbokapitalismus überhaupt noch sein konnten – und ob Popmusik überhaupt noch als Medium für Gesellschaftskritik taugte. Diese Gretchenfrage nach dem eigenen politischen Selbstverständnis stellte sich für die *SPEX*-Redaktion nach dem Erstarken einer Neuen Rechten in Deutschland noch einmal neu und diesmal mit viel größerer Dringlichkeit. Schließlich verbarg sich dahinter die viel weitreichendere Frage nach dem *Was nun?*, die damals alle Linksintellektuellen umtrieb, nachdem die großen linken Utopien soeben gescheitert waren. »What's left?« überschrieb der Soziologe Ralf Dahrendorf seine *FAZ*-Kolumne 1992 nicht ohne Grund doppeldeutig. Und nicht nur er bezweifelte damals, dass nach dem Zusammenbruch des Sowjetkommunismus überhaupt noch eine neue linke Gesellschaftsutopie denkbar war.

Vom Protestpotenzial der Popmusik jedenfalls war nach Meinung der wortführenden *SPEX*-Theoretiker nicht mehr allzu viel übrig. Und die Lage gestaltete sich umso vertrackter, als die Marktstrategen der Musikindustrie inzwischen längst das Modell des Poprevoluzzers als attraktives Verkaufsrezept für sich entdeckt hatten. Der kulturelle Mainstream inszenierte sich folglich immer öfter selbst »als [schein-rebellische] Minderheit«, wie die neuen *SPEX*-Redakteure Tom Holert und Mark Terkessidis 1996 alarmiert feststellten.

Wie aber sollte man sich da als halbwegs linker oder linksalternativer Popfan überhaupt noch zurechtfinden und überblicken, was weiterhin der »gute« Dissidenz-Pop war – und was der »schlechte« Kommerz-Pop?! Zumal sich auch immer mehr Popmusiker selbst darüber beklagten, dass sie sich von falschen Freunden ideologisch missverstanden fühlten.

Die *SPEX*-Redaktion reagierte auf diese, spätestens 1992 überdeutlich zutage tretende Problematik einer mangelnden Verlässlichkeit von rebellischen Pop-Codes durchaus kämpferisch. Schließlich wollte man den Rechten und Turbokapitalisten das kulturelle Feld nicht einfach freiwillig überlassen. Die neue *SPEX*-Mission lautete darum: die Erschaffung eines zeitgemäß aktualisierten linken Rollenmodells, nachdem sich die Erzählung von der proletarischen Weltrevolution fürs Erste erledigt hatte. Der Rückgriff auf eine postmarxistische Kulturwissenschaft bot sich da an. Denn auch wenn die rebellische Aussagekraft von Popsignalen im Turbokapitalismus trügerisch geworden war, konnte man als *SPEX*-Kritiker Pop-Phänomene natürlich immer noch aus einem dezidiert linken Blickwinkel heraus beschreiben und kritisch hinterfragen. Und genau das taten die neuen, sogenannten Poplinken bei *SPEX* fortan eifrig wie Tom Holert, Mark Terkessidis, Kerstin Grether, Manfred Hermes, Christoph Gurk oder Tobias Nagl – und nicht zuletzt Diedrich Diederichsen, der sich nun ebenfalls verstärkt den emanzipatorischen Diskursen des Postkolonialismus und Feminismus zuwandte.

Anders als in den Achtziger-Jahren, wo die *SPEX*-Anwerbung zumeist beim kumpeligen Kneipengespräch stattfand, kamen die stilprägenden Autoren der Neunziger-Jahre nun oft direkt von der

Universität und beschäftigten sich naturgemäß ernsthafter mit Kulturtheorie, vor allem mit den Thesen des *Birmingham Centres of Cultural Studies*, aber auch mit den feministischen Analysen einer Judith Butler oder den poststrukturalistischen Texten von Jacques Derrida, Gilles Deleuze oder Michel Foucault.

» **Diedrich Diederichsen:** Man muss ja bedenken: Wir brauchten bei *SPEX* ständig Leute. Nicht nur Autoren und Autorinnen, sondern auch Redakteure und Redakteurinnen. Und die waren schwer zu kriegen, weil wir denen ja fast nichts bezahlen konnten. Meistens waren das darum Leute, die noch studierten. Und dass sich das Blatt dann in Richtung *Cultural Studies* entwickelt hat, lag nicht zuletzt daran, dass einige Leute, die so ab 1993 die *SPEX*-Redaktion machten, darin eine Tätigkeit erkannten, die sich prima mit ihren Uni-Ambitionen vereinbaren ließ. Das waren Leute, die viel Theorie lasen und dieses Wissen dann bei *SPEX* einbrachten. Aber trotzdem gab's natürlich auch weiterhin die anderen, lustigen Vögel in der Redaktion, die mit diesem *Cultural Studies*-Wissen überhaupt nichts anfangen konnten.

Bezüge zu den links bis linksextrem verortbaren Theoretikern der *Cultural Studies* flossen ab 1992 vermehrt in die *SPEX*-Texte ein. Was notwendig dazu führte, dass sich manche Artikel jetzt tatsächlich – zumindest absatzweise – lasen wie Referate fürs universitäre Oberseminar. Nicht immer (wie sich leicht denken lässt) zur hellen Freude der *SPEX*-Leserschaft. Und auch nicht immer zur Begeisterung aller Redaktionsmitglieder.

» **Ralf Niemczyk:** Meine Tasse Tee war das nicht mehr. Ich habe dann 1995 meine Teil-Herausgeberschaft abgegeben. Und ich glaube auch, dass dieser Uni-Jargon mit ein

Grund war, warum sich später andere Indie-Musikmagazine wie *Intro* oder *Visions* gegründet haben, die dann genau solche entgeisterten *SPEX*-Leser bedienten, die da nicht mehr mitziehen wollten. Die wollten lieber Rockjournalismus als Theoreme.

Tatsächlich braucht man nicht allzu viel Fantasie, um sich die Entgeisterung einiger *SPEX*-Leser bei der Heftlektüre vorzustellen, wenn man sich zum Beispiel Terkessidis' intellektuell aufgetunten Artikel über das Trendphänomen Britpop anschaut. Ein Hype, der im Sommer 1995 seinen Höhepunkt erreicht hatte. Wobei neben der aus Manchester stammenden Band *Oasis* der Brüder Noel und Liam Gallagher vor allem die vier Jungs von *Blur* aus London als Britpop-Hoffnungsträger der Insel galten – und als englische Antwort auf das US-Produkt *Grunge*.

Für seine Titelgeschichte im Septemberheft hatte Terkessidis sogar einen der begehrten Interviewtermine mit dem damals 27-jährigen *Blur*-Sänger Damon Albarn ergattert. Wer jedoch auf nähere *SPEX*-Informationen zum Werdegang von *Blur* oder zum Teenie-Schwarm Albarn gehofft hatte, der musste von Terkessidis' Bericht notwendig enttäuscht sein. Denn um die Bandgeschichte oder Albarns Biografie ging's darin weniger, weil der Autor in erster Linie an der kulturpolitischen Rolle des *Blur*-Frontmanns interessiert war. Oder genauer gesagt: An Albarns Funktion als weißer, heterosexueller Vorzeige-»Lad« im Marktsegment Pop. »Breitbeinig beansprucht Damon Albarn seinen Platz auf dem Sofa«, begann Terkessidis sein Porträt und fuhr spöttisch fort: »Er sieht großartig aus. Er fühlt sich sichtlich wohl, in seinem Erfolg, im teuren Hotel und in seiner Sprache. Kein Fünkchen Unsicherheit durchzuckt dieses pralle Leben. Da sitzt es, das Schlachtschiff des neuen englischen Pop-Selbstbewusstseins.«

Damit war die kulturkritische These vom angeblich patriotischen Frontsänger Albarn gleich zu Anfang des Artikels gesetzt und wurde vom studierten Psychologen Terkessidis im Folgenden weiter argumentativ ausgeführt. Denn für den *SPEX*-Theoretiker waren die vier Chartbreaker von *Blur* eben nicht einfach nur ein medial hochgejubeltes Popwunder im an Popwundern reichen Großbritannien. Nein, für Terkessidis verkörperte Albarn beispielhaft jenen neuen Markttypus des Pseudorebellen, der sich auf der Bühne zwar wild und tabubrecherisch gab, in Wahrheit aber ein bestens angepasster Systemverstärker war. Oder, wie es der *SPEX*-Autor in Worte fasste: »Die Boy-Babes des Britpop [...] verströmen das Odeur des androgynen Bowie-Charme. [...] Aber sie eignen sich ›Androgynität‹ nur zur Reproduktion und Stützung der eigenen Heterosexualität an. [...] Der neue englische Pop will das Gefühl der Sechziger-Jahre, wo Pop definitiv ein Bestandteil von sozialen Auseinandersetzungen war, in die Neunziger zurückholen – allerdings ohne diese Auseinandersetzungen selbst. Es geht um Uplifting, um Emotionalisierung, um Fun und die schale Hülle der Rebellion.« Das Fazit von Terkessidis zum musikalischen Verblendungsprodukt *Blur* konnte daher nur lauten: »*Blur* sind ein Rolls-Royce, und sollte das alles sein, was man möchte, so ist man im besten Sinne gut bedient. Aber wäre das auch alles, was diese Zeitung noch will, dann könnten wir den Laden langsam dichtmachen.«

Tja – wie gut, dass die mit allen Wassern postmarxistischer Kulturtheorie gewaschenen *SPEX*-Aufklärer den Popfans weiterhin einen Weg durch den unübersichtlich gewordenen Angebotsdschungel wiesen, bevor sie womöglich so perfekt getarnten Blendern wie *Blur* auf den Leim gingen! Und wie gut, dass die Pop-Missionare aus Köln auch weiterhin erklärten, wo man auch jetzt noch die wenigen aufrechten, einigermaßen subversiven Musiker und Musikerinnen fand. Denn – dem Popgott sei Dank! – es gab sie noch, auch in den ökonomisch heißlaufenden Neunzigern: die »guten«, systemkritischen und wahrhaft widerständigen – die Spexler sprachen lieber von »dissident« – Plattenlabels und Bands.

Dazu gehörte z.B. der US-Musiker und Ex-*Hüsker Dü*-Chef Bob Mould. Ein Hardcore-Punksänger und »einmaliges Modell selbstbestimmter Arbeit« (*SPEX*-Dezemberheft 1992), der sich für viel Geld aus seinem *Virgin*-Plattenvertrag herausgeklagt hatte, um weiterhin selbstbestimmt Songs schreiben zu können. So ein unbeirrbarer Freigeist war ganz nach Geschmack der Kölner Redaktion. Ein Indie-Autonomer, der freiwillig auf den Reichtum beim Majorlabel *Virgin* verzichtete, um sich kreativ unabhängig seiner Musik zu widmen, und der dafür klaglos alle Mühen der Selbstvermarktung auf sich nahm. »Das [Marketing] machst du selber?«, fragte Clara Drechsler im *SPEX*-Interview 1992. Und als Mould ihre Frage mit dem Hinweis auf seine eigenhändig entworfenen Autogrammkarten beantwortete, entfuhr es Drechslers Interviewpartner Hans Nieswandt voller Bewunderung: »Das ist unglaublich!«

Hip-Hop als Ausdruck von *Black Pride* war aus *SPEX*-Sicht natürlich ebenfalls per se ›guter‹ Dissidenz-Pop – vor allem die von der Ostküste stammende Variante. Berichten über *Public Enemy, De La Soul* oder *A tribe called Quest* wurde in den späten Achtzigern/frühen Neunzigern entsprechend viel Platz im Heft eingeräumt. Und Autoren wie Lothar Gorris, Dirk Scheuring, Oliver von Felbert, Lars Freisberg oder Dirk Schneidinger feierten solche Bands ausgiebig als Stimmen einer lange diskriminierten Subkultur und als *das* heiße Ding im Pop. Mit dem Gangsta-Rap von der US-Westküste taten sich die Spexler verständlicherweise schwerer mit ihrer Belobigung. Schließlich: Wie konnte man als Anti-Rassist beispielsweise einen gewaltverherrlichenden Song wie »Copkiller« von *Bodycount* gutheißen? Und auch der frauenverachtende »Pimp-Style« von Gangsta-Rappern wie Snoop Doogy Dogg war bei aller spexologischer Hip-Hop-Begeisterung natürlich heikel.

Doch je deutlicher und bedrohlicher sich die Gefahr eines neuen Nationalismus und Rechtsradikalismus im wiedervereinigten Deutschland abzeichnete, desto dringlicher begriff es die

Redaktion ab 1992 als ihre Aufgabe, eine poplinke Gegenfraktion um sich zu scharen. Und umso angestrengter versuchte sie nun, ein neues, noch nicht diskreditiertes, musikalisches Zeichensystem zu entwerfen, mithilfe dessen sich diese neue Linke identitätsstiftend wiedererkennen sollte, obwohl eine solche Art der codierten Verständigung ja eigentlich gerade erst durch den Diederichsen-Aufsatz als illusorisch entlarvt worden war. Egal! Bei *SPEX* hielt man trotzdem unbeirrt an der Idee einer linken Glaubensgemeinschaft qua ästhetischer Insider-Codes fest – und an der Wunschvorstellung eines eingeschworenen »Tribes called *SPEX*«, wie der Slogan auf dem Fan-T-Shirt der Zeitschrift 1992 lautete.

Und immerhin: Schon bald gelang es dem Team, mit der ›Hamburger Schule‹ ein paar einflussreiche Musiker für die eigene Polit-Mission zu gewinnen. Mit diesem Sammelbegriff bezeichnete man damals mehrere, auf Deutsch singende und erklärtermaßen linksstehende Gruppen aus Hamburg und Umgebung wie *Blumfeld, Die Goldenen Zitronen, Tocotronic, Die Sterne, Kolossale Jugend, Cpt. Kirk &*, die bei den Independent-Labels *L'age D'or* und *What's so funny about* unter Vertrag standen. Gemeinsam mit solchen ›Diskurspop‹-Bands bildete die *SPEX*-Crew 1992 regelrechte »Wohlfahrtsausschüsse«, in denen man die politische Lage nach der Wiedervereinigung diskutierte – und mit denen man im Juni 1993 auf Vortragstour quer durch Ostdeutschland ging, um ehemalige DDR-Bürger über die Gefahren eines Neofaschismus aufzuklären. Als Stationen der Reise standen damals Rostock, Dresden und Leipzig auf dem Programm. Und dass eine solche Belehrungstour von Westdeutschen zum ›Wohle‹ der Ostdeutschen im Grunde anmaßend, wenn nicht sogar ›kulturimperialistisch‹ war, fiel den Akteuren im Eifer des Gefechts gar nicht weiter auf. Besonders leicht verständlich aber war ihre poplinke Botschaft sowieso nicht. Zumindest nicht, wenn man sich klare Handlungsanweisungen davon versprach. Denn auf Parolen verzichteten die akademisch geschulten Vordenker der Poplinken ganz bewusst. Als bekennende

Popfans fühlten sie sich heikel mitverstrickt ins kapitalistische Verwertungssystem. Insofern fiel es ihnen zwar leicht, eindeutig Position gegen den Rechtsradikalismus zu beziehen. Mit Blick auf die Musikindustrie aber erkannten sie sich bald selbst als Teil des Problems – und sahen ihre Rolle als unfreiwillige Mithelfer des beginnenden Hyperkapitalismus zunehmend klarer. Schließlich hatten sie beim Philosophen Deleuze aufmerksam nachgelesen, wie subtil die Manipulationsmechanismen der durchoptimierten »Kontrollgesellschaft« der Gegenwart inzwischen wirkten und warum der wahre Ausbeuter des Individuums mittlerweile oft genug im eigenen Kopf steckte.

Die Frage nach dem linken Rebellentum war damit in den Neunzigern noch komplizierter und schwieriger beantwortbar geworden als in den Achtzigern. Und die poplinken *SPEX*-Theoretiker begnügten sich darum in der Regel lieber damit, wortreich Kritik am Ist-Zustand zu üben, als sich allzu frustrierende Gedanken über dessen Reformierung zu machen. Jahrelang wurden Heftschreiber wie Diederichsen, Holert oder Terkessidis folglich nicht müde, ihr Unbehagen an der Popkultur immer wieder neu aus wechselnden Perspektiven und mit wechselndem Wissenschaftsvokabular zu analysieren. Die entscheidende Frage aber, wie man sich als Poplinker konkret gegen die kapitalistische Vereinnahmung wehren konnte – oder ob ein richtiges Leben im falschen Konsumismus vielleicht doch irgendwie dauerhaft möglich war, die ließen sie aus gutem Grund lieber offen.

Gleiches gilt auch für die mit ihnen im Schulterschluss verbundenen poplinken Musiker. Auch die wurden mit der Zeit zu wahren Virtuosen der verklausulierten Polit-Botschaft – ganz vorneweg Jochen Distelmeyer mit seiner Band *Blumfeld*, die damals als wichtigste Stimme der »Hamburger Schule« galt.

Genauso wie manche Spexler las der *Blumfeld*-Sänger zu Anfang der Neunziger-Jahre viel linke Kulturtheorie und arbeitete das Gelesene hinterher in seine Songtexte ein. Was seinen Deutschpop nicht gerade leicht verdaulich machte. Zum eintönigen, aufs Nötigste reduzierten Gitarrengeschrammel klangen Distelmeyers *Blumfeld*-Songs eher wie minimalistisch vertonte Selbstgespräche eines Jungintellektuellen, dem allerlei Bedeutungsschweres durch den Kopf rauschte – nicht unbedingt massenkompatible, hitverdächtige Musik, sollte man meinen. Erstaunlicherweise aber wurde ausgerechnet *Blumfeld* (der Name spielt auf eine Erzählung Franz Kafkas an) ab 1992 zu einer Lieblingsgruppe jüngerer Akademiker in Deutschland. Dabei konnte man zu Distelmeyers monoton orchestrierten Songs noch nicht einmal richtig tanzen. Doch egal. Vermutlich war es gerade ihre melancholische Rätselhaftigkeit, die der damaligen Popboheme so gut gefiel, die nicht mehr recht wusste, für welche Ideale es sich noch zu kämpfen lohnte: »Ein Lebender, der nicht weiß, wie das geht, steht vor dem Haus, steht zwischen den Gleisen und dem Garten, in dem die Apfelbäume warten«, deklamierte Distelmeyer geheimnisvoll im Song *Ich-Maschine* ins Mikrofon. Das klang irgendwie bedrohlich, aber gleichzeitig auch vieldeutig – und handelte immerhin von einem »Lebenden«, der sich nicht klar für eine Zielrichtung in seinem Leben entscheiden kann.

Paradoxerweise wurde gerade dieser, so gar nicht parolentaugliche *Blumfeld*-Song zu einer poplinken Hymne. Vielleicht, weil er das lähmende Gefühl eines Feststeckens zwischen allen Positionen besonders eindringlich beschwor, das viele von Distelmeyers Altersgenossen kannten. Nicht umsonst hatte der kanadische Bestsellerautor Douglas Coupland ihnen das Generationsetikett »X« verpasst. Eine Blackbox-Variable, die ebenso für Ratlosigkeit wie für eine ungewisse Zukunft stand – allerdings nicht in einem positiven Sinn.

Denn auch wenn diese Generation X im Wohlstand der westlichen Industrienationen aufgewachsen war, besaß sie doch nicht mehr diesselben Karrierechancen wie ihre Nachkriegseltern und musste sich mit der Tatsache anfreunden, dass quasi alle Weltverbesserungs-Visionen schon vor ihr ausprobiert worden waren; alle Tabus quasi schon gebrochen; alle Selbstverwirklichungs- und Befreiungsutopien schon durchlebt. Wovon konnte eine solche Jugend noch träumen? Die US-Rockband *R. E. M.* brachte dieses generationstypische Desillusionierungsgefühl 1991 auf die Refrainzeile: »It's the end of the world as we know it – and I feel fine!« Und auch bei den Bands der ›Hamburger Schule‹ klangen die selbstironisch gebrochenen Botschaften zwar nicht depressiv, aber doch nach einer gewissen Resignation. »Warst du nicht fett und rosig? Warst du nicht glücklich?«, fragte Sänger Frank Spilker von den *Sternen* in deren berühmtestem Hit, um eben doch nur wieder in der betrüblichen Refrain-Erkenntnis stecken zu bleiben: »Was hat dich bloß so ruiniert?«

Die ruhmreiche Erzählung vom jungen linken Gesellschaftsprotest schien in den Neunzigern an ihr Ende gekommen zu sein. Und die von *SPEX* mitausgerufene poplinke Alternative suchte notgedrungen nach den letzten Widerstandsnischen im Kleinen und Privaten. Kritiker wie Ulf Poschardt oder der *Jungle World*-Autor Roger Behrens haben der Bewegung darum später mangelnden Veränderungswillen und das Verharren im Elfenbeinturm der Theorie vorgeworfen. Böse urteilte beispielweise Behrens in einem Artikel von 2008: »Die Poplinke hat genauso viel gebracht [...] wie das Hollywood-Kino in den Neunziger-Jahren: Eine Verbesserung der Unterhaltungskultur, um das falsche Leben erträglicher zu machen. Insofern lohnt sich die Beschäftigung mit der Poplinken nicht wirklich, weil sie kaum über eine kulturkritische Redundanz hinausreicht.«

Aus diesem Verdikt hört man deutlich die Enttäuschung eines Linken der Frankfurter Schultradition über den eigenen Bedeutungsverlust heraus. Gerechtfertigt aber ist Behrens' Kritik an der Poplinken in ihrer Radikalität sicherlich nicht. Schließlich war es nicht zuletzt diesem, von *SPEX* mitinitiierten Konzept einer linken Gegenfraktion zu verdanken, dass identitätspolitische Fragen zu Gender und Race in den Neunzigern überhaupt prominenter aufs Tableau kamen und ernsthafter in der Öffentlichkeit diskutiert wurden. Die Poplinke war insofern, trotz all ihrer akademischen Verspieltheit und Verliebtheit ins eigene Untergangsvokabular (aber welche linkspolitische Bewegung wäre jemals ohne ein solches ausgekommen?!), eine wichtige Vorläuferin für die feministischen, queeren und postkolonialen Diskurse von heute – und nicht so überflüssig-folgenlos, wie einige ihrer Kritiker rückblickend behaupten. Zudem – und anders als die manchmal arg verbissen und moralinsauer auftretenden Linksaktivisten unserer Tage – besaß die poplinke »Partyfraktion« (Behrens) oft die Größe und den Humor, ihre eigene Position immer wieder selbstironisch zu hinterfragen. Damit legte sie eine augenzwinkernde Gelassenheit an den Tag, die man in den aktuellen Gerechtigkeitsdebatten leider häufiger vermisst.

»Pump up the Volume!«: Wie die Spexler die House- und Techno-Revolution fast verschlafen hätten und warum das langsam den Niedergang der Zeitschrift einläutete

Es entbehrt nicht einer gewissen Ironie, dass die Spexler dann Ende der Achtziger-Jahre auf ihrer Suche nach den letzten aufrechten Poprebellen die eigentliche Musikrevolte der jüngeren Vergangenheit fast übersehen hätten. Gemeint sind Techno und Acid House. Nachdem ein paar DJs aus Chicago und Detroit diese völlig neuen Arten von computergenerierter Dancefloor-Musik entwickelt hatten, wurde daraus im »Summer of Love« 1988 in Großbritannien die »Rave-O-Lution«, dank derer die Jugend im Vereinigten Königreich in einen kollektiven Tanzrausch nie gekannten Ausmaßes verfiel. Einige Musikjournalisten bejubelten die neue Partykultur schnell als Wiedergängerin der Hippie-Revolte. Schließlich ging es auch hierbei – wie einst im »Summer of Love« 1967 – um

Liebe, Drogen und mitreißende Musik. Diesmal allerdings in einem deutlich beschleunigteren Rhythmus, nämlich zum 4/4-Pulsschlag des Roland-Synthesizers 303 und mit 118 bis 132 Beats pro Minute. Das war 1988 der neue Tanzbeat, bei dem jeder Hipster mitmusste. Und während es für die Discogänger der Achtziger-Jahre kaum etwas Uncooleres gegeben hatte, als sich wippend auf eine Tanzfläche zu begeben, frönte man nun bei den neuen Raves auf einmal dem Schweiß und der Ekstase, der totalen Hingabe an den Groove und einem radikalen Körpererlebnis. Der DJ wurde zum Popstar. Und Drogen wie Ecstasy und Speed lieferten den nötigen Treibstoff für die Partys, weil man ohne solche Mittelchen das stundenlange Gezappel zum Stroboskoplicht physisch kaum durchhalten konnte.

Acid House war Bodymusic bis zum Rand der Erschöpfung und darüber hinaus. Und nachdem sich einige Reporter der englischen Boulevardzeitung *SUN* im Juni 1989 in einen illegalen Rave eingeschlichen und dabei festgestellt hatten, dass auch schon zwölfjährige Raver Ecstasy-Pillen schluckten, kam es zu Drogenrazzien und schließlich zu einem behördlichen Stop der Tanzwelle, nachdem diese von der konservativen Thatcher-Regierung als gesundheitsgefährdend und jugendverderblich eingestuft worden war. Aufhalten aber konnte das den Acid-House-Tornado nicht, der vor allem den Körper ansprach und nicht den Geist. Und vermutlich war genau das der Hauptgrund, warum die Dancefloor-Revolte beim popintellektuellen *SPEX*-Blatt 1988 nicht sofort einschlug. Schließlich kam diese Elektro-Musik fast ganz ohne Text und ohne Polit-Message aus – und war etwas, »was man mit den Poren kapieren musste, über den rein intuitiven Sachverstand und nicht über die intellektuelle Absicherung zurechtdefinierter Meinungsmacht«, wie es Wolfgang Voigt, der Techno-Pionier und Mitbegründer des Kölner Technolabels *Kompakt,* ausdrückt.

Dabei hatte der im Kölner Stadtviertel Mülheim aufgewachsene Voigt die *SPEX*-Zeitschrift eigentlich von Anfang an begeistert gelesen und sich jeden Monat pünktlich das neue Heft gekauft. Dann aber entdeckte er 1988 bei einer Reise nach London zusammen mit seinem Kumpel Jörg Burger Acid House. Und danach war's schlagartig vorbei mit seinem ursprünglichen Berufswunsch, als Musiker einer Gitarrenband der Sorte *Scritti Politti* oder *Prefab Sprout* erfolgreich zu werden. Nach seiner Rückkehr nach Köln musste der Acid-Erleuchtete jedoch enttäuscht feststellen, dass in seiner Lieblingszeitschrift *SPEX* fast nichts über die neue Musik zu lesen war. »Da war ich beleidigt, weil die Spexler diesen Trend einfach verschlafen haben«, meint Voigt. »Stattdessen gab's immer nur ewig weiter diese Texte über Grunge. Das wurde mir irgendwann zu langweilig. Und es hat mich schon sehr überrascht, dass die guten *SPEX*-Schreiber, also die, die auch mich musikalisch beeinflusst haben, dass die bei einer Musik ohne Erklärungen, ohne intellektuellen Überbau wie Acid House überhaupt nicht mehr mitkamen.« Ein ernster Vorwurf des *Kompakt*-Chefs, dem sein Techno-Kompagnon der ersten Stunde beipflichtet: »Bis ungefähr 1996 hat die *SPEX* es vorgezogen, Techno entweder zu ignorieren oder sich darüber lustig zu machen«, kritisiert auch Burger: »Was ich einerseits vollkommen nachvollziehen konnte, andererseits aber auch etwas zu simpel fand.«

Die entscheidende Erwiderung auf solche Vorwürfe aber lautet natürlich: Stimmt das? Also hat die *SPEX,* Deutschlands damals einflussreichste Popzeitung, wirklich die wichtigste Innovation der jüngeren Musikgeschichte, Acid House und Techno, »verschlafen«? Beziehungsweise, schlimmer noch: Haben die *SPEX*-Avantgardisten mit ihrem Faible für gesellschaftskritischen Hip-Hop und »dissidenten« Gitarrenpop diesen Hype aus Großbritannien womöglich sogar absichtlich übersehen, weil ihnen der neue Groove zu unintellektuell und zu unpolitisch vorkam?!

Blättert man die Hefte aus den Jahren 1988 bis 1990 nochmals durch, heißt die Antwort klar: Jein. Komplett verpasst hat die *SPEX*-Truppe die britische Rave-Mania nachweislich nicht.

Und zwar schon allein deshalb nicht, weil die Redaktion zu dieser Zeit mit Sebastian Zabel über einen unerschrockenen Partygänger verfügte, der öfter nach Manchester flog, um den berühmt-berüchtigten *Hacienda*-Club aufzusuchen. Bei einer seiner nächtlichen Clubtouren freundete sich Zabel früh mit Shaun Ryder an, dem damals prominentesten Dauergast der *Hacienda* und drogenaffinen Sänger der *Happy Mondays*. Und dank Ryder lernte der *SPEX*-Reporter wiederum andere Rave-Stars der angesagten »Madchester-Szene« kennen und berichtete danach mehrfach fürs Kölner Magazin über seine Erlebnisse beim gemeinsamen Nächte-Durchfeiern.

Die Redaktion war in Person von Zabel also eigentlich früh an einem zentralen Ort des britischen Rave-Geschehens vertreten. Sie näherte sich dem Acid-House-Hype aber bezeichnenderweise nicht mit Blick auf die revolutionären Elektro-Beats an, sondern aus der altbewährten Gitarrenpop-Perspektive. Denn die von Zabel im Heft porträtierten Bands *Happy Mondays* oder *Stones Roses* waren letztlich immer noch herkömmliche Gitarrenbands. Ravetauglich wurden sie lediglich dadurch, dass sie für ihre Auftritte und Plattenproduktionen auf die Dienste von DJs wie Andy Weatherall oder Paul Oakenfold zurückgriffen, die ihre Songs remixten und mit House-Beats unterlegten. Für diese technischen Kniffe aber interessierte sich Zabel zunächst nicht besonders. Ihn faszinierten der Drogenkonsum und das exzessive Partyleben der Szene samt den daraus resultierenden, psychedelischen »Madchester«-Vibes.

Insofern befand sich der *SPEX*-Autor 1988/89 zwar tatsächlich im Auge des Orkans, ohne jedoch das Revolutionäre daran zu erkennen. Nämlich die Tatsache, dass mit der Erfindung von Acid House das alte Konzept ›Vier-Jungs-machen-eine-Band‹ ausgedient hatte und die neue Musik fortan aus dem Computer kam. Diese entscheidende technische Veränderung aber konnten oder wollten die Spexler länger nicht wahrnehmen. Vermutlich, weil der junge zornige Gitarrenrebell einfach zu sehr mit ihrem Selbstverständnis verknüpft war. Das innovative Popstarmodell des DJs, der völlig ohne Instrumente und Band auskam, und als Mensch mit Maschine allein für die Musik und Show sorgte, war ihnen offensichtlich am Anfang suspekt.

Doch immerhin: Im Septemberheft 1988 berichtete das Autorenduo Klinkmann/Schneider erstmals über die »neue Dance- und DJ-Kultur« in Berlin und Frankfurt. Ein Jahr später, in der September-Nummer 1989, gab es vom selben Duo ein kurzes Einzelporträt über den Berliner DJ *Westbam* zu lesen, in dem Klinkmann/Schneider diesen witzigerweise als »Turntableartisten« bezeichneten und ihn (noch witziger!) ausgerechnet mit einem Schopenhauer-Spruch zum Thema Langeweile zitierten. (*Westbam*: »Langeweile, sagt Schopenhauer, ist der Zustand, der sich einstellt, wenn man für eine Weile keinen Schmerz empfindet.«) Und wieder zwei Monate später, in der Dezember-Ausgabe 1989, druckte die Redaktion schließlich sogar die erste Folge einer »Elektro Control«-Kolumne ab, die ein gewisser Jürgen Laarmann verantwortete, der kurz vorher das Techno-Magazin *Frontpage* gegründet hatte.

Kurzum: Völlig verpennt hat die *SPEX*-Truppe die Techno-Revolte nicht. Sie brauchte aber über zwei Jahre, um den Trend in seiner Dimension richtig einzuschätzen. Erst als die Welle mit voller Wucht Deutschland erreichte und hier ebenfalls im großen Stil die Tanzflächen eroberte, reagierten die Redakteure mit einer langen Geschichte und hoben die »Rave-O-Lution« im Oktober 1990 prominent aufs Titelblatt. Geschrieben hatte diese große Reportage aus Manchester einmal mehr Sebastian Zabel, der darin auch endlich den Beitrag der DJs am ravigen »Madchester«-Sound ausführlich würdigte. »*Primal Scream, Happy Mondays, Stone Roses, The Farm* – 1990 sind sie grooviger, higher und mentaler denn je. Und alle haben einen Star-DJ, der ihnen ihre Popsongs zum Dancefloorkiller remixt«, jubelte Zabel jetzt. Damit war die anfängliche Elektro-Aversion bei *SPEX* überwunden, und das Kölner Team heuerte mit Hans Nieswandt eilig einen Experten an, der sich gleich in doppelter Hinsicht als Glücksgriff erwies. Zum einen brachte Nieswandt als DJ aus Hamburg bereits musikpraktische Erfahrungen mit. Zum anderen hatte er vorher als Filmredakteur beim PRINZ-Magazin gearbeitet, war also schon vor Jobantritt ein gewiefter Zeitungsjournalist.

» **Hans Nieswandt:** Als *SPEX*-Redakteur wurde ich Mitglied in einem erlauchten Kreis, der Nacht für Nacht im *Königswasser* oder im *Six Pack* tagte und Hof hielt. Und natürlich war außerdem hilfreich, dass ich vorher schon einige *SPEX*-Leute persönlich kannte: Ralf Niemczyk, Clara Drechsler, Dirk Scheuring und Diedrich [Diedrichsen] natürlich. Ein Zimmer in Köln kriegte ich auch sofort bei Lothar Gorris und wurde Nachmieter von Helge Malchow, dem späteren KIWI-Verlagschef.

Nachdem Nieswandt derart warmherzig in die *SPEX*-Familie aufgenommen worden war, legte er sich als Redakteur sofort mächtig ins Zeug, um die Techno-Lücke im Blatt zu schließen und das Thema Elektro »brutal zu stärken«. Als eine erste Maßnahme holte er sich dazu Verstärkung an Bord und warb mit Sascha Kösch und Riley Reinhold zwei weitere DJs als Autoren an.

» **Hans Nieswandt:** Wir hatten jeder unsere eigene Veranstaltungsreihe. Ich den *Whirlpool*, der im *Rose Club* stattfand. Sascha und Riley machten den *Cosmic Orgasm*. Und wir haben uns natürlich gegenseitig auf den jeweiligen Partys besucht. Sascha und Riley haben sich dann irgendwann mal bei mir beschwert, dass in der *SPEX* zu wenig über Breakbeat berichtet werden würde. Also sagte ich ihnen: ›Okay, dann schreibt doch selbst mal was!‹

Mit dem neuen Autoren-Trio aber kam Unruhe in die Redaktion, nachdem sich diese zuvor schon in eine Hip-Hop- und eine Gitarren-Fraktion aufgespalten hatte. Das Auftauchen der Techno-Gruppe um Nieswandt verschärfte dieses bereits bestehende Schisma nun zusätzlich.

» **Ralf Niemczyk:** Da teilte sich die Mannschaft dann in zwei Gruppen: Auf der einen Seite sozusagen die Elektroniker wie Hans Nieswandt oder Dirk Scheuring, die stark für Dancefloor, Techno, Hip-Hop mobilisierten – und auf der anderen Seite der weiterhin im Postrock verbleibende Teil der Redaktion. Was eine Zeit lang für eine größere Sprachlosigkeit sorgte als vorher.

Als hauptamtliche DJs waren die neuen Mitarbeiter außerdem häufiger übernächtigt und nahmen es mit der Schreibarbeit anscheinend nicht immer ganz so genau wie ihre Kollegen, sodass die Texte der Elektroniker öfter und aufwendig redigiert werden mussten, was wiederum manchmal zu Verstimmungen führte.

» **Ralf Niemczyk:** Hans Nieswandt oder Triple R [Riley Reinhold] wollten halt nicht nur über Musik schreiben, sondern sie auch selbst machen, Platten auflegen und produzieren. DJing wurde das neue Abenteuer. Für die Jobpraxis aber bedeutete das: Wenn man Platten auflegt und sich die Nacht um die Ohren schlägt und dafür vergleichsweise viel Geld bekommt, verblasst natürlich die Magie des Längere-Artikel-Schreibens.

Diedrich Diederichsen kann sich ebenfalls an die damalige Spaltung der Redaktion erinnern, beschreibt die Lage aber nicht ganz so konfliktreich: »Nach der Gitarren- und der Hip-Hop-Position gab es jetzt noch die Techno-Positionierung. Und das griff dann auch auf andere Themen über, wenn Sascha Kösch mir zum Beispiel sagte: ›Wie, die *kids are not alright*? Sieh dir doch mal an, wie *alright* die sind! Geh doch mal zu einem Rave und sieh mal, wie wahnsinnig *alright* die sind!‹ Im Rückblick würde ich aber behaupten: Alle drei Lager konnten über die Theorie-Orientierung von *SPEX* in den Neunzigern wieder zusammengeführt werden. Nur die Leute, die dann mit dem diskursiveren Teil von *SPEX* gar nichts anfangen konnten, die waren sozusagen draußen. Aber die fanden sich unter den ›Rock 'n' Rollern‹ genauso wie unter den ›Tänzern‹.«

So richtig glaubwürdig klingt diese These allerdings nicht, wonach man das Auseinanderdriften der Redaktion angeblich durch die *Cultural Studies*-Wende und die Akademisierung des Hefts verhindern konnte – zumal sich auch die Leserschaft schnell in zwei Lager aufspaltete. Als die Redaktion im Juli 1990 in Konstanz am Bodensee auf dem »Disco-Schiff« *MS Kempten* schließlich einen dreitägigen »*SPEX*-Rave« veranstaltete, bei dem Diederichsen, Nieswandt und Niemczyk als DJs »das Beste« auflegten, »was House, Hip-Hop und Dancehall zu bieten hat«, reagierten einige der angereisten Fans prompt verstimmt, weil auf der Party kein Gitarrenpop lief. »Angesichts der Rave-Aktion muss man sich fragen, ob die letzten Reste eures ehemaligen politischen Selbstverständnisses flöten gegangen sind«, beschwerte sich hinterher ein gewisser »Booth« per Leserbrief und sah mit dem *SPEX*-Rave gar schon das Ende des linken Popmagazins gekommen: »Anscheinend überlasst ihr das ab jetzt alles den KONKRET-Krücken.«

Und »Booth« war kein Einzelfall. Auch andere Stammleser machten damals gegen die neue Rave-Kultur mobil und fanden deren Anhänger ideologisch suspekt. Schon allein wegen derer unkritischen Slogans wie »Friede, Freude, Eierkuchen«, das Motto der ersten *Love Parade*. Das klang nun wahrlich nicht nach linker Revolte oder nach irgendeinem Ehrgeiz, die Welt verändern zu wollen, sondern eher danach, als würden sich die neuen Techno-Anhänger im Konsumkapitalismus pudelwohl fühlen. *What a shame!*

» **Hans Nieswandt:** Es braucht halt immer seine Zeit, bis kulturelle Veränderungen in ihrer Bedeutung richtig wahrgenommen werden. Und Hip-Hop à la *Public Enemy* konnte man bei *SPEX* natürlich viel einfacher integrieren, weil deren Texte dezidiert politisch waren. Bei Techno aber war das für *SPEX* wesentlich schwieriger, weil es bei Techno keine Songtexte und Messages gibt. Da konnte man nicht so einfach sagen: So, jetzt mal Indie-Pop raus und Techno rein!

Trotzdem führte die längere und auffällige Themenlücke zu einem Imageschaden für das Magazin. Als *die* zentrale deutsche Popinstanz mit Techno und House die wichtigsten Musiktrends seit Punk in ihrer Bedeutung jahrelang unterschätzt zu haben, war peinlich und kratzte am Ruf der *SPEX*-Redaktion, verlässlich auf der Höhe der Zeit zu sein. Erst recht, als im Zuge des Hypes dann rasch neue Musikzeitschriften entstanden, die sichtlich mehr Durchblick hatten – etwa die u. a. durch den *SPEX*-Autor Sascha Kösch aus der Taufe gehobene *De:Bug* oder die 1989 gegründete Zeitschrift *Groove* des Frankfurter DJs Thomas Koch. 1992 kam mit *Intro* außerdem eine ambitionierte Gratiszeitschrift für Independent-Musik in Köln dazu, in der profilierte Popautoren wie Martin Büsser oder Jens Friebe schrieben. Die journalistische Konkurrenz nahm in den Neunzigern also für die *SPEX* deutlich zu, auch in anderer Hinsicht. Denn im Gegensatz zu den musikjournalistisch eher verschnarchten Achtziger-Jahren erlebte die Popmusik jetzt journalistisch eine ungeheure Aufwertung und wurde zu einem wichtigen, wenn nicht zu *dem* wichtigen Kulturthema der Dekade, an dem keine Zeitung mehr vorbeikam.

Das hatte nicht zuletzt mit einem Generationswechsel zu tun. Anders als ihre Eltern machten viele Babyboomer keinen Unterschied mehr zwischen E- und U-Kultur. Als junge Kritiker fingen sie an, in überregionalen Zeitungen wie der *Süddeutschen Zeitung*, der *TAZ* oder dem *SPIEGEL* ausführlicher und wertschätzender über Popbands zu schreiben und in ihren Artikeln argumentativ darzulegen, warum sich die Beschäftigung mit derart vermeintlichem ›Trash‹ lohnte. Die alte Trennformel von einer Hoch- und Gebrauchskunst verschwand dabei zusehends, bis Ende der Neunziger-Jahre mit der Literatur schließlich die letzte E-Bastion des Elfenbeinturms gestürmt wurde – und man das Comeback einer jungen, deutschen Popliteratur feierte, inklusive ausdrücklich als »Popliteraten« bezeichneter Stars wie Christian Kracht, Benjamin von Stuckrad-Barre oder Alexa Hennig von Lange. So wurden die Neunziger zu dem Jahrzehnt, in dem die Popkultur in Deutschland ihren Siegszug antrat. Und dieser Siegeszug war so umfassend, dass die Popbibel *SPEX* ihre Aura der Exklusivität notwendig verlor und damit an Bedeutung. Die spexologische Mission wandelte sich von einer Angelegenheit einiger weniger Auserwählter zum Massenauftrag, wodurch die Redaktion allmählich mit immer mehr Konkurrenzpredigern konfrontiert wurde und langsam, aber sicher ihre Vormachtsstellung einbüßte. Oder im Jargon der *SPEX*-Theoretiker gesprochen: Das einstige Underground-Sprachrohr kam immer mehr in dem, von ihm selbst so oft beschworenen »Mainstream der Minderheiten« an – und verblasste darin zwangsläufig.

Zum Ende der Neunziger-Jahre jedenfalls schwand die Nachfrage nach der frohen *SPEX*-Botschaft dramatisch. Nachdem die Verkaufsauflage der Zeitschrift zu Spitzenzeiten 25.000 Exemplare erreicht hatte, brach der Absatz jetzt rapide ein, sodass bestenfalls noch 10.000 Hefte pro Monat über den Ladentisch gingen. Dadurch geriet die Unternehmung derart in Schieflage, dass pünktlich zur Jahrtausendwende nur noch ein Verkauf die Zeitschrift retten konnte. Und siehe da: Dieses *SPEX*-Wunder geschah. Gerade noch rechtzeitig tauchte 1999 mit dem Münchner Medienunternehmer Alexander Lacher, der als Konzertveranstalter das nötige Kleingeld verdient hatte, jener ersehnte Retter auf, der den angeschlagenen Verlag übernahm. Lacher gliederte die Zeitschrift in sein *Piranha*-Unternehmen ein, zu dem damals bereits das Hip-Hop-Magazin *Juice* gehörte. In der Folge baute er seine Firma weiter zu einem kleinen Musikmagazin-Imperium aus, für das er auch noch die Zeitschriften *Groove* (für Techno) und *Riddim* (für Reaggae) hinzukaufte. Auf den ersten Blick schien die Geschichte von *SPEX* damit eine geradezu märchenhafte Wendung zu nehmen. Schließlich betonte Lacher in Interviews mehrfach, wie sehr ihm die einstige Punkpostille am Herzen lag. Das hinderte ihn allerdings nicht daran, dem Blatt zum Jahreswechsel 2000 einen radikal neuen Anstrich zu verpassen, bei dem vom Anarchischen der *SPEX* nicht allzu viel übrig blieb. Lacher machte es nämlich zur Bedingung, dass die neuformierte Redaktion unter Uwe Viehmann in jeder Ausgabe eine Modestrecke abdrucken musste, was nicht nur bei Hardcore-Fans gelinde gesagt auf Unverständnis stieß. Hochglanz-Models in der *SPEX*?! Das klang wahrlich nach einem gewagten Konzept, nachdem im Magazin zwar schon immer vieles und viel Disparates gestanden hatte, aber eines aus linksideologischen Gründen eben doch nie: Produktwerbung für den gehobenen Geldbeutel.

In einem Offenen Brief in der *FAZ* verteidigte Lacher die neue Modestrecke im Heft später damit, dass er »ein Umfeld schaffen [wollte] für Modeanzeigen, um der ungesunden Abhängigkeit der *SPEX* von der Musikindustrie entgegenzuwirken«. Die alte Stammleserschaft aber reagierte empört und wertete die Neuerung als turbokapitalistischen Verrat am poplinken Spirit. Für viele Fans, darunter der Schriftsteller Marcel Beyer, war das Magazin damit bereits im Jahr 2000 gestorben. Denn, so der Büchner-Preisträger von 2016: »Eine Modestrecke, das hieß ja explizit: Werbeinteressen zu vertreten. Und das war für mich im Grunde das genaue Gegenteil dessen, wofür *SPEX* eigentlich stand.«

Der zweite Akt des Untergangsdramas folgte dann knapp sieben Jahre später, als Lacher Ende 2006 beschloss, die Popzeitschrift nach 27 Jahren in Köln nach Berlin umzusiedeln. Die Kölner Redakteure widersetzten sich dem Umzugswunsch geschlossen, woraufhin der Verleger sie allesamt kurzerhand entließ und durch eine rasch angeworbene Berliner Truppe ersetzte. Diese neue Berliner Redaktion unter Max Dax hatte nun denkbar schwere Startbedingungen, trat aber entschlossen die Flucht nach vorne an. Ohne sich groß um das erneut aufflammende Verratsgerede zu kümmern, intensivierte das Team die Zusammenarbeit mit den Sponsoren jetzt erst recht, sodass Chefredakteur Dax im August 2010 stolz den italienischen Nudelhersteller *De Cecco* als exklusiven *SPEX*-Partner präsentierte. Woraufhin die Konkurrenz hämisch tönte, jetzt sei die einst so systemkritische *SPEX* endgültig auf die neoliberale Nudel gekommen.

Im Oktober 2011 dann der nächste Aufreger. Diesmal ging's um einen heiklen Deal mit dem US-Jeanshersteller *Levi's*. Die Dax-Redaktion schaltete für die vom Multi ausgerichtete »Levi's Curve Attack«-Tour mit der US-Sängerin Kelis nämlich nicht nur große Werbeanzeigen im Blatt, sondern schrieb das Tragen der promoteten »Curvey«-Jeans in einem Artikel auch noch zweifelhaft zum feministischen Statement hoch.

Und sicherlich: Ganz falsch waren die harten und von Häme gezeichneten Urteile über die späteren Ausgaben aus Berlin so gesehen nicht. Sie klangen mit Blick auf die publizistische Gesamtlage in Deutschland aber doch wohlfeil und etwas unfair. Schließlich geriet nach der Jahrtausendwende längst nicht nur beim *SPEX*-Magazin die Grenze zwischen Werbung und Journalismus bedenklich ins Wanken. Auch in anderen sogenannt seriösen Blättern wie der *ZEIT*, der *Süddeutschen Zeitung*, dem *SPIEGEL* oder der *FAZ* fanden sich in den Nuller-Jahren nun regelmäßig journalistisch getarnte Werbeartikel, in denen sich gestandene Kulturkritiker nicht zu schade waren, scheinbar objektive Lobeshymnen für hauseigene Sponsoren oder deren Produkte zu verfassen. Das Schlagwort von der ›Tchiboisierung‹ machte nicht ohne Grund zu jener Zeit brancheninterndie Runde. Und angesichts der wachsenden Online-Konkurrenz fingen damals auch andere Chefredakteure neben Max Dax an, Schleichwerbung zum probaten Mittel zu erklären, um auf dem umkämpften Zeitungsmarkt bestehen zu können.

Über diese generelle ›Verlotterung‹ einer käuflich gewordenen Presse in Deutschland aber stand in den vielen Klageartikeln über die angeblich ›korrupt‹ gewordene, spätere *SPEX*-Zeitung bezeichnenderweise nichts. Es hätte wohl nicht so gut in die schönschaurige Erzählung von der Zerstörung einer Widerstandsikone gepasst. Dass diese gern beschworene Zerstörungslegende – wie so viele Legenden über das Kultblatt – allerdings nie so ganz stimmte, beweist schon die Tatsache, dass die Zeitschrift bis zuletzt ihre treuen Fans besaß. Dann aber, im Oktober 2018, verkündete der letzte Chefredakteur Daniel Gerhardt schließlich doch das Ende der Printzeitschrift, diesmal in wirklich. Zwei Jahre später, 2020, wurde auch die Digitalausgabe eingestellt. Und danach war der Mythos *SPEX* Geschichte. Zumindest vorerst – bis zur nächsten Auferstehung.

WELT (WERK) AM TRESEN: AUSGEHSTADT.

» **Diedrich Diederichsen:** Es gab damals sehr viele Leute, die viel tranken. Das war ein verbreitetes Problem.

» **Isabelle Graw:** Man ging systematisch jeden Abend aus. Das war normal: Ich war wirklich jeden Abend unterwegs! Ohne zu trinken, wohlgemerkt. Dabei gab es viel Lustiges, allerdings auch viel Aggressivität, ich erinnere mich an krasse Szenen, wo die Bierflaschen flogen. Dann ging ich meist früher, harrte also nicht bis zum bitteren Ende aus.

» **Daniel Buchholz:** Es gab ja eine Menge Partys und Köln hat eine lebendige Kneipenkultur. Ich glaube, dass die soziale Dichte Kölns auch ein Faktor war, der die Stadt bei Künstlern beliebt machte. Alles spielte sich im inneren Kern ab, der ungefähr so groß ist wie Berlin-Schöneberg. Da lief man sich ständig über den Weg. Und das meine ich nicht nur auf die Kunstszene bezogen, sondern man traf auch Leute aus anderen Kunstsparten, also zum Beispiel Musiker. Alles bewegte sich auf engstem Raum.

» **Peter Bömmels:** Der Begriff ›Dichte‹ ist richtig, weil Köln klein ist. Die Kneipen waren bequem zu erreichen: etwa die Dosen-Bar, das *Six Pack*, oder das *Königswasser.* Oder das *Broadway*. Oder noch früher der *Kurfürstenhof* in der Südstadt. In Köln traf man die Leute fast zwangsläufig. Man musste sich gar nicht verabreden. Berlin ist da eindeutig vertrackter.

» **Marcel Beyer:** Für Kölner Verhältnisse war es eine Weltreise, wenn man von der Zülpicher oder Aachener Straße zum Eigelstein wollte. In welche Kneipe man dann ging, hatte immer auch etwas mit der Musik zu tun, die da lief: Die Beschallung bestimmte das Publikum.

» **Daniel Buchholz:** Es gab diverse Läden, zum Beispiel das *Grüne Eck* oder das *Broadway Café,* aber auch das *Hallmackenreuther*. Ich traf mich zum Beispiel donnerstags im *Groove Attack*. Das *Grüne Eck* war für eine gewisse Zeit ein Haupttreffpunkt, ebenso das *Broadway Café*. Ins *Broadway* ging man meist nachmittags, Kippenberger hielt da sozusagen Hof.

» **Diedrich Diederichsen:** Die Freundschaften waren damals nicht so, dass man sich gegenseitig zum Essen einlud, sondern man ging gemeinsam in Kneipen. Alle kamen dort immer wieder zusammen. Dabei war es in Köln kein Problem, etwas zu trinken zu haben und ausgehen zu können, ohne große Strecken zurückzulegen oder irgendwelche Türsteher passieren zu müssen (was ja noch heute München ausmacht). Allerdings war die Ausgehsituation in Köln 1984 noch eher bescheiden. Es gab das *Peppermint,* das hatte bis drei Uhr morgens auf, was ein großer Vorteil war. Es gab das *Blue Shell,* das bis ein Uhr morgens geöffnet war. Den Abend gut verbringen konnte man in der *Chin's-Bar* in der Südstadt. Das war auch eine gute Adresse für *SPEX*, weil das *Chin's* um die Ecke der Redaktion lag. Im *Roxy* war ich selten. Das war eine Möglichkeit, wenn man um drei Uhr morgens noch nicht genug hatte. Dann konnte man dahin gehen, traf aber eigentlich nie Bekannte. Das *Königswasser* gab's 1984 noch nicht! Das machte erst Ende der Achtziger auf.

» **Ralf Niemczyk:** Es gab halt die Orte, wo man sich immer über den Weg lief. Einer davon war das *Peppermint* an der Zülpicher Straße, wo heute ein Vietnam-Imbiss drin ist. Das betrieben Ludger Deimel und Frank Schauhoff, bevor Schauhoff das *Blue Shell* aufmachte. Diese Autoren-Kneipiers waren für die Jugendszene in Köln damals sehr wichtig. Und das *Peppermint* hatte Anfang der Achtziger so einen Fifties-Rockabilly-Style. So ähnlich wie der Rockabilly-Mode-Laden von Vivienne Westwood und Malcolm McLaren auf der *King's Road* in London. Damit war das *Peppermint* auch eine Gegenreaktion auf das damals noch sehr verbreitete Tropfkerzen-Hippietum. Gerade an der Zülpicher Straße waren die Hippies recht massiv vorhanden. Und auch dagegen positionierte sich diese Fifties-Stilisierung des *Peppermint*. Doch dann haben sich Deimel und Schauhoff getrennt, und Schauhoff eröffnete das *Blue Shell*. Außerdem gab's noch den *Kurfürstenhof* in der Südstadt von Harley-Fahrer Bernd Schmitz und so ein paar andere Sachen.

» **Gerd Türke:** Abends war das *Blue Shell* mein Wohnzimmer. Man traf dort auch immer jemanden. Außerdem waren wir noch in der *Station*. Ins *Six Pack* ging ich ebenfalls, da gab's anfangs nur Dosenbier, das fand ich gut.

Heute vermisse ich solche Läden, die gibt's nicht mehr. Ich bin ja mit dieser Art des sozialen Lebens groß geworden – man war nie alleine, so etwas kannte man gar nicht.

Die Wohnungstür fällt mit einem Knall ins Schloss. Die Wohnung liegt im zweiten Stock. Im Ganzen hat das Haus fünf Stockwerke, im Erdgeschoss ist ein Sonnenstudio, im Hinterhof eine Tankstelle und eine Halle mit Parkplätzen. Den Aufzug lasse ich stehen und laufe aus dem zweiten Stockwerk die Stufen hinab, öffne die gläserne Haustür und gehe hinaus in die Nacht. Wir haben Spätsommer. Das Fahrrad steht an den Laternenpfahl gekettet vor der Haustür. Ich öffne das Schloss, steige in den Sattel, trete langsam in die Pedale.

Kaum verlasse ich die Seitenstraße, in der ich wohne, öffnet sich das Nachtleben. Die Straßenlaternen, die Neonleuchten der Kneipen, Restaurants und Spielhallen tauchen die Stadt in ein Gegenlicht: Nicht vertreibt es die Dunkelheit der Nacht und nicht erzeugt es die Schatten des Tages. Es beleuchtet den Aufbruch der Nachtgestalten. Ich bin eine von ihnen.

Blue Shell/Kurfürstenhof

» **Bernd Imgrund:** In der Innenstadt gab es das *Blue Shell*, den *Rose Club* und die *Station*. Dabei lief in diesen Kneipen Punk, Independent und anderer Rock in einer Lautstärke, mit der man noch gegen seine Eltern protestieren konnte. Oder wie immer man das sonst ausdrücken will. In diesem Lärm ging jedes längere Gespräch unter, d. h. man saß nicht gemütlich diskutierend beim Wein.

Kurz gesagt: Während in der Südstadt die Latzhosen, Häkelkleider und selbst gestrickten Pullover dominierten, trug man im *Blue Shell* entweder eine schwarze Lederhose mit Jeansjacke oder eine Jeans mit schwarzer Lederjacke. Das war eben die härtere Gangart. Viel gelacht wurde auch nicht: Da lächelte man sich zur Begrüßung nicht freundlich an, sondern checkte erst mal, wer da war und was los war. Deshalb waren die frühen Achtziger für mich auch nicht die Zeit der toupierten Haare, der Schulterpolster und Bundfaltenhosen, sondern die einer Coolness, die sich am Punk oder Post Punk orientierte.

» **Frank Schauhoff:** Ich bin durch einen Zufall und Umweg zur Gastronomie gekommen. 1975 habe ich einem Bekannten Geld geliehen, um eine Kneipe aufzumachen. Das war das *Popol* gegenüber der *Filmdose.* Irgendwann ist der jedoch mit einer Kellnerin abgehauen und sein Laden gehörte mir. Meine Idee war jedoch zunächst eine andere: Ich wollte mein Geld zurück und meinen Job weitermachen. Denn eigentlich arbeitete ich für den WDR, erst als Übersetzer und Regieassistent, später auch als Regisseur und Autor.

Ludger Deimel schlug mir dann vor, dass wir etwas zusammen planen. Ich hatte damals eine große Sammlung von Sachen aus den 1950er-Jahren, also alte Slotmachines, Filmplakate usw. Aus dieser Kombination der Zusammenarbeit mit Deimel und den Fünfzigerrelikten, entstand das *Peppermint*, eine Kneipe mit Fifties-Appeal. Das war ein Erfolg, damit hatten wir nie gerechnet. Alle kamen dahin: Robert van Ackeren, Holger Czukay, Rainer Werner Fassbinder, Jürgen Klauke oder Gudrun Landgrebe. So richtig war das aber nicht mein Ding. Denn das *Peppermint* wandelte sich rasch zu einer guten Stube des Gegenentwurfs, d. h. es war trotz aller Szenehaftigkeit bürgerlich und festgefahren. Also wurde es mir im *Peppermint* zu eng und ich sagte zu Ludger, dass ich einen anderen Laden machen will, nämlich einen, der mir und meinem persönlichen Geschmack mehr entspricht. Ich liebe ja Rock 'n' Roll, war aber Ende der 1970er auch ein großer Punkfan. So suchte ich nach neuen Möglichkeiten. Auf dieser Suche entdeckte ich den *Lindenhof* in der Luxemburger Straße, habe ihn übernommen, ausgeräumt und einfach blau gestrichen. Den Laden nannte ich *Blue Shell*, weil ich das Shell-Markenzeichen toll fand. So einfach war das. Zum Schluss montierten wir noch etwa hundert Neonröhren und organisierten eine alte Bestuhlung aus einem Setrabus. Mai 1979 war das erste *Blue Shell* fertig: alles blau, schwarz-weißer Boden, eine blaue Muschel an der Wand, Billardtisch. Da kommt keiner hin, der Mainstream ist. Das war der Sinn der Sache. Denn genau besehen, war das ein Anti-Zielgruppenkonzept, weil einfach alle, die das gut fanden, willkommen waren. Links neben dem *Shell* gab es später den Imbiss, wo Sandwiches verkauft wurden. Der war mit dem *Shell* durch einen Durchgang verbunden, vorher war das ein Antiquitätenladen. Den Imbiss machte zuerst Domenico. Unter der Theke vertickte der aber Haschisch, das wurde irgendwann zu riskant. Horst [Schumacher] übernahm den Job. Später war Elvis [Rolf Hündgen], der Teddyboy, im Imbiss.

Heute ist Freitag, ungefähr 22 Uhr. Zu der üblichen Jeans trage ich eine Harrington-Jacke (die schwarze), T-Shirt und die graue Wollmütze im Dockarbeiterlook. Für die ist es eigentlich noch zu warm. Ich fahre mit dem Rad die Luxemburger Straße hinunter bis zur Ecke Hochstadenstraße. Dort ist der Eingang des *Blue Shell*. Davor und seitlich auf der Luxemburger stehen schon diverse Motorräder, aufgemotzt im Easy-Rider-Look, d.h. mit lang gezogenen Vorderradgabeln und dicken Socken hin-

ten, dazu Fuchsschwänze am Lenker oder an der Sitzbank. An einer Maschine hängt lose ein verchromter Stahlhelm, an einer anderen ein Jethelm in den Farben Schwarz-Rot-Gold.

Fahrrad gegenüber abstellen. Ich überquere die Straße und schiebe die Türflügel beiseite. Es ist laut, die Musik – *Blitzkrieg Bop* – dröhnt, dazwischen der Lärm des Flippers. Beim Sprechen brüllt man sich an, die Luft ist feuchtwarm und hüllt dich mit Schweiß, Atem, Alkoholdunst und dem Zigarettenqualm ein, der unvermeidlich und überall ist, sich mit allem vermischt.

Ich halte kurz inne. Dabei schweift der Blick durch den Raum, tastet die Gestalten, die Gesichter ab, fragt, ob jemand da ist, den man kennt.

» **Frank Schauhoff:** Das Besondere am *Shell* war die Musik, also eben Punkrock, hauptsächlich aber Rock 'n' Roll. Deshalb ist auch Ted Herold mal im *Shell* aufgetreten. Wenn keine Konzerte waren, kam die Musik vom Plattenspieler oder Kassettendeck. Die Platten dafür besorgten wir oft direkt in London. So hatte ich die, bevor sie in Deutschland liefen.

DJs gab es natürlich auch: Ganz am Anfang machte das Walter Dahn, der Künstler, der mit der *Mülheimer Freiheit* berühmt wurde. Andreas Thein, der leider schon verstorben ist, arbeitete bei uns nicht nur als DJ, sondern machte auch seinen ersten Gig: ›Industriemusik für das tote Huhn‹. Später kam er dann mit seiner Band *Propaganda* groß raus. Lazlo stammte aus Ungarn und war quasi auf der Durchreise. Im *Shell* machte der gewissermaßen Station. Heute ist er, glaube ich, auch Künstler. Später wurden im *Shell* auch Madonna oder Grace Jones aufgelegt, da waren wir wieder ganz vorne. Nur Niedecken haben wir nie gespielt.

Jetzt fällt mir ein seltsames Pärchen auf: Ein Rocker, seitlich geschnürte Lederhose, Lederweste über dem brustbehaarten Oberkörper, langhaarig und mit Horseshoe-Schnäuzer, hat einen anderen Typen im Schwitzkasten: Der rechte, muskulöse und großflächig tätowierte Arm schließt sich dabei fest um den Hals dieses anderen und zwingt seinen Körper in einen rechten Winkel. Und obwohl man das Gesicht des so Gebeugten kaum erkennen kann, sind seine Kleidung und Frisur gut zu identifizieren: kahl rasierter Schädel, Jeans mit Hosenaufschlägen und von Hosenträgern gehalten, darüber ein Poloshirt mit Fred-Perry-Kontraststreifen auf dem Kragen, an den Füßen Dr.-Martens-Boots: ein Skinhead. Im Schwitzkasten des Rockers, das sehe ich jetzt deutlich, steckt ein eher schmächtiger Skin.

»Das ist jetzt meiner!«

Der Gelederte grölt gegen den Kneipenlärm an und zeigt auf den rasierten Schädel:

»Mein ganz persönlicher Skinhead!«

Dabei prostet er seiner Rockertruppe am Flipper zu und schleift den Skin im Schwitzkasten durchs Lokal.

»Stimmt doch, oder?«

Der Kahlköpfige nickt, während die anderen Rocker feixen und sich vor Lachen biegen. Reden kann er nicht wirklich, da ihn der tätowierte Arm unbarmherzig in das Leder der Weste drückt.

»Na, wenn das so ist, kommst du heute Abend auch schön mit mir«, brüllt der Rocker lachend, »und zwar den ganzen Abend!«

Der Skinhead zappelt, kann sich aber aus dem Armschraubstock nicht befreien. Seine Füße stolpern bei jeder Bewegung des Schnauzbärtigen über den karierten Boden.

»Weißt du was?«

Der Rocker feixt und hebt den Kopf des Skins im Schwitzkasten leicht an:

»Ich will mal nicht so sein und geb' dir einen aus! Muss ja für dich sorgen und du sollst auch nicht leben wie ein Hund! Ein Kölsch für meinen Skinhead hier!«

Das geht schnell, weil die Bartenderin das Bier direkt aus einem frisch gezapften Kranz heraus an den Schnauzbart weiterreicht. Der drückt es dem Kahlkopf ins Gesicht, sodass der mit dem Mund etwas schlürfen kann.

»Und was sagt man da?«

»Danke!«, winselt der Eingeklemmte.

Die anderen Rocker feiern ihren Kumpel, feixen wieder und hauen sich gegenseitig und ihm besonders feste auf die Schultern:

»Haha, prost Alter! Hau rein, mach ihn fertig!«

Ich beobachte die bizarre Szene, die ich mir wegen des Lärmpegels in den gesprochenen Worten zum Teil zusammenreimen muss.

Hat der denn keine Freunde?, denke ich und habe fast Mitleid mit dem zappelnden Skinhead, der da von der schmerbäuchigen Lederhose rumgeschubst wird. Mit den Rockern ist nicht zu spaßen, man hält sich besser fern, wenn man seine Zähne behalten will. Aber auch die Skinheads können unerfreuliche Zeitgenossen sein. Und nicht nur wegen der politischen Gesinnung.

Wobei diese Gesinnung eher diffus ist. Einige Skins kommen direkt aus dem Punk und haben sich nun zwar die Haare ganz abrasiert und die Leder- gegen eine Bomberjacke getauscht, sich aber politisch noch nicht eindeutig positioniert. Da weiß man also nicht so richtig. Auch linke Skins gibt es und unpolitische, aber natürlich auch die Sieg-Heil-Brüller und Hitler-Grüßer mit Hakenkreuzarmbinde.

» **Ralf Niemczyk:** Dass sich Rechte im selben Laden aufhielten wie man selbst, gab's damals ja öfter. Man darf für die frühen Achtziger-Jahre nicht vergessen, dass einige Ausgehorte oder Kneipen keineswegs politisch korrekt waren. Man nahm das aber in Kauf. Im *Blue Shell* war zum Beispiel ›Mad Max‹ Stammgast. So nannten den alle. Das war ein schlauer Skin mit zwielichtigen Ansichten, der mit *DIE ZEIT* unter dem Arm auflief und lange Vorträge hielt. Oder man traf dort auch Auf-die-Fresse-Skinheads, die waren natürlich unangenehmer, manche hatten einst als Punks angefangen, wie etwa Axel von Schweiß. Zu der Zeit konnte man linke und rechte Punks gar nicht so leicht voneinander unterscheiden.

»Mad Max« – so nannten den alle. Früher war Max auch Punk und eigentlich ganz okay, man redete über Musik und fuhr zusammen zu Konzerten. Nach der Wiedervereinigung sehe ich ihn dann auf einem Foto im SPIEGEL: Max steht in einer Gruppe vor einem Lagerfeuer irgendwo in Deutschlands Osten. Alle heben den rechten Arm und glotzen wütend in die Kamera. So kann's kommen. Aber warum?

In der linken hinteren Ecke des *Shells* lehnen drei weitere Skinheads an der Wand und schauen den Ereignissen zu: Eingreifen wollen sie anscheinend nicht und überlassen ihren Kumpel einfach seiner misslichen Lage. Dabei zündet der Rocker jetzt eine weitere Eskalationsstufe:

»Ey Skinhead!«, grölt er und beugt sich zum Schwitzkasten herunter: »Musst du nicht mal aufs Klo? Ich sehe doch, dass du die Hose voll hast!«

Von unten kommt keine Reaktion – vielleicht hat der Typ schon das Bewusstsein verloren? Dem Gelederten ist's egal, er zieht den Skin weiter durch den Raum, stößt mit dem Fuß die Türe zur Toilette auf und schiebt sich und den Kahlkopf hinein.

Was nun wohl passiert? Ob er ihn mit dem Schädel in eine Kloschüssel tunkt? Abzieht? Ihm den Kopf wäscht?

» **Frank Schauhoff:** Anfangs dachte ich, dass der Laden vor allem Punks und Teds anzieht. Mit ein paar Freaks hatte ich ebenfalls gerechnet. Dass bald auch Rocker das *Shell* toll fanden, stand hingegen nicht auf meiner Liste. Aber das führte immer öfter zu Problemen. Zum Schluss prügelte ich mich mit dem Rockerchef. So wurde das geklärt, danach konnten die Rocker weitgehend integriert werden. Übrigens auch die Skinheads.

Das kann man mit heutigen Verhältnissen nicht vergleichen. Es gab ein paar Ohrfeigen und vielleicht war die Nase blutig. Das war's aber. Ohne Reibereien und Gerangel ging es eben nicht ab. Und manchmal spritzte auch Blut. Am nächsten Tag war dann die Nase oder das Auge geschwollen, aber das ist nach einer Woche vorbei. Ins Krankenhaus musste niemand. Denn dass man auf Leute eindrischt, die schon am Boden liegen, hat man früher nicht gemacht. Mir half jedenfalls, dass ich damals boxte. Allerdings nicht in einem Boxclub, sondern an der Uni Köln. Das reichte aus, um für Ruhe zu sorgen. Du packst einen am Ohr, schleifst ihn durch den Laden und schmeißt ihn raus, fertig! Die Polizei muss man dafür nicht holen.

Zum Schluss war aber, glaube ich, allen Gruppen – und waren sie noch so verfeindet – klar, dass das *Shell* IHR Space ist. Das machte meines Erachtens den Erfolg und die Integrationsleistung des Ladens aus und das war toll. Jede und jeder konnte kommen, manche fuhren sogar mit dem Motorrad rein!

» **Gerd Türke:** Ich wohnte 1984/85 zusammen mit Jörg Burger, dem Bassisten, und Eas Hoppmann, dem Saxofonisten von *Les Immer Essen*, in einer WG direkt neben dem *Luxor*. Daher konntest du vor drei Uhr morgens sowieso nicht pennen, weil du dauernd die Bassdrum hörtest. Das ging durch alle Wände und wir mussten sogar bei Abschluss des Mietvertrags unterschreiben, dass uns das bekannt ist. Also gingen wir runter ins *Shell*. Über vier, fünf Jahre oder noch länger war ich wirklich jeden Abend dort. Manchmal stand ich einfach nur mit einem Bier in der Ecke, weil ich nicht nach Hause konnte.

Allerdings gab es auch Schlägereien. Da verdrückte ich mich schnell, mitzumischen war nicht mein Ding. Da musste man dann sehen, dass man in die Nähe des Ausgangs kam, sonst konnte das böse enden.

» **Ralf Niemczyk:** Einer hat sogar mal einen anderen Typen in die Rigips-Papp-Wand neben dem Klo reingehauen, sodass dessen Kopf fast in dieser Wand steckte.

Ich wandere an die Theke ab und bestelle ein Kölsch. Das Gerangel um den Skin im Schwitzkasten versuche ich zu ignorieren. So genau will ich es gar nicht wissen. Außerdem sehe ich Nichtcheck. Er lehnt mit dem Bier in der Hand an der Wand im hinteren Teil der Kneipe. Eigentlich haben wir vor, zusammen Musik zu machen. Gut also, dass Nichtcheck da ist. Ich drängele mich durch die anderen Gäste zu ihm hin. Bis jetzt hat er mich nicht bemerkt. Erst als ich kurz vor ihm stehe, fährt er kurz die Faust aus, die mich leicht am Oberarm trifft.

»Na!« »Na, alles okay? Wann wollen wir denn mal wieder …?«

»Was?«

Ich weiß nicht, ob Nichtcheck mich wegen des Lärmpegels nicht versteht oder ob er nicht checkt, was ich meine.

»Musik machen?«

Ein Instrument richtig spielen können wir beide nicht. Aber: Drei Akkorde, gründe eine Band, heißt es ja. Nichtcheck mag eher die SST-Bands, besonders *Black Flag*. Aber wir treffen uns bei der englischen Popmusik, glauben also beide, dass ABC's *The Lexicon of Love* oder Haircut 100's *Pelican West* Meilensteine sind.

»Ja, aber erst nächste Woche. Dann ist der Keller wieder trocken. Im Haus meiner Oma ist in der letzten Woche ein Rohr geplatzt.«

»Und hast du dich mal nach 'ner Sängerin umgehört.«

»Ja, also Spock sagte so was, dass er jemanden kennt. Der will er meine Nummer geben.«

»Und?«

»Getroffen hab ich sie noch nicht. Soll vom Aussehen her so Typ Debbie Harry sein, Name ist Mascha, glaub ich.«

Typ Debbie Harry? Das klingt ja vielversprechend. Ich stell's mir schon vor: Mit Debbie Harry in einer Band. Auch wenn's nur eine Lookalike ist. Debbie Harry ist der blonde Traum aller Punknächte, Siouxsie der schwarzhaarige. Über diese Säuselgedanken vergesse ich den Skin und seine missliche Lage. Wahrscheinlich hat ihn der Rocker raus in die Nacht geschleppt. Die Skinheadkumpels sind jedenfalls verschwunden.

Wir lehnen uns an die Wand, trinken, rauchen. Dabei schauen wir beim Billard zu. Wer mitspielen will, muss eine Mark auf den Tisch legen und spielt dann gegen den Sieger oder die Siegerin (wobei: Frauen spielen nur selten) aus dem Spiel davor. Wer verliert, muss vom Tisch, kann aber wieder eine Mark hinlegen.

Wie war das mit der Probe? Nächste Woche? Mit Debbie Harry? Aber vielleicht trifft man sich erst mal im *Shell* zum gegenseitig Kennenlernen und so? Ist ja doch besser als gleich ein offizielles Treffen im Proberaum ... Und überhaupt: Dann merkt Debbie auch nicht sofort, dass wir keine Ahnung haben (ganz so weit ist es also nicht mit dem Selbstbewusstsein und den drei Akkorden). Ich schaue Nichtcheck kurz an: Flippern? Dazu deute ich mit dem Finger in Richtung Tür, wo der Automat steht. Nichtcheck und ich schieben uns in den vorderen Teil des Ladens, wo in einer Ecke der Flipper steht. Keiner spielt, also sind wir dran, werfen die Münze ein.

Die Kugel mit dem Plunger auf die Spielfläche des Automaten schießen, sie läuft gut, springt zwischen den Bumpern hin und her. Die Punkteanzeige flackert, das Gerät tobt. Die Flipperhebel am unteren Ende geschickt betätigen, um der Kugel auf der Fläche den richtigen Push und Drall zu geben. Dabei vorsichtig am Automaten ruckeln oder kurz auf dessen Seiten schlagen, sodass die Kugel nicht sofort zwischen den beiden Hebeln durchrollt. Im Ohr die Undertones: »My perfect cousin/ What I like to do, he doesn't«. Gleich mal ruckeln. Der Automat tilt, wegen der zu starken Stöße, Lichter aus, nichts geht mehr – Scheiße! »Paul ist tot, kein Freispiel drin.«

»Ich hau ab«, sage ich und verabschiede mich von Nichtcheck.

Übernächste Woche treffen wir uns zur Probe und vorher mit Debbie Harry.

» **Dirk Mecky:** Für eine gewisse Zeit war das *Shell* konkurrenzlos bzw. glich einem Jugendzentrum, das für jede und jeden offen stand: Punks, Skins, Teds, Rocker, sogar auch mal ein paar Popper. Aber auch Künstler und andere kamen dorthin. Das war schon eine wilde Mischung. Allerdings war das für mich so um 1982 vorbei. Dann konnte man da nicht mehr hingehen.

» **Frank Schauhoff:** In der Südstadt existierte dann noch der *Kurfürstenhof*, den der Bernd machte.

» **Dirk Mecky:** In meiner Wahrnehmung gab es zuerst den *Kurfürstenhof* in der Südstadt. Den hatte Bernd Schmitz schon 1975 eröffnet. Für mich war das das erste Lokal, in dem sich eine etwas andere Szene traf.

» **Heike-Melba Fendel:** Das war so eine Anarcho-Kneipe. In der Kölner Gastro-Szene war Schmitz eine wichtige Figur. Denn neben dem *Blue Shell* war der *Kurfürstenhof* damals sehr angesagt.

Bernd Schmitz, Sohn eines Drogeriebesitzers und Kunststudent, hat wenig Lust, die Geschäfte seines Vaters weiterzuführen. Also betreibt er die Kneipe an der Bonner Straße ganz in der Nähe des Chlodwigplatzes. Dabei zieht der *Kurfürstenhof* von Anfang nicht das typische Südstadtpublikum an. Denn hier treffen sich keine Hippies oder sonstig Bewegte beim Wein oder Tee, sondern verkehrt eine Mischung aus jungen Punks und älterer Köln-Boheme. Schmitz, meist in Schwarz und Leder, ist in seinem Laden der unangefochtene Chef. Da er über der Kneipe wohnt, können sich Stammgäste in seiner Wohnung zwischendurch ausschlafen, um dann später im Erdgeschoss weiterzumachen. Exzesse sind damit gewissermaßen programmiert.

» **Frank Schauhoff:** Aus dem *Kurfürstenhof* gibt es diese wunderbare Story, dass da Heike-Melba Fendel und Brigitte Schenk nackt im Käfig standen. Also kam die Polizei wegen Erregung öffentlichen Ärgernisses. Alles sehr witzig! Auch weil das so typisch deutsch, aber eben auch typisch für Köln ist. Bernd sagte den Polizisten dann, dass die Mädels im Käfig Kunst seien. Warum, fragten die

Polizisten. Darauf Bernd: Weil ich Künstler bin. Zugleich zeigte er seinen Ausweis von der Kunsthochschule. Die Beamten waren zufrieden und fuhren wieder. Hatte ja alles seine Ordnung.

» **Heike-Melba Fendel:** Brigitte und ich kannten uns aus der Schule. Man nannte uns nur ›Plusminus‹. Diesen Namen hatten wir von Jürgen Klauke, denn es gab uns immer nur zu zweit. Als wir dann ›Captain Terror‹, wie sich Bernd Schmitz damals nannte, so um 1979 fragten, ob wir im *Kurfürstenhof* kellnern können, sagte der: Nee, kellnern könnt ihr nicht. Aber ihr könnt bei einer Performance mitmachen. Den Job, den er uns damals anbot – Stichwort Performance –, war ein Auftritt in zwei schmalen Käfigen, in die wir gerade so reinpassten. Und in denen standen Brigitte und ich dann, und zwar nackt. Womit das genau zu tun hatte, weiß ich gar nicht mehr. Ich weiß nur noch, dass es eine Performance sein sollte: zwei nackte Frauen im Käfig. Aber leider konnte man von der Kurfürstenstraße aus in das Lokal sehen. Da wir zu dieser Zeit in der Elsaßstraße wohnten, war das ein bisschen blöd, weil uns das halbe Viertel von da an nackt aus den Käfigen kannte. Aber pfft! Es war halt eine Performance.

Dem Ort des »Wahnsinns« setzen die frühen *BAP* (1979) dann in ihrem gleichnamigen Lied ein Denkmal. Es ist zugleich der erste Hit der Band.

» **Ralf Niemczyk:** *BAP*, Grönemeyer oder Marius Müller-Westernhagen tat man mit ein paar schnippischen, bösartigen Nebensätzen ab. Im Sinne der Kunst waren die viel zu spät und viel zu falsch. Und dann deren Sprache!

Dieses ganze Punk-Ding der frühen Achtziger stand ja, ohne dass man sich darüber groß Gedanken machte, für Härte, Ironie und Provokation, während diese sogenannten Deutschrocker mit ihren Flugzeugen im Bauch aus damaliger Perspektive eher Befindlichkeitsschlager waren. Klar, auch viele Popsongs sind eng am Schlager. Dazu kamen Outfit und Erscheinungsbild. Wie deren Bands aussahen! Dazu diese Gruselshows auf der Bühne. Aus Punksicht war das unmöglich.

Auf dem Weg aus der Südstadt nach Hause. Im Ku'hof wurde (wie immer) viel getrunken, diesmal aber auch ziemlich gekifft. Eigentlich macht Kiffen die Birne weich, deshalb wollen wir es den Hippies überlassen. Härtere, proletarische Drogen sind eher unser Ding, also Kölsch.

Heute passiert es aber doch – mit der weichen Birne: Denn die Straße hat sich gerade verändert. Plötzlich geht sie senkrecht nach oben, als hätte man einen rechten Winkel an sie gelegt. Mein Fahrrad folgt der Straße unerbittlich, es bewegt sich ebenfalls im rechten Winkel steil nach oben an der Ulrepforte vorbei. Wobei, man merkt gar nichts davon, alles wie normal.

Unglaublich: Je est un autre. Oder schlimm für das Holz, wenn es als Geige aufwacht. Aber ganz ruhig bleiben. Das ist nur ganz normales Haschisch, rede ich mir zu, wenn auch anscheinend besonders gutes. Es geht aber weiter nach oben. Gleich muss ich doch auf der anderen Seite wieder runterfallen. Das wird ein richtig tiefer Sturz, da breche ich mir bestimmt sämtliche Knochen. Keine Angst, weiterfahren, das kann ja nicht immer so weiter gehen, irgendwie komme ich schon runter und nach Hause.

Es geht aber doch weiter, den Sachsenring entlang, geht nach oben, ich fahre immer weiter, senkrecht nach oben Barbarossaplatz, Zülpicher Platz, nach oben, vor dem Rudolfplatz

abbiegen in die Schaafenstraße, nach oben ... Alles dreht sich, mir wird schlecht. Obwohl: Die Richtung ist immer dieselbe – nach oben. Wie werde ich zur Tür reinkommen?

Nie wieder, denke ich und denke es noch, als ich schon im Bett liege und mir die Augen zufallen. Denke es weiter am nächsten Tag. Doch da ist die weiche Birne weg. Dennoch: Der Löwe schläft nicht.

Schmitz verkauft den *Kurfürstenhof* 1980, eröffnet ein Tonstudio und organisiert später die Partyreihe *Blue Monday* im *Alten Wartesaal* des Kölner Hauptbahnhofs. Die Kneipe gibt es noch einige Jahre länger, allerdings ohne die Schmitz-Leute und den Schmitz-Glamour. Anstelle dessen verkehrt hier nun ein Publikum, das sich mehr und mehr aus der autonomen Punkszene speist. 1991 schließt der *Kurfürstenhof* endgültig seine Tür und findet noch im gleichen Jahr im *Q-Hof* seinen Nachfolger. Dieser *Q-Hof* befindet sich im Rheinauhafen beziehungsweise im *Kunsthaus Rhenania*, wo nach dem Abriss des *Stollwerks* ein Teil der ehemals dort ansässigen Künstler neue Ateliers gefunden hat. Nun wird der Ort endgültig zur Anlaufstelle einer autonomen Szene, die sich vor allem aus den Bewohnern verschiedener besetzter Häuser sowie des Bauwagenplatzes in Raderthal zusammensetzt. Auch werden im *Rhenania* wiederholt Konzerte veranstaltet. Die Indierock/Hardcore-Größen *Chumbawamba* und *Fugazi* treten dort ebenso auf wie der Experimentalmusiker und Lokalmatador Harald ›Sack‹ Ziegler. Nach vier Jahren ist auch hier Schluss, und der *Q-Hof* muss erneut umziehen. Eine neue Bleibe findet er in der Limburger Straße am Friesenplatz.

» **Frank Schauhoff:** Für mich war Mitte der 1980er-Jahre, so um 85, mit dem *Blue Shell* Schluss, ich verkaufte den Laden an Udo Baur. Denn irgendwann war das *Shell* als Konzept erledigt. Dieses Anti-Establishment-Ding lief nicht mehr oder wurde von anderen kopiert, war also Mainstream geworden. Dem Punk ging es ja ähnlich. Der hat sich auch mehr und mehr verwässert und hieß dann New Wave.

Station

» **Marcel Beyer:** Norbert und ich sind zusammen in Kneipen gegangen, zum Beispiel in die *Station*. Aber die Leute vom Eigelstein oder anderer Szenen, etwa der bildenden Kunst, sind in andere Kneipen gegangen.

» **Norbert Hummelt:** In die *Station* ging ich vor allem wegen der Freunde, die ich dort traf. Und wenn irgendetwas in dieser Zeit dem doch sagenumwobenen *Ratinger Hof* in Düsseldorf, in dem ich übrigens nie war, ein bisschen nahe kam, dann war das meines Erachtens die *Station*. Die lag auch einfach gut und mir gefiel die Musik. Da lief ja meistens Punk, aber auch *AC/DC*. Das ist zwar gar nicht mein Ding, möchte ich jetzt ausdrücklich betonen, aber nach einer gewissen Uhrzeit ... Auch die *Pogues* mit ihrem irischen Säuferpunk konnte man dort hören, *Midnight Oil* mit *Beds are burning* oder die *Primitives*, deren Lied *Crash* ich besonders mochte. Im Sommer konnte man draußen stehen ... Insgesamt hatte das eine gewisse Wildheit, war versifft und laut. In der *Station* haben Marcel und ich auch gedreht. Der Filmemacher Jörn Loges nahm dort nämlich 1989 oder 90 ein Video auf, in dem wir uns mit unserem Programm vor der Kamera inszenieren. Es hieß *Das Abenteuer Sprechfolter*, das war, glaube ich, Marcels Einfall. Allerdings habe ich diese Aufnahmen heute nicht mehr, weil die Videokassette das Zeitliche gesegnet hat.

Die *Station* schmiegt sich an den Bahndamm des Kölner Südbahnhofs. Denn dort, in der Zülpicher Straße 41, liegt der kleine, einstöckige Flachbau mit dem großen Fenster vorne und dem Aussehen einer Baracke. Er dient zunächst als Imbissbude, an der sich die Reisenden vor der Abfahrt oder nach der Ankunft mit Proviant eindecken können. Ab 1983 wird aus der zwischenzeitlichen Hippiekneipe (die auch schon *Station* heißt) ein Punkschuppen, also ein Absturzladen mit Außenanlage, die im Sommer als Biergarten genutzt wird. Die Punks, die dort Tag und Nacht auflaufen, sind eigentlich zu spät dran. Punk ist vorbei. Nicht aber hier, wo vor allem Punkrock der zweiten Welle aus den Boxen donnert, während das Publikum sich in Teilen bereits jenen Pennerlook zulegt, der nicht ohne ausgefransten Iro und Zauselhund oder handzahme Ratte auskommt. Zugleich verwandelt sich ›Drei-Akkorde-gründe-eine-Band‹ in ›Hey-Alter-haste-mal-ne-Mark?‹.

Morgens erwache ich mit Kopfschmerzen. Ein Kater ist es nicht. Vielleicht der Beginn einer Erkältung? Jede Helligkeit stört, ich lasse die Vorhänge zu. Würde mein Kopf nach einer Tasse Kaffee platzen? Immerhin trinke ich nach dem Aufstehen immer einen Espresso, in dem der Löffel steht. Sonst kommt der Kreislauf nicht in Gang. Das ist auch heute so, und der Kopf bleibt heil. Wider Erwarten, denke ich, und fühle das Blut in meinen Schläfen pochen. Das Treffen mit Mascha wurde vom *Blue Shell* in die *Station* verlegt. Die Kneipe also, von der man nie weiß, wie sie ausgesprochen wird: Ein knackiges deutsches »Station« oder ein hochgezogen-englisches *»station«*?

Warum das Treffen in die *Station* verlegt wurde? Ich hab's vergessen. Das Hämmern im Kopf denkt nicht daran zu verschwinden. Trotzdem raffe ich mich auf, werfe zwei Ibuprofen 400 ein, steige aufs Rad und fahre Richtung Südbahnhof. Dort angekommen ist Nichtcheck schon da. Normalerweise ist es

umgekehrt, aber diesmal habe ich Kopfschmerzen. Kölsch wird trotzdem geordert, Hämmern im Kopf hin oder her. Während wir uns also an einen der vier Stehtische klammern, Glas Bier in der einen, Zigarette in der anderen Hand, geht plötzlich die Türe auf und Mascha betritt den Raum. Oder zumindest eine Frau, deren Aussehen auf Spocks Beschreibung passt: erhobener Kopf, blondierte, schulterlange Haare, roter Lippenstiftmund. Die Motorradlederjacke liegt lässig auf den Schultern, darunter Jeans, Cowboystiefel mit hohen Absätzen – so könnte unsere Sängerin schon aussehen, Mascha ist *Coolness* pur. Und damit wird die Veranstaltung auch schon irgendwie peinlich: Was nun? Einfach ansprechen? Hallo, bist du Mascha? – »I kissed my girl by the factory wall.« Das ansonsten konturlose Gedröhne aus den Kneipenboxen setzt sich plötzlich zu verständlichen Sätzen zusammen: »Dirty old town, dirty old town«. – Nichtcheck und ich sehen uns an, während sie schon mit festen Schritten auf uns zukommt.

»Ey, ihr seid Nichtcheck und sein Kumpel? Ich bin Mascha«, sagt sie und hält uns ihre Hand hin.

»Wie kommst du denn darauf?«, frage ich und strecke meine Hand ebenfalls aus. Bloß nicht rot werden.

»Na ja, ihr steht rum und glotzt auf die Tür. Wer so was tut, wartet doch, oder?«

»Kann schon sein.«

»Auch'n Bier?«, frage ich und winke der Bedienung.

»Jo«, sagt Mascha und aus dem Kranz wechselt das Bier auf den Tisch: »Spock sagte mir, dass ihr 'ne Sängerin sucht?«

»Ja, wir schreiben Songs und proben regelmäßig. Uns fehlen aber noch Gesang und Bass.«

»Dann seid ihr also Gitarre und Schlagzeug?«

»So ungefähr. Etwas Klavier oder Keyboard geht auch noch.« Eigentlich geht ja gar nichts, jedenfalls nicht richtig. Aber das lassen wir weg.

»Aha, und in welche Richtung wollt ihr, etwa Punk?«, Mascha zieht die schön geschwungenen Augenbrauen hoch.

»Nee, nee, das ist ja vorbei. Wir basteln an englischer Popmusik.«

»Ach so – und ich soll da Susan Sulley sein?«

»Nee, wir dachten an Debbie Harry.«

Jetzt ist es raus.

»Ist ja doch Punk«, sagt sie und verzieht keine Miene, sodass wir nicht sehen, ob sie sich geschmeichelt fühlt oder empört ist.

»Na ja, und *Heart of Glass* oder *Rapture*? Ist ja wohl kein Punk.«

»Gut, Debbie Harry. Soll ich die darstellen – oder soll ich nur so ähnlich aussehen?«

»Du siehst ja schon so ähnlich aus.«

»Danke, du Schlaumeier, finde ich nicht witzig. Auf die Lookalike-Tour hab ich nämlich keinen Bock.«

Sie ist also empört.

»*Need a holiday in Cambodia. Where you'll kiss ass or crack!*« Das donnert jetzt aus den Boxen und beschreibt die Stimmung irgendwie ganz gut.

Trotzdem reden wir noch weiter, kommen aber zu keinem Ergebnis: Wie Maschas Rolle in der Band aussehen soll, also außer, dass sie singt, ist schwierig zu beschreiben und schwierig zu klären. Wir kommen nicht zusammen. Über Maschas Stimme sprechen wir gar nicht. So trinkt Mascha aus, greift sich kurz mit der Hand an eine imaginäre Mütze:

»Tschö erst mal!«

Dann dreht sie sich auf den Absätzen um und verschwindet wippend durch die Türe.

Das war ja ein voller Erfolg!

Obwohl, Ibuprofen sei Dank, sich die Kopfschmerzen mittlerweile verflüchtigt haben, will ich nach Hause. Aber ich will auch Maschas Nummer. Also frage ich Nichtcheck, ob er mir ihre Nummer gibt. Nichtcheck grinst:

»Die gefällt dir!«

»Nö, will nur den Kontakt halten. Wer weiß, wofür's gut ist.«

»Oha! Und wofür soll's denn gut sein?«

»Na ja«, antworte ich gereizt, »gib mir einfach die Nummer! Außerdem krieg ich die Grippe. Ich hau ab.«

Was auch immer der denkt – sich jetzt auf keinen Fall in die Karten schauen lassen.

» **Bernd Imgrund:** Mit Thomas Kling bin ich Ende der Achtziger oft ausgegangen. Wir gingen meist in die *Station*, einen wunderbar abgewrackten Laden und meine Stammkneipe damals. Wenn du dann mit Kling in der *Station* standest und irgendein besoffener Punk schmiss seinen Stuhl durch den Raum, hat Thomas den so offiziersmäßig zusammengeschissen. Da lachte ich mich meist krank, wenn Thomas so in der Öffentlichkeit agierte. Allerdings war in der *Station* um drei Uhr früh Schluss. Dann lief *Song of Joy,* und finito. Danach blieben nur das *42* oder das *Roxy*, da ging's noch weiter. Meistens war ich im *42*, weil ich dort den Türsteher und eine Kellnerin kannte.

Königswasser/Six Pack

» **Ralf Niemczyk:** Mit der Eröffnung des *Königswassers* setzte für meine Begriffe eine Entmischung der Jugendkulturen ein. Im *Königswasser* waren keine Skinheads mehr. Da gingen nur Kunst- und Kulturleute sowie Uni-Mädchen hin. Wer Skins sehen wollte, musste die Kneipe wechseln.

» **Diedrich Diederichsen:** Ich fand, dass das *Königswasser* ein echter Gewinn für das Kölner Nachtleben war, nachdem mir das *Blue Shell* doch ziemlich auf die Nerven ging, weil ich einfach kein Kölsch mehr trinken wollte. Das *Blue Shell* verbinde ich mit Kölsch-Trinken, das *Königswasser* mit Was-anderes-Trinken.

Der andere Punkt ist: Das *Königswasser* war eindeutig internationaler, weniger provinziell und weniger Kölsch-Kölsch. Das wurde von Leuten gemacht, die alle nicht aus Köln kamen. Konkret war das diese Goldschmiede-Truppe, dieses Kollektiv, zu dem auch Cosima von Bonin gehörte. Außerdem hatte der Laden etwas Bizarres. Mit dem *Königswasser* assoziiere ich Mit-Amerikanern-Rumstehen, was mit der in den späten Achtzigern einsetzenden Internationalisierung der Kölner Kunstszene zusammenhing. Leute wie Fareed Armaly und Michael Clegg zogen damals nach Köln, und die zwei sehe ich im *Königswasser* rumstehen – weniger Charley Banana. Und es gab dort natürlich auch dieses Aquarium mit dem Riesen-Goldfisch, der so einen komischen Hubbel am Kopf hatte, bei dem man sich immer fragte: Ist das vielleicht ein Geschwür? Müsste man den nicht mal operieren?

»Königswasser« heißt ein Säuregemisch (Salz- und Salpetersäure), dessen besondere Fähigkeit darin besteht, auch Gold lösen zu können. So bezieht sich der Name der Kneipe auf den Berufsstand ihrer Macher: Klaus Arck, Marie von Chamier, Patrick Muff, Andreas Treykorn und Karin Witte sind angehende Goldschmiede/Schmuckdesigner und betreiben die Kneipe parallel zu ihrer Arbeit und zu ihrem Studium an der Kölner Fachhochschule. Eröffnet wird das Lokal im April 1986 auf der Flandrischen Straße im Belgischen Viertel. Einige Jahre nach der Eröffnung stößt auch Cosima von Bonin zur Crew des *Königswassers*. Sie trifft dort auf Martin

Kippenberger, der sie für die bildende Kunst interessiert. Dabei ist die Kneipe am frühen Abend ein karger Ort, dessen Minimalismus den Charme einer leeren Schwimmhalle verströmt. Wenn es dann aber gegen halb zwölf Uhr in der Nacht voll wird, ist von dieser Grundmelancholie nicht mehr viel zu spüren.

Unter der roten Laterne am Eingang stoße ich die Türe zum *Königswasser* auf. Es ist knapp nach 23 Uhr, dafür ist es schon ziemlich voll. Trotzdem mal kurz Ausschau halten, ein schneller Blick in die Runde. Man sieht nicht viel, der Raum ist dunkel. Nur an der Theke ist es etwas heller, dahinter stehen zwei Frauen. Ich schaue dem länger zu, schließlich bin ich das erste Mal hier. In Köln gibt es einen neuen Laden, wo du hinmusst, sagte Sputnik zuletzt im *Shell*. Und so sieht der also aus.

Immer wieder vollzieht die Ausgehszene einen Tapetenwechsel: Ohne Absprache und auch ohne dass dafür ein offizieller Startschuss fällt, einigt sich eine Gruppe von Leuten, eine bestimmte Kneipe gegen eine andere auszutauschen. Da geht man jetzt nicht mehr hin, heißt es dann, das ist sozusagen verbrannt, die Szene zieht weiter. Sie verlässt den zuvor bevorzugten Laden und propagiert zugleich den neuen Ort als ultimativ-alternativlosen Hotspot. Gründe dafür gibt es tausendfach und gar nicht, eine Ideologie der Kneipenwanderung existiert nicht. Es passiert einfach so:

Och, ich fand's beim letzten Mal bloß langweilig, da geht ja keine(r) mehr hin …

Als ich dort zuletzt war, war das so was von leer …

Und die Musik erst, da läuft jetzt nur noch …

Seit die/der XY dort bedient, kannste nicht mehr hingehen …

Nee, da tauchen jetzt auch die Sowieso-People auf, grauenhaft …

Irgendwann ist halt immer Schluss, oder …

Für die betroffenen Ex-Orte kann so eine kneipenkulturelle Umwertung allerdings böse Folgen haben. Bleibt ein gewichtiger

Teil des Publikums weg, ohne dass diese Lücke sich anders füllt, rückt die Insolvenz womöglich näher. Denn zu dieser Kneipenwanderung gehört auch, dass sie sich kaum oder nur sehr selten rückgängig machen lässt. Schnell den neuesten Flipper anschaffen, die Bedienung auswechseln oder die Beleuchtung ändern reicht nicht aus. Denn es gibt ja keinen wirklichen Grund oder nur tausend austauschbare Gründe, warum ein bestimmter Laden plötzlich unten durch und ein anderer absolut hip ist.

Wie an allen anderen Orten auch kämpfe ich mich zum Tresen durch und versuche, ein Bier zu ordern. Auf dem Weg mustert mein neugieriger Blick das große Aquarium rechts neben der Eingangstür an der Vorderseite. Darin schwimmt ein stattlicher Fisch (irgendwann erfahre ich, dass es ein südamerikanischer Barsch ist) mal stoisch und ohne Flossenschlag auf der Stelle, mal zieht er träge seine Kreise durch das Wasser. Ansonsten ist die Einrichtung des Raums minimal. An der Decke hängen Neonröhren, im Zentrum des Ladens befindet sich ein ovaler Tresen, um den herum sich die Gäste sitzend auf wenige Barhocker verteilen oder dicht gedrängt im Raum stehen. Als ich mich dem Oval nähere, sehe ich, dass sich der hintere Teil der Kneipe auf einen kleinen Erker hin öffnet, der als Tanzfläche genutzt werden kann. Dann bin ich an der Theke angekommen, hinter der zwei Frauen arbeiten. Professionell distanziert zapfen sie Bier oder gießen Wein in Gläser, die sie an die Trinkenden weiterreichen. Zugleich versehen sie Deckel mit Strichen. Also sage ich meinen Namen (für den Deckel), nehme das Kölsch entgegen und stelle mich in der Nähe der Tür vor das Aquarium. Von da aus sieht man gut, wer reinkommt.

Ob Mascha wohl hier hingeht? Blöde Frage. Denn damit geht das Mascha-Grübeln wieder los. Es wird langsam zu einer schlechten Angewohnheit.

Da nichts passiert, und Mascha offensichtlich keine Ahnung

von Szenekneipen hat, beobachte ich weiter die Umgebung. In einer Ecke, etwas abseits, entdecke ich Anton Ziggenthaler, den Künstler. Den kenne ich noch aus dem *Blue Shell*. Da hat er mal versucht, die Wand hochzuklettern. Nun steht er in einer Fan-Runde oder – je nachdem, wie man's nimmt – Abhängigen-Runde. Ziggenthalers Haare sind zum Seitenscheitel über dem Jungsgesicht gekämmt, er trägt ein Jackett mit Glencheck-Muster, darunter ein Hemd mit Krawatte (alles von Uli Knecht) und führt das große Wort. Zwar verstehe ich aus der Entfernung nicht, was er sagt. Aber ich sehe, wie die Leute sich um ihn scharen, wie sie auf seinen Mund starren, als müsse da in allernächster Zeit ein funkelnder Komet rausspringen, der alle ins Gelobte Land führt. Das passiert aber nicht. Stattdessen nimmt einer der Zuhörer, er sieht fast wie ein Double seines Meisters aus, ein Glas Kölsch in die Hand, führt es zum Mund und leert es unter den aufmerksamen Blicken seiner Gruppe in einem Zug. So weit, so normal. Aber der eifrig an seiner Zigarette ziehende Ziggenthaler und seine Runde scheinen noch nicht zufrieden. Es ist, als erwarteten sie mehr. Weder wenden sie ihre Blicke von dem Trinker ab noch weicht die Spannung aus ihren Gesichtern.

Und da passiert es: Unter ungläubigen Blicken und vor dem breit grinsenden Ziggenthaler fängt der Typ an, das Glas in seiner Hand zu essen. Stück für Stück und vorsichtig verschwindet die Kölschstange in seinem Mund, um von da aus weiter in den Magen und Darm zu wandern.

Ob das mal nicht zu Folgeschäden führt, denke ich. Also wenn sich das Glas zum Beispiel einen Weg durch die Bauchdecke nach außen bahnt oder durch den Nabel?

Oder war alles ein Zaubertrick, eine Illusion, eine Einbildung? Wieder passiert nichts, die Leute stehen einfach weiter rum, reden, rauchen und trinken, als sei die öffentliche Verspeisung eines Bierglases nichts Besonderes.

Aber schließlich bin auch ich nur mäßig erstaunt und denke keineswegs daran, einen Krankenwagen zu rufen. Der isst sein Glas, andere essen was anderes. Und so schlimm wird's schon nicht werden, womöglich hat er jahrelange Erfahrung im Glas-Essen. Wer weiß?

Da geht erneut die Kneipentür auf und Sputnik stolpert rein. Mit ihm saß und sitze ich in verschiedenen Uniseminaren: Deutsche Literatur. Sputnik studiert auf Lehramt, beteuert aber bei jeder Gelegenheit, gar nicht Lehrer werden zu wollen – also nur, wenn nichts anderes geht. Für ihn sei der Lehrkraftberuf eine Art Lebensversicherung gegen das Versagen, sagt Sputnik, mehr nicht. Und in der Tat brennt Sputnik eigentlich für die Philosophie. Die studiert er auch. Als zweites Fach. Auf Lehramt.

»Dann bin ich eben der einzige Spießer unter euch Säcken«, sagt Sputnik etwas verbittert und schiebt die Brille in die hohe Stirn. Wir grinsen. So ganz funktioniert es nicht mit der Ironie.

Jetzt ist das aber egal, ich freue mich, Sputnik zu sehen. Kann ich ihm gleich die Story von eben erzählen.

»Echt? Ein ganzes Glas?«

»Jo, komplett.«

»Und kein Blut?«

»Nö, hab keins gesehen.«

»Höhö, guten Appetit! Das wird schwer im Magen liegen. Aber sag mal, eigentlich wollte ich dich nur abholen. Wir gehen nämlich noch weiter.«

»Aha, wohin? Und wer ist wir?«

»*Six Pack*. Juli kommt auch.«

»Okay, da bin ich dabei.«

Noch das Glas austrinken, den Deckel zahlen und raus.

1992 wird das Haus verkauft und das *Königswasser* im Erdgeschoss muss schließen. Doch haben Chamier, Arck und Muff 1986 ein

Die Stollwerck-Demonstration am 20. Mai 1980, die in der Besetzung der ehemaligen Schokoladenfabrik mündete. © Eusebius Wirdeier.

Die Maschinenhalle auf dem Stollwerck-Fabrikgelände während einer Probe von Frank Köllges' *Intermission Orchestra* am 28. Dezember 1986. © Eusebius Wirdeier.

Das *Broadway* im Jahr 1996: Hier traf sich am Samstag die Kölner Kunstszene. Kino und Café existierten von Anfang der Achtziger bis 2001.
© Ikhlas Abbis.

Szene im *Grünen Eck* 1991: u. a. Erinna König, Johannes Stüttgen, Imi Knoebel, Patricia Schwarz und Richard Merkle. © Caroline Nathusius.

Les Immer Essen, v. l. n. r.: Bernhard-Maria von Loesener, Gerhard Oels, Michael Hansonis, Eas Hoppmann, Gerd Türke, Jörg Burger. Mitte der Achtziger-Jahre.
© Wolfgang Burat.

Brigitte Schenk und Martin Kippenberger tanzend auf der 1. *SPEX*-Party im *Alten Wartesaal* 1983.
© Wolfgang Burat.

Ausstellungseröffnung von Christopher Wool in der Galerie Capitain 1991.
V. l. n. r.: Ralf Niemczyk, Diedrich Diederichsen, Isabelle Graw.
© Caroline Nathusius.

Im gemeinsamen Atelier von Hans Peter Adamski, Peter Bömmels und Gerhard Naschberger in der Maastrichter Straße 1985. Zu sehen sind im Vordergrund Adamski und rechts im Hintergrund Bömmels.
© Wolfgang Burat.

Peter Bömmels im Atelier Mülheimer Freiheit 110 vor dem (noch unvollendeten) Bild »Sprung aus der Geschichte« im Jahr 1982.
© Wolfgang Burat.

Die *SPEX*-Redaktion im Jahr 1984, v. l. n. r.: Rüdiger Pracht, Gerald Hündgen (verdeckt), Peter Bömmels, Dirk Scheuring, Clara Drechsler, Christoph Pracht, Lothar Gorris, Jutta Koether, Wilfried Rütten, Ralf Niemczyk, Gerd Gummersbach, Wolfgang Burat.
© Wolfgang Burat.

Die Galeristen und Galeristinnen der *Köln Show* 1990, v. l. n. r.:
Rafael Jablonka, Isabelle Graw, Max Hetzler, Esther Schipper, Isabella Kacprzak, Tanja Grunert,

Die *Delirium/Kompakt-Crew* 1995, v. l. n. r.:
Wolfgang Voigt, Michael Mayer, Reinhard Voigt, Jörg Burger, Jürgen Paape.

Monica Beer, Gisela Capitain, Sophia Ungers, Monika Sprüth, Daniel Buchholz.

Der Wellenreiter – »Gazette für Köln und sonst nirgendwo«: Erste Ausgabe von Ralf Niemczyks Fanzine aus dem Jahr 1980.

SPEX – »Musik zur Zeit«: Die 50. Ausgabe aus dem Januar 1985, schon in Hochglanzfarbe und noch im DIN-A3-Format.

Goldschmiedeatelier mit Geschäft in der Kölner Innenstadt eröffnet. Dort konzentrieren sich die ehemaligen Wirte fortan auf die Ausübung ihres eigentlichen Berufs. Das *Königswasser* wechselt den Besitzer und zieht für kurze Zeit in die Brabanter Straße um. Aber es ist nicht mehr wie früher, der übliche Tapetenwechsel der Szene steht an. 2015 wird die Kneipe nochmals eröffnet. Wieder ist es ein anderer Besitzer. Und wieder lässt sich die damalige Atmosphäre und lassen sich die Leute, die sie verbreiteten, nicht zurückholen.

» **Diedrich Diederichsen:** Ungefähr zur gleichen Zeit wie das *Königswasser* eröffnete das *Six Pack*. Das war ebenfalls großartig, weil es quasi ewig lang aufhatte. Offiziell hielt der Laden sich natürlich an die Sperrstunde, aber meistens wurde sie umgangen. Und als das *Six Pack* irgendwann vom Don [gemeint ist Thomas Drechsler] geführt wurde, wurde das schnell zur Kneipe unseres Vertrauens. Man saß also in der *SPEX*-Redaktion, schaute auf die Straße runter und sah, wie der Don so langsam Richtung *Six Pack* marschierte, um aufzuschließen. Und da wusste man: Ah, es wird bald Zeit rüberzugehen! Die Alternative zum *Roxy* war dann auch, sich um 4.00 Uhr morgens im *Six Pack* nicht rausschmeißen zu lassen und kurz zu warten, bis der Don die anderen Gäste hinausbefördert hatte. Nun schloss er von innen zu, und man konnte im *Six Pack* weitermachen.

» **Bernd Imgrund:** Ich ging auch gerne ins *Six Pack*, das von Claras Drechslers Bruder gemanagt wurde. Erst trank man dort Dosenbier, später gab es Flaschen.

» **Marcel Beyer:** Dass sich dann irgendwann alle auf das *Six Pack* in der Aachener Straße einigen konnten, ist eine Entwicklung, die es erst später gab.

» **Jörg Burger:** Ich habe nur einmal in meinem Leben als Gag aufgelegt. Das war 1998 im *Six Pack*. Ich habe siebenmal hintereinander *Music sounds better with you* von *Stardust* gespielt und am ganzen Abend nur einen Übergang in ein Flächenintro hinbekommen.

Ab 1985 betreibt zunächst Ernst Münch das *Six Pack*. Der Laden besteht aus einem schlicht-schlauchartigen Raum, dem Trinkflur, an dessen Ende sich auf der rechten Seite sagenhaft versiffte Toiletten befinden. Rechts, gleich neben der Eingangstür, steht ein riesiger Kühlschrank (Münch entdeckt das Monstrum auf einem Güterzug), in dem sich zunächst diverse – angeblich: 86 – Biersorten in Büchsen stapeln. Nach vier Jahren hat Münch das Leben als Kneipenwirt satt. Thomas Drechsler alias der ›Don‹, der zunächst im *Six Pack* als DJ auflegt, übernimmt das Geschäft. Anstelle des Büchsenbiers ziehen nun Flaschen in den Riesenkühlschrank ein. »Wenn ich mir irgendwo ein Six Pack kaufe, dann in Flaschen«, sagt der Don. Für die Bedienung kommt damit der Flaschenöffner ins Spiel, Gläser gibt es aber weiterhin nur für Weintrinker. Über dem Durchgang zum hinteren Teil des Ladens hängt seit ewigen Zeiten jenes (Öl-)Bild, das es nie in die Waagerechte schafft: Dreimaster im Seegang. Organisiert hat es der Don, zuvor gehörte es der verstorbenen Mutter seines Kompagnons. Vor dem Durchgang Richtung Toiletten steht rechts an der Wand der DJ an zwei Plattenspielern und legt auf, was ihm Spaß macht. Meist ist es härtere Gitarrenmusik, sehr häufig aber auch Bryan Ferry *Don't stop the Dance* oder Guesch Patti *Etienne*. Auf der linken Seite an der Wand hängt ein Automat, aus dem man sich bei Bedarf Snacks ziehen kann. Drei oder vier kleine, ebenfalls an der Wand befestigte Tische runden auf dieser Seite die Rudimentäreinrichtung ab. Dabei tut dieser Minimalismus dem Zulauf keinen Abbruch. Um ins *Six Pack* zu gehen, muss man sich nicht verabreden. Irgendjemand, den man kennt, ist immer da.

Im *Six Pack* dauern die Nächte lang, offiziell ist um vier Uhr Schluss. Bis es aber wirklich leer ist, vergeht Zeit. Schließlich greift der Don durch. Die Letzten wanken raus oder ziehen die Aachener Straße hoch ins *Roxy* um. Manchmal wird auch hinter verschlossener Tür noch weitergefeiert. Und wie auch immer sie genau aussehen: Stets haben die Nächte im *Six Pack* eine gewisse »Pracht« (Drechsler). Das gilt besonders für den Sommer, wenn die Menschen in Trauben dicht gedrängt vor der Kneipe auf der Straße stehen. Das Bier nehmen sie mit raus, wieder und wieder muss die Bedienung die Flaschen einsammeln. Und laut ist es sowieso. Nachbar-Sein ist jetzt scheiße. Vermutlich gegen den Lärm gibt es im *Six Pack* dann irgendwann und bis heute diese Zweitürkonstruktion mit Kabuff, bei der man nach dem Öffnen der Außentür zunächst durch eine hölzerne Abstellkammer geschleust wird, bevor man den Innenraum betritt.

Porträt der Kneipe als Think-Tank und Projektraum (Beispiel *Six Pack*). Ein Aufschlag.

» **Frank Schauhoff:** Die Projekte entstanden dann an der Theke. Man kam in Kontakt, tauschte sich aus, fand Mitstreiter, hatte gemeinsame Ideen. Die *SPEX* ist da nur ein Beispiel. Hier war die Kneipe [das *Blue Shell*] ja Redaktionsraum und Hauptverkaufsstelle zugleich. Dabei waren die *SPEX*-Schreiber junge Intellektuelle. So wurden sie manchmal schief angeguckt. Aber insgesamt war das *Blue Shell* durchaus ein Multiplikator, Internet gab's ja nicht.

» **Isabelle Graw:** Die Institutionen, also die Museen und die Universität, haben nach meiner Erinnerung keine große Rolle gespielt. Die waren als Brutstätten des theoretischen Diskurses, der uns interessierte, nicht so wichtig.

Denn dieser Diskurs entstand außerhalb der akademischen Welt. Tagsüber saß ich am Schreibtisch, las oder schrieb, abends ging's in die Kneipe, um diese Dinge zu besprechen. Es war einfach klar, dass das die sozialen Orte sind, wo der interessante Austausch stattfindet. Das war selbstverständlich!

» **Frank Schauhoff:** Was nach dem *Shell* in Sachen Szenekneipen los war, also zum Beispiel das *Six Pack*, interessierte mich nicht mehr wirklich. Da ging ich zwar noch hin, fand das auch gut, aber berührt hat mich das nicht. Das kommt auch daher, dass ich lieber belgisches Bier trinke (lacht). Und es war auch dieses Schlauberger-Köln, das da verkehrte: Alle wussten schon alles, kannten jeden, hatten alles gesehen usw. Das nervte.

»Denkst du nicht auch, dass sich Derridas gefährliches Supplement aus Lacans Theorie des Herrensignifikanten herleiten lässt?«

Während Sputnik das sagt, nähern wir uns dem *Six Pack*. Sputnik zieht kurz an der Zigarette und unterbricht etwas abrupt unseren Marsch. Denn auf dem Gehweg rollt ein Motorrad heran. Es ist der Don. In schwarzes Leder gehüllt, setzt er den Helm ab und schüttelt kurz den Kopf. Die langen schwarzen Haare sind hinten zu einem Zopf gebunden, im Gesicht prangt ein Horseshoe-Schnäuzer, der durch ein Unterlippenbärtchen ergänzt wird und sich über Koteletten hin zum seitlichen Haaransatz fortsetzt. Der dazwischenliegende Mund formt sich zu einem breiten Grinsen: Der Mann geht gerne zur Arbeit. Die ausgetretenen Cowboystiefel klappen den Motorradständer zur Seite, die Maschine steht. Der Don steigt ab, streckt kurz die langen Glieder und lässt uns den Vortritt in seine Kneipe.

Wir öffnen die Tür, treten ein und wandern an die Bar. Der übliche Rundumblick fällt aus, so voll ist es noch nicht. Dafür geben wir gleich mal die Bestellung auf, die Bedienung nickt, greift hinter sich in den riesigen Kühlschrank, holt die Flaschen raus und reicht sie an uns weiter. Das ging schnell.

»Ja vielleicht«, setzt Juli unser Gespräch jetzt fort: »Aber nur, wenn du Lacans patriarchale Orientierung gleich mit dekonstruierst. Da ist ein Psychoanalytiker wie der andere, also Lacan wie Freud.«

Juli schüttelt ihre schwarzen Locken, nippt an der Flasche. In unserer Runde gibt sie den weiblichen Ton an. Aber nicht dumpf feministisch, über essenzialistische Sichtweisen sind wir längst erhaben. Wenn alles Sprache ist, kann von da aus auch alles infrage gestellt werden – das Gleiten des Signifikanten in der symbolischen Ordnung lässt keine fixen Ideen zu.

»Okay Sputnik«, mische ich mich nuschelnd ein, weil ich mir gerade eine Kippe anstecke, »okay, wenn das stimmt, wäre das Hauptmerkmal des gefährlichen Supplements dessen phantasmatische Erscheinung. Oder?«

»Das kannst du so sehen, das Supplement will als ein Mehr erscheinen, als Mehr an Bedeutung, Mehr an Sinn, Mehr an Autorität.«

»Das gefährliche Supplement würde dann jegliche Lektüre immer schon an einen Rest des Genießens, sozusagen an ein Mehr-Genießen, ausliefern?«

»Jede Konstruktion im Universum des Herrensignifikanten befördert einen Mehr-Genuss, das heißt, einen eigentlich unsagbaren Rest, der deshalb nur phantasmatisch artikuliert werden kann«, doziert Sputnik.

Juli fühlt sich wieder provoziert:

»Aber dieser Herrensignifikant muss zunächst seiner phallischen Maskerade entrissen, er muss als Symbol männlicher Selbstermächtigung ausgewiesen und dekonstruiert werden.«

»Aber das ist er doch immer schon, weil nach Lacan niemand den Phallus hat, auch nicht ein aufgeblasenes Männchen, das sich selbst zum Herrn macht oder erklärt. So was ist immer nur imaginär, kann immer nur imaginär sein. Der Mann glaubt also nur, dass er den Phallus hat«, fährt Sputnik wie gedruckt fort. »Dagegen markiert der Herrensignifikant das genaue Gegenteil. Er ist der Ort, von dem aus jedes Phantasma, auch das omnipotenter Männlichkeit, in die Schwebe gebracht und sogar durchquert werden kann.«

Wir sprechen und streiten, während sich die Kneipe füllt und der Lärmpegel sowie die Menge der von uns bestellten Kölsch ansteigt. Mittlerweile brüllen wir uns gegenseitig ins Ohr, indem die/der Sprechende sich in die Runde beugt, während die Zuhörenden jeweils ein Ohr entsprechend nach vorne neigen.

»Also könnte die Demaskierung phallogozentrischer Präsenz durch die subversiven Körperakte eines weiblichen Begehrens erfolgen, sozusagen durch die Hervorbringung eines weiblichen Herrensignifikanten«, wirft Juli lauernd in die Runde.

Sie ist sich ihres Sieges sicher – Judith Butlers lesbischer Phallus ist ein *big point*.

»Aber Žižek«, hält Sputnik dagegen, »hat doch ganz klargemacht, dass Butlers Lektüre der Lacan'schen Phallustheorie einem Missverständnis aufsitzt.«

Zum Beweis nestelt er ein kleines Buch aus der Manteltasche, hält es kurz hoch. Es ist blau, bei *Turia & Kant* in Wien erschienen. Auf dem Cover ist eine Guillotine, am Rand steht: »Wo es war.« Sputnik schlägt es auf, blättert kurz und zitiert dann fast schreiend aus Žižeks Kritik an Butlers Theorie:

»›Die normale Geschlechterdifferenz konstituiert sich in einem Versuch, einer Unmöglichkeit zu entgehen‹.«

»Aha, plötzlich gibt es dann doch wieder Wahrheiten?«, stichelt Juli.

So! Butler vs. Lacan unentschieden. Ich muss raus.

»Ich geh mal kurz aufs Klo.«

»Noch anders wird die Sache allerdings, wenn wir Deleuze/Guattaris organlosen Körper ...«

»Ich bring gleich mal Bier mit«, unterbreche ich Sputnik.

»Ja, mach«, sagt der und zündet sich die nächste Kippe an.

So wühle ich mich wippend zu Ferrys Beats durch die Menge und bis an das hintere Ende der Kneipe, wo die Toiletten sind. Tür auf, rein. An der Pissrinne steht Nichtcheck.

»Hey, hab dich gar nicht gesehen.«

»Kein Wunder, bist ja voll ins Gespräch vertieft.«

»Ja, sind so Unisachen.«

»Sieht ganz so aus. Da kann ich nicht mitreden.«

Nichtcheck, der Fotograf, ist an Theorie – gleich welcher – nicht interessiert. Im Gegenteil, das langweilt ihn. Sagt er. Da kann er sich noch nicht mal drüber aufregen, sagt er. Alles nur Zeitverschwendung und Gerede, sagt er.

»Geht lieber arbeiten«, meint Nichtcheck und grinst breit.

Manchmal glaube ich sogar, er hat recht. Einerseits. Andererseits arbeiten wir ja gerade, nämlich an unserer Zeitschrift. INTERAKTIV soll sie heißen. Wir haben für sie sogar einen Verlag gefunden, den Dschungel-Verlag.

» **Isabelle Graw:** Die meisten von uns waren Studienabbrecher. Wir erstellten unsere eigenen Bücherlisten und arbeiteten sie ab. So schafften wir uns zugleich eigene Netzwerke, Wissensformen und Institutionen.

Für einen kurzen Moment existierte also ein Freiraum der Selbstorganisation, den ich weder in Hamburg noch in München so erlebt oder gesehen habe. In Köln gab es wirklich die Möglichkeit, etwas aufzuziehen und dafür Unterstützer*innen zu finden. Dazu gehörte auch der damals noch ausgeprägte Respekt vor der intellektuellen

Arbeit. In Hamburg regierte vor allem die Geldhierarchie. So erinnere ich es jedenfalls. In Köln stellte es sich hingegen umgekehrt dar. Wer am Tisch intellektuell etwas zu bieten hatte, dem hörte man zu und nicht dem, der das Geld besaß.

» **Ralf Niemczyk:** Frank Schauhoff hat den *Wellenreiter* supportet, indem er immer eine Anzeige schaltete. Der kannte auch einen vom Kopierstudio, sodass ich den *Wellenreiter* für kleines Geld kopieren konnte. Und obendrauf bekam ich von Schauhoff noch einen Freideckel für 20 Mark. Also unterstützte die Kneipen-Szene mich und das Heft mit rund einem Hunni.

» **Peter Bömmels:** Ralf traf ich zum ersten Mal im *Blue Shell,* wo er sein Fanzine, den *Wellenreiter*, verkaufte. Ich sprach ihn an: ›Willst du nicht auch was für uns schreiben?‹ Und der ›*Wellenreiter*-Ralf‹ meinte schnörkellos: ›Nö, ist mir zu bürgerlich!‹ Später hat er bekanntlich dann doch für uns geschrieben.

Das Theoriezine, das wir planen, ist kein schulmäßiges Zeitschriftenprojekt: keine Uni, kein akademischer Zirkel, kein Lehrstuhl-Wackertum. Denken wir. So auch jetzt, als ich zu Juli und Sputnik zurückkehre und dabei noch einen kurzen Umweg zum Tresen mache. Mit drei Bieren in der Hand treffe ich bei ihnen ein und sehe, dass sie ihren Theoriezwist mittlerweile auf die körperliche Ebene verlagert haben.

»Nicht mal fünf Minuten kann man euch allein lassen.«

»Wieso?«, fragt Juli mit vor Anstrengung zusammengebissenen Zähnen.

Aber ich verstehe sie schlecht und sehe vor allem, was sich vor meinen Augen abspielt. Juli und Sputnik stehen sich an

einem der Tische gegenüber und machen Armdrücken. Ihre Hände haben sich fast ununterscheidbar ineinander verkrallt, ein Fingerknäuel, aus dem nur Julis nachlässig lackierte Nägel rot hervorstechen. Beide starren sich in die Augen und versuchen, den Arm der/des jeweils anderen mit Muskelkraft niederzuringen. Mal neigen sich die Unterarme samt Fingerknäuel auf die eine, mal auf die andere Seite. Wäre es still, könnte man das Keuchen hören.

Und dann passiert es plötzlich: Sputnik verlagert das Gewicht etwas und bewegt dazu den Fuß. So tritt er mit der glatten Schuhsohle auf einen am Boden liegenden Kronenkorken. Der rutscht weg, Sputniks Fuß ebenso. Aufgrund der Spannung, unter der Sputniks Körper steht, fliegt nun der ganze Mensch blitzschnell hinterher. Sputnik lässt Julis Hand los, sein Kinn schlägt auf den Tischrand, er kracht voll hin und bleibt erst mal regungslos liegen. Juli, die sich zunächst als Siegerin fühlte, schreit kurz auf. Dabei hat Sputniks stürzender Leib eine Schneise in die umstehenden Gäste gerissen. Betroffen sind davon aber vor allem deren Gläser – Sputnik liegt zwischen den Scherben im Biersud.

Doch ist er schon wieder halbwegs bei sich und versucht, sich vorsichtig aufzurappeln. Juli und ich helfen ihm, setzen ihn aber erst mal auf den Boden. Sputniks Rücken lehnt an der Wand, unter dem Kinn klafft eine Platzwunde, aus der das Blut tropft. Wir klopfen die Glassplitter von seiner Jacke, Sputnik schüttelt den Kopf und friemelt ein Taschentuch aus der Tasche. Das drückt er unter sein Kinn, um die Blutung endgültig zu stoppen.

»Wo bin ich? Wie konnte das denn passieren?«

»Bist ausgerutscht und mit dem Kinn auf die Tischplatte geschlagen. Deswegen warst du kurz weg.«

Die Leute, denen der stürzende Sputnik das Glas aus der Hand geschlagen hat, sind zwar genervt, doch als sie ihn leidend auf dem Boden sitzen sehen, verzichten sie auf Ersatzansprüche. Zugleich geht der Kneipenbetrieb weiter, es fällt ja öfter mal eine/r aus. Das ist sozusagen normal. Sputnik ist jetzt wieder auf den Beinen. Wir – er, Juli und ich – drängeln uns raus, stehen vor dem *Six Pack* und genießen die frische Luft. Sputnik zündet sich eine Kippe an, zieht den Rauch tief in die Lunge runter. Dabei betastet er sein Kinn. Es blutet nicht mehr, aber ein blauer Fleck wird es wohl werden. Sputnik grinst.

»Theorie ist eben ein gefährliches Geschäft. Da kann man schon mal k.o. gehen.«

»Ja, vor allem, wenn der Herrensignifikant im Spiel ist.«

»Du kannst es nicht lassen, Juli, ne?« Sputniks Grinsen wird noch breiter. »Nö!«, grinst Juli zurück: »Wollen wir wieder rein?«

»Erst mal nicht«, sagt Sputnik und macht einen weiteren tiefen Zug, »muss mich erholen. Das geht am besten zu Hause auf der Couch.«

»Okay, dann komm ich mit und verarzte dich.«

Juli nimmt Sputnik in den Arm, streicht ihm über die Haare. Sputnik erwidert Julis Bewegung und schaut mich an:

»Wir sind dann mal weg.«

»Jo, tschö, kommt gut nach Hause. Und gute Besserung! Wir sehen uns morgen im Seminar.«

»Bis morgen.«

Juli und Sputnik gehen Arm in Arm davon. Ich fühle mich allein gelassen. Das Theoriezine werden wir ein anderes Mal wieder in den Blick nehmen.

Damit stoße ich die Tür zum *Six Pack* auf und gehe rein. Vielleicht ist Nichtcheck ja noch da. Ein Bier geht noch. Auf jeden Fall. Eine Zigarette auch.

» **Ralf Niemczyk:** Später in den 80ern gab es diesen Samstagmorgen-nach-dem-Einkauf-Treff im *Broadway.* Da war das ganze *Broadway Café* voll mit Szeneleuten und Künstlern. Im Rückblick ist das schon witzig. Im *Broadway* saß jeden Samstagvormittag die Museums-Bundesliga der deutschen Kunst herum. So die Plätze eins bis fünf mit ihren Einkaufstüten. Nur Gerhard Richter ließ sich meistens entschuldigen.

» **Peter Bömmels:** Das *Broadway Café* war ein wichtiger Ort. Zuerst ging man zu Walther König, Kataloge schauen, danach rüber ins *Broadway.* Dort war immer einer oder eine, den oder die man kannte – und das mittags. Zum Beispiel traf man oft auf Martin Kippenberger, aber auch auf Walter Dahn, Isa Genzken, Günter Tuzina, A. R. Penck u. v. a.

» **Isabelle Graw:** Die Buchhandlung Bittner gehörte ebenfalls zur Runde, nach deren Besuch man sich dann im *Broadway* traf. Allerdings war ich nicht oft in diesem Café, weil mir das ein bisschen *too much* war. Diese dort anzutreffende, meist stark alkoholisierte oder vom Hangover gezeichnete Männerrunde fand ich einfach anstrengend, als Nichttrinkerin ist das nur schwer erträglich.

» **Bernd Imgrund:** Wenn Thomas Kling im *Broadway Café* war, war das wohl eher zum Runterkommen.

Gestern schon habe ich Mascha angerufen. Heute sind wir verabredet. Ich bin etwas nervös, als ich in die Ehrenstraße einbiege, wo das *Broadway* Café liegt. Die Location ist Maschas

Vorschlag, sie hat wohl keine Lust, sich abends mit mir zu treffen. Somit ist es das *Broadway*, wo man auch tagsüber gut sitzen und einen Cappuccino trinken kann. Bin gespannt, wie lange ich warten muss und ob Mascha überhaupt kommt. Obwohl: Am Telefon schien alles okay. Mal sehen also und bloß keine überzogenen Erwartungen, nehme ich mir vor.

Das *Broadway* ist ein Arthouse- und Programmkino, das 1982 in der Ehrenstraße eröffnet. Das Haus ist bereits ein eingeführter Kinostandort. Im Vorgängerbetrieb, dem *City*, laufen jedoch vor allem Action- und (später) Sexploitationfilme. Mit dem *Broadway* ändert sich das. Die Betreiber Heinz Holzapfel, Peter Liese und Albrecht Winterberg wollen ein anspruchsvolles Programm jenseits des Mainstreams realisieren: Nicht nur aktuelle Filmkunst meist europäischen oder unabhängig-US-amerikanischen Ursprungs, sondern ebenso Filmklassiker und Retrospektiven stehen auf dem Spielplan. Um diese Neuausrichtung gleich klarzustellen, erscheint dann auch Claude Chabrol persönlich, um zur Kinoeröffnung am 18. November seinen Film *Die Phantome des Hutmachers* zu präsentieren. Weitere Besuche bekannter Regisseure (etwa Louis Malle) folgen. Jedes Mal entsteht dazu ein Handabdruck in Gips, der seinen Platz im Foyer des Kinos findet.

Rechts neben dem Kino existiert ein gleichnamiges Kneipencafé. Während es durch das Entrèe des Kinos an den Schaukästen mit Filmfotos vorbei zur Kasse geht, biegt man rechts in das Café ab. In dessen Raum stehen runde Bistrotische und entsprechende Stühle, es gibt eine Bar mit Espressomaschine und Zapfanlage. Nach oder vor dem Film trinkt man hier ein Bier. Dabei öffnet dieses Café nicht erst zur Abendvorstellung, sondern schon tagsüber. So zählen neben den Kinobesuchern auch Touristen, die nach dem Einkaufsbummel eine Pause machen, oder Flanierende aller Art zum Publikum des kleinen Ladens, auf dessen Metallstühlen sich im Sommer die Gäste bis auf den Bürgersteig drängeln. Zudem liegt das Café in der Nähe der Buchhandlungen König (vis-à-vis) und Bittner (Albertusstraße), die beide die Kunst-, Theorie- und Literaturszene der Stadt mit Lektüre versorgen, also natürliche Anlaufpunkte dieser Szene bilden. So wird der Ort neben dem Kino schnell ein fixer Treffpunkt für die Stammgäste der Buchhandlungen sowie für die Besucher der Galerie Werner, die in der Gertrudenstraße ebenfalls fußläufig zu erreichen ist.

» **Ralf Niemczyk:** Kippenberger hat dann Sekt oder Schnaps gesoffen und alle angelabert und endlos Witze erzählt. Der war schon eine ziemliche Nervensäge. Der absolute Showman, immer überpräsent. A. R. Penck, der Strichmännchen-Typ, war auch manchmal dabei.

» **Peter Bömmels:** Penck war sehr umgänglich. Mit dem konnte man reden. Ab 1980 wohnte er im Raum Köln und kam oft aus der Galerie Werner rüber ins *Broadway*. Kippenberger konnte als Bestimmer derb und heftig sein. Im *Broadway* zeigte er aber auch seine weiche Seite, wenn es um Persönliches oder Familiäres ging. Hier war er nah am Wasser gebaut, ganz Mensch sozusagen. Ein typischer *Broadway*-Tag mit ihm endete nach dem obligatorischen Genuss von Spezialgetränken mit dem plötzlichen Hinweis, dass es Zeit für seinen ›Dienst am Sammler‹ sei. Dann verschwand Kippenberger mit dem Taxi auf Dienstreise.

Während ich zur Gauloises greife und einen Cappuccino bestelle, sehe ich Mascha die Ehrenstraße entlangschlendern. Der wippende Gang, das blondierte Haar. Jetzt sieht sie mich auch, nickt, lächelt breit und sitzt Sekunden später bei mir am Tisch vor dem Café. Mascha:

»Na, wie geht's?«

»Ganz okay.«

»Bist du das erste Mal hier?«

»Nö, obwohl: Ins Kino gehe ich hier öfter, ins Café dann aber eher selten. Geh nach dem Kino lieber in andere Kneipen.«

»Ist halt schön für tagsüber.«

»Ja, Kaffee ist auch mal okay, willst du einen? Cappuccino?«

Mascha nickt und ich versuche, den zweiten Cappuccino zu bestellen.

»Und eure Band? Läuft die?«

»Wir suchen weiter eine Sängerin, kannst immer noch einsteigen.«

»Och, lass mal«, wehrt Mascha ab und nimmt eine Zigarette aus der Schachtel.

Während ich nun den Kopf zu der sich nähernden Bedienung drehe, wird es im hinteren Teil des Ladens unruhig und laut. Ein Mann ist aufgestanden, ruft im Befehlston:

»Auf die Knie!«

»Auf die Knie! Für die Kunst! Alle!«

»Was ist das?«, fragt Mascha und schaut sich ebenfalls um.

Tatsächlich scheinen einige Leute auf die Knie zu gehen. Aber so richtig ist das von hier aus nicht zu sehen, nur eine diffuse Bewegung, die sich durch das Café zieht.

»Kniet nieder für die Kunst! Los jetzt!«

Nun aber doch mal kurz aufstehen und gucken. Da steht ein Mann im Anzug, hält ein Sektglas in die Höhe und lärmt ins Publikum. Ich schaue Mascha an.

»Ey, das ist nur Anton Ziggenthaler, der zieht mal wieder eine seiner Shows ab.«

»Wer ist das denn?«

»Ach, so 'n Künstler, der gerne Theater macht, so loudmouth-mäßig.«

»Und warum?«

»Keine Ahnung, ist halt so. Es gibt immer ein paar Leute, die meinen, sie hätten's nötig.«

»Und die knien jetzt alle nieder?«

»Ich hoffe doch, dass sie es nicht tun.«

»Sie tun es aber, wenigstens einige. Schau ich mir jetzt an.«

»Wenn du willst, ich bleib hier, ist mir zu blöd.«

Währenddessen ist Mascha aufgestanden und macht sich auf zum Ort des Geschehens. Ich komme doch besser mit, wer weiß, was noch passiert. Mascha geht jetzt an den Knienden vorüber auf die Toilette. Dabei nähert sie sich Ziggenthaler beziehungsweise muss an ihm vorbei. Der stellt sich ihr in den Weg, hält in der einen Hand das Sektglas und berührt mit der anderen leicht Maschas Oberarm.

»Wart mal, Liebelein, kein Kniefall für die Kunst?«

»Nö«, grinst Mascha und schiebt die Hand auf ihrem Arm mit einer ebenso lässigen wie bestimmten Bewegung beiseite.

»Aber dann für den Künstler!«

»Wen?«

»Na, du weißt doch hoffentlich, mit wem du sprichst.«

Ziggenthaler wirft sich in Pose. Sekt in der einen, Kippe in der anderen Hand. Dabei schwankt er leicht.

Mascha mustert Ziggenthaler von Kopf bis Fuß: »Aha, Opa, vor dir soll ich knien? Alter Angeber!«

»Genau! Denn darauf kommt es heute in der Kunst an: gut angeben! Aber geil totalitär behaupten ist auch wichtig! Egal, ob's stimmt. Das Geld wächst ja nicht auf den Bäumen und Kunst muss als Kunst ins Leben integriert werden. Also ohne dass das jetzt schon wieder Kunst über Kunst ist. Zum Beispiel kannste einfach fünfhundert Kilometer durch die Wüste Gobi wandern. Ganz allein. Auch wenn du nicht zurückkommst. Als Künstler denke ich über so was nach. Ernsthaft!«

Ziggenthaler hat sich in Rage geredet:

»Ich kann also ohne falsche Scham sagen, dass ich der

zurzeit weltbeste Künstler bin. Da ist ein Kniefall doch angemessen, oder? Du verstehst!«

»Weltbester Künstler? Meinetwegen.«

Mascha dreht den Cowboystiefel auf dem Absatz hin und her, wippt mit der Fußspitze.

»Danke fürs Seminar erst mal. Lässt du mich jetzt aufs Klo!?«

Ziggenthaler ignoriert das geflissentlich.

»Auch ein Glas Sekt? Bei einem Dialog mit der Jugend bin ich gerne dabei.«

»Ich aber nicht bei einem Dialog mit dir.«

Mascha schiebt Ziggenthaler energisch beiseite und verschwindet hinter der Tür zu den Toiletten. Ziggenthaler, der durch den Stoß wieder ins Schwanken gerät, kann sich trotz des Sektpegels fangen und sieht Mascha hinterher. Als sie vom Klo kommt, geht Mascha scheinbar zufällig wieder an Ziggenthaler vorbei. Der lässt sie aber in Ruhe, wirkt plötzlich sehr in sich gekehrt und schwankt leise vor sich hin.

»Was ist das für ein armer Kerl?«

Mit diesen Worten setzt Mascha sich an den Tisch. Der ist trotz unserer Abwesenheit frei geblieben, wahrscheinlich weil die Tassen noch halbleer dort standen.

»Manche Leute wollen eben das Letzte aus sich rausholen. Und irgendwie stehen die sich damit auch selbst im Weg«, psychologisiere ich aus der Lamäng.

»Ja, ja, aber genug. Habt ihr mit eurer Band denn schon Auftritte?«

»Nö, wir sind ja nicht mal vollständig, wie du weißt.«

»Und was machst du sonst so?«

»Studieren. Außerdem schreibe ich ein Buch. Soll über Köln und seine Szene gehen. Ein erstes Kapitel habe ich letzte Woche in der *Autorenwerkstatt* gelesen.«

»*Autorenwerkstatt*?«

»Ja, so ’n Univerein für Leute, die schreiben wollen und das auch tun.«

» **Marcel Beyer:** In der *Autorenwerkstatt* war es so: Die Universität stellte den Rahmen. Das Seminar, so hieß es auch offiziell, fand einmal wöchentlich abends statt. Das funktionierte dann eben wie ein gutes Seminar, nur dass die Textgrundlage, d. h. kürzere Texte, von den Teilnehmer*innen kam. Die Texte wurden dann in einem Close Reading gelesen und diskutiert. Dass dabei eine Kritik des Textes nicht als Kritik an den jeweiligen Autor*innen wahrgenommen wurde, funktionierte, meine ich, immer sehr gut. Obwohl man sehr heftig diskutieren konnte und wir das auch taten. Und ebenso führte das nicht dazu, dass bestimmte ästhetische Ansätze draußen blieben. Im Gegenteil: Es war gerade besonders reizvoll, den eigenen ästhetischen Anspruch oder Ansatz gegen andere zu behaupten, auch wenn das manchmal gnadenlos war. Darüber hinaus konnte man aber immer problemlos miteinander reden bzw. ging hinterher GEMEINSAM in die Kneipe.

Mascha steckt sich eine Kippe in den Mund:

»Hast du Feuer?«

»Jo! Un homme sans feu est un homme sans queue«, höre ich mich witzeln und will mir gleich auf die Zunge beißen – hoffentlich kriegt Mascha das jetzt nicht in irgendeinen falschen Hals. Doch sie lässt sich nichts anmerken. Vielleicht hat sie mich auch nicht verstanden. Schnell ablenken und was fragen:

»Und was machst du so?«

»Schmuck«, sagt Mascha.

Dabei bläst sie den Zigarettenrauch durch die Nase. Sofort fällt mir die Kette auf, die sie um ihren Hals trägt. Sie ist ziemlich groß, und ich frage mich, wie ich sie vorher übersehen konnte. Da springt Mascha plötzlich auf, winkt mit beiden Armen und ruft über die Straße:

»Hey, Tarr!«

Der so angesprochene Typ dreht sich um und streicht mit der Hand durch die schulterlangen, von der Sonne gebleichten Haare.

»Mascha! Was machst du denn hier?«

Tarr schlappt heran, grinst breit über das gebräunte Gesicht und legt dabei die makellosen Zähne frei. Seine Jeans ist stellenweise zerfasert und am Hosensaum ausgefranst. Über den Oberkörper mit den breiten Schultern fällt lässig ein weißes, blusenartiges Leinenhemd. Darüber flattert ein Wollponcho, der direkt aus den Anden zu kommen scheint. Obwohl es gar nicht so warm ist, trägt Tarr braune Leder-Flipflops, die den Blick auf ebenfalls gebräunte, wohlgeformte Zehen freigeben. Ein Surfheini-Jesuslatschen-Arschloch, wie es im Buche steht. Ich ahne bereits dunkel, was gleich passiert. Mascha:

»Sag mal, wie lange biste schon zurück?«

»Bin letzten Donnerstag in Köln gelandet.« Tarr nickt mir zu.

»Dann erzähl mal: Wie war's in Moliets Plage?«, fragt Mascha.

»Super! Aber wenn ich hier alles erzähle, stehen wir morgen noch rum. Lass uns zu mir gehen. Hab auch noch ein bisschen Gras da.«

»Okay, ich komm mit.«

Mit diesen Worten nimmt Mascha ruckzuck ihre Kippen vom Tisch und dreht sich zu mir um.

»Sorry, muss jetzt los. War aber nett! Und danke für den Kaffee! Kannst mich mal anrufen, wenn du magst. Interessiert mich, was du da schreibst.«

»Mach ich.«

Verdattert ist gar kein Ausdruck für die Gefühle, die mich überfluten. Mit offenem Mund sehe ich Mascha nach, die sich bei Tarr unterhakt. Sie schaut zu ihm auf, scheint unentwegt zu lachen, während die beiden davonspazieren. Müde sinke ich auf meinen Stuhl zurück und weigere mich, zu glauben, was eben passiert ist. Die Schweinebacke namens Tarr hat Mascha abgeschleppt. Einfach so. Vor meinen Augen. Unfassbar!

Was nun? Im Selbstmitleid versinken und maßlos einen saufen? Davonschleichen wie ein geprügelter Hund? Die Tasse in die Glastür des Cafés werfen und den Tisch umtreten? Ich weiß es nicht. Doch Gott sei Dank bin ich nicht alleine. Denn gerade kommt Ziggenthaler auf mich zu, stellt sein Glas auf den Tisch und beugt sich zu mir runter:

»Na, wo ist denn deine hübsche Freundin? Schon weg?«

»Keine Ahnung«, antworte ich tonlos.

»Egal«, sagt Ziggenthaler und setzt sich an meinen Tisch.

Er holt die Zigarettenpackung aus seiner Tasche, gibt mir eine Kippe und steckt sich selbst eine an. Gemeinsam rauchen wir und starren noch länger schweigend ins Leere.

1997 übernimmt mit der Kinowelt Medien AG ein großer Konzern das Filmtheater. Im November 2001 lässt sich das Ende dann nicht länger aufschieben: Trotz vielfältiger Proteste und obwohl das Kölner Kulturamt sich einschaltet, müssen Kultkino und Kneipe in der Ehrenstraße schließen. Am 30. November läuft im *Broadway* noch einmal Chabrols *Phantome des Hutmachers*. Einen Monat später meldet auch die Kinowelt Medien AG Insolvenz an. In den Räumlichkeiten auf der Ehrenstraße befindet sich heute die Filiale eines Bekleidungsherstellers.

» **Dirk Mecky:** Für das *XX* hatte keine der Kölner Kneipen eine Vorbildfunktion. 1983 ging ich nämlich nach New York. Eigentlich wollte ich dort fotografieren. Als das aber nicht klappte und ich kein Geld mehr hatte, besorgte mein Bruder mir einen Job. So arbeitete ich in einer Bar zunächst als Eisträger, bis ich zum Barmann befördert wurde. Das fand ich alles toll und spannend und hatte dann auch Lust, es weiterzuverfolgen.

Zurück in Deutschland machte ich beruflich nun zunächst alles Mögliche, arbeitete kurz für Monika Sprüth, fotografierte, wusste aber eigentlich nicht, wo es hingehen sollte. Dabei ging ich fast jeden Abend ins *Königswasser*. Dazu müsste es doch einen Parallelplatz geben, dachte ich mir. Also machte ich selber einen auf.

Dieser Platz, das *XX,* war ein ehemaliges Bordell, das früher ›Café Contact‹ hieß. Im Volksmund wurde es auch ›Café Hemd Hoch‹ genannt. Die Kölner kannten den Laden, weil es ihn schon seit den Fünfziger-Jahren gab. Damals gehörte die Friesenstraße zum Rotlichtbezirk und die Damen saßen dort und boten ihre Dienste an. Irgendwann wurde das Café geschlossen. Über meinen Bruder Axel erfuhr ich nun, dass das Café vakant war und schon zwei Jahre leer stand. Anfang 1988 gingen wir, Nicole Neufert und ich, mit der Bordellbesitzerin in die Verhandlungen. Das war natürlich eine andere Welt, und die Verhandlungen dauerten länger. Zwischendrin wurden sie dreimal abgebrochen. Trotzdem eröffnete ich 1988 das *XX*, das ich gerne wieder Café Contact genannt hätte. Doch gab es in der Friesenstraße noch Bordelle, es waren auch Luden unterwegs und in ein paar Hauseingängen standen die Mädchen. Daraus ergab sich ein Verwechslungsrisiko, das ich nicht eingehen wollte. Der Name *XX* stand dann nur für ›Unterschrift‹. Das konnte man mit allen möglichen Bedeutungen füllen, wenn man wollte.

Nun wollte ich im eigenen Laden nicht hinter der Theke stehen, sondern kochen. Das ging aber in die Hose, weil sich herausstellte, dass die angebliche Küche gar nicht zugelassen und auch gar keine richtige Küche war. Der Traum war also geplatzt. Ersatzweise hatten wir im *XX* zunächst eine Kühlvitrine, wo wir Antipasti und Ähnliches anboten. Nach zwei Jahren ließen wir auch das sein, und bauten an dem Platz ein DJ-Pult auf. Dabei fand ich die Verbindung von Essen und Trinken eigentlich super. Nicht aber das Publikum, das wollte vor allem trinken.

Auf dem Weg zum *XX* habe ich gleich mal einen Platten. So werde ich zu spät kommen. Das fängt wieder gut an, mein dritter Anlauf mit Mascha. Vor ein paar Tagen rief ich sie an und wir haben uns noch mal verabredet. Diesmal im *XX*, das nicht ganz so lärmig wie die *Station* oder das *Shell*, aber trotzdem hip und cool ist. Rasch schließe ich das Rad an den nächsten Laternenpfahl und mache mich zu Fuß auf den Weg. Das wird nun doch etwas dauern, obwohl die Friesenstraße gar nicht so weit ist. Fünfzehn Minuten sind es aber trotzdem.

Als ich endlich am *XX* bin und die Glastür aufdrücke, ist Mascha schon da. Sie sitzt an der Theke. Aber nicht allein. Neben ihr steht ein blasser, mittelgroßer Typ, dessen blonde Haare als lange Tolle über die rechte Gesichtshälfte fallen, wobei der Nacken korrekt ausrasiert ist. Unter dem grauen Sakko trägt er ein schwarz-weiß gestreiftes Hemd, zwischen den Fingern mit dem Ring klemmt eine Zigarette, die jedes Mal stark aufglüht, wenn er an ihr zieht. Der Kerl redet auf Mascha ein, gestikuliert, macht überhaupt einen heftigen Eindruck. Ich dränge mich zur Theke vor und an die beiden heran. Mascha sieht mich, winkt kurz. Als ich endlich neben ihr stehe, deutet sie auf den Typ neben ihr:

»Das ist Mirko Vers, ein Dichter. Gerade erscheint sein zweites Buch im Klatschmohn-Verlag.«

»Oh, bei Klatschmohn? Das ist ja keine Kleinigkeit.«

»Genau«, sagt der Dichter, wobei mir sein energischer, fast schneidender Tonfall auffällt: »Aber das wird auch Zeit, wenn man bedenkt, was für eine Scheiße die großen Verlage sonst so veröffentlichen. Und überhaupt: Wie die Lyrik heutzutage behandelt wird und wie die aussieht. Entweder falsche Idylle oder falsch politisiert. Da kann dir nur schlecht werden! Dagegen: Endlich die Sprache unserer Zeit aufdecken und notieren. Das mal eben schnell und überall durchrufen! Auch im Gedicht. Sonst ist es kein Wunder, dass Lyrik keinen mehr interessiert.«

»Aha.«

Mehr kriege ich nicht raus. Der Dichter dreht sich um, schaut Mascha an, und ist von meinem Auftauchen sichtlich nicht begeistert.

»Muss mal zur Toilette.«

Damit drängt er sich durch die Menge davon. Gut, dass der weg ist, denke ich und stelle mich an seinen Platz, stehe also Mascha gegenüber, die auf dem Barhocker sitzt. Zwei Kölsch ordern, wir stoßen an:

»Wie bist du denn an den gekommen?«

»Och, du kommst ja zu spät und ich habe hier am Tresen gewartet. Da hat er mich angesprochen. Das passiert mir öfter, hab also schon Übung«, sagt Mascha nüchtern und ohne jede Selbstbeweihräucherung.

»Kann ich mir denken«, murmele ich.

»Der sagte was von havarierten Augenpaaren und vom Blickfick im Gedicht. Das soll die Sprache unserer Zeit sein, von der er eben sprach. Sorry übrigens, dass ich zuletzt so schnell abgehauen bin. Aber Tarr kam gerade aus dem Urlaub zurück und ich habe ihn …«

»Ist das dein Freund?«

»Nö, eigentlich nicht. Wir poppen gelegentlich, aber das hat nichts zu bedeuten. Wir kennen uns aus der Bhagwan-Disco.

Tarr war früher Sannyasin, hat da gearbeitet. Das ist übrigens ein cooler Laden hier. Wusste gar nicht, dass es den gibt.«

» **Dirk Mecky:** Wir taten nichts, um den Laden bekannt zu machen. Das war früher so, d. h. alles lief über Mundpropaganda. So hatte man selbst die anderen Szeneläden ja auch gefunden, also das *Shell*, *Königswasser*, *Six Pack* etc. Zugleich dachten wir natürlich, dass Freunde und Bekannte in die Kneipe kommen. Das waren nun zum größeren Teil Künstler. Denen konnte man in Köln ja nicht ausweichen, Köln war damals ein Zentrum der Kunstwelt. Aus all dem ergab sich das Publikum dann von selbst.

Gelegentlich poppen? Das hat nichts zu bedeuten?? Bloß nicht nachdenken, nehme ich mir vor, sonst bist du am Ende der Dumme. Jetzt wird der Barhocker neben Mascha frei, sodass auch ich mich setzen kann. Dabei schaue ich mich kurz um. Die Leute stehen dicht an dicht in dem etwas morbide erscheinenden Raum, der, von einer rot-braun-grünen Pflanzentapete dominiert, sich hinter der Bar schlauchartig auf ein paar Tische hin öffnet. Berlin in den Zwanziger-Jahren. Oder Paris um 1900. Mein flüchtiger Blick streift über die hinter der Bar hängenden Fotos, die das Team des *XX*, den Wirt mit Freunden beim *XX*-Jahreslauf rund um den Gerling-Konzern, verschiedene Gäste in verschiedenen Situationen und anderes zeigen.

» **Dirk Mecky:** Daniel Buchholz kam mit den *Pet Shop Boys* rein, die setzten sich einfach nach hinten und schwätzten. Bruno Brunnet tanzte auf dem Tisch, Rosi Trockel war manchmal, Isa Genzken oft und Walter Dahn quasi jeden Tag da. Ulrich Rückriem saß mit einem Koffer voller Geld am Tisch, Bernd Eichinger wollte

Champagner, den wir nicht glasweise servieren konnten, weshalb Eichinger ausflippte. Sigmar Polke unterschrieb gerne mal etwas bzw. bemalte oder signierte Tischdecken und Heizungsauflagen, die ich bis heute suche. 1990 oder 91 kam Gregor Gysi mit einer Parteisoldatin vorbei und trank gemütlich Weißwein. Das war irgendwie surreal, der war ja damals dauernd in den Nachrichten. Habe ich jemand vergessen? Ach ja, Kippenberger und seine Truppe! Aber der war ja überall.

Wir bestellen noch zwei Bier, Mascha steckt sich die nächste Kippe an. Ihre Lippen sind auch ohne Lippenstift rot, fällt mir auf. Mascha ist aufgekratzt, lacht, greift sich ins Haar, während sie mit mir spricht:

»Du schreibst doch auch? Jedenfalls, wenn du nicht Musik machst.«

»Ja, vielleicht, keine Ahnung, bin ja kein richtiger Schriftsteller.«

»Ein Buch über Köln, oder?«

»Ja, ein Buch über Köln. Aber nix mit Dom, Rhein, FC oder Karneval. Das hat mein Onkel schon erledigt. Auch *BAP* interessiert mich nicht. Darunter oder daneben wird's aber interessant.«

Jetzt habe ich Feuer gefangen und erkläre Mascha das Konzept des Buchs, das, würde es denn mal fertig, als Collage auf drei Ebenen funktionieren soll: O-Töne üblicher Szenegestalten, Informationen für Unkundige und eine Erzählebene fiktionaler Art. Am Ende stünde da ein Köln-Porträt, das anders, informativ und lebendig zugleich wäre. Sage ich.

»Also diese Collage-Technik oder Text-Montage soll das irgendwie auflockern, spannender machen oder auch lustiger«, fasst Mascha zusammen.

»Ja, wenn es gut wird, ja. Eben nicht bloß Fakten liefern, sondern den Text leibhaftig oder plastisch machen, die Leser mit Bildern füttern. Wie eine TV-Doku.«

»Hm, leibhaftig? Plastisch? Fernsehliteratur? Und das erscheint dann auch bei Klatschmohn?«

»Nö, ein Kölner Verlag sollte es schon sein. Klatschmohn sitzt ja in Frankfurt. Hammersteins & Kitsch wäre zum Beispiel super.«

»Und deine Uniwerkstatt? Was sagt die dazu?«

»Die *Autorenwerkstatt*? Also die Resonanz war gar nicht schlecht, zu meckern gibt's natürlich immer was.«

»Na ja, Hauptsache, kein Blickfick mit havariertem Auge.«

Wir schauen uns an, grinsen. Mascha fasst mich am Oberarm, streichelt ihn. Ich fahre mit dem Finger an ihrer Hüfte entlang, dort wo zwischen Hose und T-Shirt die nackte Haut ist. Jetzt oder nie, schießt es mir durch den Kopf und plötzlich, ich weiß nicht wie, pressen sich meine Lippen auf ihre, der Mund öffnet sich und wir küssen uns ... küssen uns ... küssen uns, rutschen vom Barhocker, stehen dicht beieinander, umarmen, küssen uns: Oh Nacht, ich nahm schon Kerosin.

Jetzt zieht Mascha den Kopf zurück, schaut mir in die Augen:

»Komm, lass uns gehen!«

Sie sagt das beinahe gebieterisch, sodass es mir schon zu schnell geht. Wenigstens noch ein Bier? Nö, wir hauen ab! Hab gerade so Lust auf dich. Gut. Hand in Hand wühlen wir uns raus, drängen durch den Ausgang auf die Straße, suchen ein Taxi. So fällt mein Blick auf Mirko Vers, der jetzt vor dem *XX* an der Mauer lehnt und lautstark auf einen untersetzten Typen mit Kurzhaar einspricht.

»Ich werde persönlich dafür sorgen, dass du bei Klatschmohn nicht ins Hauptprogramm kommst.«

Aha, ein Dichterzwist. Aber das ist mir jetzt natürlich egal. Da hält ein Taxi, wir steigen ein und sitzen beide hinten.

» **Dirk Mecky:** 2008 wurde das Gebäude an einen Investor verkauft und sollte komplett renoviert werden. Für uns war das nicht mehr interessant. Da wäre die ganze Patina weg gewesen. Außerdem wurde es in der Friesenstraße sowieso schwierig. Das Publikum änderte sich. Und den *Salon Schmitz* hatte ich schon 2005 eröffnet. Also verabschiedeten wir uns vom *XX* mit einer Träne im Auge und einer schönen Party. Heute ist von dem Laden nichts mehr übrig.

Morgens wache ich neben Mascha auf. Am Frühstückstisch erfahre ich, dass sie demnächst nach London geht. Dort hat sie die Möglichkeit, mit anderen Designerinnen eine Werkstatt zu eröffnen, um das Schmuckding endlich im großen Stil und international in Gang zu bringen. Köln sei vielleicht eine Szenestadt, aber doch Provinz, sagt sie. Schon kommenden Mittwoch muss sie ihre Sachen packen, eine Wohnung in London hat sie bereits.

Wow – nur:

»Du machst mir keine Hoffnung?!«

Mascha lächelt mir über die Kaffeetasse zu, die sie mit beiden Händen und aufgestützten Unterarmen hält:

»Du musst das verstehen: London wird mein Leben zum Positiven verändern, nur zum Positiven! Das werde ich mir nicht entgehen lassen, auf keinen Fall. Eine Beziehung würde mich da nur einschränken, dieses Hin und Her, die Gefühle usw., nee, nee, lass mal bleiben!«

Wir umarmen uns schweigend, ich mache mich auf den Heimweg. Unterwegs hole ich mein Rad ab. Natürlich ist es immer noch platt. Die Deckel im *XX* haben wir auch nicht bezahlt. Lauter offene Rechnungen.

Zur grünen Eck

Mascha habe ich vor ihrem Umzug nicht mehr gesehen. Warum auch, es ist ja alles gesagt. Jetzt ist sie in London. Also zurück ins Nachtleben. Ich stolpere aus der Galerie Christian Nagel zur Tür hinaus. Oben habe ich Rio Rents Ausstellung gesehen, die auch hier, wie bereits in anderen Kölner Galerien, des Künstlers zumeist politisch motivierte Kunst präsentiert. Diesmal stellt Rent »Kleine Fragen«, das heißt es gibt nicht die übliche Installation, sondern an den Wänden hängen Fotos, daneben Texte. Ich gehe lustlos an den Arbeiten vorbei, bin nicht konzentriert oder zu müde, all das zu lesen, geschweige denn, mich auf das Konzept einzulassen. Sputnik hat mehr Interesse. Er zieht mich vor ein Bild, das den Staatssekretär Hans Neusel zeigt, der bei einem Anschlag der RAF nur leicht verletzt wurde. Sputnik sagt, dass es bei der Ausstellung um die Analyse von Pressefotos geht, also um das Verhältnis, das diese Bilder zu den Ereignissen haben, die sie dokumentieren sollen. Kann ja alles sein, denke ich, nur geht das nicht in meinen Kopf rein, jedenfalls nicht jetzt.

»Komm«, sage ich, »wir stellen uns irgendwo an die Theke.«

»Ich wollte ins *Grüne Eck*, da treffe ich mich mit Juli. Kannst mitkommen, wenn du willst.«

Ich bin dabei und stehe kurze Zeit später vor der Tür des *Grünen Ecks*. Juli kommt gerade, beeilt sich. Wir begrüßen uns, bleiben erst mal vor der Kneipe stehen. Die ist äußerlich das ziemliche Gegenteil eines Szeneladens: weiß gekachelter Eingang, darin die hölzerne Schwingtüre, über der in ebenso grünen wie schwungvollen Lettern *Zur grünen Eck* steht. Eine typisch kölsche Eckkneipe, denke ich, es ist ja auch eine, keineswegs ein hipper Nachtschuppen à la *Königswasser* oder *Six Pack*. Jetzt, wo wir drinstehen, verstärkt sich das alles noch: holzgetäfelte Wände, ein Geldspielautomat in der Ecke,

Bierlogos an den Wänden – Weizenbier, Guinness –, einfache Holzstühle und -tische, auf denen Aschenbecher und Plastikhalter für Bierdeckel stehen. Die massive Bar ist ebenfalls holzverkleidet, in der vorderen Ecke steht ein Flipper, Butzenscheiben, aus den Boxen ertönt Eric Clapton. Wer genau hinschaut, erkennt hier und da das Ausstellungsplakat einer Galerie. Ansonsten ist alles ziemlich verstaubt, an einer Wand hängt ein altes Radio. Doch tummeln sich hier die Leute, die ich eben noch bei Nagel sah. Und einige mehr. Wir stellen uns dazwischen, rauchen. Sputnik macht sich zur Theke auf. Er hat Glück, ist schnell vorne und hebt kurz den Arm:

»Georg, kannst du drei Bier machen?«

Der Wirt füllt die Gläser mit Kölsch (Reissdorf) und reicht sie an Sptunik. Der nennt seinen Namen für den Deckel und kommt langsam zurück. Juli und ich haben in der Zeit schweigend nebeneinandergestanden. Als Sputnik die Biere verteilt, will er erneut über die Ausstellung sprechen, will sie als notwendige Medienkritik thematisieren und gleichzeitig diskutieren, warum ein Foto nicht einfach ein Abbild des Fotografierten ist. Mir ist nicht danach, keine Ahnung, ob das eine Mascha-Depression ist. Vielleicht breitet sich auch einfach der Muff der Kneipe in meinem Inneren aus:

»Sorry, Sputnik, bin gerade nicht in Form. Ich geh erst mal 'ne Runde flippern.«

Damit steuere ich auf den Flipper zu. Als ich ankomme, steht plötzlich Ziggenthaler da, hat die Hände an den Knöpfen. Wo kommt der denn her, beim Reinkommen hatte ich ihn gar nicht bemerkt. So stelle ich mich daneben, schaue unbeteiligt zu, als Ziggenthaler mich anspricht:

»Willst du mitspielen?«

Dabei rückt er zur Seite, bietet mir den Platz an einem der beiden Flipperhebel an. Ich greife zu, stelle mich neben Ziggenthaler. Zwischen den Bumpern springt die Kugel hin und her, rollt auf meinen Flipperhebel zu, rollt daran vorbei, ist weg. Ziggenthaler spannt den Plunger und schießt die nächste Kugel auf die Fläche. Dabei schaut er mich kurz an. Während wir nun konzentriert auf den Flipper starren und gemeinsam versuchen, die Kugel im Spiel zu halten, beginnt er ein Gespräch:

»Broadway, nicht wahr?«

»Jo, da saßen wir nebeneinander.«

»Okay, aber du weißt noch, wer ich bin?«

»Anton Ziggenthaler.«

»Und du weißt auch, was ich mache?«

»Ja, Kunst.«

»Also: Wer bin ich?«

»Anton Ziggenthaler, der Künstler.«

»Na dann ist alles super.«

Was war das denn für 'ne Abfrage? Jede und jeder, die und der hier rumläuft, weiß doch, wer Ziggenthaler ist. Der hat auch lange und hart genug dafür gearbeitet. Jetzt läuft die Kugel schon wieder aus dem Spiel, diesmal ist es aber nicht mein Fehler. Ziggenthaler spannt erneut den Abzugshebel, schießt die Kugel ab. Wieder läuft sie und springt auf und über die Spielfläche.

Dieses Gespräch, das Flippern im Team: Plötzlich kommt mir alles komplett surreal vor. Ich spüre einen Kopfdruck, der sich ausbreiten will, der Kopping werden will. Obwohl noch in der Kneipe, bin ich also schon verkatert. Zugleich erscheint mir die ganze Situation wie eine Flipperkugel, die ins Aus läuft. Das hier wird keine große Sause mehr. Also lasse ich Ziggenthaler samt Flipper stehen, schaue kurz zu Juli und Sputnik, die in ein Gespräch vertieft sind. Besser nicht stören, denke ich, und verdrücke mich ohne Verabschiedung.

Am Morgen sind die Kopfschmerzen voll da und bleiben den ganzen Tag. Ich ziehe die Jacke an und gehe zum Spielplatz um

die Ecke, wo ein oder zwei Bäume stehen. Etwas frische Luft kann jetzt wirklich nicht schaden.

In den 2000er-Jahren ist das nun *Grön Eck* bzw. *Grün Eck* getaufte Lokal ein berüchtigter Treffpunkt für Hells Angels, FC-Schläger und sonstige rechte Vollassis. 2021 muss die Kneipe im Zuge der Coronapandemie endgültig schließen.

Shut up and dance

» **Dirk Mecky:** 1980 oder 81 habe ich mit Heike-Melba Fendel einen Soul-Tanzwettbewerb gewonnen. Das war bei einem von *Spex* organisierten Allnighter, glaube ich. Ist ja ganz schön lange her. Die Zweitplatzierten waren übrigens Brigitte Schenk und Martin Kippenberger.

» **Heike-Melba Fendel:** Ich ging gerne auf die *SPEX*-Partys und machte da auch bei den Tanzwettbewerben mit. Einmal gewann ich und einmal landete ich auf dem zweiten Platz. Dirk habe ich dabei eigentlich nur gewürgt. Aber ich mochte die Partys. Ich mochte auch ein paar von den Menschen.

» **Frank Schauhoff:** Nach dem Verkauf des *Shells* Mitte der 1980er eröffnete ich das *Neuschwanstein*. Das war wirklich etwas ganz anderes, nämlich eine Disco. Dieser Laden war auch ein ziemlicher Erfolg, er spielte in einer Liga mit dem *P1* in München. Dabei hasse ich Discos eigentlich und wenn du nicht da warst, hast du nichts verpasst.

» **Gerd Türke:** Ein Abend mit *Shell* und *Station* nannten wir die ›kleine Runde‹, für die ›große Runde‹ kam noch das *Moroco*, diese Disco, hinzu. Dort lief einfach gute Musik, z. B. *Chic* [imitiert Nile Rodgers Gitarre]. Die *Kraftwerk*-Leute konnte man dort auch treffen.

Die Düsseldorfer *Kraftwerker* besuchen die Kölner Disco am Hohenzollernring tatsächlich öfter. Und nicht zuletzt taucht der Name eines Resident-DJs des *Moroco*, Carol Martin, auf dem Cover der Computerwelt-LP auf. Dabei zelebriert das 1982 eröffnete *Moroco* die eher elegante Seite einer Kultur, die tatsächlich noch ›Disco‹ und nicht schon ›Club‹ heißen kann: üppige Raumausstattung und ebensolche Outfits, Krawatte, Handtasche, Sektglas gehören zum guten Ton. Dazu feiern die DJs natürlich auch den tanzbaren Beat, beziehen sich darin jedoch auf die üblichen Verdächtigen der Disco-Ära sowie der Pop- und Elektromusik der Achtziger. Ein Hort des Undergrounds oder wegweisender Grooves ist das *Moroco* somit nicht gerade, will es aber auch nicht sein: Programm ist hier das gediegene Tanzvergnügen unter Gleichgesinnten, nicht der rauschhafte Beginn einer oder Übergang in eine neue Feierkultur. Somit steht das *Moroco* geradezu stellvertretend für das Nightlife, mit dem Acid House radikal brechen wollte und sollte.

» **Diedrich Diederichsen:** Man konnte entweder nachts in der Kneipe stehen, trinken und labern, bis Thomas Drechsler genug hatte, oder alternativ tanzen gehen. Doch war Tanzen bis in die Neunziger hinein quasi eine nicht existente Idee. Höchstens mit Kippenberger konnte man ins *Neuschwanstein* gehen, das er stur ›Neuschweinstein‹ nannte. Aber keine Ahnung, was da für Musik lief. Auf jeden Fall nichts, was einen interessierte. Wegen der Musik war man in den Achtzigern bestimmt nicht in der

Disco. Das änderte sich in den Neunzigern: Zum-Tanzen-Rausgehen wurde eine Option.

»Freitags ins Studio zur ›Confusion‹ zu gehen, war immer eine Option. Unabhängig vom Line Up und egal, wie viel Uhr es war: Alle landeten irgendwann bei *Total Confusion* und blieben mindestens so lange, bis Edith kam.« So resümiert eine Internetseite die Clubnacht, welche die Kölner Szene massiv aufmischt. Was aber ist *Total Confusion* und wer Edith? Das wird zu klären sein. Nichtsdestoweniger existieren in der Domstadt auch frühe Versuche, auf die neue Tanzkultur angemessen und zeitnah zu reagieren.

» **Ralf Niemczyk:** Zusammen mit anderen *SPEX*-Leuten eröffneten wir im Sommer 1988 auf dem Hohenzollernring das *Rave*, einen klar auf Hip-Hop, House und später Acid und Techno abonnierten Tanzclub.

Doch bleibt das Projekt im Ganzen glücklos. Zwar setzt das *Rave* schnell Maßstäbe und etabliert sich auch überregional als Adresse für eine Abfahrt im Zeichen der genannten Grooves, doch wird es zugleich von finanziellen und anderen Querelen überschattet. Nach dem Verkauf der Immobilie am Hohenzollernring an eine Versicherung ist im November 1989 schon wieder Schluss: Der neue Eigentümer hat keinerlei Interesse, den Club weiterhin in seinen Räumlichkeiten zu beherbergen.

» **Hans Nieswandt:** Als ich 1990 nach Köln kam, war hier clubmäßig erst mal tote Hose. Der *Rave Club* war ja durch, den gab's nicht mehr.

» **Wolfgang Voigt:** Dabei existierte in Köln keine Clubkultur wie in Berlin. Der Grund dafür war die Maueröffnung. In Berlin war es eben easy, an jeder Ecke irgendeine

Tür einzutreten und einen Club für drei Mark Eintritt zu machen. In Köln ging das schon strukturell nicht, viel spielte sich in Kneipen oder an wechselnden Orten ab.

Nach dem Untergang des *Rave* hält zunächst das *Warehouse* in Bickendorf in der Wilhelm-Mauser-Str. die Stellung im Kölner Clubuniversum der elektronischen Beats. Von Yener Kisla 1990 gegründet, avanciert auch dieser Ort nach einem eher schleppenden Beginn zu einer viel besuchten Adresse für die Tanzwütigen nicht nur der Stadt, sondern auch des erweiterten Umlands. *Highnoon*, die Sonntags-Abfahrt (zunächst ab 12, später ab 15 Uhr), erlangt Kultstatus bei denjenigen, die erst am Ende der Woche mit dem Feiern anfangen oder aber am Ende der Woche damit nicht aufhören wollen. Zugleich weicht der Teil des Publikums, dem die spezifische *Warehouse-Kultur* zu kommerziell, d. h. zu nah an dem sich bereits abzeichnenden Techno-Mainstream ist, auf die in wechselnden Locations stattfindenden Techno-/House-Nights aus (*Cosmic Orgasm, Whirlpool* etc.). 1994 wird das *Warehouse* nach einer Drogenrazzia geschlossen und erst zwei Jahre später an anderer Stelle wieder eröffnet.

1998 startet dann Ralph Christoph im Stadtgarten an der Venloer Straße das *Studio 672*. Christoph kam 1988 aus Offenburg nach Köln, arbeitete als Musikredakteur bei der *StadtRevue*, schrieb für *SPEX* und hatte unter dem Titel *Neue Soundtracks für den Volksempfänger* mit Max Annas ein wegweisendes Buch zur Analyse und Aufarbeitung des Rechtsrocks in Deutschland herausgegeben. Als Programmleiter des Studios hebt er nun zusammen mit den DJs Michael Mayer und Tobias Thomas *Total Confusion* aus der Taufe, die ab Juli jeden Freitag im *Studio* stattfindet. Aksel Schaufler (alias Superpitcher) komplettiert die Resident-Crew. Damit erhält Köln eine Clubnacht, die sich dezidiert vom mittlerweile etablierten Techno à la Westbam & Co. absetzt, d. h. mit *Total Confusion* eine Abfahrt organisiert, deren Name Programm ist: Immer wieder gilt es für die DJs und Guest-Acts, das Publikum auf gute Weise herauszufordern, es zu irritieren. »›Umstrittene Tracks‹ wurden bei uns am Eingang immer direkt durchgewunken. Die standen sozusagen auf der permanenten Gästeliste von *Total Confusion*«, gibt Thomas in einem Interview zu Protokoll. So kann es auch schon mal zu einer Kreuzung von Elektrobeats mit Indie-Rock kommen. Und ebenso dazu gehört, dass das Studio 672 nicht nur, aber auch nicht zuletzt eine Plattform für den Sound ist, der sich als *Sound of Cologne* rund um den Globus ausbreiten und einen Namen machen wird.

» **Wolfgang Voigt:** Natürlich war das *Studio 672* so eine Art Homebase, weil es von Freunden betrieben wurde. Ein hauptberuflicher Mitstreiter dort war ja Michael Mayer, der auch Mitinhaber von *Kompakt* ist. Von da aus war die Achse klar: Das war schon unser Homeclub. Außerdem gilt in Köln ja die Devise: Man muss zu Fuß hingehen können. Und wat dä Kölsche nit kennt, dat friss hä nit! Also: Egal, wo es ist, Hauptsache, es ist im Belgischen Viertel. Und das war beim *Studio 672* der Fall.

Dabei verlaufen die Nächte im eher kleinen *Studio* – der Laden fasst vielleicht zweihundert Leute (manchmal sind es allerdings weit mehr) – nach einer Dramaturgie, die dem Warm-up besondere Bedeutung zumisst. Nach Öffnung der Tür gegen Mitternacht werden die Gäste zunächst mit eher ruhigen, experimentellen oder sogar ambienten Klängen und Beats empfangen, die sich dann gegen ein Uhr langsam in Richtung Abfahrt zu steigern beginnen. Zwischen drei und vier Uhr ist die Peaktime erreicht, der Laden kocht. Von da aus wird das Level dann langsam wieder runtergefahren, bis morgens, so Mayer in einem Interview, »Edith, die nette Kollegin von der Reinemachfront« die Party beendet. Mit diesem zugleich eigenen und eigenwilligen Programm besetzt das

Studio über mehrere Jahre vordere und erste Plätze in den Leserpolls der einschlägigen Musikgazetten.

» **Isabelle Graw:** Als nun die Szene um das *Kompakt*-Label aufblühte, öffnete mir das nochmals eine neue Tür. Für mich war das toll und ein Befreiungsschlag. Ich ging gerne in Clubs, in denen z. B. Michael Mayer auflegte. Wenn ich an diese Nächte denke, werde ich völlig euphorisch, weil das nicht so machistisch, sondern vielfältiger und auch queerer war. So fühlte ich mich dort als Frau einfach wohler. Als sich die Kunst- mit der Technoszene zu mischen begann, resultierte daraus ein ganz anderes Nightlife.

Exodus

» **Ralf Niemczyk:** Dirk Scheuring sagte damals zu mir: Als ich den ersten Trabi auf der Gladbacher Straße um die Ecke fahren sah, wusste ich, die Zeit Kölns ist abgelaufen!

» **Bernd Imgrund:** Irgendwann merkte ich aber schon, dass die Vielfalt in den einschlägigen Etablissements oder Treffpunkten abnahm. Wirkliche Exzentriker oder originelle Typen gab und gibt es auch kaum noch. Dabei war eigentlich in dem Moment, in dem die Mauer fiel, völlig klar, dass es so kommen würde.

Berlin soll jetzt also Hauptstadt werden. Seit dem 20. Juni 1991 ist es offiziell: Berlin wird Sitz der Bundesregierung und des Bundestages sein. Ich bin komplett dagegen. Das alles riecht nach Preußentum, schlechter Laune und Militär. Der Vorteil

der Hauptstadt Bonn war ja immer auch, dass sie sich weder zum Wasserkopf aufblasen noch mit Großkotz-Projekten – etwa ›europäische Führungsmacht Deutschland‹ oder ähnliche Germano-Selbstüberschätzungen – verbinden ließ. Das schien mit der Kleinstadt am Rhein irgendwie unvereinbar oder wenigstens nur schwerlich vereinbar zu sein. Doch schon denken einige, dass es besser wäre, umzuziehen. Die Gespräche dazu sind immer ähnlich bzw. laufen mit kleinen Unterschieden ungefähr wie folgt ab:

»Tja, ich finde das ja auch alles nicht so toll, aber weißt du … Und die X oder der Y packen auch gerade ihre Sachen. Ich jedenfalls habe meine Wohnung zum nächsten Termin gekündigt und suche gerade was in Berlin (alternativ: habe schon etwas in Berlin).«

»Okay. Und was soll da jetzt so anders sein? Verstehe ich nicht. Das ›Versprechen Berlin‹ ist ein Mythos. Du wirst sehen: Nach ein oder zwei Jahren sieht Berlin wie Köln aus, das kann ich dir flüstern. Und dich selbst hast du ja auch immer im Gepäck, da kannste nicht vor dir davonlaufen.«

»Aber in Berlin kannst du alles neu aufbauen. Von Anfang an sozusagen. Wer jetzt hierbleibt, hat's nicht kapiert. Oder ist zu feige. Oder zu faul. Oder verstockt. Hilfst du übrigens beim Umzug? Es gibt auch Bier und was zu essen.«

Der Exodus beginnt. Stück für Stück leeren sich die Kneipen und Clubs – jedenfalls von einer bestimmten Sorte Menschen. In Köln kennt man jetzt weniger Leute. Dafür hat man viele Freunde in Berlin.

» **Isabelle Graw:** Um 1998/99 wurde deutlich, dass ein Großteil der interessanten Leute mittlerweile in Berlin lebten oder sich auf dem Weg dorthin befanden: Es gab in Köln kaum jemanden mehr, mit dem man sich besprechen oder diskutieren konnte. Außerdem glich Köln einer Art Überwachungsstaat. Weil die Stadt so klein ist, traf man überall Bekannte, fühlte sich also stets beobachtet. Dagegen genieße ich jetzt in Berlin die Anonymität. Nicht nur in dieser Hinsicht bin ich froh, mein Köln-Ich hinter mir gelassen zu haben, ja!

» **Norbert Hummelt:** Die Anziehungskraft von Berlin hat nach dem Mauerfall dazu geführt, dass sehr viele Leute aus Köln weggezogen sind. Sogar ich, der sich eigentlich geschworen hatte, das nicht zu tun, gehörte irgendwann dazu. Von heute aus würde ich sagen: Es ist schade, dass Berlin nicht am Rhein liegt! Berlin fehlt einfach die rheinische Prägung und es liegt nicht wirklich an einem Fluss. Denn Spree und Havel sind, verglichen mit Rhein oder Elbe, stehende Gewässer. In Köln war ich auch näher an den Landschaften dran, die ich heute stark vermisse: Mosel, Eifel, Hunsrück. Ich bin eben Rheinländer. Vielleicht komme ich ja irgendwann nach Köln zurück. Jedenfalls fühle ich mich in Berlin immer noch so, dass ich hier zwar wohne, aber nicht wirklich zu Hause bin.

» **Jörg Burger:** Für mich und meine Kollegen war ein Umzug nie eine Option. Dass wir zum größten Teil gebürtige Kölner sind, spielt vielleicht auch eine Rolle. Denn der Kölner verreist ungern, wie man weiß. Kulturell bin ich, was Köln betrifft, allerdings sehr ambivalent: Ich hasse zum Beispiel Karneval, höre aber sehr gerne Willi Ostermann. Das klassische kölsche Volkslied symbolisiert für mich einen imaginären Ort des Wohlgefühls. Das muss in den Genen liegen.

MEKKA DES TECHNO: MUSIKSTADT.

» **Ralf Niemczyk:** Die Besetzung des Stollwercks, die eher noch ein Steineschmeißer-Hippie-Straßenkampf war, brachte zum ersten Mal die in ganz Köln versprengten New Waver und Punks an einem Ort zusammen. Später, nach der Besetzung des Geländes und nach diesem kölschen Kompromiss, wurden Teile des Stollwercks abgerissen und es eröffnete die Montagsdisco im Maschinensaal. Die hatte dann wieder so etwas New-York-mäßiges. Das war außerdem auch einer der ganz wenigen Orte in Köln, der montags bis fünf Uhr morgens aufhatte. Da spielten *Birthday Party* oder die *Einstürzenden Neubauten*. Oder auch ›Die Berliner Krankheit‹. Das war ein Tourpaket mit Bands wie *Die tödliche Doris*, die mit einem Bierflaschenhagel im Stollwerck begrüßt wurden, weil das eher so Kunstmusik war.

Stollwerck

1980 ist das *Stollwerck* eine ehemalige Schokoladenfabrik in der Kölner Südstadt: Nach Stilllegung der dortigen Produktion bzw. deren Verlegung an andere Standorte stehen die Gebäude leer und es beginnt ein zähes und heftiges Ringen um die weitere Nutzung des Geländes. Darin stehen sich Vertreter der Stadt Köln, die einen weitgehenden Abriss befürworten, um dort Platz für Neubauten zu schaffen, und die ›Bürgerinitiative südliche Altstadt‹ (BISA) sowie deren Unterstützer, die für den Erhalt der alten Fabrik und ihren Umbau in billige Wohnungen und Kulturräume werben, gegenüber. Im Zuge dieser Auseinandersetzung und um die Machbarkeit ihres Vorhabens zu demonstrieren, wollen die BISA und ihre Unterstützer in der ersten Etage des Fabrikgebäudes eine Musterwohnung errichten. Dazu lädt die Bürgerinitiative zu einem »Letzte-Hilfe-Fest« am 27. April 1980 ein: Mithilfe einer Menschenkette wird Baumaterial von Hand zu Hand durch den Hintereingang des Nord-Süd-Trakts bis in die erste Etage gereicht, wo die Aktivisten innerhalb von zwei Tagen eine Dreizimmerwohnung fertigstellen. Diese präsentiert sich als Rohbau, der über eine kombinierte Glas-Fachwerk-Konstruktion mit Tageslicht versorgt wird. Zugleich ist zwischen dem Wohnungseingang und der Fabrikwand mit den großen Fenstern ein breiter Gang entstanden. Hinten, wo schon ein Beet mit Kräutern existiert, soll eine Art Laubengang angelegt werden. Das ist der Plan.

Doch ereignet sich während des Fests ein tragischer Unfall: Ein 13-jähriger Jugendlicher fällt in einen ungesicherten Aufzugsschacht und stirbt. In der Folge schaukelt sich der Konflikt zwischen den Parteien weiter hoch, was im Frühsommer die 49-tägige Besetzung des Geländes zur Folge hat. Angesichts der Zuspitzung der Lage soll nun nicht mehr nur mit Worten, Menschenketten und ähnlichen Demonstrationen gegen den drohenden Abriss der Anlage gekämpft werden.

Die eigentliche Besetzung erfolgt dann einen Tag vor dem geplanten Abriss am 20. Mai 1980. Dabei sind es zunächst nur ca. dreihundert Aktivisten, die sich in der Fabrik versammeln. Die davon überraschte Polizei kann die Besetzung nicht verhindern und schnell steigt die Anzahl der Besetzer auf etwa sechshundert Personen an. Diese organisieren sich, es werden Konzerte, Feste und andere Veranstaltungen geplant und realisiert. Doch lässt sich das ›Bollwerk‹ – »Macht Stollwerck zum Bollwerk« lautet die Parole der Hausbesetzer – nur kurze Zeit halten: Zu groß ist der äußere Druck durch die Stadtverwaltung, während im Inneren die Zwistigkeiten unter den verschiedenen Besetzer-Gruppierungen zunehmen. Aufgrund dieser doppelten Belastung und nach zähen Verhandlungen mit der Stadt ist die Besetzung am 6. Juli 1980 beendet. Zwar wird deren ursprünglich angestrebtes Ziel, also der Umbau der Gebäude in preiswerten Wohn- und Kulturraum, nicht erreicht, doch bleibt ein Teil der Fabrik als Kulturzentrum erhalten.

» **Heike-Melba Fendel:** Das erste Haus, das wir zusammen mit dem SSK, der Sozialistischen Selbsthilfe Köln, besetzten, war ein Haus an der Ecke Antwerpener Straße/Brüsseler Straße, das dem Kölner Immobilienhai Günther Kaußen gehörte. Ich war siebzehn, als ich da mitmachte, das muss folglich 1978 gewesen sein.

Wir, die Hausbesetzer, nannten das aber nicht ›Hausbesetzung‹, sondern ›Instandbesetzung‹. Denn als ›Instandbesetzer‹ wohnten wir in den besetzten Häusern nicht einfach illegal, sondern wir reparierten sie.

» **Bernd Imgrund:** Das Stollwerck war ein Anlaufpunkt. Da habe ich viele Konzerte gesehen, die meist in der Maschinenhalle stattfanden. Gegenüber befand sich das Obdachlosenasyl und die Penner machten dann ein Geschäft daraus, die Touristen zum Eingang der Maschinenhalle zu führen. Das waren vielleicht dreißig Meter und die Jungs wollten dafür ’ne Mark.

Die eigentliche Besetzung habe ich aber nicht richtig erlebt, dafür war ich zu jung. Doch war das Stollwerck schon ein bedeutender Ort, nicht nur für die Musik, auch für andere kulturelle Veranstaltungen, also Ausstellungen oder Lesungen. Obwohl es da auch Unterschiede gab. Auf der einen Seite hatte sich die linke politische Fraktion, also z. B. Klaus der Geiger, formiert, auf der anderen Ingo Kümmel, der nicht aus dieser Szene kam und mehr an Kunst und Krawall interessiert war. Außerdem betrieb er einen Schnapsladen und war da, glaube ich, sein bester Kunde.

» **Gerd Türke:** Ich würde mich zum Umfeld der Besetzer zählen. Es gab in der Mainzer Straße die BISA, zu der ich Kontakt hatte, weil ich in der Mainzer Straße aufgewachsen bin. Viele Leute dieser Initiative waren zugleich im Umfeld der Besetzer.

Für mich war das Stollwerck das Beste überhaupt, sozusagen ein absolutes Freio. Was dort alles möglich war, sensationell! Da habe ich nicht nur wichtige Bands gesehen, also z. B. *Birthday Party*, sondern kam auch erstmals mit Kunst in Berührung. Ingo Kümmel organisierte diesbezüglich ja viel und hatte auch sonst ein bisschen den Hut auf, weil er vieles wusste und kannte. Dazu gehörte dann das wöchentliche Plenum, wo sich alle trafen, die im Stollwerck aktiv waren. Auch die Musiker sollten dabei sein, also ging ich hin. Das war alles komplett basisdemokratisch organisiert, jede Befindlichkeit kam auf den Tisch. Da saßen fünfzehn Leute im Kreis und diskutierten über Neonröhren, die ausgetauscht werden mussten, oder Türen, die klemmten. Total hippiemäßig. Aber das hatte auch was. Für mich war das eine ungeheure Horizonterweiterung, irre, das muss man wirklich sagen. Und diese Stimmung setzten wir mit unserer eigenen Band dann auch um.

Nach der Sprengung eines Teils der Stollwerckfabrik werden die Maschinenhalle, der Kachel- und Annosaal vor allem durch die Vereine *Pallazzo Schoko* und *Regebogenhaus* genutzt, es entsteht ein autonomes Kulturzentrum. Doch kommt es zwischen den verschiedenen Betreibergruppen wiederholt zu Konflikten, die schließlich zum Ende des Kulturzentrums führen. Unter der Regie des Spirituosenhändlers, Galeristen, Performers und Autors Ingo Kümmel entwickelt sich nun die *Kulturfabrik Stollwerck*, deren Zentren die Maschinenhalle und der Annosaal sind. Ateliers und Proberäume entstehen, Künstler und Musiker richten sich ein, Konzerte und Ausstellungen finden statt. Die Kulturfabrik avanciert zum Zentrum einer Szene, in der Kümmel als Schlüsselfigur sowie Organisator aktiv ist. Zugleich wandeln sich die Gebäude selbst in Kunstwerke. Graffitis und Slogans bedecken deren Wände von innen und außen, aus den Fenstern und Kellern schallt Musik. Als ›Graffiti-Dom‹ avanciert die Maschinenhalle zum Aushängeschild dieser Aktivitäten, da dort auch überregional beachtete Veranstaltungen stattfinden. Zudem werden Forderungen nach Denkmalschutz für die mit Slogans und Bildern tätowierten Mauern laut. Dennoch: 1987 wird das Stollwerck endgültig abgerissen: Im April desselben Jahres findet in den Ruinen der bereits im Abriss befindlichen Fabrik das Abschiedsfest »Finale Fanale« statt. Damit war das Stollwerck für sieben Jahre ein Brennpunkt der alternativen Kölner Kunstszene.

Februar, ein trüber Tag. Es nieselt, über die Fenster ziehen sich Regenschlieren. Mit der KVB Linie 6 fahre ich über die Ringe zum Chlodwigplatz. Als die Straßenbahn hält, ruckelt es und die Türen schieben sich auf. Ich steige die zwei Stufen hinab, betrete den Bahnsteig. Den Kopf gesenkt, den Kragen des Trenchcoats hochgeschlagen, die Arme vor der Brust verschränkt. So orientiere ich mich nach rechts, um den Chlodwigplatz in Richtung Stollwerck zu überqueren. Nach ein paar

Minuten Fußmarsch biege ich links in die Annostraße ein und sehe die alte Fabrik vor mir. Gegenüber dem Eingang befindet sich das Johanneshaus, ein Obdachlosenasyl. Dort stehen ein paar Berber: struppige Bärte, verfilztes Haar, Hände in fingerlosen Wollhandschuhen: »Hey du, haste mal 'ne Mark?« Ich überhöre das, gehe weiter, habe kein Geld übrig, will noch zum Konzert. Im Stollwerck spielt heute *Kråhl Høsel*. Schon wieder ein seltsamer Name, keiner weiß, wie man den aussprechen soll.

Die Band kommt aus Köln. Einige der Musiker kenne ich vom Sehen, sie besuchen die Kaiserin-Augusta-Schule, also die Schule schräg gegenüber dem Friedrich-Wilhelm-Gymnasium, das ich besuche. So begegnet man sich manchmal auf dem Schulweg, beim Billard in der Spielhalle, beim Rumsitzen im Café. Auch im *Blue Shell* läuft man sich über den Weg. Richtig kennt man sich aber nicht – vom Auftritt erfahre ich über die Plakate, die in der Stadt hängen. Sie sind blau grundiert mit farbigen geometrischen Mustern darauf. New-Wave-Ästhetik. Zugleich sehe ich die Jungs vor mir, wie sie vor dem Schuleingang eng beisammenstehen.

Nun gehe ich auf das Fabrikgelände. Seit der Besetzung sind zwei Jahre vergangen, ein Teil der Gebäude ist vom Abriss verschont geblieben. Die Maschinenhalle und der Kachelsaal gehören dazu. Auf allen Mauern des Stollwercks sieht man Graffitis, Aufschriften, Parolen: »Wir nennen es auch einfach das Schweinesystem.«

Die Fenster der Gebäude sind teilweise zerschlagen oder mit Holzplatten notdürftig zugedeckt. Leere Bierflaschen liegen auf dem Boden, im Keller ist es feucht. Die Geländer der Treppen sind verrostet und verbogen, einige Behelfstüren zu den Proberäumen und Ateliers werden von Vorhängeschlössern gesichert. In den Ecken stehen irgendwelche Möbel oder liegt anderes Gerümpel herum. Sperrmüll, Regentonnen, Abfall. Doch wirkt die Fabrik nicht verwahrlost. Aufgeräumt allerdings auch nicht. Es ist etwas dazwischen: zwischen den Zeilen ein Versprechen der Autonomie. Aber ohne Hausbesetzerromantik und -radikalismus, das war einmal.

Mit diesen Gedanken steuere ich den Kachelsaal an und sehe jetzt auch die anderen. Sie stehen rum, warten, reden, rauchen. Anselm Pfeffer stapft durch das Publikum: farbfleckiges, ausgebeultes Sakko, schlabbrige Hose, rotes Gesicht, die kurzen Haare über der faltigen Stirn und den großen Ohren angegraut, hier oder da grüßend. Ich stelle mich zu den anderen: »Hallo!«

»Hallo.«

Ich warte und rauche nun auch. Am Gespräch beteilige ich mich nicht, schaue mich stattdessen um. Der Saal ist in blaues Licht getaucht, es ist feucht. Auf dem Boden sind Sägespäne ausgestreut. Sonst kommt man ins Rutschen. Dazwischen liegen ausgetretene Kippen.

Nun betreten *Kråhl Høsel* den Raum. Eine richtige Bühne gibt es nicht, die Band steht einfach mit dem Rücken vor einer gekachelten Wand und spielt ihr Set. Dabei wechseln sich die Musiker ständig an den Instrumenten ab, mal sitzt dieser am Schlagzeug, spielt Gitarre, Bass, singt, mal jener. Eine feste Ordnung scheint es nicht zu geben. Der Gesang ist meist unverständlich, der Sound schrill und laut, die Stücke experimentell, irgendwo zwischen *Wire* und No Wave. Im Publikum schlägt einer dazu rhythmisch mit den Fäusten auf einen herumstehenden Tisch. Das alles ist ein Angriff auf die Ohren. Aber damit habe ich gerechnet, es gehört sowieso zur Atmosphäre des Stollwercks. Die Musiker sind auch kaum zu erkennen, ich sehe ihre Gesichter nicht, nehme nur diese dunklen Gestalten mit Instrumenten vor der Kachelwand wahr.

Das ist gar nicht Köln, das ist irgendwo: Das ist New York. Oder London? Egal, es ist Köln.

» **Jörg Burger:** Meine Band *Kråhl Høsel* hatte neben Bands wie *Dunkelziffer*, *TAX 54* und anderen ihren Proberaum im gekachelten Keller der Fabrik. Es gab damals jeden Montag die sogenannte Arbeitslosendisco im Kachelsaal des Stollwercks, wo wir sehr häufig auftraten. Bei größeren Konzerten in der Maschinenhalle spielten wir auch einige Male als Vorgruppe für internationale Bands.

Nach der Besetzung – zu der Zeit ging ich noch zur Schule – machte ich zuerst ein Jahr in einer Nachmittagsbetreuung und Hausaufgabenhilfe für Kinder mit Migrationshintergrund mit und kannte deshalb schon die meisten ›Palazzo Schoko‹-Aktivisten. Als ich 1981 mit Gerd Türke, Michael Hansonis und Jens Tonagel die Band gründete, hatten wir die originelle Idee, einen noch ungenutzten Teil des Kellers zu unserem Proberaum zu machen, indem wir einfach eine Nische im Flur zumauerten und eine der herumliegenden Türen einbauten. Das war quasi eine Besetzung innerhalb der besetzten Fabrik und stieß beim verantwortlichen Gremium zuerst auf wenig Begeisterung. Da ich die meisten Mitglieder aber schon gut kannte und die unsere jugendliche Unverfrorenheit und Eigeninitiative auch irgendwie niedlich fanden, drückten sie beide Augen zu und wir wurden mit der Zeit sogar zu einer Art Institution innerhalb des Stollwerck-Kulturbetriebs.

Was musikalische Trends anging, war es eine sehr spannende und schnelllebige Zeit. Wir hatten damals eine Vielzahl von Einflüssen, das konnte auch schon mal im Monatsrhythmus wechseln. Die Haupteinflüsse zur *Kråhl Høsel*-Zeit waren sicher englischer New Wave à la *Wire*, *Gang of Four* oder *A Certain Ratio*, deutsche Bands wie *DAF*, *Palais Schaumburg* und *Wirtschaftswunder* sowie und vorrangig amerikanischer No Wave und Experimental-Funk, also James White oder *Material*. Das wurde alles mit kölschem Gleichmut verquirlt.

» **Gerd Türke:** Ich ging in Köln erst zur Grund- und Hauptschule, machte dann meinen Realschulabschluss und begann eine Ausbildung als Schriftsetzer. Dabei interessierte ich mich schon für Musik. Aufgewachsen bin ich mit *T. Rex*, weil mein Bruder das ständig hörte. Aber auch *Roxy Music* war und ist eine geile Band, bis heute.

Anfang der Achtziger war Jörg mit meiner Schwester Maria zusammen. Irgendwann fragte er mich, ob ich Lust hätte, in eine Band einzusteigen, die Jörg mit Leuten aus seiner Schule gründen wollte. Klar sagte ich da ›Ja‹, denn vorher hatte ich bereits mit meinem improvisierten Schlagzeug auf dem Speicher geübt. Mit *Kråhl Høsel* wurde das nun alles professioneller. Dabei war *Kråhl Høsel* ein Musikexperiment: Wir wollten gerade auch Nicht-Musiker in der Band haben. Es ging vor allem darum, auf der Bühne zu stehen und mit Instrumenten zu hantieren, um Energie zu erzeugen. Zu diesem Prinzip gehörte es ebenso, dass wir mehrsprachig sangen, uns ständig an den Instrumenten abwechselten und überhaupt viel experimentierten. Aber das passte eben zu dem Ort, wo das stattfand, also dem Stollwerck. Da hatten wir nämlich ab 1981 unseren Proberaum, indem wir einfach einen der leerstehenden Keller benutzten. Unsere direkten Nachbarn waren Wolfgang Voigt mit seiner Band *No Name*, die aber einen ganz anderen Sound machte, und *TAX 54* mit Ralf Böbbis am Schlagzeug.

» **Wolfgang Voigt:** Jörg und ich lernten uns Anfang der Achtziger, so um 1981, kennen. Wir hatten benachbarte Proberäume im Keller der Kulturfabrik Stollwerck in der Kölner Südstadt. Außerdem waren wir die Masterminds unserer Bands, d. h. die Songschreiber. Im Stollwerck war es dann so: Oben probte *Dunkelziffer* mit Jaki Liebezeit und Helmut Zerlett mit *Unknown Cases*. Unten war der Punk/New-Wave-Keller. Dort trafen wir uns und fingen bald an, zusammenzuarbeiten.

Der Schule verweigerte ich mich komplett und war froh, wenn ich rauskonnte, um mich mit meiner Musik zu beschäftigen. Allerdings absolvierte ich nie eine Musikausbildung. Ich hatte mal drei Wochen Schlagzeugunterricht, aber das funktionierte nicht. Ich bin also ein kompletter Autodidakt, der mit Musik vor allem Freiheit verbindet. Dieses Gefühl hatte sehr viel damit zu tun, was ich alles nicht machen wollte. Musik war für mich das Reich der tausend alternativen Versprechen, ein anderes Land, eine andere Welt, zu der ich hinwollte. Dabei war ich damals schon ein Projekttyp, der viele Ideen hatte und vieles tat, aber damit nie richtig fertig wurde. Der ganze Kram war experimentelles Zeug: Ich wollte einfach machen, d. h. ich hatte viele schräge Einfälle, aber keine singuläre Vision, mit der ich erfolgreich sein wollte.

***Kråhl Høsels* Auftritt ist vorbei, wir sehen uns an. Während des Konzerts haben wir kaum geredet. Wohin jetzt? Im Stollwerck bleiben? Nö, lieber noch in die Stadt gehen – oder in den *Kurfürstenhof*? Der ist quasi um die Ecke. Keine Entscheidung erst mal, wir drängen raus und landen kurz darauf doch auf der Bonner Straße im *Kurfürstenhof*, dort ist es warm.**

Bernd Schmitz, der Wirt, steht höchstpersönlich hinter dem Tresen, zapft. Es ist trotz Neonröhren dunkel, aus den Boxen dröhnen die *Stranglers*. »They're just hanging around«. Rechts, an der Theke vorbei und nach hinten durch, öffnet sich ein grö-

ßerer rechteckiger Raum. Hier finden manchmal Konzerte oder andere Aktionen statt.

Aus der dritten Reihe vor dem Tresen versuche ich mich per Handzeichen bemerkbar zu machen. Dabei sehe ich mich um, erkenne Juli mit den schwarzen Locken und Sputnik, der in einer Fensternische sitzt und Kippen dreht: eine für sich und eine für Nichtcheck. Nichtcheck trägt wie immer die schwarze Lederjacke, auf der ein einziges Badge *(The Undertones)* prangt, und redet auf Sputnik ein. Wahrscheinlich geht es um das Konzert. Oder um Oi-Musik, die Nichtcheck in letzter Zeit als Alternative zum Ausverkauf des Punkrock anpreist: »Tell us the truth!« So sei das Ganze ursprünglich ja mal gemeint gewesen.

»Echt?«

»Jo!«

»Na ja …«

Man versteht schlecht, das Ohr ganz nah am Mund des anderen, es ist einfach zu laut. Und überhaupt: Meine Oi-Musik heißt Psychobilly.

Kurze Zeit später wird Nichtcheck das amerikanische *SST-Label* und dessen Bands feiern. Und noch später werden wir zusammen Raymond Pettibon fotografieren und interviewen, dessen Coverzeichnungen für die Platten der Bands *Black Flag*, *Firehose* oder *Sonic Youth* berühmt werden sollten. Aber das sind noch Jahre.

Mittlerweile habe ich mich aus der dritten Reihe in Richtung Theke vorgekämpft, hebe wieder den Arm. Die Bedienung neben Schmitz arbeitet schnell, hält ein leeres Glas nach dem anderen unter den Zapfhahn und gibt die gefüllten Gläser nach vorne aus, kassiert. Ich werde ignoriert, es kann also noch dauern. Meine Hand greift in die Manteltasche, Zigarette und Streichhölzer raus, anzünden. Im Gewühl vor der Theke ist das zwar schwierig, doch vertreibt Rauchen die Zeit.

Aus den Lautsprechern ertönt jetzt ein älteres Stück: *If there is something* von *Roxy Music.*

Auch gut.

Sputnik winkt mir von hinten zu, dass ich ihm ein Kölsch mitbringen soll. Und eins für Juli.

Ich richte den Blick wieder auf die Bedienung, die weiter an mir vorbeisieht. In meinem Augenwinkel taucht jetzt eine Gestalt auf einem der Barhocker auf: schulterlanges dünnes Haar, beginnende Stirnglatze, leicht geschminkt, Glacehandschuhe an den Händen, die einen Spazierstock mit Silberkugel als Knauf halten. Das ist ein Künstler. Für uns ist er ein Übriggebliebener: Schminke, Federn, Glam und so waren mal gut, schließlich lieben wir alle *Roxy Music* oder David Bowie. Aber jetzt, nach Punkrock, gehen die Uhren anders.

Dabei ist Punk auch kein gemeinsamer Nenner mehr. New/No Wave, Post Punk, deutscher Punk als sogenannte NDW, Ska, Reggae, Dub, Oi, US Hardcore, britischer Pop und sogar Disco, also Chic, sind mögliche Optionen.

» **Hans Nieswandt:** In den frühen Achtzigern war Punk im harten Sinne, d. h. mit Sicherheitsnadeln und so, aus meiner Sicht längst tot und es kam die Blütezeit der eklektischen Popmusik, also *Heaven 17*, *Dexys Midnight Runners*, *Kid Creole*, *ABC* usw. – aber auch frühe Elektro-Dancemusic oder früher Rap.

Auch ich höre jetzt die neue englische Popmusik, vor allem *ABC*, *Heaven 17* oder das zweite Album der *Specials*. Das ist so ziemlich das Gegenteil von Punk. Anstelle dessen Synthesizer, Beats, Elektronik. Oder Opulenz, dick aufgetragen, fett produziert. Melodien gehen auch wieder, Poppertollen/Wohlklangbrüder: nörgelig bei *The Smith* oder sonnig bei *Haircut 100*. Während der Sänger der *Smith* mit einem Blumenstrauß in der

Hosentasche auftritt, hängen bei *Haircut 100* die Gitarren auf Höhe der Brustwarzen. Schiebermütze oder Barrett auf dem Hinterkopf, dicke Pullover und weite Hosen, darüber lange Wollsocken: Ein neuer Look, stylen Sie Ihr Haar!

Das Pop-Ding so lange überdrehen, bis es zu dandyistischer Subkultur wird. Damit sorgt man für Irritationseffekte, fast unmerklich und chartskompatibel; wenn alles künstlich ist, kann man das auch feiern, statt immer nur und immer noch den authentischen Punkrebellen mit Lederjacke zu geben. Das richtige Bewusstsein ist ja geblieben: eine Affirmation höherer Ordnung – sozusagen.

» **Wolfgang Voigt:** Meine Helden waren Paddy Mc Aloon und Green Gartside. Bis ca. 87 das große Thema. Das war noch eine Zeit, in der einzelne Platten enorm viel Raum einnehmen konnten. Ein Jahr lang habe ich fast nur *Scritti Politti* gehört und darüber geredet. Aber dann war es so, dass sich diese Musik einfach totlief. Nach *Scritti Politti* kam Howard Jones, nach Howard Jones wiederum Rick Astley. Irgendwann war das nur noch kommerziell.

Sowieso hat sich seit *Joy Division* einiges geändert. Juli strickt mir einen Pullover: Auf einem Promofoto trägt Nick Heyward, *Haircut 100*'s Sänger und Gitarrist, den gleichen. Dabei geht Juli eigentlich nicht gerne in den *Kurfürstenhof*, mag aber *ABC*.

Im *Kurfürstenhof* ist von diesen Tendenzen jetzt nichts zu spüren. Ich habe endlich mein Kölsch und Sputnik und Juli eins mitgebracht. Wie viele Biere sind es eigentlich? So langsam spürt man den Rausch:

»Und das Konzert?«

»Geht so, alles etwas durcheinander«, sagt Sputnik.

Ich nicke, obwohl ich auch denke: Eigentlich war das Ganze ziemlich okay. Muss man schon sagen.

» **Gerd Türke:** Nachdem wir mit *Kråhl Høsel* öfter in der Arbeitslosendisco aufgetreten waren, durften wir als Vorband von *Blurt* spielen, diese Jazz-Punk-Truppe. Das war ebenfalls eine Horizonterweiterung; nicht nur, weil wir die Musiker und deren Sound kennenlernten, sondern weil wir auch vor größerem Publikum auftraten, also vor etwa fünfhundert bis tausend Leuten. Für uns war das der Wahnsinn. Und irgendwann stand ein Plattenvertrag an. Allerdings rumorte es in der Band – hauptsächlich zwischen Jörg und Sonis (Michael Hansonis), das waren ja die Köpfe und Songwriter. Meines Erachtens hätte man das regeln können, doch ging es damals irgendwie nicht.

» **Jörg Burger:** Wie so oft waren es persönliche Differenzen: Sonis und ich wohnten zusammen in einem Zehn-qm-Kellerraum, der auch unser Proberaum war. Für die Probe mussten die Matratzen hochgeklappt werden, und beim Schlafen stieß man immer gegen irgendeinen Teil des Schlagzeugs. Dadurch gab es natürlich wenig Ausweichmöglichkeiten, wenn es zum Streit kam. Nach einiger Zeit gingen wir uns so auf die Nerven, dass ein Bruch unausweichlich war. So lösten wir *Kråhl Høsel* Ende 82 auf. Kurz danach gründete ich mit dem Saxofonisten Andreas Hoppmann und dem Schlagzeuger Ralf Böbbis die Band *Kinder von Bullerbü*. Da Andreas und ich uns sehr gut verstanden, starteten wir kurz darauf zusammen mit Gerd Türke und Jens Tonagel eine neue Band, die irgendwann *Les Immer Essen* hieß.

Rock-O-Rama

Als die Staatsanwaltschaft Köln am 03.02.1993 die Geschäftsräume des Musikunternehmers und Malermeisters Herbert Egoldt in Brühl durchsuchen lässt, wird sie in großem Umfang fündig: Sie beschlagnahmt über 30.000 Tonträger und legt damit Deutschlands größtes Netzwerk für deutschnationale und rechtsradikale Tonproduktionen vorerst lahm. Dabei existiert Egoldts Firma unter dem Namen *Rock-O-Rama* bereits seit 1977 und vertreibt in diesen Anfängen vor allem Platten aus dem Rockabilly-, Punk- und New-Wave-Umfeld. Dies geschieht sowohl im *Rock-O-Rama*-Ladenlokal in der Kölner Weidengasse als auch international per Versand. Bald aber fällt das ROR-Label durch eine grenzwertige Covergestaltung auf. Auf dem Sampler *Die Deutschen kommen* (1982), auf dem ROR-Bands aus Köln und Leverkusen vorstellt, prangt ein Wehrmachtssoldat, der Titel ist in Frakturschrift gedruckt. Mag dies vielleicht noch als punktypisches Spiel mit verbotenen Zeichen und Provokation zu sehen sein, wird Egoldts Veröffentlichungs- und Vertriebspolitik dann zusehends extremer. Auf ROR erscheinen immer öfter Rechts- oder Nazirocksingles sowie -LPs. Die *Böhsen Onkelz, Störkraft, Freikorps* sowie die Vorreiter des englischen Nazirocks – *Skrewdriver* und *Brutal Attack* – finden bei Egoldt ein Zuhause. Folgerichtig gibt Ian Stuart Donaldson, Sänger bei *Skrewdriver* und Mitbegründer des Neonazi-Netzwerks *Blood and Honour*, an, dass »*Rock-O-Rama* ihm geholfen habe, die faschistische Jugendbewegung in Europa populär zu machen«.

So entwickelt sich ROR vom Rockabilly-/Punkrock-Sammelsurium zu einer global einflussreichen Adresse für Rechts- und Nazirock; zugleich avanciert der Laden zum Treffpunkt der rechten Skinheadszene auch über Köln hinaus. Nach der Schließung des Ladens 1985 konzentriert sich Egoldt auf den Schallplattenversand und lässt sich dabei durch die genannte Aktion der Staatsanwaltschaft nur vorübergehend stoppen – bei einer zweiten Razzia 1997 beschlagnahmt die Polizei erneut massenweise rechtsradikale Tonträger. Doch nicht nur in dieser Hinsicht wird Egoldts bis dahin einträgliches Business schwieriger: Wegen seines dubiosen Geschäftsgebarens gerät er auch in den eigenen Kreisen immer mehr unter Druck und verliert an Glaubwürdigkeit. 2005 stirbt Egoldt an einem Herzinfarkt. Seine Firma existiert bis heute – mit annähernd demselben Programm.

» **Ralf Niemczyk:** Ob Egoldts Laden der weltweit größte Vertrieb für Rechtsrock war, weiß ich nicht, aber gut. Egoldt war ja erst mal so ein klassischer Herbergsvater und Schwaadlappen. Ab ca. 1980 hingen in seinem Laden immer Punks rum, man ging da hin und kriegte ein Bier oder einen Kaffee spendiert. Das *Rock-O-Rama* hatte also anfangs eine Andockfunktion wie der Plattenladen von Nick Hornby und war vor allem ein Ort zum Abhängen. Und so vertrieb ich über den Laden auch mein Fanzine *Wellenreiter*. Egoldt machte derweil Platten mit der *Obersten Heeresleitung*, der *OHL*. Das waren Leverkusener Skinhead-Typen, aber nicht von der richtig bösen Sorte. Da saßen im *Blue Shell* bösere Skinheads rum. Aber da regte sich bereits erstes Gegrummel.

1981 erscheint das Album *Heimatfront* der *OHL* auf Rock-O-Rama. Ihm waren zwei ebenfalls bei ROR veröffentlichte EPs vorausgegangen. Die Musik der Band orientiert sich am Punkrock der ersten Stunde, enthält aber auch Elemente des bei Skinheads beliebten Oi-Sounds. Die Texte reichen von Hasstiraden auf Leverkusen und Deutschland sowie auf Antiatomkraft-Friedensaktivisten bis hin zur Hymne auf die »Unreparierten«, die im Keller masturbieren (eine deutschsprachige Version des *Vibrators*-Titels *Troops of Tomorrow*). Dazwischen gibt es eine Coverversion – *Türkenlied* – des Stücks *Militürk/Kebabträume* der Düsseldorfer Band *Mittags-*

pause (später: *Fehlfarben*) und mit *Kraft durch Freude* ein Stück, das zwar offensiv das Provokationspotenzial der Textzeilen »Kraft durch Freude« und »Arbeit macht frei« aufruft, den KZ-Wächter dabei aber als »Nazi-Ratte« bezeichnet. Auf dem Cover ist das Porträtfoto eines deutschen Soldaten des Ersten Weltkriegs zu sehen.

Heimatfront wurde 1987 durch die Bundesprüfstelle für jugendgefährdende Schriften indiziert. Begründet wurde dies mit dem Text des Botschaftslieds, das zum Sturm auf die amerikanische Botschaft aufruft.

» **Bernd Imgrund:** Der erste Rechtsradikale, den ich kannte, hieß Axel von Schweiß und spielte Gitarre bei der Kölner Punkband *Cotzbrocken.* Ansonsten gab es das in Köln ja nicht – die rechtesten Leute, gegen die man sich damals wehren musste, waren von der SPD, eben die ganzen Klüngelsozis.

Cotzbrockens Bassist Igor Fuks-Markovic sieht das 2004 in einem Interview so: »Wir haben von Rockern und Türken auf die Fresse bekommen und haben das in unseren Texten umgesetzt. Auf einmal hatten wir so einen Fascho-Ruf. Da haben wir aber nicht drauf hingearbeitet! Prompt kam der Typ vom Rock-O-Rama und wollte eine Platte mit uns machen.« Und der zweifelhafte Ruf des Labels? Igor: »Das willst du aber auch nicht wissen. Das war unsere Band [...] das war toll.« *Cotzbrockens* erste und letzte LP wird 1981 auf ROR veröffentlicht. Fünf Jahre später landet auch sie auf dem Index.

» **Ralf Niemczyk:** Jedenfalls konnte man bis 1985 im *Rock-O-Rama* Alben oder Singles kaufen, die man anderswo nicht bekam. Die spätere Brühler Vertriebszeit des Labels habe ich dann nicht mehr wahrgenommen – nach der Schließung des Ladens kannte ich das Rock-O-Rama nur noch aus Anzeigen in der *SPEX*. Dabei kann ich heute nicht genau sagen, ob Egoldt immer schon rechtsradikal war, ob er sich erst im Laufe der Zeit radikalisierte oder ob er mit dem Kram einfach nur Geld scheffeln wollte.

Les Immer Essen: *Hand-Take*

» **Gerd Türke:** Sonis war erst mal raus und gründete eine eigene Band. *Les Immer Essen* begann dann als Pop-Kunstding: Wir spielten viel auf Ausstellungseröffnungen, also z. B. in der Galerie Sprüth in der Maria-Hilf-Straße. Oder für den BBK in der Hahnentorburg. Das war die Anfangszeit. Das erste Konzert mit *Les Immer Essen* fand aber in der Tagesklinik für Psychiatrie in der Alteburger Straße statt. Im Hinterhof gab es einen kleinen Saal, da traten wir auf.

1985 ist das Fernsehen das wichtigste Medium der deutschen Medienlandschaft. Man sitzt vor voluminösen Röhrengeräten und schaut z. B. Musiksendungen. Eine davon heißt *Formel Eins* und wird seit Januar 1983 wöchentlich in den dritten Programmen der *ARD* ausgestrahlt.

Sie präsentieren Songs aus den internationalen Charts, deren Videoclips – das ist neu – gezeigt, d. h. zumeist angespielt werden. Oder die Bands treten im Studio ohne Publikum zu Playback auf. Dazu stehen die Musiker in mehr oder weniger originellen Dekorationen, die eine Autowerkstatt imitieren sollen oder sich in irgendeiner Weise auf den Song beziehen. Die Gruppen oder einzelne Musiker werden durch die Moderatorin oder den Moderator kurz angekündigt und gelegentlich nach dem Auftritt ebenso kurz interviewt.

In ihrer Anfangszeit erzielt *Formel Eins* gerade beim jungen Publikum hohe Einschaltquoten. Diesen Kultcharakter der Sendung ausnutzend, entsteht 1985 ein *Formel Eins*-Film mit diversen Musik-Acts (u. a. den *Toten Hosen*). Außerdem geht *Formel Eins* auf Deutschland-Tour, bei der Bands aus den Sendungen ›auftreten‹, d. h. in mittelgroßen Hallen zu Playback auf der Bühne stehen.

Gerade stelle ich den Fernseher an und werfe mich auf das Bett meiner Kleinstwohnung in der Moselstraße. Gleich läuft *Formel Eins*, wo *Les Immer Essen* auftreten sollen. Das ist eine Band aus Köln, über die ich im *Spex* gelesen habe. Aufgefallen ist sie mir noch nicht, ich weiß nur, so stand es im *Spex*, dass sie aus *Kråhl Høsel* entstanden ist. Die kenne ich ja noch aus dem Stollwerck, habe dann aber nichts Neues mehr gehört. Ich bin schon gespannt. Aber diese Namen …

» **Jörg Burger:** Der Name *Les Immer Essen* war eine Gemeinschaftsproduktion, wobei ich heute auch nicht mehr wirklich nachvollziehen kann, wer da die treibende Kraft war. Als wir 1984 den Vertrag mit der EMI unterschrieben, wollten wir den Namen eigentlich loswerden, aber unsere Partner bei Chlodwig Musik und der EMI rieten uns, ihn zu behalten, da wir uns schon eine lokale Fanbase aufgebaut hatten. Spätestens als wir in jedem Interview die Frage nach dem Grund für diesen bescheuerten Namen gestellt bekamen, wurde uns klar, dass das ein Fehler war.

» **Gerd Türke:** Wir mochten alle den Film *Tote tragen keine Karos* mit Steve Martin. Dort kam ein Schiff vor, die *Immer Essen*. Ein simples *the* wollten wir nun nicht davorsetzen, also entschieden wir uns für *les*: *Les Immer Essen*. Französisch klang für uns nach Avantgarde, das kam noch aus der *Kråhl Høsel*-Zeit. Als wir das Freunden und Bekannten erzählten, tippten die sich nur an die Stirn: Was ist das denn? Den Namen kann sich ja kein Mensch merken. Genau das fanden wir aber gut. Das war noch ein Rest unserer Anti-Haltung, dieses Punkmäßige: Jeder kann Musik machen, egal wie. Das Problem war dann, dass den Leuten zu dem Namen nichts einfiel. Die hatten einfach keinen Aufhänger, wenn es z. B. um Promotion oder Ähnliches ging. In München etwa sollten wir bei einer Promoaktion Fastfood-Ketten bewerten, nur weil wir dieses *Immer Essen* im Namen hatten, absurd!

Der Moderator Ingolf Lück trägt ein weißes Hemd mit geometrischen Mustern und hat eine Grillzange in der einen, einen Teller mit zwei Bratwürsten und Brötchen in der anderen Hand. Er hält den Teller samt Würsten in die Kamera und redet davon, dass dies die fünfundsiebzigste *Formel Eins* sei. Bei solchen Anlässen müssen Redaktion und Crew zur Feier des Tages »immer essen«, sagt er. Im Hintergrund bewegen sich Männer mit Bart vor einem Buffet, laden sich die Teller voll.

Die Kamera zoomt auf die Würste, blendet ab, eine Hand des Keyboarders, die in die Tasten greift, erscheint. Zwei Akkorde, der Anfang des Titels *Hand-Take*: Der Song ist seit einigen Wochen in den deutschen Charts und deshalb auch in der Sendung. Von der Chartsnotierung weiß ich nichts, freue mich aber, das Stück zu hören bzw. dabei der Band dabei zuzuschauen. Schließlich weiß man ja, wer das da ist.

» **Gerd Türke:** Wir wollten eine Popband sein, d. h. unsere Vorbilder waren *ABC*, *Orange Juice* oder *Style Council*. So macht man ja immer Musik. Natürlich klingt man dann nicht wie X oder Y, sondern wie man selbst. Aber es geht um die Orientierung, also dass man weiß, in welcher

Welt man sich bewegt oder bewegen will. Und das waren ja coole Bands.

Zwischen *Kråhl Høsel* und *Les Immer Essen* lag also ein Bruch. Der kam vielleicht auch daher, dass es mit dem Plattenvertrag für *Kråhl Høsel* nicht klappte. So gingen wir den ganz anderen Weg, d. h. weniger Experimente, mehr Pop. Der Erfolg gab uns dann recht: Noch bevor wir bei der EMI unterschrieben, spielten wir 1984 im *Luxor* zweimal vor ausverkauftem Haus. Das schafften damals nicht viele Bands, danach interessierten sich gleich drei Plattenfirmen für uns.

» **Jörg Burger:** Der Anspruch, den wir damals mit *Les Immer Essen* hatten, war, eine international erfolgreiche Indie-Popband zu sein. Außerhalb Deutschlands war das Interesse allerdings bescheiden, obwohl unser Debütalbum *Tally-Ho* seltsamerweise auch in Kanada veröffentlicht wurde. Es gab auch eine Reihe Videos und TV-Auftritte, die innerhalb eines knappen Jahres mit völlig unterschiedlichen Dresscodes gedreht wurden. Das sieht alles recht lustig aus und dokumentiert auch, was für eine verrückte, schnelllebige Zeit das war.

Schnell greife ich zur Zigarette. Ein Schnitt, das Gesicht des Sängers ist groß im Bild: die eine Gesichtshälfte leicht überschattet, kein Mikrofon, gescheiteltes Haar, bohrender Blick in die Kamera: »Sometimes I'm lost in black and white.«

Wieder ein Schnitt, der Keyboarder ist zurück: blond, im Profil, bekleidet mit einer orangefarbenen Jacke mit Schulterstücken und im Jankerschnitt. Jetzt setzt die Gitarre ein, Kamera auf den Gitarristen. Der wiegt den Oberkörper leicht im Takt, greift sachte in die Saiten: keine Rockgitarre, unverzerrt, dazu ein lose umgebundener Schal und Poppertolle. Ein

Schwenk von links nach rechts über die Band, das Schlagzeug setzt ein: Fokus auf den Drummer, der auf die Snare, d.h. die Unterlage, eindrischt, die das Instrument dämpfen soll. Schließlich ist alles Playback.

Während das Stück abgeht, zoomt die Kamera wieder auf den Sänger und ich bemerke dieses seltsame Kostüm: uniformartiger Mantel mit breitem, weißem Gürtel sowie ein Patronengurt, der quer über den Oberkörper verläuft – eine Mischung aus Schülerlotse und Kosak. Alle wippen nur leicht im Takt, lässiges Auftreten, die Bewegungen sparsam. Ekliges Rockgehabe oder Gepose fallen aus.

Plötzlich hat der Sänger eine Mundharmonika in der Hand, der Instrumentalteil des Stücks beginnt. Der Bassist, die schwarzen Haare zurückgekämmt, den Bass hoch vor der Brust, schaut sich zu seinem Schlagzeuger um, scheint die Abstimmung zu suchen, mimt die Livesituation. Einen Augenblick später sind die Bläser an der Reihe und im Bild. Der Saxofonist bläst in sein Instrument, der Keyboarder hat eine Trompete in der Hand, setzt sie an die Lippen. Beide bewegen die Arme und Oberkörper ruckartig nach einer eingeübten Choreografie. Dann, kurz vor Ende des Stücks, ein harter Schnitt: Ingolf Lück taucht auf, trägt ein Stirnband, sieht wie ein Kung-Fu-Kämpfer aus:

»*Les Immer Essen*: Hand gleich Take.«

Lück trommelt mit den Handkanten auf eine Autotüre, imitiert irre Karatesprünge, kommt scheinbar aus dem Gleichgewicht, hält sich gerade so an der Türe fest.

Wer hat sich das bloß ausgedacht?

An meiner Wohnungstür klingelt es und ich werde aus meiner Versenkung gerissen. Nichtcheck steht vor der Tür:

»Na, kommst du mit ins *Shell*?«

»Moment, hab gerade *Formel Eins* geguckt, *Les Immer Essen.*«

»Ach ja, *Hand-Take*. Die wurde von John Porter produziert …«

»Wusste ich gar nicht. Für mich klingt's nach *Spandau Ballet*. Hast du eigentlich die LP?«

»Nö, interessiert mich nicht wirklich.«

»Na ja, vielleicht überspiele ich mir das mal … aber los jetzt!«

Ich mache den Fernseher aus, greife die Jeansjacke. Ab ins *Shell*.

» **Jörg Burger:** Wir hatten natürlich das Glück, dass wir teilweise mit sehr guten Leuten arbeiten konnten, z. B. mit unserem ersten Produzenten John Porter oder bei der Albumproduktion mit Guy Chambers, der später u. a. für die großartigsten Songs von Robbie Williams verantwortlich war.

Bei der Aufnahme zu *Hand-Take* arbeiteten wir das erste Mal in einem amtlichen Studio, das war wie im Märchenland: Als wir die fertigen Mixe von John hörten, fragten wir uns ernsthaft, ob wir das sind. Denn das war schon eine klassische Achtziger-Jahre-Produktion mit einer Unmenge von Effekten und Studiotricks, von denen wir bis dahin nur gelesen hatten. Zur gleichen Zeit produzierten wir die B-Seiten unserer Singles im EMI-Studio selbst. Wenn ich diese B-Seiten heute im Vergleich höre, denke ich: Ja, die klingen wirklich authentisch und ich würde sie heute kaum anders aufnehmen.

» **Gerd Türke:** Porter kam zunächst mit einem Kassettenrekorder in unseren Proberaum, setzte sich im Schneidersitz auf den Boden, ließ uns unsere Stücke spielen und nahm die auf. Im Studio ging's dann ganz klassisch zu.

An *Hand-Take* waren mehrere beteiligt, das war eigentlich ein Gemeinschaftsprojekt. Hauptsächlich beschäftigten sich aber Jörg, Sonis und Benny, unser Keyboarder, mit dem Song. John verlieh der ganzen Sache nun diesen Sound, d. h. er motzte das Stück richtig auf. Dabei war er auch ziemlich perfektionistisch, d. h. ich sollte das Schlagzeug zweimal einspielen: erst nur die Drums, dann die Becken extra. Mit diesen getrennten Spuren kannst du einen Sound ›groß‹ oder ›fett‹ machen, also Effekte kreieren usw.

Mir sprengte diese Zusammenarbeit nochmals das Gehirn. John ist ein super Typ, smart und zurückhaltend, aber total fit in Sachen Musik. Dazu kam das Studio, also das Studio 2 bei der EMI, die hatten einfach alles. Da waren wir vielleicht zwei Wochen oder länger, das kostete ein Heidengeld. Um die Streicherarrangements zu machen, ließ John noch einen Mitarbeiter einfliegen. Wahnsinn!

1985 erreichen *Les Immer Essen* mit der aus dem Album *Tally-Ho* ausgekoppelten Single *Hand-Take* Platz 40 der deutschen Singlecharts. Das ist die höchste Notierung des Songs, der insgesamt neun Wochen in der Hitparade bleibt. Nach der TV-Sendung geht die Band auf *Formel Eins*-Tour, aus der sie allerdings nach einigen Auftritten aussteigt.

» **Gerd Türke:** Die *Formel Eins*-Tour mit Ingolf Lück brach uns schon während der Tour beinahe das Genick. Das war schrecklich, einfach erniedrigend. Da wurden Teenies mit Sparkassenbussen hingekarrt, bis fünftausend Kids in der Halle standen. Dazu mussten wir zu Playback auftreten, ich hatte nicht mal eine Fußmaschine an meiner Bassdrum. Und in einer Halle kommst du dir dabei unglaublich blöd vor. Das Publikum merkt das doch, die sind ja nicht doof. Beim dritten Auftritt in Emden schrien wir uns nur noch an: Was ist das für eine

Scheiße! Und es standen noch zehn weitere Auftritte an! Das war echt Zwang. Also ließ Sonis sich krankschreiben und für uns ging es nicht mehr weiter. Pech war nur, dass ein EMI-Mitarbeiter uns, also auch Sonis, einen Tag später im *Shell* sah. Danach bekamen wir mit *Les Immer Essen* kaum noch Auftritte. Heute finde ich unser Verhalten schon etwas unprofessionell: Entweder du machst es und ziehst es durch oder du trittst gar nicht erst an. Aber damals waren wir eben naiv oder nicht abgezockt genug.

» **Jörg Burger:** Unsere Single erwies sich als Zufallstreffer. Das Stück war ja schon 1982, also deutlich vor *Les Immer Essen* entstanden. So blieb es immer ein Fremdkörper in unserem Bandrepertoire und wir haben es live oft übelst dekonstruiert, weil wir es hassten, das zu spielen.

Heute sehe ich dieses Kapitel als unreife Übungsphase. Zwar hatten wir eine Reihe von Fans, die ich jetzt gar nicht kränken möchte. Doch hatte unsere Selbstwahrnehmung nicht wirklich etwas mit der Realität zu tun. Ich erinnere mich noch an einen Brief von Jochen Hülder, unserem damaligen Booker, der über *Les Immer Essen* schrieb: Sie halten sich für *The Smith*, sind aber eigentlich eine Schülerband. Damals regten wir uns unheimlich darüber auf, im Nachhinein würde ich ihm recht geben.

Das Besondere, aber auch Problematische an *Les Immer Essen* war, dass alle sechs Leute an den Entscheidungsprozessen beteiligt waren und wir nicht selten sechs verschiedene Meinungen hatten. Teilweise war das sehr anstrengend: Der eine wollte mehr *Prince* sein, der andere mehr *Roxy Music*. Ich war an der Edwyn-Collins- oder *Style Council*-Front und Sonis, der nach einem Jahr Distanz wieder als Sänger bei uns eingestiegen war, stand auf

Mark E. Smith. Deswegen funktionierte es mit der Band auch nicht lange.

» **Gerd Türke:** Wenn dir die Leute dauernd erzählen, wie gut du bist, glaubst du es irgendwann selbst, und die Egos werden immer größer. Und zwischen Jörg und Sonis, das hatte sich ja schon bei *Kråhl Høsel* gezeigt, war das Verhältnis einfach kaputt. Außerdem hatten wir Schwierigkeiten mit unserem Gitarristen. Teilweise spielte ich die Gitarrenparts ein, obwohl ich der Drummer war. So kam ein ganz komisches Klima auf und keiner fühlte sich mehr wohl. Wir stritten über den Sound, jeder hatte seine Vorlieben und wollte die verwirklicht sehen. Daraus resultierte ein großer Mischmasch, den man in den Aufnahmen hinterher auch hören konnte. Jedenfalls wurden unsere Demos abgelehnt, die EMI wollte uns nicht mehr. Über Dayglo, einen anderen Verlag, gab es noch Kontakte zu Virgin Records, was zuerst gut lief. Wir einigten uns per Handschlag auf die Veröffentlichung der Platte. Plötzlich war aber nichts mehr klar und bei Virgin niemand mehr zu erreichen. Hinter unserem Rücken hatte man die Virgin-Leute vor uns gewarnt: Das sind Kunstlumpen, die können nichts, hieß es. So war auch hier Schluss.

Mittlerweile stehen Nichtcheck und ich im *Shell*. Auf dem Monitor über der Eingangstür läuft ein Musikvideo: Sechs Jungs rennen auf der Suche nach Essen durch Köln, drängen sich vor dem Schaufenster eines Lebensmittelgeschäfts, schleppen einen Goldfisch im Glas herum und werden dabei von einem kleinen Mädchen, das eine Schultüte voller Speiseeis trägt, begleitet: Es ist *Hand-Take* von *Les Immer Essen*.

» **Jörg Burger:** Mit Wolfgang arbeitete ich auch parallel zu *Les Immer Essen* mal mehr, mal weniger intensiv an Projekten. Schon 1983 schrieben wir unseren ersten gemeinsamen Song. 1987 fingen wir als freie Produzenten in Tom Dokoupils Whitehouse Studio an. Da ich nach *Les Immer Essen* weitgehend von Popstarfantasien kuriert war, genoss ich die Arbeit im Studio – ohne Pressetermine, Foto- oder Video-Shootings – sehr.

» **Wolfgang Voigt:** Im Whitehouse Studio laborierten wir an unserer Version einer Popmusik englischer Prägung herum. Als dann allerdings Acid House aufkam, hatten wir dazu schlagartig keine Lust mehr.

Acid House: Four to the Floor

» **Jörg Burger:** Acid House war ein viel größerer Kulturschock als Punk. Es war eine total drastische Umwertung, weil es nicht neue Musik mit alten Instrumenten war, sondern bis dahin ungehörte Klänge. Wenn man das erste Stück nur mit einer Roland 303 – kombiniert mit einer Roland Drum Machine dieser Zeit – hört, ist das definitiv etwas radikal anderes. Dagegen waren die Punks Ende der Siebziger lediglich minimalistische Ausgaben der *Rolling Stones*: zwar laut und aufregend, aber nicht völlig neu. Dazu kam die optische Komponente mit Smileys und farbenfrohen Baggy Shirts, die uns 80er-Jahre-Stylern natürlich erst mal sehr fremd war.

» **Wolfgang Voigt:** Das war ein markanter Einschnitt in unser musikkulturelles Bewusstsein. Einfach ein kultureller ›Tsunami‹, der uns da erwischte. Denn Jörg und ich sowie mein Bruder [Reinhard Voigt] und Jürgen Paape, mit denen wir damals um die Häuser zogen, waren tief verwurzelt im 80er-Pop. Das war die amtliche Musik, die gegen Ende der Achtziger jedoch immer langweiliger wurde.

Als wir dann 1988 von House und Acid House hörten und sowieso – chronische Hipster, die wir waren – immer auf der Suche nach dem neuen heißen Ding waren, kapierten wir das zwar nicht auf den ersten, aber auf den zweiten Blick: dann aber richtig! Wir kamen also von sehr opulenter Musik mit Poprefrains, Text und Songstruktur. Und plötzlich gab es nur noch eine Bassdrum und ein paar Fiepgeräusche. Acid ist eine nonverbale Musik, die sich über Geräusche und Beat ausdrückt. Das war sehr sexy und groovte wahnsinnig: Es befreite nicht nur den Geist, sondern auch den Körper. Als man die Acid Grooves verstanden hatte, gab es mindestens ein halbes Jahr nichts anderes mehr – keine andere Musik und kein anderes Thema.

Unser Wohnzimmer im Marsilstein ist voll. Mascha steht plötzlich vor mir. Ich habe sie lange nicht gesehen. Vor ein paar Monaten haben wir eine Nacht miteinander verbracht. Gleich danach zog sie nach London und wollte dort mit anderen Schmuckdesignerinnen eine Werkstatt mit eigenem Laden eröffnen. Wie sie von meiner Party erfahren hat, wird sie mir noch sagen müssen.

Mascha trägt ein weißes Oversize-T-Shirt mit gelbem Smiley auf der Brust. Über dem Smiley steht in schwarzen Buchstaben die Aufschrift Acid, um das Smiley herum sieht man schwarze Blitze. Dazu Jeans und an den Füßen knöchelhohe Converse-Sneaker. Die ewigen Cowboystiefel scheinen passé. Mascha:

»Ey, hast du nicht mal 'ne House-Platte?«

»Nee, was issn das?«

»Jedenfalls besser als diese alten Sachen!«

Auf meiner Party bin ich natürlich der DJ. Allerdings gibt es nur einen Plattenspieler und also auch kein Mischpult. Von einer Abfahrt kann keine Rede sein, nach jedem Stück fallen die Tänzer in ein Loch: Tonarm rauf, Platte runter, nächste Platte auflegen, Stück suchen, Tonarm runter, weiter geht's. Getanzt wird trotzdem, auf Privatpartys ist es halt so.

Gerade lege ich Disco auf, *Chic* und so. Das ist zwar schon älter, zieht aber immer noch. Das Stück läuft. Was kommt als Nächstes? Schnell in der Plattensammlung stöbern, aha, *Earth, Wind and Fire*, das könnte klappen. Platte schon mal aus der Hülle raus, dann geht's gleich schneller – oder doch besser ein Bruch? Mal etwas Englisches vom Anfang der Achtziger? Oder *Prince*? Auch das ist alles schon länger her.

»Und? Kannste gleich mal 'nen Housetrack spielen?«

Maschas Präsenz und Gequengel nerven. Denn was gerade hip ist, weiß ich eigentlich nicht. Hab einfach eine Zeit lang keine Platten gekauft, nichts gelesen, mich länger nicht um Musik gekümmert. Warum? Weiß ich nicht. Ich war wohl auch so glücklich.

»Ich komme gerade aus London. Da geht die Post ab!«

»Aha?«

Gern wüsste ich mehr. Auch von Maschas neuem Leben. Aber die nächste Platte muss auf den Teller und ich mich konzentrieren. Von mir aus ist das Gespräch also unterbrochen. Mascha redet trotzdem weiter:

»Na, Acid House, Mensch. Nicht nur selten, sondern noch nie gehörte Musik. Total tanzbar, super!«

Bei mir läuft jetzt *Prince*: *1999*.

»Okay??! Keine Ahnung ... aber sag doch mal!«

»Also hast du keine House-Platte?«

»Nö! Vorerst nicht.«

»Dann sieh mal zu, du Schlauberger!«

Mascha grinst so, wie sie es immer tat. Das hat sie in London nicht verlernt. Die Leute sind zufrieden und tanzen weiter. Außer Mascha. Sie geht in die Küche zum Bierfass, stellt sich im weiten T-Shirt mit überkreuzten Beinen daneben und beginnt ein Gespräch mit Nichtcheck. Ich bin noch immer leicht genervt. Nicht wegen Mascha, sondern weil mein Ego beleidigt ist: Noch nie gehörte Musik? Pah!

Acid House ist eine Spielart der House Music, d.h. elektronischer Tanzmusik. Ihr Kennzeichen ist der 4/4-Beat, die gerade Bass- oder Kickdrum, die durch eine Drum Machine erzeugt wird: »Four to the floor«. Dazu kommt im Fall von *Acid House* der charakteristische Sound der Roland 303. Die ist seit 1981 auf dem Markt. Erst vier Jahre später jedoch erkennen einige Chicagoer House-Produzenten das ganze Potenzial des Klangerzeugers. Indem sie die Maschine nicht wie vorgesehen zur Programmierung einer Bassline nutzen, sondern spielerisch an deren Knöpfen drehen, realisieren Nathaniel Pierre Jones (DJ Pierre) und sein Freund Earl »Spanky« Smith unter massivem Einsatz der 303 einen Track, der Musikgeschichte schreiben wird: *Acid Tracks*. Hier waren jene sägenden und zwitschernden, an- und abschwellenden Töne zu hören, die, eingebettet in einen treibenden Beat, das Publikum des *Warehouse Clubs* in Chicago begeistern. Und so kommt es auch den nachfolgenden Acid-House-Produzenten weniger auf tonale Harmonien oder hitverdächtige Refrains an. Im Vordergrund stehen der Groove, die Sounds der 303 sowie Vocalsamples oder Textfetzen: »This is Acid«, »Can you feel it«, »Get the Rhythm«, »Power«. Im besten Fall resultiert daraus ein hypnotisches Stück Musik, das sein Publikum magnetisch auf die Tanzfläche, d.h. den Dancefloor zieht, um es dort in Trance zu versetzen: Musik ist die Droge.

Diesen Sog oder diese Trance nächtelang auszudehnen, ist die Aufgabe der DJs. Deren Kunstfertigkeit besteht darin, die ›Abfahrt‹

nicht nur nicht abreißen zu lassen, sondern die einzelnen Tracks mithilfe mindestens zweier Plattenspieler und eines Mischpults so aufeinander abzustimmen (zu mixen), dass ein Spannungsbogen als Einwiegen der Tanzenden auf und in die Musik entsteht. In diesem Sinne bezieht sich der Begriff Acid House zunächst auch nicht auf den Konsum irgendwelcher Drogen, sondern lehnt sich an den Acid Rock der 1960er-Jahre sowie dessen psychedelische Klangexperimente an.

Dabei ist die Wirkmacht elektronischer Tanzmusik keineswegs unbekannt, Schon *New Order* oder *DAF* hatten sie mit *Blue Monday* (1983) oder dem *Mussolini* (1981) demonstriert. Noch früher entstanden die Alben der Elektropioniere *Kraftwerk* und *Tangerine Dream*, denen (den Ersteren) der New Yorker DJ Afrika Bambaataa 1982 mit seinem wegweisenden Track *Planet Rock* Respekt erweist. Zum Ende der 1980er-Jahre wird dieses Prinzip nun gänzlich zur Methode. Von Chicago aus startet Acid House seinen globalen Siegeszug.

» **Hans Nieswandt:** 1987/88 fing es nun mit der Sample-Musik an. Dazu kam, dass es zu dieser Zeit auch mit Acid House losging. Das war ein echter und massiver Paradigmenwechsel in der Clubmusik, der mich voll erwischte. Um 1986 war ja eher Stagnation angesagt. In den Clubs liefen *Prince* oder eben die alten Sachen. Ein Jahr später explodierte Acid House.

Das war bis heute das letzte Mal, dass ich dachte: Das ist neu, aber so was von neu! Man tanzte nicht mehr zu Stücken, die man kannte, sondern irgendwie zu reiner Musik. Acid installierte einfach einen neuen Puls: Das Signature-Instrument war ja die Roland 303, dazu kam das Diktat der geraden Kickdrum, dieser 4/4-Beat, der sich in Techno und House dann jeweils unterschiedlich entwickelte.

» **Wolfgang Voigt:** Und plötzlich gab es wieder einen Underground, nämlich dieses Abgespeckte, was Acid House mitbrachte: eine Bassdrum und eine Bassline. Daran musste man sich erst gewöhnen. Obwohl: Maschinenmusik mochte ich eigentlich schon immer, z. B. *DAF*. Das war ja ebenfalls Maschinenmusik, auch wenn es noch einen Frontmann gab, der die Sache körperlich verkaufte. Acid aber kam ohne Frontmann aus. Das war revolutionär! Genau das gefiel mir. Dazu kam, dass Club- bzw. Tanzmusik auf einmal subversiv war. Deshalb war Acid House für mich DAS Ding. Das war wirklich subversive, nonverbale Musik im Clubkontext. Und außerdem international. Grenzen, Geschlecht und Herkunft spielten keine Rolle, waren völlig egal: Du musstest kein authentischer Gangsta-Rapper oder Hipster aus Brixton sein, sondern konntest auch als Lieschen Müller aus Heilbronn Erfolg haben. Entweder hattest du die Musik kapiert oder nicht. Das war faszinierend.

Bevorzugtes Medium dieser Wende in der Clubmusik ist die 12-Inch- oder Maxisingle. Bereits während der Disco-Ära eingeführt, bietet sie Platz genug, die einzelnen Musikstücke einerseits klanglich präziser und druckvoller zu produzieren, andererseits diese verbesserte Soundqualität auch auf längere Tracks auszudehnen. Darin erleichtert die 12 Inch nicht zuletzt den Aufbau einer musikalischen Abfahrt, d. h. sie vermehrt und verbessert die Mixmöglichkeiten der DJs. So tritt an die Stelle der bislang dominanten LP oder 7-Inch-Single die Maxi mit je einem längeren Track auf der Vor- und Rückseite sowie die im gleichen Format gepresste EP mit meist vier Stücken oder Remixen.

Zudem etabliert Acid House eine neue Clubkultur und -atmosphäre. Deren weithin sichtbares Zeichen ist das gelbe Smiley, das nicht nur für einen neuen sozialen Raum, Feierspaß und gute

Laune steht, sondern auch zum Merkmal eines Kleidungsstils wird. Bunte T-Shirts, Sneakers und ähnlich bequeme Klamotten emanzipieren die Körper der Tanzenden, da sie das Diktat des Disco-Outfits im Travolta-Look unterlaufen.

» **Wolfgang Voigt:** Vorher war Club- oder Tanzmusik ja eher Mainstream-Disco: schicke Klamotten, Handtasche, Cocktail, vielleicht mal ein bisschen Koks.

Während die Acid-House-Welle nach Europa rollt, entwickelt sich insbesondere in England eine eigenständige Acid-Szene. Als deren erster Höhepunkt gilt 1988 der *Summer of Love*. In Anlehnung an den gleichnamigen Hippie-Sommer des Jahres 1967 wird auch hier eine aggressionsfreie Feierkultur propagiert, die, indem sie auf Musik, Frieden, Drogen und Spaß setzt, eine möglichst gesellschaftsverändernde Kraft entfalten soll. Im Zentrum dieser Bewegung stehen die Warehouse-Partys, die meist kurzfristig angesetzt und über Flyer oder Telefonketten annonciert werden. Wer an die Informationsflüsse der Szene angeschlossen ist, erfährt, in welchem Lagerraum oder an welchem sonstigen Ort die nächste (meist illegale) Party steigt, wer dort auflegt usw. So bleibt die Polizei draußen und die Tanzwütigen drinnen; es entwickelt sich ein Underground für Eingeweihte, der in den späteren Raves seine Fortsetzung findet. Dort mischen nun auch wieder klassische Gitarrenbands mit, die sich durch die neue Tanzmusik inspirieren lassen und deren Beats in ihr Programm integrieren: Die *Rave-O-lution* ist der nächste Schritt und *Acid House* verschwindet so schnell von der Bild-/Tanzfläche, wie es sie erobert hatte.

» **Wolfgang Voigt:** Im Sommer 1988 schickte uns Tom Dokoupil mit der damaligen Labelmanagerin in seinem Auto nach London, gewissermaßen mit dem Auftrag: ›Findet mal raus, was da los ist!‹ Für Jörg und mich war das natürlich ein gefundenes Fressen, wir wollten sowieso dahin, weil uns die Musik längst gepackt hatte. In London gingen wir dann in diverse Clubs, z. B. in den *Tunnel Club*, den es damals schon gab. Aber London ist ja eine von oberflächlicher Hypekultur stark geprägte Stadt, da ist alles sehr schnell neu und genauso schnell wieder vorbei. Als wir 88 ankamen, fingen die gerade an, ihre Smiley-T-Shirts wieder auszuziehen, weil das alles wahnsinnig inflationär geworden war. Eben die übliche Welle mit In und Out. Für mich war das frustrierend, weil ich mit dieser Musik noch nicht abgeschlossen hatte. Aber plötzlich fand die nicht mehr statt.

» **Hans Nieswandt:** Acid House war eigentlich eine sehr kurzlebige Sache und auch noch superspezifisch. 1989 war das schon wieder gegessen, jedenfalls als Modeerscheinung. Das kam ja sogar in der *Bravo* vor: Überall diese Smileys.

» **Wolfgang Voigt:** In England kam nach Acid der Rave-Hype um die *Happy Mondays, Charlatans* usw., was mich jedoch nicht interessierte. Das waren wieder Typen mit Beatlesfrisuren und Gitarre. Das wollte ich nicht mehr sehen. Ein Mann und eine Maschine im Wohnzimmer fand ich viel cooler und wollte endlich weg von diesem Band-Ding, dieser immer gleichen Nummer. Natürlich ist das okay, aber für mich war es ein Rückschritt.

Auf meiner Party war Mascha schnell weg. Mich wurmt das, obwohl ich gar nicht weiß, warum. Zuletzt hatten wir ja nichts mehr miteinander zu tun. Dass sie in Köln eine Freundin besucht, bei der sie auch länger wohnt, erfahre ich von Nichtcheck. Er gibt mir die Nummer dieser Freundin. So rufe ich

Mascha dort an und wir verabreden uns: Treffpunkt *Six Pack*. Ich bin als Erster da, bestelle schon mal ein Bier, lehne mich an die Theke. Blick auf die Tür, noch ist es nicht voll. Mascha kommt rein, verspätet, sieht mich, lächelt, kommt auf mich zu. Wir umarmen uns. Mascha stellt sich ebenfalls an die Theke, ordert ein Kölsch, das die Bedienung aus dem großen gläsernen Kühlschrank hinter dem Tresen holt. Mascha nimmt die Flasche und schaut mich an:

»Na, wie geht's?«

»Alles okay. Und bei dir?«

»Auch so.«

Wir tauschen uns aus: dies und das, oben und unten, rechts und links. Mascha ist glücklich in London. An Köln denkt sie selten, sagt sie. Schade, schießt es mir durch den Kopf, schade, dass sie Köln (und mich) gar nicht vermisst. Und so frage ich nach etwa einer halben Stunde ganz direkt:

»Sag mal, warum bist du zuletzt eigentlich so früh gegangen?«

»Du meinst auf der Party? So früh? War doch schon elf.«

»Egal, gab's einen Grund?«

»Wenn du mich so fragst: Ja. Ich wollte noch zu einer House-Sache im Bilderstöckchen.«

»Und was war das für 'ne Party?«

»Genau weiß ich das nicht, interessiert mich auch nicht. Einfach eine Garage, Nebelmaschine und House Music. Super! In London ist das total hip!«

»Ja, das sagtest du, aber dieses Beatgewummer?«

»Besser als das Gitarrengewichse!«

Mascha macht sich eine Kippe an, bläst den Rauch seitwärts aus dem Mund. Während sie spricht, wirft sie den Kopf mit den blondierten Haaren zurück, beginnt zu gestikulieren, wird lauter. Dabei ist sie noch schöner:

»Also nochmals: Gitarrenmusik? So richtig mit Konzerten

und so? Wer will das denn noch hören?! Dieses Jungsding ist vorbei, weißt du? House ist anders. Die Party ist das Konzert, zum Tanzen eben: Der DJ lässt den Beat quasi durchlaufen und je nach Track hörst du dann Säge- oder Fiepsounds, mal 'nen Pianolauf oder ein Vocalsample. Alles elektronisch. Wer da nicht tanzt, ist selber schuld.«

»Und das ist neu?«, frage ich und fühle mein Stirnrunzeln. »Disco wollte doch nichts anderes. Das waren nur nicht dieselben Mittel.«

»Meinetwegen, aber die Mittel machen gerade den Unterschied. Du brauchst auch keine Stöckelschuhe und musst nicht wie Travolta tanzen. Bis zum Bauchnabel offene Hemden, Assitürsteher mit Sinnlosmuckis oder Schicki-Clubs mit Mindestverzehr gibt's auch nicht. Kein *Piccionaia* weit und breit! Und das Musiknerd-Spießertum und seine Klugscheißerei kannst du ebenfalls vergessen: Das ist einfach nur Musik. Wer die macht und wo die genau herkommt, ist nicht wichtig ...«

Die Erwähnung des *Piccionaias* macht mir dann doch zu schaffen. Diese Disco in der Altstadt, wo Toni Schumacher im Muscle-Shirt an der Bar steht.

»Na ja, aber der DJ muss ja wohl mindestens Bescheid wissen.«

»Klar, aber alle anderen kommen nur zum Tanzen! Ohne Worte oder Gebrauchsanweisungen von oben oder unten! Das ist wie ein Rausch. Und sexy!«

»Oha: so gewaltig? Und das ohne Drogen?«

»Die gibt's natürlich, wenn du willst. Aber die Abfahrt funktioniert auch ohne: feel the rhythm, release your body und alle Körper sind eingeladen!«

»Das soll die ganze Botschaft sein?!«

»Das reicht ja wohl.«

Mascha bläst den Zigarettenrauch jetzt durch die Nase und wuschelt sich mit der Hand durch die Haare:

»Musik ist die Botschaft, kapiert! Das kann jede und jeder hören und verstehen.«

»Ich versteh's noch nicht, ehrlich gesagt. Vor allem nicht, was daran besonders ist.«

»Dann eben noch mal andersherum, du Spätzünder.«

Mascha grinst, nimmt einen Schluck aus der Flasche und tippt mir mit dem Finger auf die Stirn:

»No more heroes! Das war doch mal dein Motto. Und jetzt ist es wieder so. Underground, keine Stars, keine Maschinerie. Nur Platten, ein DJ, ein Ort mit Nebelmaschine und Stroboskop in der Ecke, fertig! Wie gesagt, Popstars waren gestern ...«

»Okay, kann ja sein«, unterbreche ich Maschas Verve, »aber sexy? In der Garage oder im Keller?! Glaub ich nicht, sorry.«

»Du kannst ja mal mitkommen«, lächelt Mascha, »dann zeig ich dir, wie sexy es ist.«

» **Gerd Türke:** Aus der Trennung von *Les Immer Essen* erwuchs dann *King Candy* als Band. Jörg und Gerhard, also der Bassist und der Gitarrist, verließen die Gruppe. Dafür kam Markus Richter am Bass und Sonis übernahm die Gitarre. Was auf diese Weise entstand, war für uns Übriggebliebene die Essenz von *Les Immer Essen* und wir machten unter dem Namen *King Candy* weiter.

Jetzt gab es mit Sonis nur noch einen Songwriter und in diesem Sinne wollten wir uns auch reduzieren. Es sollte härter, schneller, lärmiger werden. Meines Erachtens setzten wir dieses Programm sehr gut um, stießen aber nicht auf Gegenliebe durch ein großes Publikum. Es gab auch keinen Industriehype, also fingen wir wieder ganz unten an: Mit *Les Immer Essen* schliefen wir auf Tour im Vier-Sterne-Hotel, bei *King Candy* in der Wohnung des Veranstalters auf dem Boden. Dieser Unterschied fällt dir dann schon auf [grinst]. Eine Gage gab es auch nicht immer.

1987 bis 1992 tourten wir dann mit den *Go-Betweens* und den *Fine Young Cannibals*. Das war noch mal cool – aber wir bekamen auch in dieser Zeit kein richtiges Feedback. Zwar nahmen wir drei, mit der Kompilation sogar vier Alben auf, doch kam nicht so viel zurück. Da wirst du nun echt müde. Vielleicht arbeiteten wir auch schon zu lange zusammen: *Kråhl Høsel*, *Les Immer Essen*, *King Candy* – das waren ja viele Jahre. Und womöglich waren wir mit dieser Art Indie-Musik zu früh oder zu spät dran. 1995 löste sich *King Candy* ebenfalls auf: ohne Knall, einfach so. Irgendwie war die Luft raus. Ich finde das bis heute schade, denn an dieser Band hing unser Herzblut.

Rise from your Grave: Techno

Parallel zu den Acid House-Pionieren in Chicago arbeiten in den USA noch weitere Produzenten an ihrer Variante elektronischer Tanzmusik. Einige davon kommen aus der Autostadt Detroit, die in den 1980er-Jahren ein trostloser Ort ist. Eine hohe Kriminalitätsrate und heruntergekommene Stadtviertel bestimmen die Lebenswirklichkeit der meisten afroamerikanischen Einwohner und bereiten so den Nährboden für eine Musik, die das widerspiegeln soll: »Hard music from a hard city.« So propagiert es die Detroiter Gruppe *Underground Resistance* (*UR*), eines der einflussreichsten Technoproduzentenkollektivs überhaupt.

Doch wird der erste Technotrack Juan Atkins und Richard Davis bzw. deren gemeinsamem Projekt *Cybotron* zugeschrieben. Atkins/Davis wiederum sind von den Radiosendungen des Detroiter DJs *Electrifying Mojo* (Charles Johnson) beeinflusst, der neben Funk, Prince und den *B-52s* auch die Musik der deutschen Elektropioniere *Kraftwerk* sowie der englischen Synthi-Bands *Depeche Mode, Human League* oder *Tubeway Army* spielt. Aus der Mischung des dort Gehörten, den Eindrücken aus der Welt der maroden Autostadt sowie den eigenen Ideen setzen *Cybotron* dann jenen Track zusammen, der nicht nur die Detroiter Kollegen nachhaltig beeindruckt, sondern auch den späteren Namen dieser Musik im Titel trägt: *Techno City*. In der Folge werden es dann vor allem *UR* sein, die dem Sound aus der Techno City nochmals eine besondere Härte, Darkness und Aura verleihen.

So entwickelt sich in Detroit die, neben *Acid House*, zweite Wurzel jenes Ablegers der *House Music*, der sich – als *Techno* – weltweit durchsetzen wird. Weitere Impulse empfängt das Technouniversum dabei von der *Electronic Body Music* (*EBM*), wie sie seit Anfang der Achtziger-Jahre etwa durch den martialischen Auftritt der belgischen Band *Front 242* verkörpert wird, sowie aus den provokanten Klangexperimenten des *Industrial*, zu dessen Vorreitern und -denkern die englische Performancegruppe *Throbbing Gristle* (später *Psychic TV*) um den Künstler Genesis P-Orridge gehört.

» **Wolfgang Voigt:** Meiner Erinnerung nach ging's erst Anfang der Neunziger wieder richtig mit der geraden Bassdrum los, aus der Asche von Acid sozusagen. Nun fuhr der eigentliche Techno-Zug ab: Also das hieß jetzt zwar ›Techno‹, nährte sich aber aus dem genetischen Material von Acid. Natürlich war das nicht nur so. Auch andere, zum Teil deutsche, belgische und englische Einflüsse kamen hinzu, aber eine entscheidende Wurzel war Acid.

Gleichzeitig hatte ich meinen zweiten Inkarnationsknall. Es war Anfang 1990: Ich war in der Kölner Südstadt unterwegs, kam vom Zahnarzt, hatte Schmerzen und schlechte Laune. Ich ging in einen Plattenladen, wo das gerade erschienene *Rise from your Grave* von *Phuture* lief. Und ich dachte: Aah! Wow! ES ist wieder da! Und irgendwie ahnte ich sofort: Diesmal geht ES auch nicht mehr weg. Seitdem ist für mich die Bassdrum gerade. Bis heute!

» **Jörg Burger:** Ich hatte mir Anfang 1985 meinen ersten Computer gekauft. Natürlich einen Commodore. Allerdings das größere Modell, den C128, der sah mehr nach Computer aus als nach Brotkasten. Deshalb war die Beschäftigung mit elektronischer Musik für mich eher ein evolutionärer Vorgang, zumal ich als Hörer schon lange Freund dieser Musik war.

» **Wolfgang Voigt:** Wir versuchten nun, damit herumzuprogrammieren. Das funktionierte mal mehr, mal weniger gut. Acid erlöste uns schließlich davon bzw. ich musste erkennen, dass ich, wenn ich Acid machen wollte, eine 303 brauche. 1990 hatten wir dann gleich zwei, weil Jörg und ich secondhand welche aufgerissen hatten. Nun saßen wir vor den Dingern. Jörg sagte damals zu mir: Das kapierst du nie! Aber ich antwortete nur: Kannst du vergessen! Wenn du morgen wiederkommst, weiß ich, wie's funktioniert. Ich wollte es eben unbedingt! Und was die Jungs in Chicago können, dachte ich, kann ich auch. Am nächsten Tag konnte ich es. Danach ließ ich meine Finger nicht mehr von dem Ding. 1991 entstand die *Dialogue*-EP, also meine erste erfolgreiche Maxi unter dem Pseudonym *Mike Ink*. Das war einfach der Sound der Stunde: hart, etwa 140 bpm [beats per minute]. Klar ist das Programming und keine Virtuosität. Aber natürlich ist jede Maschine nur so gut wie der Typ, der sie nutzt. Eine 303, hat Justus Köhncke mal gesagt, macht noch keinen *Mike Ink*.

Das Gespräch mit Mascha ist länger her. Ihre Einladung zu einer gemeinsamen Abfahrt habe ich nicht angenommen. Aber

ich weiß jetzt, was es ist: Techno. Und nun halte ich sie auch in der Hand, diese Platte aus schwarzem Vinyl, nach der ich gesucht habe. Bei Saturn habe ich sie nicht gefunden. Aber davon später.

Wie bei vielen Maxis ist die Hülle völlig schmucklos: kein Bild, keine farbige Gestaltung, kein Muster, kein Nichts. Nur das schwarze Futteral mit dem weißen Logo des Labels oben links: *Trance Fire*. Es gibt nur einen Hinweis, indem im Umschlag ein rundes Loch gelassen wurde, durch das die Mitte der Platte und das Label sichtbar bleiben. Hier fällt der Blick zuerst auf das durch einen hochgeklappten Rollkragen halb verdeckte Gesicht auf schwarzem Grund. Doch ist das Bild verschwommen, ich sehe nur schemenhaft, dass die abgebildete Person einen kahl geschorenen Kopf hat, von dem die Ohren deutlich ins Schwarz abstehen. Die Augen unter den kaum wahrnehmbaren Brauen sind gleichfalls schwarz, die Pupillen weiß. So starrt der Blick den Betrachter an. Unter dem Gesicht steht in Weiß auf Schwarz und in großen Druckbuchstaben 101 INC. THE COMMUNICATION EP. Mehr ist nicht zu sehen.

Ich nehme die Platte aus der Hülle und drehe sie. Auf der Rückseite finde ich nochmals den Namen *101 Inc.* (ist es ein Name?) sowie den Titel der EP. Darunter erscheinen durchnummeriert die Titel der Tracks inklusive der Angaben über deren Laufzeit. Unterteilt ist die Maxi in eine This und eine Other Side. Die Abspielgeschwindigkeit auf dem Plattenspieler ist 33 RPM. Das finde ich ja schon mal gut. Es gibt Maxis, wo man auch das noch heraushören/erahnen muss. Weiter unten im Kleingedruckten erfahre ich dann, dass das Ding aus Köln kommt: Aha, interessant, dann mal hören.

Behutsam lege ich die Nadel in die Rille der Other Side und der erste Track – *Communication* – brettert los, fliegt mir um die Ohren. Der metallische Beat klopft schnell und unerbittlich. Nach ca. anderthalb Minuten öffnet sich das Stück, die 303 explodiert, übernimmt sägend und für Sekunden die Führung. Dann pulst der Beat wieder hart los, sodass sich beide jetzt gegenseitig antreiben. Nach kurzer Zeit setzt der Beat abermals aus, kommt zurück, beginnt zu hämmern, während sich die Säge-/Zwitschertöne ebenfalls steigern, bis der Track sich fast überschlägt, in ein furioses Finale mündet. Dann klingt das Stück unter weiterhin schnellem Klopfen aus. Eine Melodie sucht man vergebens.

Völlig geplättet liege ich in der Ecke: Das kommt aus Köln? Aber woher denn genau? Und wer ist dieses, dieser, diese *101 Inc.*? Etwa die Person, deren Gesicht ich auf dem Bild der Other Side erahne? Rätselhaft. Sieht so Kommunikation aus?

» **Wolfgang Voigt:** Zunächst lief das so, dass man in bestimmten Läden Schallplatten kaufen konnte, also die schwarzen runden Dinger aus Vinyl mit dem Loch in der Mitte. Anfangs war das oft anonymes Zeug: nur eine Platte mit einem Fantasienamen oder auch gar keinem Namen drauf. Als Käufer gingst du in den Laden und hast einfach nach Techno gefragt, meistens ohne zu wissen, wer da genau hinter steckt. Kam das aus Chicago oder aus Castrop-Rauxel? Das war eben nicht die neue Scheibe von Soundso: Popstartum war nicht! Nur die Nadel des Plattenspielers drauf, Kopfhörer auf und fragen: Ist das geil oder nicht? Das hat diese Musik unheimlich demokratisch gemacht.

» **Jörg Burger:** Die Musik war der Star, nicht der Interpret. Deshalb war Techno für mich genau richtig. Natürlich bin auch ich eitel und mag es, wenn man meine Arbeit schätzt, aber beim Bäcker erkannt zu werden, muss ich nicht haben. An der Popularisierung meiner Person bin ich nämlich nicht interessiert. Mich stört es überhaupt nicht, dass viele Leute meinen Namen nicht kennen. Ich kenne deren Namen ja auch nicht.

In den ersten Jahren dachte ich mir dann eine Menge Projektnamen aus und produzierte unheimlich viele Platten, die nicht direkt mit mir in Verbindung gebracht werden konnten. Da konnte es schon mal passieren, dass ich als Liveact des Abends gebucht war und die Türsteher mich nicht reinlassen wollten. Das erste Mal, dass wir unsere Musik auf einer Großveranstaltung hörten, war 1992 im damaligen Eisstadion auf der Kölner *Mayday*. Wir hielten uns zwar immer noch im Hintergrund, aber es war ein gutes Gefühl, zwischen zehntausend Leuten zu stehen und die eigene Musik zu hören.

» **Wolfgang Voigt:** Wir dachten uns auch verschiedene Pseudonyme aus, weil diese vielen Projekte oft ganz unterschiedlich waren: *GAS* ist nicht *Mike Ink* und umgekehrt. Das machten in den Neunzigern alle, die Ideen sprudelten nur so. Das sollte auch nicht alles für die Ewigkeit sein bzw. darauf willst du nicht ein Leben lang festgelegt werden.

Anhand der Platte lassen sich meine Fragen nicht beantworten. Dass es bei Techno weniger um Bekanntheit und Starruhm, sondern um Musik und Underground geht, sagte mir ja schon Mascha. Als ich jetzt aber die Maxi in der Hand halte und darüber nachdenke, finde ich diese Geste der Ausräumung von Autorschaft und Künstlertum schon ziemlich radikal. Denn damit taucht die Frage nach dem Produzenten oder der Produzentin nur umso stärker auf, d.h. man wird sich bewusst, wie sehr man an Bands und deren Images oder an Musikern und ihren Auftritten hing.

***101 Inc.* jedoch könnte jeder und alles sein: ein vor sich hin**

frickelnder Nerd, eine abgefahrene Insiderin, ein genialer Zufallstreffer, das Ergebnis langwieriger Tüftelei oder sogar eine Kombination aus allen Faktoren. Was ebenso erstaunt, ist die Tatsache, dass die Produzenten den Auftritt ihrer Musik komplett in die Hand von anderen, nämlich der DJs legen. Die entscheiden, wo und wie sie einen Track spielen, in welchem Kontext sie diesen platzieren. Stellt etwa ein DJ das Stück eher an den Anfang eines Sets, weil er es für einen ›Floorfiller‹ hält? Oder schiebt er es ans Ende, wenn die Party bereits abflaut und man vielleicht einen oder mehrere ›Rausschmeißer‹ braucht? Wird der Track im DJ-Set nur kurz angespielt (vielleicht nur das Intro) oder lässt ein Set der Musik Zeit, sich zu entfalten? Das können die Produzenten nicht beeinflussen.

Auch das sind Fragen, die mir diese Musik plötzlich sehr anders erscheinen lassen. Es ist also nicht nur das neue Instrumentarium, d.h. die innovativen Möglichkeiten elektronischer Klangerzeugung sowie des Samplings und Remixes, nicht nur der weitgehende Verzicht auf eingängige Harmonien als Fokussierung des Beats und der Geräusche, nicht nur die andere Clubkultur der Garagen und Keller, sondern auch diese doppelte und als solche gewollte Selbstenteignung derjenigen, die am Anfang der Kette aus Produzenten, DJs, Clubs und tanzendem Publikum stehen. Denn während ein DJ hinter dem Pult oder in der Kanzel immer noch sichtbar und damit ein Gegenüber bleibt, verschwinden die, die das Material für die Abfahrt liefern, hinter den schwarzen Scheiben aus Vinyl. Aber das passt auch in die Logik der Sache. Denn mir als Tänzer kann es egal sein, wer da im Einzelnen was produziert. Hauptsache, der Flow stimmt und nimmt mich mit.

Als ich diesen Text Nichtcheck zeige, kann der sich das Lachen kaum verkneifen:

»Wow, der Herr Professor mit einer poststrukturalistischen Musikanalyse samt weiterführenden kulturwissenschaftlichtheoretischen Überlegungen! Höhö. Willst du das an *SPEX* schicken?«

Den spöttischen Unterton überhöre ich mal und bin weiter von mir entzückt. Habe ich doch gerade das neue Ding auf den Begriff gebracht. Höchstpersönlich.

» **Diedrich Diederichsen:** Einer der wesentlichen Aspekte an Techno ist ja, dass der Autor verschwindet und sozusagen durch die Stadt ersetzt wird. Man hört Techno nicht mehr an, dass diese Musik von einer Person gemacht wird, sondern die Herkunftsstadt wird quasi zum Produzenten. Das war die Durchsetzung, die so von 1990 bis 1995 lief.

Mascha, denke ich, du hast einfach recht, und greife zur zweiten, gerade gekauften Maxi. Auch sie kommt eher schmucklos daher: silbergraue Hülle auf die der Name des Labels gedruckt ist. Wiederum gibt es keine A- und B-, dafür eine That-/This-Side, auf der jeweils ein Stück Platz findet. Dabei scheint das Produkt in zwei Personen zu zerfallen. Eine davon ist wieder *101 Inc.*, der den längeren Track abliefert: *Trancegression*. Unter dem zweiten Stück – *The Beast* – steht klein gedruckt: G. Röder. Die Musik ist dann auch ziemlich unterschiedlich. Während auf *The Beast* die 303 wie ein bösartiges Alien über einen schnell treibenden Beat kriecht, ist der Titel des anderen Stücks Programm: Trance-Techno mit Melodiebögen à la *Tangerine Dream* oder Klaus Schulze. Mir gefällt *The Beast* besser. Deshalb schaue ich jetzt nochmals genauer hin: G. Röder, ein Klarname. Und das in der Welt der tausend Pseudonyme.

» **Jörg Burger:** Nach *Les Immer Essen* arbeitete ich hauptsächlich mit Wolfgang zusammen, wobei sich das über die Jahre verändert hat. Früher waren wir tatsächlich gemeinsam in einem Studio. Entweder im Whitehouse oder in unserem eigenen kleinen Studio, das sich in Wolfgangs Wohnzimmer befand. Mindestens fünf Jahre lang saßen wir fast jeden Tag gemeinsam vor den Geräten.

» **Wolfgang Voigt:** Das funktionierte mal besser, mal schlechter, manchmal auch gar nicht. Am Anfang war es so: Zwei Jungs stecken die Köpfe zusammen und denken sich Popsongs aus.

Aber eigentlich sind wir beide konzeptuelle Projekttypen, wir gehen also nicht mit dem Kasten Bier ins Studio und jammen rum. Das gab's zwar auch, ist aber eigentlich nicht unser Ding, vor allem nicht Jörgs. Seit die Bassdrum gerade ist, stecken wir meist ein Konzept ab. Dabei tauschen wir Daten aus und arbeiten so abwechselnd am Projekt. Grundsätzlich ist Techno sowieso ein Ein-Mann-Arbeitsplatz, also vollkommener Anti-Rock-'n'-Roll. Bei uns hängt das auch damit zusammen, dass wir beide eher Bandleader sind und das Sagen haben wollen. Das geht nicht immer gut. Da ist es einfacher, wenn man sich unfertiges Material hin- und herschiebt. Das ist unsere Art der Zusammenarbeit.

Allerdings arbeiteten wir nicht nur auf dieser Ebene gemeinsam, sondern dachten uns Labels aus, für die wir Stücke produzierten: Jörg z. B. die A- und ich die B-Seite oder umgekehrt. Anfangs fuhren wir dazu regelmäßig in ein Studio nach Belgien. Die hatten ein Ausmaß an Equipment zur Verfügung, das wir uns nicht leisten konnten. Damals programmierten wir das Material zu Hause, machten uns damit und unseren Maschinen nach Belgien auf, steckten dort alles zusammen, mischten ab und nahmen auf. Kurzum: Auch hier entwickelten wir das Konzept gemeinsam und jeder arbeitete dann sein Stück oder seine Stücke aus.

Um 1990 breitet sich Techno in Deutschland rasch aus. Wichtige Zentren sind Berlin, Frankfurt/Main und Köln, wobei jede Stadt ihren eigenen ›Sound‹ ausprägt. Während in Berlin 1989 die erste Loveparade unter dem Motto »Friede, Freude, Eierkuchen« über den Kurfürstendamm zieht und auch dank der Maueröffnung eine vielfältige und sehr lebendige Clubszene entsteht, ist es in Frankfurt das durch den DJ und Produzenten Sven Väth betriebene *Omen*, das zu den ersten deutschen Technoclubs gezählt werden kann. In Köln ist ab 1990 für einen Teil des Publikums das *Warehouse* die Adresse der Stunde. Ein anderer Teil orientiert sich an den an wechselnden Orten ausgerichteten Partys/Raves. Zugleich bilden sich Szenen der Musikproduzenten sowie Labels, die den Klang einer Stadt repräsentieren – und ihn über deren Grenzen hinaustragen. Auf diese Weise wird der Grundstein für den später international renommierten und erfolgreichen *Sound of Cologne* gelegt.

» **Wolfgang Voigt:** »Für uns war Techno eine große, nonverbale und internationale Musiksprache. Natürlich gab und gibt es innerhalb dieser Sprache verschiedene Dialekte und unserer war und ist halt der kölsche. Berlin zum Beispiel ist eher dark, ernst oder düster. Köln dagegen ist aufgrund der rheinischen Mentalität besser gelaunt, humoristischer, aber auch waghalsiger, würde ich sagen. Wir hatten ausgesprochen Lust, das widerzuspiegeln, schon aus Spaß an der Provokation. Also kreuzten wir Technomusik mit Sachen, die andere sicher nicht verwendet hätten.

Man kann also sagen, dass Berlin an Relevanz die Nummer 1 war, was das Ausmaß der DJ- und Clubkultur betrifft. Was aber das Produzententum angeht, spielte Köln vor allem in den 1990ern eine sehr große Rolle. Damit meine ich nicht nur uns, sondern auch eine Menge anderer Leute, die hier Musik machten. Da standen Köln und Berlin in den Neunzigern auf einer Stufe und hatten die gleiche Relevanz.

Ich bin auf dem Sprung. Gerade habe ich nach Nichtchecks Anruf den Telefonhörer aufgelegt. Heute, sagt er, findet der *Cosmic Orgasm* im *Rhenania* statt. Zwar interessiert sich Nichtcheck nicht für Techno, sondern organisiert Konzerte mit Hardcore-Bands aus den USA. Doch ist er viel im *Rhenania* unterwegs, das nach dem Abriss des Stollwercks zum Zufluchtsort für Aktivisten der Schokoladenfabrik avanciert ist: In der ehemaligen Lagerhalle im Rheinauhafen gibt es Ateliers, Probe- und Ausstellungsräume sowie eine Kneipe. Konzerte und andere Musikveranstaltungen finden dort ebenfalls statt.

Nichtcheck kenne ich ja seit den Punk-Tagen. Und wir bessern gelegentlich zusammen unsere Finanzen auf, indem wir Kölner Galerien mit frisch gestrichenen Wänden, eigenhändig gebauten Transportkisten, Ausstellungsaufbauten und sonstigen Dienstleistungen versorgen. So weiß Nichtcheck von meiner Begeisterung für die, wie er sagt, komplett unpolitische und stumpfe Maschinenmusik:

»Friede, Freude, Eierkuchen! Haha, wie lustig. Das ist doch alles ohne Substanz. Und jede Menge Drogen. Hör dir lieber mal die SST-Sachen an: *Black Flag*, *Hüsker Dü*, *Bad Brains*. Die haben mehr Energie und Underground im kleinen Finger als Techno an beiden Händen.«

»Du kommst aber zum *Cosmic Orgasm*?«

»Ja, denke schon. Das findet ja quasi in meinem Wohnzimmer statt, da schau ich mir's mal an.«

»Du wirst dich wundern«, sage ich, »das ist von Hardcore gar nicht so weit entfernt.«

» **Bernd Imgrund:** Techno kannst du komplett vergessen! Alle Musiker, die nicht Gitarre spielen, kenne ich nicht.

» **Hans Nieswandt:** Später gab es ein richtiges Schisma zwischen denen, die diese neue Musik intensiv mitmachen wollten, und denen, die das blöd fanden oder uninteressant, d. h. einfach weiter auf Rock- oder Popmusik beharrten.

Straight edge **ist mir zu straight – kein Alkohol, keine Drogen, damit der Kopf frei bleibt. Das predigt mir Nichtcheck in letzter Zeit oft und immer wieder. Nein danke, sage ich und könnte einfach Maschas Argumente wiederholen. Denn mittlerweile finde auch ich das Gitarrengewitter der Hardcore-Bands eher nervig und unzeitgemäß. Und anstrengend. Und verkopft. Obwohl ich schon weiß, was man daran gut finden kann. Ähnliches gilt für Hip-Hop. Das ist auch elektronische Musik, die sehr tanzbar ist. Und Hip-Hop ist um eine Botschaft nie verlegen. Doch geht mir die Gangsta-Attitüde auf die Nerven: Der Jeep muss wackeln! Manchmal ist das richtig und wichtig. Oft aber auch nicht.**

Aber los jetzt und danke, Nichtcheck, für die Information. Ich steige aufs Fahrrad und hole Juli ab. Sie wollte unbedingt dabei sein, wenn es gilt, einen ***Cosmic Orgasm*** **zu erleben.**

» **Wolfgang Voigt:** Dabei existierten noch der *Cosmic Orgasm* von *Bleed* [Sascha Kösch] und *Triple R* [Riley Reinhold] auf dem KHD-Gelände oder im Underground. Auch Hans Nieswandt hatte eine eigene Partyreihe, den *Whirlpool.* Das war aber poppiger, mehr House-basiert.

» **Hans Nieswandt:** Ich fing an, selber etwas zu veranstalten, gerade auch vor dem Hintergrund, dass Techno mittlerweile in Köln so eine Dominanz hatte. Für mich gab es aber noch andere House Music z. B. aus New York und Chicago oder den New Jersey Sound. Eigentlich war das ja alles viel besser [grinst] und ich hatte schon in Hamburg angefangen, diese Stile aufzulegen. In Köln begann ich nun, richtig viele Maxis zu kaufen, um die Musik, die ich toll fand, auch zu promoten und durchzusetzen.

Den *Whirlpool*-Vorläufer machten wir in der Alten Garde. Heute ist das ein Irish Pub an der Venloer Straße. Da organisierten wir eine oder zwei Partys, bis die Nachbarn Amok liefen, und wir ins Bilderstöckchen in eine Autogarage weiterzogen. Wir räumten einfach den Krempel raus und stellten eine Anlage plus Nebelmaschine rein. Das nannte sich dann *Gatorave*, also eine Umschrift von Gatorade, diesem Getränk. Zudem legte ich mit Dirk Scheuring unter dem Namen *Sirius Soundsystem* auf. Das war aber vorbei, als ich nur noch House spielen wollte, und Dirk auch stark mit Hip-Hop und Reggae unterwegs war. So fragte ich im *Rose Club* an, ob ich dort monatlich eine Deep House Underground Party organisieren kann. Die nannte ich dann *Whirlpool*. Ab dem zweiten Monat war auch Eric D. Clark mit an Bord. Eric war ein richtig versierter DJ und ist es bis heute, d. h. echt gut, sowohl handwerklich als auch vom Spirit her.

Wir sind auf dem Weg zum Rheinauhafen. Das Gelände ist holprig: Kopfsteinpflaster, in das auch noch Schienen eingelassen sind. Jetzt nähern wir uns dem *Rhenania*. Der Gebäudekomplex ragt groß und schwarz in den Nachthimmel. Davor stehen in kleinen Gruppen Leute. Aus Pappe geschnittene Pfeile weisen den Weg: *Cosmic Orgasm*. Ich schaue auf die

Uhr, es ist nach zwölf – aber voll und gut wird es sowieso erst zwischen ein und zwei Uhr. Nun müssen wir noch eine steile Treppe hinab in den Keller, kurz anstehen und Eintritt zahlen: drei Mark. Das wären sonst zwei Kölsch. Während der ganzen Zeit schon bollern Breakbeats in die Nacht. Sie folgen nicht (oder nicht nur) dem Dogma des Techno, der wummernden Bassdrum.

Als wir nun den Keller betreten, hämmern uns die Breakbeats aus allernächster Nähe in die Ohren. Die Tanzenden sind in Nebel gehüllt. Der kommt von einer Nebelmaschine, deren Standort ich nicht erfassen kann. Dazwischen zuckt das Stroboskop, wird durch den Nebel reflektiert, stellt die Körper in der Wahrnehmung ruckartig still. Das Umfeld erscheint surreal, im Blitzlichtgewitter zu Bruchteilen erhellt. Ein anderes Licht gibt es nicht oder ich sehe es nicht.

Da ist die Orientierung erst mal ausgeschaltet, auch weil man durch das brülllaute Rappeln der Breakbeats zusätzlich irritiert wird. Großartig! Allerdings: Umschauen, dem Umfeld trotzen, vielleicht erkennt man ja jemanden. Und tatsächlich – da lehnt Nichtcheck an der Wand / Stroboskopschnappschuss / grinst / Stroboskopschnappschuss / winkt. Ich winke zurück, gebe Juli ein Zeichen und wir drängen uns durch die wild tanzende, im Licht zuckende Menge. Als wir Nichtcheck erreichen, umarmen wir uns. Er hat seine Kamera dabei. Was will er hier damit? Aber reden geht nicht, obwohl wir es versuchen:

»Na, überzeugt?«, schreie ich Nichtcheck ins Ohr.

»Nö, nicht wirklich. Ist aber schon cool, auch die Musik.«

Sagt Nichtcheck, der Edger. Ich weiß nicht, ob ich ihn richtig verstanden habe. Wir stehen erst mal beisammen. Nichtcheck blickt ab und zu durch das Objektiv der Kamera, setzt aber wieder ab. Ist eh zu dunkel hier. Dann geht alles in die Beine und Arme: *Shut up and dance*. Eine Tanzfläche existiert nicht, also einfach anfangen, sich in die Musik und die Crowd einwiegen.

Jetzt sehe ich Juli zu. Ihr reicht der Nebel bis zur Hüfte, sie lächelt, wirft die Arme über den Kopf und bewegt ihren immer wieder blitzartig erhellten Körper ekstatisch. Dabei tanzt sie auf Nichtcheck zu, der aber weiter ungerührt an der Wand lehnt. Mich schütteln die Beats durch, sie stolpern und brummen, setzen aus, kurze Fläche, wieder Beats, ein Vocalsample: »GO!« Wie auf Kommando bricht der Schweiß hervor, die Brille beginnt zu rutschen. Ich nehme sie vom Kopf und in die Hand, mache weiter, tanze auf Juli zu. Unsere Blicke treffen sich im Nebel, werden im Stroboskoplicht zerstückelt, treffen sich erneut, haften aneinander, während Sirenengeheul sich über die holpernden Beats legt. Irre, das könnte ewig so weitergehen.

Im Augenwinkel sehe ich Nichtcheck. Das Bild setzt sich aus Sekundenbruchteilen zusammen: Er lehnt immer noch mit dem Rücken an der Kellerwand und stützt sich gegen sie mit einem Fuß ab. Die Hände in den Hosentaschen, nickt er zur Musik, beobachtet das Treiben. Die Kamera hat er weggepackt. Ich löse mich aus dem Pulk der Tanzenden und wanke durch das Gewitter auf ihn zu: »Bier?« Nichtcheck ahnt, was ich sage, deutet mit dem Daumen nach links. Ich folge dem Wink, finde den improvisierten Ausschank und halte zwei Finger hoch. Nun sehe ich auch den DJ, der, den Kopfhörer einseitig über ein Ohr gestülpt und über die Plattenspieler gebeugt, im Zucken des Stroboskops eine Platte mithilfe der Slipmat unter der Nadel des Tonabnehmers hin und her dreht. Es ist nicht leicht, die zappeligen Beats zu synchronisieren. Während ich auf das Bier warte, schaue ich dem DJ zu, bemerke seine Basecap, deren Schirm nach hinten zeigt. Warum mir gerade das auffällt? Keine Ahnung. Sowieso kommt mir alles zu langsam oder zu schnell gedreht vor, wackelig, ausgefranst, zwischen Zeitlupe und Zeitraffer zerdehnt.

Mit dem Bier in der Hand dränge ich mich zurück. Juli steht jetzt bei Nichtcheck. Sie raucht und nimmt das Kölsch. Nichtcheck will keins: *straight edge*. Wir schwitzen, lachen und wiegen die Körper zum Rappeln und Rumpeln der Beats. Nach einer Weile sind wir zurück in der Tanz-Crowd. Musik ist die Droge. Für uns. Auch für Nichtcheck. Bis zum Sonnenaufgang.

Sound of Cologne?

1992 ist Plattenkaufen gar nicht so einfach. Ich bin mit dem Fahrrad auf dem Weg zu Saturn am Hansaring. Das ist der größte Schallplattenladen der Welt. Sagt die Werbung. Früher stimmte das, jedenfalls für mich. Da konnte ich fast jede Platte bei Saturn bekommen. Hinter dem Eingang und dem Sperrriegel der Kassen öffnete sich das Plattenwunderland. Im Hauptraum des Erdgeschosses befanden sich Rock und Pop, oben gab es die Klassik und so: Nun zunächst unter dem Namen der Band oder des Musikers suchen. Findet man die Platte nicht sofort im Fach, zu den Regalen im hinteren Teil des Hauptraums gehen. Da steht vielleicht noch ein Exemplar des Gesuchten herum. Auch obskures Zeug. Den Mainstream und die großen Namen gibt's sowieso.

Heute ist es schwieriger. Einerseits verkauft Saturn immer mehr Geräte und Technik. Andererseits gibt es schon länger die CD, sodass sich das Angebot in den Plattenläden spaltet: Noch ist Vinyl zwar gut erhältlich, doch wird es immer weniger. So habe auch ich einen CD-Player angeschafft: widerwillig allerdings und nach langem Zögern.

Was ich jetzt suche, gibt es nur auf Vinyl: House- und Techno-Maxis. Mal sehen, ob ich fündig werde. Ganz unwahrscheinlich ist es nicht. Mit diesem Gedanken schiebe ich eine der Glastüren auf, gehe an den Kassen vorbei und betrete den Hauptraum. Der Tisch mit den Maxis befindet sich im Erdgeschoss, ich stehe davor und mache mich auf die Suche.

Riesig ist das Angebot nicht. Auf den Plastikreitern, welche die einzelnen Fächer unterteilen, stehen die Namen der Produzenten. Ich verlasse mich aber nicht darauf und wühle durch die Fächer, indem ich mich mit den Fingern von Platte zu Platte taste, jede kurz anschaue und dann weiter durch das jeweilige Fach zappe: Vielleicht wurde eine Maxi ja falsch abgestellt oder weggeräumt und dann ist es genau die Gesuchte? Oder die Saturnmitarbeiter konnten mit den anonymen Veröffentlichungen nichts anfangen und haben sie einfach irgendwo dazwischengepackt?

Was mir interessant erscheint, hebe ich mit der rechten Hand kurz an: Ein rascher Blick auf das Label, rauslegen, später begutachten. Platten mit bunten Covern und ähnlichen Auffälligkeiten übergehe ich und suche direkt nach schmucklosen Hüllen oder rätselhaften Labels. Hinter den grellen oder irgendwie ›szenigen‹ Aufmachungen verbirgt sich meist der Mist. Da tobt sich die Plattenindustrie aus, indem etwa Filmmusiken oder irgendwelche Hits der Achtziger im Technogewand recycelt werden – einfach die Melodie gesampelt, ein schneller Beat drunter und 'ne Vocoderstimme drauf, fertig. Oder gruselig.

Schließlich habe ich zwei Maxis in schwarzen Hüllen in der Hand: Das Label der ersten sieht aus, als wäre es auf einem schlechten Kopierer vervielfältigt worden, und zeigt einen angedeuteten Radarschirm auf der einen, ein kryptisches Logo auf der anderen Seite. Auf dem Label der zweiten Platte ist auf beiden Seiten ein psychedelisches Muster zu sehen: mal ist es bunt, mal zweifarbig ausgeführt. Auf der zweifarbig in Petrol und Weiß gedruckten Seite findet sich die Aufschrift TZ 2. Weitere Informationen: Fehlanzeige. Nicht mal die Abspielgeschwindigkeit ist vermerkt, geschweige denn der oder die Produzent(in), irgendwelche Titel oder das Herkunftsland.

Zu Hause auf dem Plattenteller erweisen sich beide Käufe

als Treffer: Bei der einen Vinylscheibe muss der Tonabnehmer des Plattenspielers innen aufgelegt werden und läuft dann nicht, wie gewohnt, von außen nach innen, sondern umgekehrt durch die Rille. Dabei ist knallharter Techno aus dem UR-Umfeld zu hören. Das erkenne ich an den Einritzungen in der Auslaufrille, aus denen ich ebenfalls die Titel der Tracks entnehmen kann. Die zweite Platte entpuppt sich als leicht trancige Housemaxi. Das hat sich gelohnt. Auch bei Saturn. Doch müsste man eigentlich jeden Tag hinfahren. Denn ist man bei Saturn nicht schnell genug, bleibt nur der Müll übrig. Manche tun das, schauen also täglich, aber für andere, selbst wenn sie beinharte Fans sind, ist das kaum möglich. Ein spezialisierter, von kundigen Leuten betriebener Laden wäre also schon gut …

Im Sommer 1992 eröffnet in der Maastrichter Straße *Groove Attack*. Dort spezialisiert man sich vor allem auf House, Drum'n'Bass, aber auch Hip-Hop. Im Frühjahr 1993 kommt *Delirium*, der Techno-Shop in der Gladbacher Straße, dazu. *A-Musik* am Brüsseler Platz, die eher experimentelle Elektronikklänge anbieten, folgt 1995. Das Herz des *Sound of Cologne* beginnt zu wachsen und zu schlagen. Nicht zu vergessen ist dabei Gerd Gummersbachs Laden *Music Works*, der zwar auf Reggae und Ragga abonniert ist, aber immer auch ein paar House-Maxis im Programm hat.

» **Wolfgang Voigt:** Jörg und ich verdienten mit unserer Musik zunächst keinen Pfennig. Auch nach Einführung der geraden Bassdrum mussten wir uns die ersten Plattenproduktionen zusammensparen. So machten wir einfach Nebenjobs, verkauften Zeug auf dem Flohmarkt. Denn wir hatten entdeckt, dass man auf Schallplattenbörsen ganz gut Geld verdienen konnte: Ah, Schallplatten, dachten wir, interessant, ist unser Thema, haben wir und davon verstehen wir was!

Zudem musste man auf solchen Börsen nur sonntags arbeiten, also an dem Tag, den ich sowieso nie leiden konnte. Und weiterhin passte das, weil uns genug Zeit für anderes blieb. Also fuhren wir auf Schallplattenbörsen und verkauften am Anfang unsere eigenen Bestände, um die Miete zu bezahlen. Doch als wir merkten, wie gut das lief, investierten wir einen Teil des Geldes gleich in neue Platten, die wir eine Woche später wieder verkauften usw. So entdeckten wir das Potenzial des Plattenhandels schon Jahre, bevor wir unseren Laden eröffneten.

93 hing man dann wieder so rum, machte seine Musik und sagte sich: Wir sind jetzt um die dreißig und ein ehrlicher Broterwerb ...?! – Ja, meinste echt? – Hm, hm, ja: schon ... – Na gut! So kam es genau richtig, dass uns die Frankfurter anboten, einen Plattenladen zu machen. Dabei funktionierte der Laden für uns wie eine Band. Das war eine andere, nämlich unsere Form, eine Band zu sein. Der Plattenladen wurde gewissermaßen zum Proberaum und avancierte schnell zum Szenetreffpunkt. Man hing dort rum und feierte die Musik, damals wurde da auch noch geraucht und getrunken. Es war einfach ein Ort, an dem man diese Musik schon tagsüber hören konnte und nicht groß nach irgendwelchen Sachen suchen musste wie bei Saturn.

» **Jörg Burger:** Wir hatten natürlich großes Glück, zur rechten Zeit am rechten Ort zu sein, und konnten, nachdem wir kurz nach der Eröffnung von *Delirium* noch Michael Mayer ins Team aufgenommen hatten, zu fünft gut von dem Laden und unseren musikalischen Aktivitäten leben.

» **Hans Nieswandt:** Das war irre, da gingen Unmengen von Maxis über den Tisch und es wurde auch entsprechend viel Geld generiert.

» **Wolfgang Voigt:** *Delirium* war ein Franchise-System. Das ging von einem Frankfurter Plattenladen aus, der *Delirium* hieß. Techno wurde nun ja auch wirtschaftlich erfolgreich, wobei wir natürlich erst mal Hipster-Jungs waren, die ihren Laden mit der Flasche Bier in der Hand führten. Irgendwann wurde das aber doch zum Business. Dabei war der Name *Delirium* schon etabliert und wir bekamen aus Frankfurt Starthilfe. Außerdem konnten wir unsere Sachen zu den anderen Platten stellen, die wir dort verkauften. So gab uns *Delirium* die Möglichkeit, unser ganz eigenes Ding zu promoten.

Der *Delirium*-Shop in Köln eröffnet am 1. März 1993: Die Fassade ist blau, im Schaufenster stehen ein paar Topfpflanzen. Dahinter sind die Plastikkisten mit Platten und einige auf Bügeln hängende T-Shirts zu sehen. Über dem Eingang und einem Teil des Schaufensters ist eher notdürftig das Schild »Delirium« angebracht: blaue Schrift auf braunem Grund. Einer der ersten Kunden ist Michael Mayer, der das Innere des Ladens in einem Interview wie folgt beschreibt: »Ich kam rein und sah nur drei Plastikkisten. In einer Kiste waren nur Platten von Pete Namlooks Label Fax, in der zweiten gab's nur Zeug von Structure oder Monochrome, also den ganzen Krawall von den Jungs [...]. Und dann hatten sie noch eine Kiste mit Force-Inc.-Zeug. Das war's. Ich sagte: Das kann doch nicht euer Ernst sein?« Noch deutet also nichts darauf hin, dass sich aus dieser Keimzelle ein erfolgreiches Unternehmen mit dem Namen *Kompakt* entwickeln wird. Mayer aber, der DJ, der aus der Nähe von Offenburg nach Köln umzog, war gekommen, um zu bleiben. Er mischt sich auch weiterhin ein und kann so dem bereits angestoßenen Prozess wichtige Impulse geben.

» **Wolfgang Voigt:** Natürlich wussten wir, wer *Underground Resistance* oder was *plus 8* ist: Wir mochten die Musik, waren jedoch Musikproduzenten und hatten keine DJ-Mentalität. Zugleich waren wir trotz unserer Erfahrungen mit der Plattenbörse keine geborenen Händler. Der geborene Plattenhändler und Fachmann kam erst ein halbes Jahr später in Gestalt von Michael Mayer dazu. Der verstand von diesen Sachen mehr als wir alle zusammen.

» **Hans Nieswandt:** Michael Mayer und Tobias Thomas, die später zu *Kompakt* gingen, kamen über *SPEX* nach Köln, d. h. als Leser. Als sie dann vor Ort waren, justierten sie sich neu. Wobei: Tobias war ja später auch *SPEX*-Redakteur, Michael wurde ein richtiger *Kompakt*-Player.

Jetzt hat *101 Inc.* ein Gesicht. Denn eben habe ich den Fernseher ausgestellt, wo ich auf VIVA Housefrau gesehen habe. Dabei ist Musikfernsehen eigentlich langweilig, ich halte es nie lange aus. Eher zufällig zappe ich hinein, bleibe etwas und bin dann wieder raus.

Die Moderatoren von *Housefrau* heißen Sabine Christ und Mate Galic. Ihn kennt man in Köln, er legt regelmäßig im *Warehouse* auf und macht auch selbst Musik. Sabine ist DJ, mehr weiß ich nicht.

Mate der Verstrahlte und Sabine die Besonnene interviewen nun *101 Inc.* Der ist männlich, hat blondierte kurze Haare, trägt ein kariertes Holzfällerhemd offen über dem T-Shirt und steht etwas verlegen im Studio. Mate mit lila Haaren erzählt vom Underground-Promi *101 Inc.*, der nun sein bisher unsichtbares Gesicht zeigt. *101 Inc.* spricht dann über seine Aktivitäten, über

einen Plattenladen als Begegnungsstätte der Szene sowie über die zwar sehr vielfältigen, dadurch aber unübersichtlichen Produktionsstrukturen und -bedingungen der Musik.

Dann wird ein Video gezeigt: Der Bildschirm explodiert in ein psychedelisches Licht- und Farbgewitter, allein das VIVA-Logo am rechten oberen Bildrand bietet noch Orientierung – der Club jetzt auch als Fernsehen oder das Fernsehen jetzt auch als Club. Dazu erklingt *Aquarius*, *101 Inc.*'s neueste Maxi. Sie pulsiert trancemäßig, aber mit Pop-Appeal. Zeit für die Werbung.

Anschließend hat Mate noch ein Schmankerl parat, weil *101 Inc.* in Eigeninitiative (sagt Mate) eine 303 und 606 ins Studio mitgebracht hat. *101 Inc.* ist ja kein DJ und kann also nicht live zeigen, wie er den Mix baut. Anstelle dessen führt er mit fliegenden Fingern die 303 vor, was Mate mit eifrigem Kopfnicken im Takt wertschätzt, Sabine etwas irritiert mit »sehr nett« kommentiert. Danach folgt Hochgeschwindigkeitstechno, nämlich *Speed Freak*: *The Solution*. Dazu das Video: Patronen werden in die Trommel eines Revolvers geschoben, der sich dann mit gespanntem Hahn auf mich, den Zuschauer, richtet – das fand ich bei EBM schon scheiße. Schnell ausschalten.

Dabei war es bis jetzt eigentlich ganz interessant: vor allem auch der Bericht über den Notting-Hill-Karneval in London. Nur läuft da kein Techno, sondern Reggae oder Jungle, das neue Ding: schnelle Breakbeats mit Ragga-Einflüssen und Brummbass, erfahre ich und denke kurz an den *Cosmic Orgasm*.

Nach der Eröffnung des *Delirium*-Shops entwickelt sich sowohl der Laden als auch die musikalische Produktion der Kölner rasant. Das Projekt expandiert in alle Richtungen. Auf der musikalischen Ebene schält sich die spezifische Spielart des Kölner *Minimal Techno* heraus, für den der *Sound of Cologne* in den Neunziger-Jahren exemplarisch steht.

» **Wolfgang Voigt:** *Minimal Techno* ist einfach die Kunst des Weglassens. Es geht darum, mit extrem minimalen Mitteln und ein paar Geräuschen eine möglichst hypnotische Musik zu erzeugen. Genauso funktioniert *Minimal.*

Dabei wird der *Minimal Techno* keineswegs in Köln erfunden. Spuren minimaler Technomusik finden sich schon bei *Aphex Twin* (Richard James), *Plastikman* (Ritchie Hawtin) oder den Veröffentlichungen des Berliner Labels *Basic Channel.* Doch gelingt Voigt mit seinen Tracks eine eigenständige Form dieser extrem reduzierten, d. h. auf wenige Elemente zurückgefahrenen, repetitiv-monotonen Variante technoider Musik: eine gleichmäßig tickende Bassdrum, schabende, rutschende, klickende oder schiebende Sounds, vielleicht mal eine Fläche oder ein Dub, das ist es schon. »Mike Inc. [sic]: Bausparer«, witzelt Rainald Goetz in seiner Erzählung *Rave* und hat damit ungewollt recht. Tatsächlich spart Mike Ink am Bau des Tracks.

Aber auch hinsichtlich des Plattenladens stehen Veränderungen an. *Delirium* wird nicht nur rasch zum Treffpunkt der heimischen Szene, sondern erlangt auch international als Anlaufstelle sowie Ort des Austauschs unter Gleichgesinnten Bedeutung. Die daraus erwachsenden Kontakte, Zusammenhänge, Projekte verzweigen sich bald in ein unübersehbares Geflecht, das über das bisherige Dach hinaus wuchert. Zugleich bringt der Trend, Köln nun als eine Hauptstadt des Techno zu etikettieren, den Betroffenen nicht nur Vorteile.

» **Jörg Burger:** 1995 zogen wir aus der Gladbacher Straße in einen größeren Laden in die Brabanter Straße 42 um. Als Reinhard [Voigt] und ich Anfang 1998 genug davon hatten, Plattenverkäufer zu spielen, lösten wir die alte Firma einfach auf. Denn erstens bin ich nicht der Typ, der gerne hinter einer Theke steht, um Sachen zu verkaufen.

Irgendwann war ich deshalb nur noch stiller Teilhaber und verdiente mit dem Laden kaum noch etwas. Zweitens war das die Zeit ab 1995, als Ingmar Koch und Kai Fleschmann bei der EMI das legendäre *Harvest*-Label reaktivierten und ich mit zahlreichen Veröffentlichungen und sonstigen Aktivitäten voll ausgelastet war.

» **Wolfgang Voigt:** Zu dieser Zeit erfand man fast jeden Tag ein neues Label oder ein neues Projekt. Das war bald ein riesiger Wust: Labels, Sublabels usw. Keiner blickte mehr durch. Da dachten wir, dass wir das aufräumen und alles unter einen einzigen Namen packen. Daher der Name *Kompakt.* Dazu kam der Vertrieb. So erhielt die ständig wachsende Zahl der Veröffentlichungen, die wir als Demos aus aller Welt bekamen, und unsere eigene Musik eine klar erkennbare Corporate Identity mit eigenem Logo. Das kaufmännische Einmaleins lernten wir dann schnell: Ich kaufe eine Platte für X und verkaufe sie für Y. Was dazwischenliegt, heißt Gewinn.

Ebenso schnell merkten wir, dass eine eigene Firma viele Vorteile bot. Du hattest ein eigenes Standing und verdientest halbwegs regelmäßig Geld. Dazu kam die Autonomie. Wir mussten nicht mehr, wie Jörg und ich noch in den Achtzigern, an irgendwelchen Labelbossen vorbei und denen eine Musik erklären, die sie sowieso nicht verstanden. Wir waren unabhängig und konnten tun, was wir wollten. Diesen Luxus habe ich mir erarbeitet und so halte ich es bis heute. Mir soll niemand erklären, was ich machen oder nicht machen darf. Darum gab ich in meiner Zeit als hauptberuflicher Labelboss anderen Musikern auch nie vor, was sie zu tun oder zu lassen haben. Ich erklärte ihnen höchstens, warum wir etwas nicht veröffentlichen können.

» **Gerd Türke:** Klar habe ich das wahrgenommen! Jörg und ich hatten ja weiter Kontakt und auch zu Wolfgang bestand eine Verbindung, die Seilschaften aus dem Stollwerck existierten noch. Den Aufstieg von *Delirium* und später *Kompakt* habe ich also aus nächster Nähe verfolgt. Ich kannte die Leute, ging auf die Partys und war oft in deren Laden. Ich half ihnen auch computertechnisch und wurde dafür mit Platten bezahlt. So war ich immer auf dem neuesten Stand und wusste genau, was die gerade machten. In den Neunzigern organisierte ich dann auch Technoveranstaltungen, etwa die monatliche Frequency-Party im *42*. Da trat *Alec Empire* mit seinem Computer-Punk auf oder spielten bekannte DJs aus den USA oder England. Außerdem arbeitete ich als DJ im *M20*.

Dabei war *Kompakt* damals noch eine kleine Firma und werkelte so vor sich hin. Irgendwann hat es aber klick gemacht und Wolfgang und die anderen kamen auf den Trichter, das besser zu verkaufen. Vielleicht wollten sie auch den Kompaktsound vor Nachahmern schützen. Es gab durchaus Leute, die dieses Minimale zu kopieren versuchten. Jedenfalls ging es jetzt mit der erfolgreichen MARKE *Kompakt* los, d. h. mit diesem Punkte-Design und den verschiedenen Reihen.

» **Wolfgang Voigt:** Mitte der Neunziger-Jahre glaubte dann die internationale Musikpresse, das Mekka des Techno in Köln gefunden zu haben. Gemeint waren eigentlich mehrere Plattenläden im Belgischen Viertel, die alle neue elektronische Musik unterschiedlicher Spielarten repräsentierten. Eine Zeit lang war das international ein großes Thema, da waren Köln und unser Label extrem angesagt. Aber das brachte auch Probleme, weil es für uns wirklich unangenehm war, so über die anderen gehoben zu werden. Was sollten beispielsweise unsere Berliner Freunde davon halten, dass wir so gefeiert wurden? Den Hype hatten wir ja weder erdacht noch gewollt und hissten auch niemals demonstrativ die Kölnfahne.

Anfang des Jahres 1998 erscheint die erste CD sowie die erste Maxi (Jürgen Paape: *Triumph*) auf dem neuen Label *Kompakt*. Dessen Gründer sind Mayer, Paape und Wolfgang Voigt. Geprägt wird das Erscheinungsbild der Firma durch das Punkte-Design der Grafikerin Bianca Strauch, das bis heute Bestandteil der Marke *Kompakt* ist. Zugleich ist *Kompakt* nur ein Eckpfeiler des inzwischen weithin respektierten *Sound of Cologne*.

» **Jörg Burger:** Tatsächlich war Köln von 1996 bis 1998 ein Elektronikmekka, aber nicht nur in Bezug auf Techno, sondern genreübergreifend, was gerade das Besondere war. Es gab das sogenannte Bermuda-Dreieck zwischen *Groove Attack*, *a-Musik* und *Delirium* im Belgischen Viertel und das *Liquid Sky* von *Dr. Walker* alias Ingmar Koch als Wohnzimmer für alle. Zu dieser Zeit zogen Leute aus Wien, New York oder Barcelona nach Köln, weil es hier so spannend war. Das war ein kurzer Moment, in dem Köln für mich wirklich eine Metropole war.

In diesem Sinne sind es außer den genannten Plattenläden und deren Aktivitäten verschiedene Produzenten diverser Spielarten elektronischer oder technoider Musik sowie ebenso differente Labels, die den Kölner Sound auch für das Ausland attraktiv machen. Stellvertretend für diese Bandbreite und Vielfalt der Stile seien hier nur *Air Liquide* (Ingmar Koch/Cem Oral) oder *Mouse on Mars* (Andi Toma/Jan St. Werner) genannt. Beide Formationen entscheiden sich für eine experimentelle Variante der Techno-Klangwelt, d. h. sie öffnen das Four-to-the-Foor-Universum wahlweise für Krautrock-, Hip-Hop-, Ambient-, Noise- oder orientalische Einflüsse und Anleihen. Zugleich sind die jeweiligen Plattenläden Plätze des Austauschs, der Information und Kontaktpflege: Man kennt und respektiert sich, plant oder organisiert bei Bedarf gemeinsam.

» **Hans Nieswandt:** Bei *Kompakt* kaufte ich immer wieder Platten. Umgekehrt kamen einige *Kompakt*-Leute oft zu unseren Partys, weil die auch mal zu anderer Musik tanzen wollten. In diesem Sinne funktionierte das und funktioniert es auch heute noch wie bei Politikern, die sich gegenseitig voll respektieren, obwohl sie nicht in derselben Partei sind.

Ein weiteres Projekt aus Köln, das über die Stadtgrenzen hinaus und bis in den Süden Europas hinein auffällig wird, ist *Whirlpool Productions*: Im Sommer 1997 stürmt die Band mit ihrem Track *From: Disco To: Disco* die italienische Hitparade. Völlig überraschend – in Italien sind *Whirlpool Productions* ein bis dahin unbeschriebenes Blatt – klettert der Titel bis auf Platz 1. Zuvor war Nieswandt, der in Köln 1990 als *SPEX*-Redakteur begann, vom Journalismus auf die Seite der Produzenten gewechselt.

» **Hans Nieswandt:** Zu *Whirlpool Productions* kam es, weil Justus Köhncke, der gerne zu meinen *Whirlpool*-Partys ging, 1992 mit zwei Leuten ein Projekt organisierte. Er fragte mich, ob ich als DJ einsteigen wollte, und ich nahm Eric gleich mit. Irgendwann waren die beiden anderen Leute dann verschwunden und das Trio *Whirlpool Productions* geboren. Dabei musste ich als Musikproduzent noch viel lernen und hörte deshalb bei *SPEX* auf: Es war einfach interessanter, mit Eric und

Justus an einem gemeinsamen Strang zu ziehen, und ich war es auch müde, als Journalist lediglich eine Musikverdauungsmaschine zu sein. So trafen wir uns immer öfter im Studio und kamen zunächst zu dem Frankfurter Label *Logic Records*. Die brachten einen unserer Tracks heraus, der zwar kein Charthit wurde, aber doch Eindruck machte. Danach waren wir allerdings nicht ansatzweise in der Lage, die Ansprüche der Plattenfirma zu befriedigen. Die hatten ja außer uns auch noch *Snap* und *Dr. Alban,* die wollten Hits, während wir immer esoterischer wurden. Deshalb ging es für uns da erst mal nicht weiter.

Zum Glück gründete Charlotte Goltermann gerade das Label *Ladomat*. Hier veröffentlichten wir 1995 das Album *Brian de Palma*, das vor allem ein Kritiker-Erfolg war. Für das zweite Album *Dense Music* wurde ein Label-Deal zwischen *Ladomat* und *Motor Music* ausgehandelt und wir gingen zwei Wochen ins *Can*-Studio. Das war so eine richtige Studio-Madness wie in den Siebziger-Jahren: Man richtete sich da quasi ein, schlief auf dem Sofa usw. Auch das Budget hatte ein bisher ungekanntes Ausmaß, da ging es um eine niedrige sechsstellige Summe. Aus heutiger Sicht unvorstellbar für einen Act wie uns.

From: Disco To: Disco nahmen wir nun eigentlich nur auf, weil wir noch zwei Tage Zeit im Studio hatten. Da wollten wir etwas komplett Neues machen. Der Track ist ja eine eher dokumentarische Aufnahme, also nicht weiter geschnitten. Das Ergebnis hörte sich aber ganz amüsant an, sodass wir es einfach so ließen. Unser Label mussten wir jetzt noch überzeugen, *From: Disco To: Disco* als letztes Stück auf das Album zu nehmen. Damit war die Sache eigentlich gegessen: 1996 erschien die Platte, wir gingen auf Tour und haben uns danach erst mal nicht mehr besonders gut verstanden. In der Folge arbeitete Justus mit Kai Althoff für *Subtle Tease*, Eric produzierte eine Soloplatte und ich war viel als DJ unterwegs.

Anfang 1997 rief mich Charlotte dann an: Hey Hans, *From: Disco To: Disco* ist auf Platz 38 in Italien! Nächste Woche kommt ihr wohl in die Top 30. Das ging Woche für Woche so weiter, bis es hieß: Passt auf, nächste Woche geht ihr auf Platz 1!

Als es dann so weit war, wir also tatsächlich ganz oben waren, reisten wir im Frühling für eine gute Woche nach Italien, um Interviews zu geben sowie teilweise absurde Auftritte in TV-Shows zu absolvieren.

In Italien wird *Whirlpool Productions* nicht als respektable, von der Fachpresse geadelte Band, sondern als Novelty-Act gehandelt. Dennoch (oder vielleicht gerade deshalb) wird das Trio von johlenden Teenagern begrüßt, von Radiointerviews zu Fernsehauftritten, von Hotellobbys zu Privatpartys geschleift und von zahlreichen Fans als launige Humortruppe aus dem Lande der Germanen bestaunt.

» **Hans Nieswandt:** Justus brachte es so auf den Punkt: Für die sind wir die drei Besoffskis, die immer nur Party machen. Das dachte das Publikum wohl auch tatsächlich. Is it true, you are drunk all the time?, fragte mich mal ein Mädchen.

Missen möchte ich diese Erfahrung allerdings keineswegs. Auch weil ich meinen Studierenden nun recht glaubhaft versichern konnte, dass es nicht darauf ankommt, wie verrückt hinter dem Erfolg herzulaufen. Eher sollte man wie verrückt sein eigenes Ding machen, also das, worauf man Lust hat. Und wenn man Glück hat, passiert etwas oder wird etwas daraus. Glück oder Zufall gehören nämlich auch dazu!

1998 erkennen und verstehen auch die offiziellen Kölner Kulturverantwortlichen, was da vor ihren Augen abläuft. Denn jetzt erscheint der erste *Sound of Cologne*-Sampler, der die verschiedenen Merkmale und Tendenzen dieses Sounds bündeln und dokumentieren soll. Herausgegeben wird die Doppel-CD durch den Rockförderverein der Stadt, der, 1990 gegründet, sich »die Förderung der Kunst, Kultur und Kreativwirtschaft – insbesondere der Popkultur und deren Strukturen in der Region Köln« zum Ziel setzt. Dabei engagiert sich vor allem der ›Rockbeauftragte‹ der Stadt, Manfred Post, für die Elektronikszene, will sich dabei jedoch nicht auf *Minimal Techno* beschränken. Und so spiegelt die Kompilation ganz verschiedene Tendenzen, Stile, Variationen wider. Sowohl die *CAN*-Legende Jaki Liebezeit als auch *Whirlpool Productions* sind auf dem Sampler dabei.

» **Hans Nieswandt:** Zu dieser Kölner Szene und Welt gehörten wir schon dazu, aber nicht in deren Zentrum. Ich wohnte noch auf der Gladbacher Straße, als das *Delirium* dort eröffnete. Später hieß das *Kompakt*. Das ist der eigentliche *Sound of Cologne*. Musikalisch hatte *Whirlpool Productions* also nicht viel mit diesem Sound zu tun.

» **Jörg Burger:** Es dauerte allerdings, bis man in Köln bemerkte, dass hier auch abseits von *BAP* und der ewigen Karnevalsmusik etwas Neues und Großartiges stattfand. Dass dann aber plötzlich alles, was hier entstand, also von Listening Electronica und Trip-Hop bis Minimal Techno und Drum'n'Bass, *Sound of Cologne* hieß, ist natürlich diskussionswürdig. Mir persönlich war das Etikett jedoch völlig gleichgültig und meines Erachtens beeinflusste es unsere überregionale und internationale Bedeutung weder sonderlich positiv noch sonderlich negativ. *Kompakt* war und ist nie nur *Sound of Cologne* oder kölscher Techno, sondern schaut immer auch über den Tellerrand hinaus.

KÖLN-SHOW: KUNSTSTADT.

»Der grüne Hühnerficker ist endlich traurig«: Die wilden Maler betreten die Bühne

Am 28. Januar 1982 flimmert die neue Kunst-Sensation aus Köln über den Bildschirm. An diesem Abend treten die sechs Maler der »Mülheimer Freiheit« bei der Fernsehsendung *Bio's Bahnhof* live vor Publikum auf. Es ist Donnerstagabend, so gegen 22 Uhr, und schätzungsweise acht Millionen Zuschauer sehen zu, wie die sogenannten Jungen Wilden in der umgebauten Depothalle der Köln-Frechener Eisenbahn ihren großen Auftritt haben. Zur Einstimmung spielt die Düsseldorfer Deutschpunk-Band *The Wirtschaftswunder*. Eine Gruppe zwar ohne Charterfolg, aber mit dem nötigen Underground-Renommee. Gitarrist Tom Dokoupil springt gleich zu Anfang des Auftritts dermaßen hektisch auf der Bühne herum, dass er über sein Gitarrenkabel stolpert und für einen Moment hilflos wie ein Käfer auf dem Boden liegt.

Kein Zweifel, die Zeichen dieser Folge von *Bio's Bahnhof* stehen eindeutig auf Revolte und Punk-Anarchie. Also genau das, wofür die sechs eingeladenen »wilden« Maler bekannt sind, die wenig später von der Kamera eingeblendet werden. »Mülheimer Freiheit« nennen sich diese sechs Senkrechtstarter nach der Adresse ihres Gemeinschaftsateliers in Köln-Mülheim. Seit mehr als einem

Jahr sorgen sie im Kunstbetrieb für Furore. Kritiker werfen ihnen Scharlatanerie vor, bezeichnen ihre expressiven Bilder als »Kindergartenkunst« oder gar als »stinkende[n] Kulturmatsch«.

Der ganze Hype um die »Mülheimer Freiheit«, so schreibt der *FAZ*-Kritiker Eduard Beaucamp 1982, sei doch nur »eine vordergründige, kurzfristige Reaktion« auf die vorherrschenden Stilrichtungen der Minimal Art und Konzeptkunst. Nichts wirklich Aufregendes mit Nachhall also. Aber stimmt das?

Oder steckt hinter der neu erwachten, deutschen Lust am grell-figurativen Bild vielleicht doch mehr als nur ein kurzfristiger Modegag? Immerhin machen auch in Berlin gerade ähnlich ungestüm malende Künstler wie Salomé oder Rainer Fetting von sich reden. Und auch in Hamburg schwingen junge Talente wie Albert Oehlen oder Werner Büttner neuerdings den Pinsel und kreieren mit lässigem Schwung provokante Bilder.

Tatsache jedenfalls ist, dass der neue »heftige« Malstil in Deutschland immer beliebter wird. Und je empörter sich konservative Kritiker darüber äußern, desto prominenter werden die jungen Kunstpunks. Auch die sechs »Wilden« von der »Mülheimer Freiheit«. Seit ihrer ersten Ausstellung in der renommierten Galerie Paul Maenz im November 1980 sind die Preise für ihre Bilder rasant in die Höhe geschossen und kann sich die Truppe kaum noch vor Anfragen von Kuratoren und Museumsleitern retten. Ihr Entdecker Maenz feiert seine Schützlinge derweil als dringend benötigte Kreativ-»Injektion« für einen behäbig gewordenen Betrieb.

Viel Wirbel also um die »Mülheimer Freiheit«. Und nun sitzen die sechs Newcomer an diesem Januarabend im Frechener *WDR*-Studio bei Alfred Biolek. Brav hat man sie nebeneinander an einem Tisch platziert und jeden mit einem Namensschildchen ausgestattet, als wären sie nicht bei *Bio's Bahnhof*, sondern bei Werner Höfers *Frühschoppen* eingeladen: Hans Peter Adamski, Peter Bömmels, Walter Dahn, Jiří Georg Dokoupil (der ältere Bruder des

Wirtschaftswunder-Gitarristen), Gerard Kever und Gerhard Naschberger.

Soeben hat Moderator Alfred Biolek damit begonnen, ihnen in seiner onkelhaften Manier Fragen zu stellen, da wird Peter Bömmels auf einmal flau im Magen.

» **Peter Bömmels:** Walter redete viel. Naschberger auch. Und ich saß da, sah und hörte die beiden und dachte: Oje, jetzt gucken dir Millionen Leute im Fernsehen zu! Aber genau das darf man natürlich nicht machen. Und schon wurde mir übel. Ich kriegte es mit der Angst zu tun und hatte in dem Moment nur noch den Gedanken: Entweder ich übergebe mich jetzt, oder ich muss sofort gehen oder gleich auf der Stelle sprechen. Und genau in diesem Augenblick fragte Biolek in die Runde: ›Ja, ihr seid ja so junge Künstler und die Preise für eure Bilder sind ja schon enorm. Wie kommen die denn eigentlich zustande, diese Preise?‹ Und das war mein Moment! Ich platzte rein und sagte wahrheitsgemäß: ›Höhe plus Breite mal Faktor.‹ Das Live-Publikum in Frechen brach in ungläubiges Gelächter aus. Und auch Biolek musste lachen. Und ich war von meiner Übelkeit befreit.

So witzig Bömmels' Spruch von »Höhe plus Breite mal Faktor« auch im Fernsehstudio klang – es handelte sich dabei doch um eine damals (und bis heute) völlig gebräuchliche Berechnungsformel im Kunstbetrieb. »Ein großes Bild von mir kostete 1982 zweitausend Mark«, verrät Bömmels heute. »Davon kriegte ich dann die Hälfte, Wahnsinn! Und dann kamen weitere Ausstellungen, weitere Verkäufe. Wir nahmen es hin wie Manna.«

Der studierte Soziologe und mittlerweile in Berlin lebende Kunstprofessor a. D. war der einzige Autodidakt der Gruppe. Alle anderen fünf Mitglieder kamen von renommierten Kunsthochschulen und hatten eine klassische Ausbildung hinter sich. Walter Dahn und Hans Peter Adamski hatten an der Düsseldorfer Akademie studiert, Dahn zunächst beim ebenso umstrittenen wie legendären Kunstmissionar Joseph Beuys, bis dieser im Oktober 1972 entlassen wurde. Gerard Kever und Georg Dokoupil waren an der Kölner Werkschule am Ubierring gewesen und hatten als Stipendiaten an der US-Akademie *Cooper Union* Kurse des dort lehrenden Konzeptkünstlers Hans Haacke besucht. Und dort, an der *Cooper Union*, hatten beide auch schon Gerhard Naschberger kennengelernt, der wiederum von der Frankfurter Städelschule kam.

Peter Bömmels dagegen war Selfmade-Künstler. Oder, wie er es selbst formuliert: »freischaffender Täter«. Als ehemaliger SDS-Student und Kinderladen-Erzieher verfügte er außerdem über eine linkspolitische Vergangenheit. »Die Kinder [im Kinderladen]«, betont er heute, »waren meine Kunstakademie.« Den Anschluss an die Gruppe fand er dann auf typisch rheinische Art: übers Thekengespräch. Als umtriebiger Bohemien besuchte Bömmels in den späten Siebziger-Jahren regelmäßig die Künstlerkneipe *Roxy* in der Maastrichter Straße. Eines Nachts lief ihm dort der fünf Jahre ältere Hans Peter Adamski über den Weg. Die beiden kamen ins Gespräch und freundeten sich an. »Da [im Roxy]«, erzählt Bömmels, »tauchten immer die ›bunten Vögel‹ auf: Klauke, Buthe, Astrid Klein, Bonvie und andere Künstler. Und den Adamski kannten alle. Der hatte auch schon ausgestellt und ein Atelier.«

Kurz darauf, 1978, zog Walter Dahn nach Köln, nachdem er nach seinem Kunststudium zunächst für ein paar Wochen in Sigmar Polkes Gaspelshof in Willich untergekommen war. Auf Vermittlung von Polke hatte Dahn in Willich auch bereits die beiden expressiv malenden Oehlen-Brüder Albert und Markus kennengelernt, die ihm in den nächsten Jahren noch öfter begegnen würden. Jetzt aber machte Dahn in Köln erst einmal über seinen Kumpel Adamski Bekanntschaft mit Bömmels. Und er hatte beim ersten Zusammentreffen auch gleich eine prima Idee. Sie könnten doch, schlug der Neu-Kölner vor, zu dritt eine Punkband gründen. Nämlich so eine, wie Dahn sie schon öfter im *Ratinger Hof* erlebt hatte. Als Düsseldorfer Akademiestudent war er früh Stammgast in Carmen Knoebels legendärem Punkschuppen geworden, der um die Ecke zur Kunsthochschule lag und avancierten Bands wie *S. Y. P. H., Mittagspause* oder *DAF* eine Bühne bot.

Die Idee mit der Punkband geriet dann aber schnell wieder in Vergessenheit, weil der kontaktfreudige Dahn kurz darauf auch noch einen weiteren jungen Künstler in Köln kennenlernte, der ihn nachhaltig beeindruckte: Jiří Georg Dokoupil. Nach Dahns Aussage begegneten sich beide zufällig bei einer Kunstaktion auf der Domplatte. Wobei »zufällig« aufs damalige Köln bezogen ein sehr relativer Begriff ist. Denn als junger, neugieriger Mensch begegnete man sich zu jener Zeit dauernd im Schatten des Doms irgendwo ungewollt. Die beiden jungen Künstler verstanden sich gleich auf Anhieb so gut, dass beide anfingen, künstlerisch zusammenzuarbeiten.

» **Peter Bömmels:** Als Vierergruppe haben wir dann so um 1979 alle begonnen, etwas ›Künstlerisches‹ auf den Weg zu bringen. Wir nannten es ›kleine verrückte Ideen‹ und haben Texte für Songs geschrieben, Collagen gemacht, Zeichnungen, Skulptürchen. Wir wollten den Schwung der Zeit erwischen, so böse und nett wie möglich sein und keine Peinlichkeit auslassen. Unsere Maxime hieß: Können kommt mit dem Tun oder gar nicht!

An dieser Stelle kam zum Glück für das anarchisch gestimmte Quartett punktgenau der Galerist Paul Maenz ins Spiel. Nachdem der ehemalige Werbefachmann 1971 von Frankfurt am Main nach Köln gezogen war, hatte sich Maenz mit seinem Kompagnon Gerd de Vries als Händler für internationale Konzeptkunst einen Namen gemacht. Seine Galerie in der Schaafenstraße vertrat mit Robert Barry, Joseph Kosuth, Daniel Buren und Hans Haacke die herausragenden Künstler dieser Stilrichtung, und Maenz verdiente gut mit seinen Verkäufen. Aber der Galerist fühlte sich trotz seines Erfolgs gelangweilt. »Die Geschichte [mit der Konzeptkunst] drohte für mich zu akademisch zu werden«, begründet Maenz das in einem Podcast-Interview des *Audioarchivs Kunst*. »Es war irgendwie nichts mehr zu lernen. Es war kein Abenteuer mehr. Und darum habe ich zu meinem Kollegen Gerd de Vries gesagt: Wir machen jetzt [zum Jahreswechsel 1977/78] einen Luftröhrenschnitt. Wir zeigen jetzt ein Jahr lang nur Italiener.«

Mit »Italienern« meinte Maenz die fünf Maler Francesco Clemente, Sandro Chia, Enzo Cucchi, Mimmo Paladino und Nicola de Maria, die unter dem Begriff »Transavanguardia« firmierten. Ähnlich wie kurz darauf die »jungen Wilden« in Deutschland sorgten auch diese fünf italienischen Künstler in den späten Siebzigern für Aufsehen, weil sie provokativ auf das als überholt und hoffnungslos rückständig geltende Medium der Malerei zurückgriffen, während die Kunstwelt sonst gerade überall Fotografie und Video als die neuen heißen Zukunftstechniken feierte. Nach Meinung der Transavanguardia-Künstler aber garantierte gerade der schnell ausgeführte Pinselstrich einen unkomplizierten, direkten und sinnlichen Zugriff auf die Gegenwart. Mit ihren farbenfrohen, figurativen Bildern wandten sie sich einerseits gegen die Intellektualität der vorherrschenden Konzeptkunst, grenzten sich andererseits aber auch gegen die Kargheit der Arte Povera ab.

Das gefiel dem Kölner Galeristen, der den Eindruck hatte, dass sich die Konzeptkunst als reflexive Gegenbewegung zum Action Painting und zur Pop Art erschöpft hatte. Wie bei vielen anderen Kunstfans jener Zeit wuchs auch bei Maenz nach Jahren der konzeptionellen ›Kopfkunst‹ der Wunsch nach mehr künstlerischer Leidenschaft und weniger rationaler Kontrolle. Ein neuer »Hunger nach Bildern« (der Titel eines 1982 erschienenen Buches von Wolfgang Max Faust) machte sich im Kunstbetrieb breit, und die Szene gierte nach dem nächsten Wow-Effekt. Und genau den entdeckte der Kölner Galerist Maenz dann nicht nur in den poetisch-farbenfrohen Bildern der italienischen Transavanguardia, sondern unverhofft auch wenig später direkt vor seiner Haustür.

Irgendwann im Jahr 1979 tauchten die vier merkwürdigen »Jungs«, wie Maenz sie nennt, erstmals bei einer Ausstellungseröffnung in seiner Galerie auf. Und hier fielen Adamski, Bömmels, Dahn und Dokoupil schon allein wegen ihres Alters sofort auf. Schließlich galten Vernissagen damals noch als weitgehend exklusive Veranstaltungen für ein gehobenes Bürgertum, das hier neben seinem Reichtum sein »kulturelles Kapital« der Gelehrtheit und Feinsinnigkeit zur Schau stellte.

Der französische Soziologe Pierre Bourdieu hatte darüber im selben Jahr einen Wissenschaftsbestseller veröffentlicht, in dem er genau beschrieb, wie diese »feinen Unterschieds«-Codes der Bourgeoisie bei Vernissagen funktionierten.

Kunstausstellungen standen aus diesem Grund (ähnlich wie Opernaufführungen oder klassische Konzerte) bei vielen jüngeren Leuten und Linksaktivisten zu jener Zeit im Ruch reaktionärer Spießigkeit.

» **Ralf Niemczyk:** Aus meiner Punk-Perspektive war Kunst ja blöd und abzulehnen. Man ging höchstens in Galerien, um ein Bier zu schnorren, das der Galerist bezahlte. Das Wertesystem der Kunstszene aber war mir entweder noch völlig unbekannt oder völlig egal. Die Maler der ›Mülheimer Freiheit‹ aber kannte ich alle schon vorher persönlich: Dokoupil war der Ladies Man, der Schönling. Dahn trug immer so eine Jeansjacke mit abgeschnittenen Ärmeln, als wäre er einer von *Dexys Midnight Runners*. Und Bömmels war Sakkoträger. Der hätte auch gut in einer nachdenklichen New-Wave-Band spielen können.

Dermaßen aufgestylt, sprangen die jungen Kunsttalente dem Galeristen Paul Maenz 1979 natürlich sofort ins Auge, als sie auf einmal zwischen dem üblichen Oberschichtspublikum in seiner Galerie herumstanden und auf seine Kosten Bier tranken. »Bei diesen Jungs merkte man eindeutig, die waren nicht Szene«, erzählt Maenz. »Die wollten auch keine Kunst kaufen. Da war irgendwas. Und dann hatten die alle auch noch so merkwürdige Namen. Der eine hieß Dokoupil, der andere Bömmels, der dritte Kever, der vierte Naschberger. Alles so Namen, die an sich ja schon'n Ding sind! Und irgendwann machten die dann eine Ausstellung in der Hahnentorburg und haben mich dazu eingeladen. Und die Hahnentorburg, das war damals die Feste des Künstlerbunds und so ziemlich das Konservativste und Provinziellste, was man sich denken konnte. Ausgerechnet da eine Ausstellung zu machen, war [wirklich kühn und ungefähr], als wenn man Brillanten auf der Toilette tragen würde!«

Erstaunlicherweise aber war sich der Galerist Maenz im Januar 1980 dann trotzdem nicht zu schade, sich die erste offizielle Ausstellung der vier Nobodys persönlich anzuschauen, obwohl diese Schau auch noch einen ausgesprochen seltsamen Titel trug: *Wenn das Perlhuhn leise weint.* Doch selbst das konnte Maenz nicht abschrecken. Er stapfte zur Hahnentorburg am Rudolfplatz und kaum hatte er die enge Wendeltreppe zu den hoch gelegenen Ausstellungsräumen erklommen, da traf ihn gewissermaßen der Schlag. Aufgeregt rief er hinterher Jean-Christophe Ammann an, den damaligen Leiter der Kunsthalle Basel. Bei seinem nächsten Termin in Köln, so bedrängte er den Museumsmann, müsse Ammann unbedingt noch einmal mit ihm die Ausstellung besuchen. Denn er wisse bei aller Begeisterung nicht so recht, was er davon halten solle. »Aber der [Ammann] sagte dann auch: ›Ja, du hast recht! Das ist irre! Geht eigentlich überhaupt nicht, aber irre!‹«

Was also war bei der Premiere von Bömmels und Co. im Januar 1980 so »Irres« zu sehen? Nun – nach Aussage des Künstlers und von Maenz gab's hier beispielsweise Knetgummifiguren von Bömmels zu bestaunen, die sich wegen der Wärme in den Räumen allerdings schon verformt hatten und teilweise abgerissen herumlagen. Es wurden riesige Scherenschnitte von Hans Peter Adamski gezeigt, die sich durch die drei Zimmer erstreckten. Jemand hatte Erbsen mit einer Tuchunterlage auf dem Fußboden drapiert. Und Dahn und Dokoupil hatten gemeinsam die Wände mit kruden Figuren bemalt, denen sie so bedeutungsschwere Titel wie »Die zerrinnende Zeit« oder »Der Leser« verpasst hatten. Ohne Rücksicht aufs Inventar hatten die vier jungen Künstler außerdem die Stufen der Wendeltreppe, die zur Ausstellung führte, mit Vogelnamen bepinselt. Ein kleiner Seitenhieb auf die Konzeptkunst.

» **Peter Bömmels:** Wir hatten uns überlegt, dass man als Besucher, oben auf dem Treppenabsatz angekommen, dann losfliegen könne, in die Ausstellungsräume. Konzeptuell Performatives war also auch im Angebot. Keine Angst haben, war unser Motto. Keine Angst vor Peinlichkeiten, vor peinlichem Material wie Knetgummi, Flokati, Haare, Batik, Vierzig-Quadratmeter-Aquarellen. Und natürlich geht Knetgummi schnell kaputt, und eine solche Arbeit ist schwer verkäuflich. Aber das war uns vollkommen egal. Darüber haben wir gar nicht nachgedacht. Es hätte nur den Fluss gestört.

Der Bürgerschreck-Auftritt (Maenz nennt es »Party«) verfehlte seine Wirkung nicht. Maenz war vom Gesehenen so beeindruckt, dass er glaubte, mit den vier Talenten das ideale Pendant zu seinen kurz vorher gezeigten Transavanguardia-Malern gefunden zu haben. Also fragte er die Neulinge ohne Umschweife, ob sie nicht als Nächstes in seiner Galerie ausstellen wollten. Was für eine Frage! Und was für ein traumhaftes Angebot! Gruppensprecher Georg Dokoupil aber spürte, dass ein gewisses Sich-Zieren die Verhandlungen mit dem Stargaleristen günstig beeinflussen würde. Also reagierte er auf die Anfrage von Maenz erst einmal betont zurückhaltend, wie sich Walter Dahn im *Audioarchiv Kunst* erinnert. »Ja, Georg hat das gut gemacht, fand ich. Denn mit der Ablehnung wurde der Maenz natürlich noch gieriger. Oder vorsichtiger gesagt: interessierter. Und das führte dann dazu, dass er uns so etwas wie ein Stipendium gegeben hat. Im Haus seiner Galerie gab's unten einen Laden für Künstlerbedarf. Und wir hatten dann *free access* und konnten da einkaufen und einfach loslegen. Und das haben wir den ganzen Sommer und Herbst über gemacht, bis wir dieses Atelier in Mülheim gefunden haben.«

Verhandlungstaktiker Dokoupil war es dann offenbar auch, der das Quartett nach der ersten gemeinsamen Ausstellung zum Sextett aufstockte, indem er eines Tages seine beiden Studienkumpels von der *Cooper Union*, Gerard Kever und Gerhard Naschberger, zu einem Treffen mitbrachte. So trat man zur entscheidenden Galerie-Premiere am 13. November 1980 bei Maenz schließlich im Sechserteam an, für das sich der Berliner Kunstkritiker Wolfgang Max Faust noch schnell den Namen »Mülheimer Freiheit« einfallen ließ. Damit war eine griffige Formel gefunden, mit der Maenz seine neuen Künstler prima vermarkten konnte, auch wenn diese Gruppenbezeichnung (wie die allermeisten Gruppenbezeichnungen) nach Bömmels' Meinung eigentlich überhaupt nicht passte, weil die einzelnen Mitglieder sowohl als Künstler als auch als Persönlichkeiten höchst unterschiedlich waren.

» **Peters Bömmels:** Wir haben die Gruppenform zwar bewusst gewählt und uns so präsentiert. Aber wir waren sechs ganz verschiedene Charaktere. Im Grunde waren wir das Gegenteil einer Gruppe. Wir hatten kein eindeutiges Programm. Jeder suchte seine eigene Bildsprache, auch wenn wir manchmal Bilder zusammen malten, vor allem Dahn und Dokoupil. Und im gemeinsamen Atelier haben wir uns dann gegenseitig angefeuert, bis es rauschte. Jeder hat vor den anderen alles aus sich rausgeholt und noch eins draufgesetzt. Aber es gab viele Unterschiede und sich bekämpfende Stile untereinander.

Und als wären sechs Künstler mit ihren Werken nicht schon mehr als genug für eine Ausstellung gewesen, bestanden die Neulinge auch noch darauf, dass bei ihrem ersten Maenz-Auftritt mit Ina Barfuss, Werner Büttner, Georg Herold, Albert Oehlen und Thomas Wachweger noch fünf weitere »wilde« Kollegen aus Hamburg und Berlin mitmachten. Worüber ihr Mentor Maenz verständlicherweise nicht gerade erfreut war. Er befürchtete, dass seine Galerie bei elf Teilnehmern vor lauter Kunst aus den Nähten platzen würde. Und das tat sie am 13. November 1980 dann eigentlich auch. Die eleganten Ausstellungsräume waren an diesem Eröffnungsabend »von oben bis unten zugepflastert«, erzählt Walter Dahn grinsend.

Eigentlich nicht unbedingt die beste Voraussetzung, um als Talent aufzufallen. Immerhin aber konnten die fünf Künstler aus Hamburg und Berlin ihren Kölner Mitstreitern noch deren Wunschtitel für die Vernissage ausreden. Bömmels und Co. hatten sich dafür nämlich den provokanten Spruch »Der grüne Hühnerficker ist endlich traurig« gewünscht. Man einigte sich schließlich auf die seriösere Überschrift »Mülheimer Freiheit & interessante Bilder aus Deutschland«. Und der Erwartungsdruck aller Beteiligten war vor der Eröffnung groß. »Ich dachte mir nur: Entweder geht das durch die Decke – oder du wirst wieder Kindergärtner!«, sagt Walter Dahn. »Sieg oder Niederlage!« Dazwischen gab's für ihn und seine fünf Freunde von der »Mülheimer Freiheit« offenbar nichts.

Und wie man aus der jüngeren Kunstgeschichte weiß, schafften die Newcomer mit ihrer ersten Galerie-Ausstellung im November 1980 dann tatsächlich gleich beides: Sie wurden zum großen Ärgernis *und* zur großen Erfolgsmeldung, zumindest marktstrategisch betrachtet. Vom künstlerischen Standpunkt her nämlich beurteilten Kritiker die Schau eher zwiespältig bis negativ. Er habe sich wie »in einem Bilderlager« gefühlt, schrieb der Rezensent Stefan Schmidt-Wulffen. Sein Zeitungskollege Bruno Schneider berichtete von einem »Schreckerlebnis« und mutmaßte sogar: »Das Wildeste, was an Kunst in Europa produziert wird, hängt vermutlich zur Zeit an den Wänden der Galerie Maenz.«

Das klang zwar nach Sensation, aber nicht unbedingt nach Begeisterung. Doch immerhin: Auch der damalige Kunstpapst Jürgen Hohmeyer vom *SPIEGEL* reiste aus Hamburg an und veröffentlichte hinterher einen längeren Artikel über die Ausstellung. Unter der angemessen marktschreierischen Titelzeile »Kotzer flächendeckend« erschien der Text am 23. November 1980 und las sich alarmierend genug, um die jungen Maler aus Köln auf einen Schlag bundesweit bekannt zu machen. Darin hatte Hohmeyer notiert: »Beunruhigende Bilder kommen zum Vorschein, scheußlich anzusehen, grell und ausgefranst, robust energiegeladen, rücksichtslos subjektiv und unerbittlich geschmacklos.« Und weiter hieß es: »Die Welt der Lokus-Graffitis und Telefon-Kritzeleien ist nah, Vulgarität wird mit einem Schuss Parodie genossen. [...] Wenn das gelten soll, was bei Maenz an der Wand hängt, bedeutet es [...] die absolute Gleichgültigkeit gegen gesellschaftliche Verantwortung und den Triumph einer herausfordernd glorifizierten Willkür.« Nach einer Jubelhymne klangen auch diese Sätze wahrlich nicht. Der Galerist Maenz aber war mit dem Hohmeyer-Verriss hochzufrieden, weil dieser mit einem Schlusssatz endete, den der einstige Kunsthändler bis heute auswendig zitieren kann. Hohmeyer resümierte seine Bewertung der »Mülheimer Freiheit« nämlich mit der Warnung: »Zu befürchten ist: eine neue Kunst.« Das war als düstere Zukunftsprognose gemeint, klang in den Ohren des Werbeprofis Maenz aber nach einer großartigen Verheißung: »Mehr konnten wir nicht wollen.«

Denn mit dieser Prognose hatte der Großkritiker aus Hamburg die sechs bis dato völlig unbekannten Nobodys von der »Mülheimer Freiheit« mal eben zur Speerspitze einer neuen Kunstrevolte erklärt. Was zweifellos zu viel der Ehre war. Schließlich hatten die Berliner »Moritzplatz-Maler« Salomé, Helmut Middendorf und Rainer Fetting sowie die Hamburger Künstler Albert Oehlen oder Werner Büttner schon deutlich früher als die »Maenz-Boys« damit angefangen, sich neo-expressionistisch gegen das Diktum des Anti-Figurativen und Anti-Erzählerischen aufzulehnen. Diese wilden Künstler aber erwähnte Hohmeyer merkwürdigerweise in seiner Kritik nicht namentlich. Was prompt zu Ärger und Irritationen führte. Viele fragten sich, wer die ominösen Grünschnäbel aus Köln überhaupt waren, die da plötzlich – wie aus dem Nichts – im *SPIEGEL* zum Skandalhit der Saison geadelt wurden.

So weckte der plötzliche Hype um die »Mülheimer Freiheit« rasch Missgunst – und führte zu heftigen Anfeindungen. Die Gruppe sei, so erzählt Bömmels, nach ihrer Ausstellungspremiere bei Maenz von einigen älteren Kollegen »schlimm gemobbt« worden. Besonders Adamski, der vorher bestens in der Kölner Kunstszene vernetzt war, wurde offenbar zur Zielscheibe von Attacken.

» **Peter Bömmels:** Die fanden das, was wir machten, ja das Letzte. ›Pubertärer Kindergarten‹, sagte Jürgen Klauke. Und als wir dann auch noch Markt-Aufmerksamkeit dafür bekamen, wurde es ganz schlimm. Aber Ignoranz ging dann nicht mehr. Und im Laufe der Zeit haben letztlich alle [vom Erfolg der »Mülheimer Freiheit«] profitiert.

Diedrich Diederichsen, der zu jener Zeit in Hamburg schon mit den jungen Malern Albert Oehlen und Werner Büttner befreundet war und von dort aus den Aufstieg der »Jungen Wilden« verfolgte, vermutet, dass hinter solchen Rangeleien eher ein Generationskonflikt steckte.

» **Diedrich Diederichsen:** Die ältere Generation waren halt so nervige Rock-Authentizisten, die einen besoffen anlaberten. Und damit meine ich gar nicht mal Klauke oder [Michael] Buthe, die bekannteren Künstler dieser Generation, sondern eher unbekanntere Figuren wie Charly Banana, deren Grundhaltung war: Wir haben uns hier schon früher einen reingezogen – und jetzt kommen all diese neuen Leute und reden schlau daher!

Tatsächlich machten die älteren Gegner der »Mülheimer Freiheit« den jüngeren Vertretern der Gruppe vor allem politische Vorwürfe. Die Gipfelstürmer, so hieß es, würden sich an den Kunstmarkt verkaufen. Ein Vorwurf, der die sechs aber nicht weiter bekümmerte, und ihren Siegeszug aufhalten konnte derart hämisches Gerede natürlich erst recht nicht. Ebenso wenig wie die Empörung einiger Galeriebesucher, die sich bei Maenz über die ›wilden‹ Maler beschwerten. Einige Sammler drohten Maenz nach der Ausstellung im November 1980 sogar an, umgehend die Galerie zu wechseln, wenn er weiterhin derartige »Kindergartenkunst« protegieren würde. Woraufhin der Galerist nur müde mit den Achseln zuckte. Zusammen mit seinem Kompagnon Gerd de Vries zog Maenz seinen konzeptionellen »Luftröhrenschnitt« unbeeindruckt durch. Und: Er schickte seine umstrittenen Jungstars rasch auf Tournee quer durch die Republik und durch Westeuropa.

Anderthalb Jahre lang nahmen die jungen Maler aus Köln geradezu rastlos entweder einzeln oder als Gruppe an Kunstausstellungen teil. Ihre Arbeiten wurden in Groningen, in München, in Basel, in Berlin, in Edinburgh und in New York gezeigt. Und: Im ostfriesischen Wilhelmshaven, bei einer Schau über »Seefahrt und Tod« in der Malerei, obwohl die maritime Erfahrung der Gruppe gering war und sich nach den Worten von Gerhard Naschberger auf eine Ruderbootfahrt auf dem Wörthersee beschränkte.

Zunächst also ging der Sternenflug der Maenz-Boys weiter und weiter. Bis er nach knapp zwei Jahren dann doch ein relativ schnelles Ende fand. (So wie es bei schlagartig erfolgreich gewordenen Popstars leider öfter der Fall ist.) Der Auslöser dafür war anscheinend ein Tour-Koller. Die sechs Künstler gingen sich nach Monaten des ständigen Aufeinander-Hockens schlicht auf die Nerven. Und weil sie von vornherein sehr unterschiedliche Künstlerpersönlichkeiten waren, fühlten sie sich durch den Gruppenzwang zunehmend eingeengt. Das Resultat war der letztlich unvermeidbare Bruch. Dokoupil, der vorher viele Bilder mit Dahn zusammen gemalt hatte, war zum Jahresende 1982 der Erste, der aus dem gemeinsamen Atelier an der Mülheimer Freiheit 110 auszog und sich einen eigenen Arbeitsraum anmietete. Damit war die Auflösung der Gruppe eigentlich schon besiegelt, auch wenn die anderen fünf Mitglieder noch etwas länger zusammenblieben. Der endgültige Todesstoß fürs Kollektiv erfolgte dann zum Jahreswechsel 1982/83, als Paul Maenz der Truppe verkündete, dass er nur noch mit dreien weiter zusammenarbeiten wollte – nämlich mit Dokoupil, Dahn und Bömmels.

» **Peter Bömmels:** Das war eine Wegscheide, und danach war die Mülheimer Freiheit eigentlich kraftlos. Dokoupil hatte sein eigenes Atelier und trieb sich in New York rum. Ich persönlich fand es sehr schade, dass dieses fruchtbare Nebeneinander eines Gruppen-Ichs mit seinen Selbst-Ichs nur für diese relativ kurze Zeit wirken konnte. Es wäre spannend gewesen, diese Vielfalt auszuspielen und mit sich selbst in permanenter Konkurrenz zu stehen. Aber gut, wenn keine Musik mehr drin ist, warum sollte man sich das Quietschen anhören? Trotzdem hätte ich mir eine intensivere Diskussion um dieses Auseinandergehen gewünscht. Aber bei den anderen Beteiligten gab's keinen Bedarf.

Immerhin aber legte das Sextett im Mai 1982 noch einen standesgemäßen Abschied hin. Den Anlass dazu bot eine Einladung des Wolfsburger Kunstvereins. Obwohl der Zusammenhalt der Gruppe schon damals nicht mehr allzu eng war, raufte sie sich für diese Ausstellung ein letztes Mal zusammen, erzählt Peter Bömmels. »Weil dieser Termin schon länger vereinbart war, mussten wir da hin. Also haben wir uns für die Fahrt nach Wolfsburg einen VW-Bus gemietet und hatten uns auf der Hinfahrt auch schnell auf das Thema ›Autos und Sex‹ geeinigt.« Ein für die Autostadt Wolfsburg aus Sicht der sechs Kunstprovokateure offenbar naheliegendes Sujet.

Fertige Bilder hatten die sechs Künstler auf ihrer Fahrt nach Wolfsburg aber noch nicht im Gepäck, diese wollten sie dann erst nach ihrer Ankunft fabrizieren. Oder genauer gesagt: direkt auf die Wände des Wolfsburger Ausstellungsraums malen. Über mögliche Motive hatte man sich auf der Hinfahrt bereits verständigt. Wandgemälde mit »riesigen Penissen auf Rädern, angestarrt von vollbusigen Frauen mit Zöpfen, und solche Sachen« (Peter Bömmels), schwebten den sechs Malern vor. Laut *SPIEGEL*-Bericht war in der Wolfsburger Schau hinterher dann tatsächlich unter anderem ein Bild von »den vier VW-Werkstürmen als Phalli« zu sehen sowie ein anderes mit einem »Kerl«, der »mit einem Knüppel auf ein Auto ein[schlägt]«. Was motivisch in der VW-Stadt Wolfsburg natürlich ein gewisses Skandalpotenzial barg.

Darüber hinaus hatten die sechs Kölner vor ihrer Ankunft auch nicht bedacht, dass ihre Ausstellung gar nicht im lokalen Kunstverein stattfand, sondern im Wolfsburger Schloss. Und dessen prunkvolle Wände nun mit motorisierten Penissen oder prügelnden Hooligans »vollzuknallen« (Bömmels), ging den Organisatoren dann doch zu weit. Also wurden eilig Stellwände aus Sperrholz in den Schloss-Saal geschafft, auf welchen sich die wilden Maler dann nach Herzenslust austoben konnten. Das Ergebnis der Kreativorgie war laut *SPIEGEL* »obszön« und sorgte einmal mehr für Tumult, weil im Wolfsburger Schloss zeitgleich eine VW-Konferenz mit hochrangigen Automobil-Managern aus aller Welt stattfand. Diese Herren mussten auf ihrem Weg zu den Besprechungen nun an den Stellwand-Bildern der »Mülheimer Freiheit« vorbei, was ihnen nach Meinung der VW-Oberen nicht lange zuzumuten war. Die Bilder der Ausstellung wurden flugs mit Tüchern verhängt, wofür wiederum der Vorsitzende des Wolfsburger Kunstvereins überhaupt kein Verständnis hatte. Er sprach öffentlichkeitswirksam von Kunst-»Zensur« und das Ergebnis war ein letztes Mal ein herrlicher, bundesweit wahrgenommener Zoff um die »Mülheimer Freiheit«. »Das war dann unser Abgesang«, bilanziert Bömmels. »Lustig bis hinterlistig und ein Bombenerfolg – und völlig unbeabsichtigt.«

»Von hier aus«: Kölns Aufstieg zur Kunsthauptstadt Europas

Der Rummel um die »Mülheimer Freiheit« und die Neuen Wilden lockte in den Achtziger-Jahren dann gleich eine ganze Reihe prominenter Künstler und Künstlerinnen sowie Galeristinnen und Galeristen nach Köln. Als Erster kam 1982 Martin Kippenberger, der sich in Köln (wie schon an seinen vorherigen Wohnorten Hamburg und Westberlin) schnell als Betriebsgroßmaul aufspielte. Ihm folgte 1983 sein Galerist Max Hetzler, der aus Stuttgart herzog. Hetzler wiederum brachte Gisela Capitain mit, Kippenbergers Vertraute und Managerin, die beim Galeristen eine Anstellung bekam. Was ungewöhnlich war, weil Capitain vorher als Grundschullehrerin gearbeitet hatte und weder ein kunstaffines Studium noch Berufserfahrung in einer Galerie vorweisen konnte. »In dem Moment, wo ich aus Berlin nach Köln umgezogen bin«, erzählt sie im *Audioarchiv Kunst,* »war klar, dass ich meinen alten Beruf nicht mehr weiterführen würde.« Dabei stellte Gisela Capitain verblüfft fest, dass sie durch ihre Zusammenarbeit mit dem kreativ überschäumenden Kippenberger, für den sie in Berlin quasi den gesamten Alltag organisiert hatte, bereits bestens auf ihren Job als Galerie-Assistentin vorbereitet war. »Für mich war die Zeit mit ihm die lehrreichste hinsichtlich der Frage, was Gegenwartskunst bedeutete. Und ich erfuhr dann durch meine Arbeit in der Galerie Max Hetzler mit seiner Partnerin Bärbel Grässlin, dass das, was ich in Berlin erlebt hatte, ein wirklich solider Grundstock war.«

Ihr neuer Chef Max Hetzler, der seine Galerie neun Jahre lang in Stuttgart geführt hatte, galt zu diesem Zeitpunkt neben den Kölner Kunsthändlern Paul Maenz und Michael Werner als einer der wichtigsten Galeristen für deutsche Gegenwartskunst. Und glaubt man Capitain, dann war es vor allem einem dritten namhaften Kölner Galeristen zu verdanken, dass der ambitionierte Hetzler sich 1983 für Köln als neuem Standort entschied – und nicht für Westberlin: nämlich Rudolf Zwirner, dem Erfinder der Kunstmesse *Art Cologne*. »Rudolf Zwirner war ja eine ganz wesentliche Figur, sehr initiativ und integrativ«, berichtet Capitain im *Audioarchiv Kunst*. »Und der hat mit Max Hetzler Gespräche geführt und konnte ihn schließlich überreden, dass sich in Köln ein Feld an Galerien entwickelt hatte, das für die Gegenwartskunst bald ganz wesentlich sein würde. Es gab hier ja schon Michael Werner mit den deutschen Künstlern aus den Sechziger-Jahren, die Kippenberger immer mit dem ›Sachsen-Bonus‹ beschrieben hat. Also: Penck, Baselitz, Polke. Und es gab dann bald auch Monika Sprüth, die kurz vor Max Hetzler 83 ihre Galerie eröffnet hat. [...] Und danach sind noch weitere Kollegen wie Buchholz oder Esther Schipper aktiv geworden. [...] Es war einfach eine Gemengelage, die einerseits so reichhaltig und andererseits so konkurrenzbetont war, dass man sich da einfach dazustellen wollte.«

Hetzlers Zuzug erhöhte den Glamourfaktor Kölns als Kunststadt 1983 zweifellos und hatte in der Branche Signalwirkung, zumal er seine prominenten »Hetzler Boys« an den Rhein mitbrachte: eine Gruppe junger, ehrgeiziger Künstler rund um Martin Kippenberger, die damals als *die* interessanten Figuren in der westdeutschen Kunstwelt gehandelt wurden. Neben Kippenberger gehörten Albert und Markus Oehlen, Werner Büttner, Günter Förg, Hubert Kiecol, Reinhard Mucha, Meuser und Georg Herold dazu. Wobei Ersterer als begnadet polemischer Sprücheklopfer klar der ›Chef‹ des Rudels war.

Kaum in Köln angekommen, begann diese Truppe nun, die einschlägigen Szeneläden aufzumischen. Egal, ob das *Grüne Eck* oder das *Cafe Central*, das *Broadway* oder das *Chin's* in der Südstadt, das *Blue Shell* oder das *Königswasser*: Wo auch immer diese lärmende Bande auftauchte, ging's rund.

» **Peter Bömmels:** Die Neuankömmlinge setzten alles daran, aufzufallen. Die Hamburger, also Büttner, Herold, Kippenberger, Oehlen, hatten ja sogar einen Stammtisch, wo sie gemeinsam Lieder grölten, die Glückauf-Hosen runterließen und auf die Tische stiegen. Uns lag das weniger. Im Gegensatz zu den Hamburgern waren wir auch nie zynisch. Höchstens liebevoll ironisch. Wir hatten einfach einen anderen Humor. Dafür waren Hetzler und seine Entourage manische Strategen und emsige Sammlerbeschwörer. Und Kippenberger war der Kapitän, aber auch die Ausnahmefigur der Gruppierung und nach meinem Gefühl der einzig Authentische.

Dem einstigen Kippenberger-Freund Albert Oehlen indes scheint seine Teilnahme an den gemeinschaftlichen Touren durchs nächtliche Köln inzwischen doch etwas peinlich zu sein. Von Kippenbergers Schwester Susanne für ihre 2007 erschienene Kippenberger-Biografie darauf angesprochen, antwortete Oehlen eher kleinlaut: »Zusammen mit Hetzler haben wir uns zum Affen gemacht. Wir sind auf die Tische gestiegen und haben die Hosen runtergezogen. Künstlerextremverhalten. Es war auch sehr anstrengend.«

Innerhalb der Kunstszene wurde die Begegnung der »Hetzler-« mit den »Maenz-Boys« in Köln dann schnell zum ›Bandenkonflikt‹

hochstilisiert, bei dem es angeblich um die Vorherrschaft in der Domstadt ging. Doch ob diese Konkurrenz wirklich so kämpferisch war, wie behauptet, ist zweifelhaft.

» **Isabelle Graw:** Mir war von Anfang an klar, dass die sogenannten Hetzler-Boys die Interessanteren sind. Deshalb habe ich mich mit der Kunst der ›Mülheimer Freiheit‹ kaum auseinandergesetzt. Im Rückblick muss man heute aber sagen, dass die Polarität zwischen diesen Gruppierungen übertrieben wird. Denn gleichzeitig gab es Freundschaften über die sogenannten Grenzen hinweg. Ich erinnere mich zum Beispiel an ein Essen mit Kippenberger, bei dem Dokoupil ganz selbstverständlich mit am Tisch saß.

Für Künstlerinnen, Galeristinnen, Kritikerinnen oder überhaupt für Frauen jedoch, die der aufgekratzten Jungmännerhorde rund um Martin Kippenberger damals in den Kölner Kneipen begegneten, wurde das Zusammentreffen häufig unangenehm, wenn nicht zum Schockerlebnis. In der Regel schwer angetrunken, hatten die »Hetzler-Boys« in den Kneipen keine Hemmungen, Frauen die übelsten Macho-Sprüche an den Kopf zu knallen oder grölend sexistische Witze zu reißen. Völlig despektierlich griffen die selbst ernannten »Extremkünstler« Zufallsbekanntschaften auch ungefragt an den Busen. Man schrieb die martialischen Achtziger-Jahre. Ein schwarzhumoriges, hartes Jahrzehnt, in dem selbst heftigste Beleidigungen unter jungen Hipstern als normaler Umgangston durchgingen und bei Nachfrage mit der Begründung weggewitzelt wurden, man habe diese doch gar nicht so ernst gemeint, sondern nur als scherzhafte Provokation. Im Namen des angeblich befreienden Tabubruchs war in jener Dekade der soldatischen Schulterpolster und des eisklirrenden Synthesizer-Pops vieles erlaubt – und nahmen hochtrainierte Lästermäuler wie Martin Kippenberger leichthin in Kauf, dass sie mit ihrem diffamierenden Spott andere zutiefst verletzten.

Das sollte man bei aller gerechtfertigten Kritik am ethisch fragwürdigen Verhalten der »Hetzler-Boys« vor vierzig Jahren mitbedenken. Sie waren eben auch Künstler ihrer Zeit, in der man im hart umkämpften Kunstbetrieb von aufstrebenden Jungstars ein gewisses, »viriles« Terrorverhalten geradezu erwartete. Hartgesottenheit hieß die Image-Währung jener Tage. Und so ernteten die Rüpeleien der »Hetzler-Boys«, die heutzutage vermutlich sofort eine Karriere beenden würden, kaum Widerspruch und hatten beruflich keine negativen Folgen für die Truppe. Ganz im Gegenteil. Sie erhöhten deren Star-Nimbus eher noch.

Und wie man es aus dem Kulturbetrieb kennt, verströmten die neu nach Köln gezogenen Künstler samt ihres Stargaleristen Hetzler schon bald eine große Anziehungskraft auf andere Stars und Sternchen. Dort, wo die Musik spielt, möchte man als junger, ehrgeiziger Mensch nun einmal unbedingt hin und mitspielen. Und ab 1982/83 spielte die Musik der Kunstwelt ganz eindeutig in Köln, das nun zu dem wichtigsten Hotspot für Gegenwartskunst in Deutschland aufstieg, wenn nicht in Europa.

» **Isabelle Graw:** Köln war in den 1980er und 90ern das Kunstzentrum Europas. Ich wüsste nicht, wo es sonst hätte sein sollen. Zwar passierte in London ebenfalls viel. Doch es gab dort nicht dieses Ausmaß an diskursiver Aktivität. Was in London also fehlte, waren die Begleiterscheinungen, die eine Kunstproduktion über sich selbst hinaus interessant machen. Etwas anmaßend gesagt, gab es in London weder *SPEX* noch *Texte zur Kunst*. Und für uns war klar, dass wir in Köln genau am richtigen Ort zur richtigen Zeit waren.

» **Daniel Buchholz:** Von hier aus konntest du schnell mal nach Brüssel, Lüttich oder Amsterdam fahren. Von Berlin, Hamburg oder München aus war das weniger gut möglich. Darüber hinaus gab es in Köln aber auch immer schon ein sehr kunstfreundliches Publikum, was vielleicht mit der rheinischen Mentalität zusammenhängt. Düsseldorf mit seiner Kunstakademie war in der Nähe. Bonn ebenfalls, die damalige Bundeshauptstadt. Aber weil da außer Politik nicht wirklich viel stattfand, war Köln ja eigentlich die heimliche Hauptstadt.

Was prompt dazu führte, dass Deutschlands viertgrößte Stadt vor lauter Gegenwartskunst und neu zugezogenen Kunstmenschen schon bald aus allen Nähten zu platzen drohte. Wohnten laut internationalem *Art Diary* 1979 offiziell fünfzig Künstler in Köln, waren es 1981, nur zwei Jahre später, mit hundertfünfzig bereits dreimal so viele, bevor sich die Zahl 1985 dann noch einmal potenzierte und auf sechshundert Künstler mit Kölner Wohnadresse anwuchs. Auch die Zahl der Galerien nahm sprunghaft zu. »Auf 5500 Bürger kommt eine Kunstgalerie«, rechnete Heinz Peter Schwerfel in einem Artikel von 1987 vor. »Das ist meines Wissens nach Weltrekord.«

In der Tat. Denn bei knapp einer Million Einwohnern in Köln residierten 1987 demgemäß rund 180 Galerien in der Stadt. Wahrlich eine stolze Summe. Und von diesen 180 Galerien wurden nicht wenige, nämlich immerhin ein Drittel, von Frauen geführt. Schon das deutet darauf hin, dass nicht nur namhafte männliche Galeristen am Kölner Kunstboom beteiligt waren, sondern auch eine Reihe visionärer Galeristinnen.

» **Diedrich Diederichsen:** Aus Hetzlers Galerie gingen ja viele erfolgreiche Galeristinnen hervor. Seine Assistentinnen hießen der Reihe nach: Gisela Capitain, Bärbel Grässlin, Sophia Ungers. Lauter Frauen, die direkt nach ihrer Zeit bei Hetzler dann selbst erfolgreiche Galerien machten. Und dann gab's natürlich noch Monika Sprüth und Philomene Magers. Und diese Reihe von Kölner Galeristinnen entwickelte nun interessante Alternativen zur stark männlich geprägten Kunstwelt. Die förderten zwar nicht unbedingt Frauen, holten aber Leute aus den USA nach Köln. Ich würde sogar behaupten: Es waren vor allem die Galeristinnen, die Leute aus den USA holten. Das hatte eine sehr wichtige Bedeutung für Kölns Entwicklung zur internationalen Kunststadt.

Man kann es an dieser Stelle also gar nicht laut genug betonen, dass es vor vierzig Jahren nicht zuletzt mutige Frauen waren, die den erstaunlichen Aufschwung Kölns zur international gefeierten Kunsthauptstadt entscheidend mitbefördert haben. Und das, obwohl der westdeutsche Kunstbetrieb damals klar in Männerhand lag und die dominanten Platzhirsche sowohl Künstlerinnen als auch Galeristinnen oft nicht recht ernst nahmen. Als beispielhaft für diese Stimmung sei ein Ausspruch des Kölner Galeristen Hans Jürgen Müller zitiert, den man in einem Text der damaligen Kulturredakteurin Marie Hüllenkremer von 1987 nachlesen kann. Auf Hüllenkremers Frage, wie Müller den auffälligen Zuwachs an Galeristinnen in Köln wahrnehme, antwortete der alteingesessene Kunsthändler mit höhnischem Spott: »In früheren Jahren hätten sie eine Boutique aufgemacht, heute versuchen sie's mit einer Galerie.«

Zum Glück aber ließen sich Vorreiterinnen wie Monika Sprüth von solchen despektierlichen Sprüchen nicht abschrecken. In Köln aufgewachsen, hatte Sprüth Architektur studiert und arbeitete zunächst als Stadtplanerin in Oberhausen, bevor sie sich 1983 entschloss, in der Kölner Südstadt eine Galerie aufzumachen. Vorausgegangen waren diesem riskanten Jobwechsel viele Gespräche mit ihren Künstlerfreunden Rosemarie Trockel, Andreas Schulze, Georg Dokoupil und Walter Dahn, die ihr auch wichtige Kontakte vermittelten. Am Anfang, so erzählt Walter Dahn, sei Sprüths Galerie eigentlich als Freundschaftsprojekt gedacht gewesen. »Wir haben uns dann alle zusammengesetzt und gesagt: ›Also Monika, du musst es jetzt machen! Du machst jetzt 'ne Galerie!‹ Und dann ist die Monika mit uns mitgekommen und hat Dates gemacht mit Leuten, die sie gut fand, so 82. In New York hat sie dann Jenny Holzer getroffen, Cindy Sherman und mit ihnen allen Ausstellungen abgemacht. Und die waren natürlich sehr daran interessiert, in Europa auszustellen. Respektive: Vor allem in Köln. Denn Köln war ja damals das Zentrum in Europa.«

Künstlerfreunde wie Dahn rieten der jungen Monika Sprüth 1983 wohl nicht ganz uneigennützig dazu, eine Galerie aufzumachen. Schließlich sollte ihr Geschäft ursprünglich ein Präsentationsraum für Kunst aus dem Freundeskreis sein. Sehr schnell aber emanzipierte sich die Galeristin von dieser Helferrolle und hielt auch abseits von Köln nach Talenten Ausschau. Ihre Begegnungen mit den gesellschaftskritischen US-Künstlerinnen Cindy Sherman und Jenny Holzer, die mit ihren Arbeiten vorherrschende patriarchale Denkmuster hinterfragten (und das bis heute tun), haben Sprüth dann offenbar zusätzlich darin bestärkt, sich früh intensiv mit der Arbeit von Künstlerinnen zu beschäftigen und für eine Rehabilitierung der damals geächteten »Frauenkunst« einzutreten. »Schon 1983 stellte ich bewusst Frauen aus, weil ich glaubte, hiermit eine wichtige Aufgabe im damaligen Kunstgeschehen zu erfüllen«, begründete die Galeristin ihr feministisches Engagement im *Kölner Stadt-Anzeiger* 1993. »Ich kannte viele Künstlerinnen, die zwar im Kunstdiskurs genannt wurden. Aber wenn es um das Kaufen von Kunst ging, wurde es schwierig.« Um die zu jener Zeit schlecht beleumundete Kunst von Frauen überhaupt erst einmal sichtbarer zu machen, veranstaltete Monika Sprüth 1985, 1987 und 1989 unter dem ironischen Titel *Eau de Cologne* dann gleich drei Ausstellungen in ihrer Galerie, die ausschließlich Künstlerinnen gewidmet waren. Sie habe damit absichtlich zwei Jahre lang gewartet, verriet sie dem Berliner *Tagesspiegel*, als Neueinsteigerin wäre eine solche Veranstaltungsreihe zu riskant gewesen. »Ich bin es, sagen wir mal, geschickt angegangen«, so Sprüth. »Die erste Ausstellung nur mit Frauen habe ich erst gemacht, nachdem meine Galerie schon eine gewisse Akzeptanz hatte.« Anders gesagt: Sich als Galeristin in den patriarchalischen Achtziger-Jahren als Feministin zu outen, war heikel. Umso mehr aber erregte die *Eau de Cologne*-Reihe ab 1985 Aufsehen und wurde vor allem von Frauen in der Kölner Kunstszene als kämpferisches Signal wahrgenommen. Heute gilt Monika Sprüth als Vorkämpferin für Gendergerechtigkeit in der Branche und wurde 2022 deswegen mit dem Preis der *Art Cologne* geehrt.

Mit der in Paris aufgewachsenen Esther Schipper holte Sprüth dann 1984 eine weitere durchsetzungsstarke Kunst- und Künstlerinnen-Promoterin als Assistentin nach Köln, die 1989 ihre eigene Galerie eröffnete und ebenfalls steil Karriere machte. Nachdem Schipper sich zunächst als Kunsthändlerin profiliert hatte, avancierte sie in den Neunziger-Jahren zu einer zentralen Impulsgeberin für die Kölner Szene und war etwa entscheidend an der Konzeption der viel beachteten *Köln Show* 1990 beteiligt. Heute gilt sie als weltweit erfolgreiche Topgaleristin, die für avancierte gesellschaftskritische Konzeptkunst bekannt ist. Anders als ihre ehemalige Chefin aber ist Esther Schipper eine klare Befürworterin der Frauenquote im deutschen Kunstbetrieb. »Ich denke, ohne klappt es nicht«, erklärte sie in einem *SPIEGEL*-Interview vom November 2022. »Wir gewöhnen uns sonst an Probleme und brauchen Impulse von außen, um uns wieder damit auseinanderzusetzen.«

Mit Gisela Capitain kam Mitte der Achtziger-Jahre dann noch eine dritte herausragende und feministisch orientierte Galeristin in Köln dazu, die nach eigenem Bekunden durch das Beispiel von Monika Sprüth angeregt worden war. Nach drei Jahren Ausbildung bei Max Hetzler machte sie sich 1986 als Galeristin selbstständig. Wobei ihr Hetzler tatkräftig beim Aufbau des eigenen

Geschäfts half. Er vermittelte seiner ehemaligen Assistentin nicht nur Künstler aus seiner Kartei, sondern riet Capitain auch dazu, sich erst einmal auf Papierarbeiten, Druckgrafiken und Multiples zu spezialisieren. Im März 1986 feierte sie dann mit einer Ausstellung von Pappskulpturen des österreichischen Künstlers Heimo Zobernig Eröffnungspremiere, bei der sie gleich zwei Arbeiten jeweils an A. R. Penck und an Martin Kippenberger verkaufen konnte. Ähnlich wie ihre Kollegin Monika Sprüth aber trat Gisela Capitain danach zügig aus dem Schatten ihrer männlichen Unterstützer heraus, wobei die Bekanntschaft mit der US-Fotografin und Linksaktivistin Zoe Leonhard in New York eine wichtige Rolle spielte: »Diese Begegnung war für mich ein ähnlich intensives Erlebnis wie damals mit Kippenberger«, erzählt sie. »Mir wurde daraufhin klar, dass Künstlerinnen ein wesentlicher Bestandteil meines Programms werden sollten.«

Die Riege der einflussreichen Kölner Galeristinnen wurde 1984 schließlich durch Tanja Grunert komplettiert, ebenfalls eine »Frau mit Biss« (*taz*-Porträt 1995), die schon bald vorne im Kunstgeschäft mitmischte. In Köln bezog sie 1984 eine alte Werkstattgarage an der Venloer Straße in Ehrenfeld. Hier war alles großzügig gestaltet und das Kunstangebot, das die junge Galeristin in der weitläufigen Halle präsentierte, äußerst vielfältig. Man konnte bei ihr die surrealen »Misfits« von Thomas Grünfeld erwerben, bizarre Tierskulpturen von Zwitterwesen aus Schaf und Bulldogge, Hirsch und Giraffe oder Küken und Wellensittich. Grunert hatte aber auch eher theorielastige Positionen im Angebot, etwa die Arbeiten des vom französischen Strukturalismus beeinflussten Konzeptkünstlers Thomas Locher. Als Frau der großen Geste frönte die aus Stuttgart Zugezogene außerdem in Köln ihrer Vorliebe für das Spektakel. Unvergessen bei Insidern sind bis heute die opulenten Abendessen in ihrer Galerie. Das waren oft regelrechte Gelage mit achtzig oder hundert Gästen, für die Tanja Grunert dann höchstpersönlich kochte – inklusive Vorspeise und Dessert.

Das Telefon schrillt. Ich höre es nicht sofort. Langsam dringt es durch meine Wahrnehmungssysteme – ich stehe in Unterhose im Wohnzimmer und nehme den Hörer ab:

»Ja?«

»Hallo, hier ist Fanta Pfemfert. Sag mal, habt ihr ab morgen und die nächsten Tage Zeit?«

»Kommt drauf an«, ich bin noch ziemlich daneben.

»Also Rio Rent hat gestern gefaxt, dass er schon morgen kommt, um seine Ausstellung aufzubauen. Und außerdem will er nicht ins Hotel, wegen FBI und so ...«

»Und was heißt das?«

»Vielleicht kann er bei dir wohnen?«

»Rio Rent? Mal sehen, muss nachdenken. Ich ruf später zurück.«

»Okay, aber bitte nicht zu spät.«

»Ja, ja, Fanta, bis dann. Tschö!«

Aufgelegt. Rio Rent = überlange Telefonate und entsprechende Telefonrechnungen. Nach Amerika. Oder Agentenparanoia, eben FBI und so.

Und das bei mir zu Hause? Über Tage? Aber kann ja auch interessant sein. Meinetwegen kann Rent bei mir wohnen. Ich rufe Nichtcheck an, frage ihn, ob er dabei ist. Denn ›ihr‹ sind wir: Nichtcheck und ich betreiben eine kleine Firma bzw. bieten Galerien einen Rundumservice an. Dafür werden wir immer mal wieder gebucht. So auch jetzt. Nichtcheck sagt Ja, ich rufe Fanta zurück: Okay, wir sind an Bord.

Am nächsten Tag laufen wir bei Fanta auf. Sie steht vor dem Galerie-Office in der Sonne. Rio ist gerade erst aus New York gekommen, der Flug hatte Verspätung. Jetzt liegt er auf dem Sofa in der Galerie und pennt – Jetlag. Fanta kaut auf dem Zipfel einer Mettwurst, den sie aus der Tasche ihrer Jeans gezogen hat, und wirkt gestresst. Ihre Löwenmähne ist leicht angegraut, die Figur korpulent, die Kommunikation schnörkellos: Eine

Ansage ist eine Ansage, ist eine Ansage. Da weiß man, wo man dran ist. Rio wecken geht nicht, der muss sich erholen. Fanta öffnet die Tür zur Galerie, der Künstler schnarcht.

»Sorry fürs Umsonstkommen! Aber morgen geht's los! Dann wird eine LKW-Ladung Sand aus der Kiesgrube geliefert, die in die Galerie geschaufelt werden muss. Den Sand braucht Rio für seine Installation. Dann kann er auch bei dir einziehen.«

Aha, es gibt einen Plan: Sand schaufeln, Installation aufbauen, bei mir einziehen. Und das Geld?

»Keine Sorge, das kriegt ihr schon.«

Am nächsten Tag ketten wir unsere Fahrräder im Zugangsweg der Galerie an und gehen gleich wieder auf die Straße. Es ist neun Uhr, auf dem Bürgersteig erhebt sich ein Haufen Sand. Zwei Schaufeln stecken drin, zwei Schubkarren stehen daneben. Wir gehen ins Galerieoffice, Fanta grüßt nur kurz. Mit gedämpfter Stimme ruft sie:

»Moment, muss erst noch den Gerichtsvollzieher abfertigen.«

Während wir rauchen, sehen wir uns den Sand genauer an: viel, sehr viel Sand. Danach gehen wir durch die große Schiebetüre in die Galerie. Dort läuft ein schlanker, mittelgroßer Mann in weißem Hemd und Jeans herum. Er hat schüttere, braune Haare und ein freundliches Gesicht. Kaum hat er uns gesehen, kommt er auf uns zu:

»Hi, I'm Rio. You must be Nichtcheck and DocGreg – höhö, funny names!«

»And you are Rio? We will help you with your installation.«

»I know, fine! What do you know about my work?«

»To be honest: nothing.«

Fanta betritt den Galerieraum, platzt in unser Gespräch:

»Sagt mal, Rio und ich müssen gleich los und sind dann ein paar Stunden weg. Inzwischen schaufelt ihr bitte den Sand in die Galerie und verteilt ihn dort gleichmäßig. Im Lager findet ihr Stücke von Landkarten, ausgeschnitten und unter Plexiglas.

Die sind noch in Lupofolie verpackt. Also vorsichtig auspacken, später müssen die an die Wände. Und kannst du Rio bitte den Wohnungsschlüssel geben. Ich bring ihn dann direkt zu dir nach Hause. Okay?«

»Okay?? Direkt zu mir?? Und der Sand? Einfach in die Galerie kippen?«

»Yes, ca. zwanzig Zentimeter hoch. Und gleichmäßig verteilen.«

»Wie'n Sandkasten?«

»Ungefähr.«

Fanta greift sich Rio und versucht ihn aus der Galerie zu bugsieren. Der aber zögert noch und fasst Nichtchecks Arm:

»Maybe you can hang the maps? That would be great!«

»But we haven't got any clue about your ideas or intentions.«

»That's no problem! Don't think so much, I need your creativity!«

Ich gebe Fanta den Ersatzschlüssel zu meiner Wohnung:

»Bitte sag Rio, dass er nicht gleich telefonieren soll. Ich hab gehört ...«

Fanta steckt den Schlüssel ein, zieht Rio aus der Galerie, Nichtcheck und ich sind allein. Stundenlang schaufeln wir den Sand erst in die Schubkarren, schieben die in die Galerie, um sie dort zu entleeren. Vorsichtig verteilen wir die Ladung dann auf dem gesamten Galerieboden, schichten den Sand auf ca. zwanzig Zentimeter Höhe auf. Das geht ganz schön in die Knochen. Mittags essen wir Currywurst aus der Metzgerei schräg gegenüber. Am frühen Abend ist das Ende der Buddelei endlich in Sicht, also mal wieder 'ne Zigarettenpause machen. Nichtcheck hält mir das Feuerzeug hin, wir zünden die Kippen an, obwohl Nichtcheck als Straight Edger eigentlich nicht raucht:

»Und dann die Landkarten an die Wände?«

»Aber vorher auspacken.«

»Mann, das kann ja noch Stunden dauern!«

»Ja, ist 'ne ziemliche Plackerei. Und morgen ist auch noch ein Tag.«

Wir lassen den Sand erst mal Sand sein und nehmen uns die Landkarten vor. Vorsichtig schälen wir sie aus der Lupo und überlegen, wie wir sie aufhängen: I need your creativity! Schließlich machen wir es wie immer, bohren Löcher in die Wände und befestigen die Karten mit Spezialdübeln so, dass es ungefähr symmetrisch wirkt. Als Nichtcheck dann auf die Uhr sieht, ist es neun Uhr abends, von Fanta und/oder Rio keine Spur. So schließen wir den Laden ab und fahren heim. Morgen sollen wir eh wiederkommen, also nehme ich den Schlüssel mit.

Als ich die Wohnungstür aufschließe, höre ich aus dem Wohnzimmer bereits lautes Schnarchen. Ich öffne die Tür, Rio liegt auf der Couch, den Mund offen, die Klamotten weithin im Zimmer verstreut. Neben der Couch steht eine leere Bierflasche, im Aschenbecher liegen ausgedrückte Kippen. Ein Blick aufs Telefon, anscheinend ist es unberührt. Das ist schon mal gut. Dafür steht in der Küche der Kühlschrank offen. Auf dem Boden hat sich eine Pfütze gebildet. Erst mal wischen. Rio schnarcht derweil weiter. Fürs Ausgehen bin ich nach der Schaufelei zu müde. Da bleibt nur eine Tiefkühlpizza, zwei Zigaretten und zwei Bier.

Als ich am nächsten Morgen früh ins Wohnzimmer komme, sitzt Rio schon in Unterhose auf einem Stuhl, hat seine Unterlagen ausgebreitet. Der ganze Boden ist mit eng beschriebenen Blättern übersät, selbst an den großen Scheiben zum Balkon kleben mit Tesafilm befestigte Notizen. Fotos und Landkarten runden das Chaos ab. Rio nickt mir kurz zu, wühlt in den Papieren, arbeitet weiter, das heißt, er legt die Papiere weiter aus oder klebt sie an die Fenster. Ich verschwinde in der Küche, mache zwei Kaffee klar, komme wieder. Rio:

»Good morning, how are you?«

»Fine.«

Mehr kann ich nicht sagen bzw. habe ich erst mal genug damit zu tun, das Werk am Boden und den Fenstern zu bestaunen. Ich reiche Rio die volle Kaffeetasse, da kommt schon die nächste Frage:

»Can I call my gallerist in New York?«

»In New York??«

»Yeah, sorry, I know it's expensive! But I really need some information.«

Ich erlaube es, das schreibe ich Fanta auf die Rechnung, die wird schon irgendwie zahlen. Für mich ist es sowieso noch zu früh, ich setze mich an den Wohnzimmertisch.

Als das Telefonat beendet ist, setzt Rio sich neben mich, holt weitere Papiere aus seiner Tasche und möchte mir genau jetzt seine Arbeit erklären. Alles nuschelnd und in *American English*. Er erzählt, dass sich seine Installationen mit den Erfordernissen einer ökologischen Neubewertung der Situation unsrer Erde beschäftigen. Dazu hätte er zusammen mit seiner Kollegin Ivy und anderen die *New-Earth-Collaboration* gegründet. Die Ausstellung bei Fanta führe seine Ideen zur Intervention nun exemplarisch an den Landschaften des vorderen und mittleren Orients vor. Es gehe darum, unfruchtbares in fruchtbares Land zu verwandeln, indem die Flüsse Euphrat und Tigris durch einen Kanal verbunden werden. Wäre man dort schon früher reingegangen, hätte der zweite Golfkrieg nie stattgefunden. Denn dass es da mal krachen würde, hätte er, der Künstler, immer schon vorausgesehen. Und natürlich gerate man mit diesen Kenntnissen ins Visier der Geheimdienste. Er wisse genau, dass er permanent überwacht werde. Deshalb könne er auch nicht im Hotel wohnen, das wäre zu gefährlich.

Während Rio weiternuschelt, hält er mir fast bei jedem Wort ein neues Papier, ein Foto oder eine Landkarte unter die Nase, springt auf, rennt zum Fenster, löst eine Notiz, hängt eine andere auf – es ist unglaublich: Eine persönliche Rio-Performance um acht Uhr in der Frühe. In Unterhose. Zugleich wird Rios Kaffee immer kälter und meine Birne immer weicher. Also stoppe ich Rio. Vorerst:

»Let's go now! Fanta is waiting.«

Rio packt seine abgewetzte Aktentasche, zieht sich an und wir machen uns auf den Weg: der Künstler zu Fuß, ich mit dem Fahrrad langsam nebenher. Auf dem Weg sage ich Rio, dass wir seine Landkarten bereits aufgehängt haben, heute also nur noch den Sand besser verteilen müssen. Es soll aber noch eine Brücke installiert werden, meint Rio. Au Mann, denke ich.

Als wir die Galerie erreichen, steht Nichtcheck schon vor der Tür. Er gibt Rio die Hand, nimmt mich beiseite:

»Und, wie war's?«

Besetztes Wohnzimmer, Kühlschrank abgetaut, Pizza und Bier, halbstündiges Telefonat nach New York, Vortrag über das Zweistromland, FBI, lautet die Kurzfassung. Geht doch, grinst Nichtcheck, während Rio in die Galerie stapft. Wir stehen noch draußen und rauchen, da wird es drinnen laut:

»Oh no – it's all wrong!!«

Schnell drücken wir die Kippen aus und folgen in den Galerieraum. Dort steht Rio, rauft sich die Haare, stürzt auf uns zu: So wäre das nicht gemeint gewesen! Das müsste alles neu gehängt werden: alles runter und dann wieder rauf an die Wände!

Jetzt sind wir erst mal platt. Aber warum krakeelt der hier eigentlich rum? I need your creativity, hieß es doch. Don't think so much, hieß es doch.

Fantas Ansage dagegen ist unmissverständlich:

»Tut einfach, was der Künstler sagt und will!«

Also hängen wir die Plexiglaslandkarten ab, stellen sie vorsichtig zurück ins Lager. Dann ziehen wir jeden Dübel einzeln raus, verspachteln anschließend die Löcher. Es sind viele. Rio läuft inzwischen durch die Galerie, betrachtet die Wände aus verschiedenen Blickwinkeln. Als er damit fertig ist, bedeutet er uns mit Fingerzeigen, wo die ›Maps‹ genau hängen sollen. Wieder befestigen wir sie mit Dübeln an den Wänden. Als Nächstes soll der Sandkasten strukturiert, das heißt zwei Flüsse (Euphrat und Tigris) in ihn eingegraben werden. Das erledigen zwei Kinderschaufeln, mit denen wir uns auf allen vieren und ebenso vorsichtig wie planmäßig durch den Sand buddeln. Inzwischen ist es wieder später Nachmittag. Die Brückenkonstruktion ist Gott sei Dank fertig geliefert worden, muss also nur über den Sandkasten gehievt werden. Das vollbringen wir zu dritt und mit vereinten Kräften. Nun scheint irgendwie Land in Sicht, als Rio sich entschließt, die Maps nochmals umzuhängen: alles von vorne, inklusive des Verspachtelns der Bohrlöcher. Die Zunge hängt uns aus dem Hals, aber nichts hilft. Morgen ist Eröffnung.

Weit nach Mitternacht ist Rio endlich zufrieden.

»Thanks a lot for your help, guys!! That was great! Really!«

Rio umarmt uns und drückt jedem von uns eine kleine Plexiglaslandkarte in die Hand. Wir sind beschämt, bedanken uns und ziehen schnell Leine, bevor Rio wieder auf dumme Gedanken kommt.

Als ich zu Hause bin, falle ich todmüde ins Bett. Auf Rio warte ich nicht, er taucht auch nicht auf. Wahrscheinlich übernachtet er in der Galerie. Fanta zahlt tatsächlich pünktlich, auch des Künstlers Telefonat. Das Beste aber ist Rios kleine Landkarte. Sie hängt bis heute an der Wand im Arbeitszimmer. Auf Dübel und Spachtelmasse habe ich dabei verzichtet.

Im Rückblick pflichtet der Galerist Daniel Buchholz der Einschätzung von Diedrich Diederichsen bei, wonach es in den Achtziger- und Neunziger-Jahren vor allem Galeristinnen wie Sprüth, Capitain oder Grunert (später gefolgt von Esther Schipper, Isabella

Kacprzak und Sophia Ungers) waren, die in der Kölner Kunstszene »den Ton angegeben« hätten. Er selbst stieß 1985 als Benjamin dazu. Ursprünglich wollte Buchholz Buchhändler werden, hatte jedoch als Sohn der Galeristin Anna Friebe zugleich immer schon ein starkes Interesse für Kunst. So absolvierte er seine Lehre im Kunstbuchhandel beim belgischen Marktführer *Posada Art Books* in Brüssel und ging danach (wie so viele Kölner Kreativtalente jener Jahre) erst einmal nach New York, um in der Galerie von Barbara Gladstone das Geschäft von der Pike auf zu lernen. Hier jedoch plagte Buchholz schon bald das Heimweh, zumal er von der anderen Seite des Atlantiks mitbekam, »dass in Köln ja gerade viel los war«. Die Gunst der Stunde wollte es, dass der Galerist Rudolf Zwirner zeitgleich einen Raum in der Bismarckstraße zu vergeben hatte, die Dependance *Galerie & Lager*, die eigentlich sein Sohn David leiten sollte, heutzutage einer der erfolgreichsten Kunsthändler für Gegenwartskunst überhaupt.

> » **Daniel Buchholz:** David [Zwirner] wollte aber lieber Schlagzeuger werden und selbst nach New York ziehen. So wurde die Stelle frei und Zwirner hat sich umgehört. Wer mich nun empfohlen hat, weiß ich nicht genau, ich nehme an, dass es Barbara Gladstone war. Jedenfalls rief mich Zwirner an und fragte, ob ich die Zweigstelle leiten will. Ich habe mir 24 Stunden Bedenkzeit erbeten, schließlich wollte ich cool sein! (Lacht). Innerlich habe ich mich aber gefreut und wollte das gerne machen. Also habe ich zugesagt und war plötzlich Galerist, ganz ohne Programm.

Dennoch schaffte der junge Galerist mit gerade 23 Jahren auf Anhieb den Sprung in die Bundesliga des Betriebs. Gleich seine zweite Ausstellung wurde mit Installationen des Sphärenmusikers Brian Eno zum Publikumsrenner. »Wenn ich morgens in die Galerie kam, stand meistens schon eine Schlange vor der Tür. Dauernd riefen Leute in der Galerie Zwirner an, die dann umständlich zu mir durchgestellt werden mussten. Eine andere Folge dieser Ausstellung war also, dass ich einen eigenen Telefonanschluss bekam«, berichtet Buchholz.

Gutes Timing. Denn aufgrund der inzwischen bestens ausgebauten »Artbridge« zu den New Yorker Galerien erlangte der Kunststandort Köln Mitte der Achtziger-Jahre endgültig den Ruf einer Muss-Adresse. Jeder mit Rang und Namen *musste* jetzt hierherkommen und reüssieren. Wobei der Köln-Hype nun auch in Gegenrichtung der Brücken-Verbindung bestens funktionierte. Denn relativ unerwartet stiegen jetzt auch in den USA die Kurswerte für deutsche Gegenwartskunst rapide an.

Dieser erstaunliche Trendwechsel innerhalb der US-amerikanischen Kunstszene hatte sich schon ein paar Jahre früher angedeutet, sodass plötzlich immer öfter Namen wie Kiefer, Baselitz, Penck, Richter, Polke oder Lüpertz ganz oben auf der Wunschliste von US-Galeristen und US-Museumsleitern auftauchten. Und auch die jüngeren »Wilden« wie Kippenberger, Oehlen, Büttner, Dahn oder Dokoupil waren in den USA nun auf einmal stark gefragt. »Was in den frühen Achtzigern als Sensation in den geschniegelten Galerien von Manhattan begann, hat zu einem neuen [deutschen] Kanon in den amerikanischen Museen geführt, in dem Künstler wie Anselm Kiefer, Georg Baselitz und Gerhard Richter eine Dauerpräsenz entwickelten«, fasste die *New York Times*-Kritikerin Deborah Solomon 1992 diesen neuen Trend in einer Reportage über die Kunststadt Köln zusammen. Man könne, so Solomon, inzwischen fast den Eindruck gewinnen, als ob die Weltkarte der Gegenwartskunst nur noch aus zwei Ländern bestehe: »Aus Westdeutschland und Amerika.« Wobei die westdeutschen Künstler beim US-Publikum in puncto Beliebtheit laut Solomon klar die Nase vorn hätten.

Doch woher kam auf einmal diese merkwürdige neue Gier der US-Amerikaner nach Kunst *made in Germany* – oder noch besser: *made in Cologne*, die knapp vierzig Jahre nach Weltkriegsende so stürmisch losbrach? Kunstexpertin Deborah Solomon erklärte sie sich damit, dass die deutschen Avantgardisten der Achtziger-Jahre mit dem Hitlerfaschismus und dem Zweiten Weltkrieg ein künstlerisches Thema behandelten, das in der aktuellen US-Kunst jener Zeit quasi nicht vorkam. »Ist der Totalitarismus vielleicht sogar gut [im Sinne von »produktiv«] für Kunst, weil er die Imagination als einzig sicheres Versteck [vor totalitärer Gewalt] ankurbelt?«, brachte die *New York Times*-Schreiberin diese Überlegung sarkastisch fragend auf den Punkt und stellte fest, dass auffällig viele deutsche Kunststars wie Gerhard Richter oder A. R. Penck ehemalige DDR-Flüchtlinge waren, also selbst leidvolle Erfahrung mit einem diktatorischen Unrechtsregime gemacht hatten. Bei anderen wie Anselm Kiefer, Georg Baselitz oder Sigmar Polke wiederum war klar erkennbar, dass sie sich in ihren Werken mit dem Terror des Nationalsozialismus auseinandersetzten. Auf eine solche künstlerische Aufarbeitung der Gewaltexzesse des 20. Jahrhunderts hatten die US-Sammler offenbar lange gewartet, ebenso wie die US-Gesellschaft insgesamt. Von daher war es wohl kein historischer Zufall, dass ungefähr zeitgleich auch die Filme von Rainer Werner Fassbinder und die Romane von Heinrich Böll, Günter Grass oder Uwe Johnson in den USA sehr beliebt wurden.

Der Kulturimport aus *Germany* wurde in den Achtziger-Jahren beim US-amerikanischen Publikum hip, sofern er vom Weltkrieg und NS-Terror erzählte. Und ganz offensichtlich wollten die Bürger der Siegermacht USA es nun doch genauer wissen, wie die ehemaligen Hitlerdeutschen mit ihrer historischen Schuld umgegangen waren – und wie sie damit in der Gegenwart weiterlebten. Was dazu führte, dass die zeitgenössische westdeutsche Kunst in den USA in den Achtzigern boomte wie niemals zuvor. Galeristen aus New York rissen sich jetzt geradezu um Künstler aus der BRD. Gerne auch in Gestalt der jungen »Wilden« wie Walter Dahn, Georg Dokoupil oder Peter Bömmels. Diese drei bei Maenz verbliebenen Newcomer von der »Mühlheimer Freiheit« erhielten 1982 prompt eine Anfrage von der New Yorker Galeristin Mary Boone, ob sie nicht eine Ausstellung bei ihr machen wollten. Und so machten sich Bömmels, Dahn und Dokoupil 1982 zu dritt auf den Weg nach New York. *First Class Express* per Artbridge-Ticket sozusagen.

» **Ralf Niemczyk:** Die Mülheimer hatten 1982 ja bereits eine Gruppenausstellung in New York gehabt mit viel Presse drumherum. In New York als Künstler ausgestellt zu werden, war früher ja viel toller als heute. Sie kamen dann als Stars nach Köln zurück und haben marco-polo-mäßige New-York-Storys erzählt: Frühe Old School und so. Walter Dahn bemalte die Rückwand des *Blue Shells* mit einem Graffiti, auf dem Skelette tanzten. Diese Wand hatte dann auch so was new-york-mäßiges. Über solche Ausstellungen erfuhr ich damals quasi *en passant* von Jeff Koons oder Jean Michael Basquiat. Nebenbei halt. Die kulturelle Bedeutung von all dem hat sich mir erst viel später erschlossen.

»Westkunst«: Was vorher geschah – oder: Warum der Aufstieg Kölns zur Kunsthauptstadt nicht nur ein Zufallsprodukt war

So märchenhaft die Blitzkarriere der Kunststadt Köln in den Achtziger-Jahren auch im Nachhinein anmutet, sie verdankte sich doch keineswegs nur der Laune eines glücklichen Zufalls (wie man vielleicht auf den ersten Blick denken könnte). Nein, die europäische Kunsthauptstadt Köln war stattdessen großteils auch das geradezu logische Ergebnis einer jahrzehntelangen Entwicklung, deren entscheidende Weichenstellungen schon sehr viel früher erfolgten. Nämlich bereits in den Sechziger- und

Siebziger-Jahren. Vor allem der 12. September 1967 markiert hier ein wichtiges, quasi pränatales Geburtsdatum. War es doch der Tag, an dem der Galerist Rudolf Zwirner im Gürzenich feierlich den »Ersten Kölner Kunstmarkt« eröffnete, im zentralen Prunksaal der Stadt. Zwirner gab damit den Startschuss für eine damals ebenso umstrittene wie revolutionäre Erfindung, die er sich zusammen mit seinem Galeristen-Freund Hein Stünke ausgedacht hatte.

Heute besitzt der Name Stünkes, der seit Dezember 1945 mit seiner Frau Eva in Köln-Deutz die einflussreiche Galerie *Der Spiegel* betrieb, keinen so guten Klang mehr, weil schon länger bekannt ist, dass die Eheleute Stünke im Dritten Reich überzeugte Nationalsozialisten waren und beide höhere NS-Posten bekleideten. Dessen ungeachtet aber hat sich das Ehepaar im Nachkriegs-Köln zweifellos große Verdienste als Förderer zeitgenössischer Kunst erworben – und setzte sich mit der klassischen Moderne nach 1945 ironischerweise gerade für jene Stilrichtung besonders ein, die unter den Nazis als »entartet« galt. Entsprechend pflegten die Stünkes seit den Fünfziger-Jahren beste Kontakte zur Pariser Szene und vertraten in ihrer Galerie mehrere wegweisende Künstler der Ersten und Zweiten École de Paris wie Henri Matisse, Pablo Picasso, Max Ernst oder Joan Miró. Mit dem aus Brühl stammenden Künstler Max Ernst und dessen vierter Ehefrau Dorothea Tanning war das Kölner Ehepaar außerdem sehr gut befreundet.

Daneben aber veranstalteten die kunstliebenden Stünkes in den Fünfziger- und Sechziger-Jahren in ihrer Galerie auch sogenannte Mittwochsgespräche. Intellektuelle Salons, zu denen sie nicht nur wichtige Akteure der damaligen Kölner Kunstszene einluden, sondern auch prominente Vertreter anderer Kultursparten wie den Komponisten Karlheinz Stockhausen oder die Literaten Jürgen Becker und Heinrich Böll. Der spätere Erfolgsgalerist Rudolf Zwirner nahm ebenfalls oft an diesen Mittwochsgesprächen teil und hat sie als Runden eines inspirierenden Austausches in bester Erinnerung.

»Fast jeden Mittwochabend trafen sich damals in der Galerie der Stünkes Künstler mit Kritikern und Sammlern«, erzählt er im *Audioarchiv Kunst.* »Aber auch auswärtige Besucher kamen dafür extra nach Köln, um über zeitgenössische Kunst zu sprechen. Und nicht zuletzt durch diese Aktivitäten von Eva und Hein Stünke wurde Köln schon damals zu einem Zentrum für Gegenwartskunst.«

Zwirner, der zunächst Jura studiert hatte, ging dann kurz bei den Stünkes in die Lehre, bevor er seine Ausbildung zum Kunsthändler in Berlin und Paris fortsetzte und schließlich vom *documenta*-Erfinder Arnold Bode zum Generalsekretär der zweiten *documenta* 1959 berufen wurde. Befeuert durch diesen Karriereschub, wagte es Zwirner 1962, mitten in Köln, am Kolumba-Kirchhof, eine eigene Galerie zu eröffnen. Eine Eins-A-Lage, nur wenige Schritte vom Wallraf-Richartz-Museum entfernt, bei der für einen Kunsthändler eigentlich nichts schiefgehen konnte. Doch Zwirners Start erwies sich als äußerst holprig. Trotz seiner guten Kontakte und der Protektion durch die Stünkes lief es für den jungen Galeristen erst einmal schlecht. Oder besser gesagt: Eigentlich überhaupt nicht. Jahrelang hatte Zwirner nämlich praktisch gar keine Kundschaft. »Ich saß in meiner Galerie mit viel Aufwand, aber keiner kam«, resümiert er seinen Fehlstart heute mit lakonischem Witz. Damals aber dachte er, entnervt von der anhaltenden Flaute, bereits ans Aufgeben und plante, mit seiner Galerie nach London umzuziehen, um dort noch einmal ganz von vorne anzufangen. Dann aber kam Rudolf Zwirner 1966 quasi über Nacht unverhofft die rettende Idee, für die er später weltberühmt werden sollte. Wenn die Kunstkäufer nicht zu ihm in die Galerie kamen, so sein eigentlich simpler Gedanke, warum sollte er als Galerist dann nicht einfach seine Kunstwerke direkt zum Käufer bringen? Respektive: Eine Verkaufsmesse für Galeristen veranstalten?!

Heute, in unseren durchökonomisierten Zeiten, hört sich Zwirners Idee denkbar unspektakulär an. Damals jedoch, Mitte der Sechziger-Jahre, war sie nichts weniger als revolutionär. Man schrieb noch die Zeit, als Kunstwerke eine Aura genialischer Besonderheit umflorte, wenn nicht von Heiligkeit. Kunst galt gemeinhin als ein pseudoreligiöser Genieakt und war gewissermaßen der irdischen Sphäre des Materiellen enthoben. Derart »heilige« Gegenstände nun einfach schnöde wie Gebrauchsware auf einem Markt zu verkaufen, verstieß gegen das bürgerliche Anstandsgefühl und empfanden viele als höchst ungehörig. Zwirners älterer Galeristen-Kollege Hein Stünke aber war dennoch von der Idee eines »Kölner Kunstmarkts« begeistert. »Zusammen haben wir uns dann vorgenommen, dass wir eine Veranstaltung in Köln wie die *documenta* machen, nur eben eine *documenta* von uns Händlern!«, erzählt Zwirner im *Audioarchiv Kunst*. Doch ohne die tatkräftige Unterstützung des legendären und ebenso legendär eigenwilligen Kölner Kulturdezernenten Kurt Hackenberg wäre daraus vielleicht nie etwas geworden. Denn auch viele alteingesessene Kunsthändler vor Ort hatten zunächst große Vorbehalte gegen eine städtische Kunstmesse und machten lautstark gegen Zwirners und Stünkes Projekt mobil. »Dass der erste Kunstmarkt 1967 dann überhaupt in Köln stattfinden konnte, verdanken wir alle Herrn Hackenberg«, berichtet Zwirner. »Hackenberg war unglaublich innovativ. Als Hein Stünke und ich ihm unseren Plan vortrugen, hat er sofort zugegriffen und die Stadtverwaltung überzeugen können, dass dem Kommerz ein öffentlicher Raum bereitgestellt wird. Was wirklich ein Skandal war. Wie können Händler in den stadteigenen Ballsaal gehen – und da ihre Geschäfte machen?! Aber Hackenberg hat es gewagt. Und er war klug. Er hat nämlich wenig Geld von uns Händlern verlangt, sondern gesagt: ›Aber ich kriege die Eintrittsgelder.‹ So wurde es für die Stadt ein gutes Geschäft.«

Und was für eins! Mit rund 2000 Besuchern hatten die Organisatoren Zwirner und Stünke bei ihrer Premiere im September 1967 gerechnet. Am Ende waren es 15.000 zahlende Gäste, also fast achtmal so viele. Ein Riesenerfolg, der sich natürlich schnell herumsprach und Neider und Nachahmer auf den Plan rief. Schon drei Jahre später ging mit der *Art Basel* 1970 die nächste große Kunstmesse nach Kölner Modell an den Start. Es hagelte aber auch umgehend Beschwerden, weil sich nun ausgerechnet jene Kölner Galeristen bei Hackenberg über ihren Ausschluss von Zwirners Messe beklagten, die vorher noch so empört dagegen angewettert hatten. »Plötzlich wollten natürlich viele mitmachen«, rekapituliert Rudolf Zwirner den Aufruhr. »Und von den vielen wollten Hein Stünke und ich aber nur ganz wenige. Da musste es notwendig zum Konflikt kommen.«

Der Vorwurf des Elitismus stand gegen die Messe-Macher damit früh im Raum. Und er blieb lange an Zwirner und Stünkes »Kunstmarkt« haften. Schließlich waren die von ihnen festgelegten Auswahlkriterien sehr streng. Beide Organisatoren wollten auf ihrer Messe nur die qualitativ hochwertigsten Galerien für zeitgenössische Kunst zulassen. Weswegen sich abgelehnte Bewerber prompt düpiert und in ihrer Händler-Ehre gekränkt fühlten. So eskalierte der Streit schließlich in einem großen Protestmarsch durch die Kölner Innenstadt am 12. Oktober 1970. Die nicht zugelassenen Galeristen marschierten damals bis vor die Eingangstür des Josef-Haubrich-Forums, in dem Zwirners »Kunstmarkt« stattfinden sollte. Hierbei wurden sie äußerst prominent angeführt vom Düsseldorfer Kunstprofessor Joseph Beuys und dessen beiden Künstlerfreunden Wolf Vostell und Klaus Staeck sowie dem Galeristen Helmut Rywelski. Vor der Kunsthalle angekommen, kam es dann zu tumultartigen Szenen, wie Zwirner ausführt. »In sehr aggressiver Weise wurde ich da als Verfechter der exklusiven, limitierten Messe angegriffen. Und die anderen Galeristen haben angeklopft und wollten ihre Teilnahme erzwingen. Die standen draußen und schlugen mit irgendwelchen harten Gegenständen gegen die Scheibe und riefen: ›Wir wollen rein! Wir wollen die offene Messe! Das ist undemokratisch!‹«

Besonders die Beteiligung von Joseph Beuys an den Protesten bringt Zwirner immer noch in Rage. Denn Beuys stellte sich 1970 einerseits lautstark gegen die Exklusivität des »Kunstmarkts«, war aber andererseits selbst als Künstler darauf vertreten und hatte vor dessen Eröffnung bereits zwei Werke zum Stückpreis von rund 100.000 Mark verkauft, darunter auch einen in Filz verpackten Konzertflügel, den ihm Zwirner selbst abgekauft hatte.

Obwohl Beuys als »Kunstmarkt«-Teilnehmer eigentlich also selbst vom strengen Auswahlprocedere Zwirners profitierte, forderte er als Galionsfigur des Demonstrationszugs rigoros den beschränkungsfreien Eintritt in die Halle. Und: Als gewiefter Selbstvermarkter deklarierte Beuys seinen Protest flugs zur Kunstaktion um und versah diese mit der einprägsamen Parole: »Wir betreten den Kunstmarkt«. Genau einen solchen Massenzutritt auf seine Messe aber wollte Zwirner unbedingt verhindern. So stemmte er sich zuletzt sogar mit seinen eigenen Händen gegen die von den Protestlern immer heftiger attackierte Eingangstür. Doch bevor die brenzlige Situation dann endgültig eskalieren konnte, trat einmal mehr der lebenskluge Kulturdezernent Kurt Hackenberg auf den Plan. Nach einer halben Stunde hitziger Wortgefechte erschien er auf dem Platz und schloss ohne viel Gerede die verschlossene Eingangstür der Kunsthalle auf, um die aufgebrachte Menge hineinzulassen. Woraufhin der dem Pathetischen nie abgeneigte Filzhut-Guru Beuys die Türschwelle 1970 mit den Worten überschritt: »Ein neues Zeitalter hat begonnen.«

Und das hatte es mit dem »Kölner Kunstmarkt« beziehungsweise mit der späteren *Art Cologne* (wie man die Messe 1984 umtaufte) zweifellos auch. Denn mit Zwirners Innovation wurde der Kunsthandel einerseits demokratisiert und für Kunstkäufer klassenübergreifend erst richtig zugänglich gemacht, weil nun die soziale Hemmschwelle wegfiel, die bei einem Galeriebesuch vorher bestand. Andererseits aber war dieses neue Verkaufsmodell auch der Startschuss für eine sich schon bald rasant beschleunigende Kommerzialisierung der Kunstwelt, die im Internetzeitalter dann bekanntlich noch einmal in ganz andere Dimensionen vorstieß.

Wenig überraschend also, dass das Kölner Urmodell nach 1967 von anderen Städten wie Düsseldorf, Paris oder Chicago erfolgreich kopiert wurde und bis heute viele Nachahmer rund um den Globus gefunden hat.

Zwirners Erfindung war also eine im Wortsinn weltbewegende, die den Kunstkauf von einem Luxusvergnügen für einige wenige Reiche in ein Prestige-Hobby für viele Wohlhabende verwandelte. Zugleich aber brachte seine Neuerung auch einen neuen Typus Kunstsammler hervor, der fortan nicht mehr die persönliche Beratung eines Galeristen suchte, sondern lieber selbst auf Kunstmessen stöberte und anfing, Preise zu vergleichen und zu verhandeln. Dadurch wurden, wie Zwirner selbst 2006 in einer Rede vor dem deutschen Galeristen-Verband kritisch anmerkte, »Kunstwerke für Sammler zunehmend zur Ware, die man dort kauft, wo sie am günstigsten angeboten wurde«. Am Ende dieser Entwicklung stand bekanntlich (und seit Längerem immer wieder gern in der Kulturpresse beklagt) jener neue Typus Sammler, der ein Kunstwerk nicht mehr primär aus persönlichem Interesse kauft, sondern aus ökonomischem Kalkül. Kunst ist für ihn in erster Linie ein finanzielles Spekulationsobjekt, dessen Wert sich schlicht danach bemisst, wie hoch es gerade gehandelt wird, und manche Kunstliebhaber verwechseln darum heute schon mal schnell die Verkaufs-Chartposition mit der künstlerischen Bedeutung.

Der kapitalistische Markt aber bleibt der kapitalistische Markt – und die Kunst bleibt die Kunst. Und beides sollte man bei der Frage nach künstlerischer Qualität möglichst nicht durcheinanderbringen. Tut man es dennoch, erhält man als Antwort eine Nullaussage, nämlich eine »Verschiebung vom [Inhalts-] Kanon zur Statistik, von den Worten zu den Zahlen«, wie sich der Kunsttheoretiker Boris Groys über das Rankingfieber im Kulturbereich schon 2004 lustig machte. Oder anders gesagt: Wer sich an der Verkaufsstatistik als dem entscheidenden Erfolgskriterium von Kunst und Kultur orientiert, bekommt unterm Strich immer einen inhaltslosen Zahlenbefund heraus – mit der tautologischen Nonsens-Botschaft, dass die Nummer eins die Nummer eins ist, weil sie eben die Nummer eins ist.

Sich jedoch über diese überall proklamierte, kapitalistische Nonsens-Logik der Kulturvermarktung aufzuregen, ist müßig. Und ungefähr ebenso unsinnig, wie sich darüber zu beklagen, dass die Produktion von Kunst schon immer auf die finanzielle Förderung von Mäzenen und Sammlern angewiesen war. Es erscheint aber nicht ganz zufällig, dass die erste Kunstmesse der Welt 1967 ausgerechnet in Köln erfunden wurde. Denn schließlich ist Köln eine Stadt, in der man sich seit Jahrhunderten (dank des höchst lukrativen Reliquienhandels im Mittelalter) sehr gut damit auskennt, wie man heilige Gegenstände recht handfest zu Geld machen kann. Darüber hinaus sind im Rheinland auch schon sehr lange die meisten finanzstarken Sammler der Republik beheimatet. Auf nicht weniger als zwanzig Namen schätzte Rudolf Zwirner 1987 die Zahl jener hochpotenten Kunstkäufer ein, die damals alljährlich in Köln über 100.000 Mark für neue Werke ausgaben. Zwei Millionen Mark standen der Kölner Kunstszene demnach in den Achtziger-Jahren allein von Privatseite pro Jahr zur Verfügung. So viel wie nirgendwo sonst in Westdeutschland zu dieser Zeit.

» **Diedrich Diederichsen:** München ist zwar auch reich, aber funktionierte als Kunststadt nicht, weil sozusagen dieser Hedonismus-Faktor, den Köln hatte, dort nicht existierte. Das verlief viel zu sehr entlang einer alten Klassengesellschaft, wo Reich-Sein oder Mit-Geld-um-sich-Schmeißen einfach nur widerlich aussah. Hamburg hat für Kunst ebenfalls nicht viel übrig. Das ist Horst-Janssen-Land, und in Hamburg will man nichts anderes. Versuche, Hamburg als Kunststadt groß zu machen, hat es viele gegeben, aber dort gibt es kaum ein

Bürgertum, das damit etwas anfangen kann. Und Westberlin hat es ja damals auch versucht. Aber Westberlin war in den 1970ern und 1980ern zu stark von einer politisch-inhaltlichen, geldfeindlichen Kunst geprägt. Arm-Sein gehörte sozusagen zum Kunst-Ethos in Westberlin dazu, jedenfalls bis Kippenberger mit seiner Erbschaft auftauchte. In Köln war das alles nicht so. Hier gab es einerseits nicht so einen Dünkel wie in München oder teilweise in Hamburg. Andererseits hatte man aber auch keine Probleme damit, Geld auszugeben und sein Geld öffentlich zu zeigen. Diese Kombination war relativ günstig für die Kunstszene. Ich glaube auch, dass Köln als herausragende Kunststadt schon länger infrage kam. Seit 1955 oder 1960, würde ich sagen. Auch durch diese Twin-Situation mit Düsseldorf und mit dem rheinischen Fluxus, dann natürlich durch die Neue Musik und ihren starken Einfluss auf die Kunstwelt in Köln. Diese Achse ›Stockhausen – Kagel – Heinz-Klaus Metzger‹, dann *Can* ein halbes Jahrzehnt später. Und weiterhin gab's in Köln schon relativ früh viele erfolgreiche Galeristen, auch schon in den Siebziger-Jahren. Und es gab in den Siebzigern schon diese Kölner Trans-Szene: Klauke, Buthe etc. Also: Es gab auch schon vorher eine richtige Kölner Rock-'n'-Roll-Welt.

» **Daniel Buchholz:** Dann wohnten ja auch Künstler hier wie Sigmar Polke, Gerhard Richter oder auch Michael Buthe. Köln war schon seit den Sechziger-Jahren ein Anziehungspunkt für Kulturproduzenten. Auf der anderen Seite lebten hier Michael Oppitz und Fritz Heubach, die die Zeitung *Interfunktionen* herausbrachten. Diese ältere Szene hat selbstverständlich auch schon Leute angezogen.

» **Ralf Niemczyk:** [Jürgen] Klauke gehörte ja zur älteren Künstlergeneration. Der hatte stets seine Kunstfrau Gina Lee Felber dabei, die aussah wie ein New-Wave-Model. Er lief auch immer im SS-Ledermantel rum. Klaukes Motto lautete damals: Sich möglichst derb benehmen, Stricher kennen, Jürgen Zeltinger kennen und den Schwanz vor allen Leuten rausholen.

Whooom! Mit einem Knall rauscht die noch gut gefüllte Whiskyflasche durch die Glasplatte. Whooom, geht auch der zweite, tiefer liegende Glasboden zu Bruch und die Flasche liegt unversehrt in einem Haufen Scherben – der Beistelltisch mit den Jugendstilornamenten ist ein Trümmerhaufen. Ivy, die die Flasche aus Kopfhöhe auf den Tisch hat niedersausen lassen, steht davor, schüttelt sich und kichert: Haha, das kommt davon, wenn man so viel Geld hat. Dieser Reichtum ist ja obszön. Da fühlen andere sich glatt provoziert, etwas davon auszugeben. Die Reparatur des Tischchens wird ganz schön was kosten. Dabei schwankt Ivy auf ihren High Heels hin und her, sie ist ziemlich betrunken. Rio Rent, der zur Kunstmesse wieder in der Stadt ist, steht neben ihr und versucht seine Mitarbeiterin zu stützen.

Die Stimmung ist großartig. Die Mehrheit der Menge tanzt zu den Beats der DJs, die einen deepen House-Sound über dem Dancefloor im großen Wohnzimmer ausrollen. In den anderen Räumen räkeln sich die Menschen in Sofas oder Sessel, liegen sich in den Armen, rauchen, trinken, was das Zeug hält. Überall stehen Bier, Wein oder Schnaps herum.

»Wo ist eigentlich ein Aschenbecher?«, frage ich Anton Ziggenthaler, der zufällig neben mir steht.

»Nimm doch den großen!«, sagt der, schnippt seine Kippe lässig auf den Parkettboden und tritt sie mit dem Fuß aus. Ich folge diesem Rat, es ist eh alles zu spät und egal – raus in den Garten zu gehen, sich durch diese Menge zu schieben, ist einfach zu anstrengend, einen Aschenbecher zu suchen auch. Auf der Tanzfläche tummelt sich Juli, ihre schwarzen Locken wippen zu den House-Tracks, während Sputnik ziellos durch die weiträumige Villa im Kölner Süden geistert. Mittlerweile ist es sicher zwei oder drei Uhr, wir sind schon seit Stunden hier.

Angefangen hat alles mit der Fahrt zu einem der üblichen Sammlerfeste, welche jährlich die *Art Cologne* begleiten. Man ist da nicht wirklich eingeladen, kennt aber jemanden, die oder der eingeladen ist. So kommt man rein. Da das alle machen, läuft die Party von Anfang an aus dem Ruder: Das Haus ist, obwohl riesig, mit Menschen aus aller Welt vollgestopft, die alles Mögliche tun und in sich reinschütten. Great!

Ich mache mich jetzt zur Tanzfläche auf, etwas anderes ist auch kaum noch durchführbar, jede Unterhaltung mit diesem Alkoholpegel ist ein Witz. Dabei werfe ich einen Blick durch die großen Panoramascheiben des Wohnzimmers. Im Garten steht eine Skulptur.

Endlich auf dem Dancefloor angekommen, tanze ich auf Juli zu. Sie lächelt mich breit und selig an.

»Super, oder?«

»Ja, besser geht's nicht.«

Etwas stolpernd groove ich mich in die Musik ein, halte dabei die Kippe so, dass ich bei der hier herrschenden Enge niemanden verbrenne. Über den Köpfen der Tanzenden hängt der Zigarettenqualm so dicht, dass man die Luft nicht einmal schneiden könnte. Gerade noch atmen kann man sie aber.

Plötzlich ist auch Rio da und tanzt Juli an. Neben uns stehend, beugt er sich zu ihr vor und raunt:

»I'm the hunter, you're the beast!«

Juli lacht und schüttelt die Locken. Als Rio versucht, mit ihr trotz der schnellen Housebeats auf Tuchfühlung zu gehen, dreht sie sich seitlich weg. Kein Wunder also, dass Rio ins Leere läuft und sich dann halb liegend auf einem Sessel wiederfindet, wobei er dem dort Sitzenden das Glas Rotwein aus der Hand schlägt.

»Heeh!! Der teure Anzug, du Heiopei!«

Rio versucht hochzukommen, schafft es aber nicht, bis ich ihm die Hand reiche und ihn ziehe. Der begossene Pudel steht auf, immer noch fluchend, versucht hektisch den Wein abzuwischen, verteilt ihn damit aber nur weiter auf dem hellgrauen Anzugstoff. Plötzlich nimmt er das leere Glas, wirft es vor Wut in die Ecke, wo es in tausend Scherben zerspringt. Niemand wurde getroffen, auch Rio nicht, der sich nun beeilt, in der Menge zu verschwinden. Ich muss aufs Klo, frage Juli, wo die Toiletten sind. Vorne am Eingang soll eine sein: von hier aus direkt links neben der Treppe, Juli ist schon wieder auf der Tanzfläche.

Ich dränge mich durch die Trinkenden, Redenden, Stehenden, Schwankenden bis ich im Entrée des Hauses ankomme. Der Raum wird durch einen großen Kronleuchter in helles Licht getaucht, sodass man zunächst die Augen zukneifen muss. Nachdem ich mich an das Licht gewöhnt habe, sehe ich auch die Toilette, vor der bestimmt zwanzig Leute stehen. Es gibt nur ein Klo, keine Geschlechtertrennung. So steht auch Ivy dort an, hält ihre Schuhe in der Hand und raucht eine Kippe mit Zigarettenspitze. Mal fragen:

»How long have you been waiting?«

»Twenty minutes, half an hour ...«

Ivy will sich nur nachschminken und hat deshalb Zeit. Ich habe keine, meine Blase klopft an. Da höre ich von oben meinen Namen, schaue hoch und erkenne Sputnik, der auf der Empore steht.

»Komm rauf!«

Ich nicke und steige eine der beiden sanft geschwungenen Showtreppen hinauf, die das Entrée rahmen. Sicherheitshalber halte ich mich am Messinggeländer fest, auf den Treppenstufen dämpft blauer Teppich meinen Schritt: Jetzt bin ich im ersten Stock. Sputnik deutet mit der Hand auf einen Seitengang.

»Am Ende ist ein Bad mit Toilette.«

Nichts wie hin, die Blase platzt gleich. Ich reiße die Badezimmertüre auf. Dort ist alles privat: Parfümflakons, Kosmetika, Salben, Deo, Schminkutensilien stehen auf der Ablage. Während ich auf dem Klo sitze, schaue ich in den Riesenspiegel gegenüber. Jemand hat mit Rasierschaum und -pinsel ART SUCKS darauf geschrieben. Ich bin also nicht der Erste in diesem Bad. Und da fliegt auch schon die Tür auf: Im Suff habe ich wohl vergessen, sie abzusperren. Rasch versuche ich, die Hose zu schließen, als bereits ein Pärchen vor mir steht und breit grinst: Tschuldigung. Sie setzt sich wortlos mit gespreizten Beinen und dem Rücken zum Spiegel auf den Waschtisch, er stellt sich zwischen ihre Beine, ich bin hier überflüssig.

»Schnell weg«, sagt Sputnik, der im Gang auf mich wartet. Als wir zusammen die Treppe zum Eingangsbereich hinabgehen, ist Ivy kurz vor dem Ziel: Sie steht in der Schlange direkt vor der Toilettentür und winkt. Wir kehren ins Wohnzimmer zurück, nehmen auf einer der Marmorplatten über den Heizkörpern Platz und stecken uns Zigaretten an. Mit einem tiefen Atemzug inhaliert Sputnik den Rauch und sieht zu mir rüber:

»Was für eine Orgie.«

Wir sitzen da und starren auf das Treiben. Die Musik wummert, die Lemuren tanzen, trinken, halten sich irgendwo fest oder schlafen auf der Fensterbank. Unter ihnen erkenne ich jetzt auch Tarr, der, die langen Haare zum üblich-albernen Pferdeschwanz gebunden, in der Ecke auf dem Boden sitzt und gemütlich einen Joint kurbelt. Wie kommt der denn hierher? Ob ich ihn mal nach Mascha frage?

In diesem Moment überfällt mich eine bleierne Müdigkeit. Ich habe das Gefühl, als schlüge mir der Alkohol mit der

Faust ins Gesicht. So stehe ich auf, drücke die Kippe in einem Aschenbecher aus, der wie zufällig rumsteht. Dabei merke ich, dass ich schwanke:

»Tschö, Sputnik, ich muss raus.«

»Schon? Ist doch erst kurz nach fünf Uhr. Ich schau mal, wo Juli ist.«

Das ist mir egal. Auf dem Weg zur Tür hinaus meine ich noch, wütendes Gebrüll zu hören.

Ich schaue mich um und sehe im Augenwinkel Ziggenthaler, der Nasenspitze an Nasenspitze mit einem anderen Mann im torartigen Durchgang zum Wohnzimmer steht. Im Hintergrund gibt es ein Gerangel. Mir erscheint die ganze Szenerie unwirklich – wie in dichten Nebel gehüllt, weiß nicht mehr, ob das real ist.

Als ich draußen in der Nacht stehe, ist es kalt und regnerisch: November. Trotzdem gehe ich zu Fuß und falle nach einer Stunde Marsch ins Bett.

Ein paar Tage später treffe ich Juli an der Uni. Sie erzählt, dass Sputnik und sie auch nicht mehr lange geblieben sind. Dabei hätte die Sammlerin und Hausbesitzerin heulend und händeringend auf den Treppenstufen des Entrées gesessen: das zerstörte Parkett, die ruinierten Möbel, die kostbaren Antiquitäten ...

»Don't cry – work«, hätte Sputnik da zu ihr gesagt.

Und in der Tat: Ohne die rheinische Lust am Spektakel, am ausgiebig-anarchischen Feiern und an der Inszenierung der eigenen Großartigkeit ist der Kölner Kunstboom der Achtziger-Jahre nur schwer vorstellbar. Genau diesem rheinischen »Hedonismus-Faktor« ist dann auch die zweite große Kunstattraktion zu verdanken, mit der die Domstadt in den Achtziger-Jahren bundesweit glänzen konnte: das Museum Ludwig. Denn dessen Namensgeber, der Aachener Schokoladenfabrikant Peter Ludwig, war insofern ein sehr typischer

Rheinländer, als auch er gern seinen Reichtum zur Schau stellte. Nach dem Krieg hatte Ludwig, 1925 in Koblenz geboren, Archäologie und Kunstgeschichte studiert, bevor er 1951 die Fabrikantentochter Irene Monheim heiratete und in die Schokoladenfirma seines Schwiegervaters einstieg. Hier arbeitete er sich dann schnell zum Firmenchef hoch und baute die Aachener Fabrik in der Folge zu einem Schoko-Imperium auf. Doch während er als Geschäftsmann als harter Knochen galt, gab er sich als Sammler gönnerhaft-großzügig. Peter Ludwig war noch kein Kunstspekulant vom modernen Schlag, sondern »ein Potentat barocken Zuschnitts«, wie Marie Hüllenkremer 1987 schrieb. Kein Marktstratege der Kunst also, sondern ein Sammler aus Leidenschaft und mit studiertem Sachverstand. Seine Kunstkäufe begriff dieser »Schoko-Tycoon« *(Harald Tribune)* nicht als Finanzinvestition zur Vergrößerung seines Vermögens, sondern er wollte damit die Museen beliefern, um der breiten Öffentlichkeit Zugang zu Kunst und Bildung zu ermöglichen. Seine Sammel-Motivation hieß also altruistische Weltverbesserung oder eitle Selbstherrlichkeit – je nachdem, von welcher Warte aus man sein Mäzenatentum betrachtete.

Seine mehrere tausend Werke umfassende Sammlung (darunter auch südamerikanische Antik-Kunst und wertvolle mittelalterliche Handschriften) vermachte der 1996 verstorbene Mäzen nicht weniger als zwanzig verschiedenen Museen in Deutschland, Österreich, der Schweiz und Frankreich. Und für die 284 Bilder und Objekte seiner wertvollen Pop Art-Sammlung hatte sich Ludwig 1969 einen ganz besonderen Platz in seiner Immer-mal-wieder-Lieblingsstadt Köln ausgesucht: das Wallraf-Richartz-Museum. Dessen Chefrestaurator Wolfgang Hahn hatte den Sammler offenbar auf diese Idee gebracht. Rudolf Zwirner, der Galerist seines Vertrauens, riet Ludwig ebenfalls zu, der seinen Hauptkunden vorher überhaupt erst auf den Pop Art-Trip gebracht hatte.

Ein durchaus ungewöhnlicher Kunsttrip im Adenauer-Deutschland der Sechziger-Jahre. Denn bei den allermeisten deutschen

Sammlern der Nachkriegszeit besaß die Pop Art damals keinen guten Ruf. Zu sehr fühlten sich viele dabei ungut an die Propagandakunst der Nazis erinnert, so wie zeitgenössisch-gegenständliche Malerei zu jener Zeit generell als heikel und politisch grundverdächtig galt. Erst recht an verantwortungsvoller Stelle, in den Museen. Dort sei man in der Wirtschaftswunderzeit »nur an Restitution, an Wiedergutmachungskunst interessiert« gewesen, erinnert sich Rudolf Zwirner bei Susanne Kippenberger. »Es musste ›entartete‹ Kunst sein – oder, wenn modern, dann nur École de Paris.«

Die erste öffentliche Präsentation von Ludwigs Pop Art-Sammlung im Wallraf--Richartz-Museum wurde 1969 zu einem Schockerlebnis für die Öffentlichkeit und löste einen Eklat aus, erzählt Zwirner mit Schaudern. »Das altehrwürdige Wallraf-Richartz-Museum zeigt so einen Scheißdreck!«, habe es aufgebracht geheißen. »Alle Museumsdirektoren dieser Welt waren geschockt. Was das damals ausgemacht hat, kann man heute gar nicht hoch genug einschätzen.« Und ohne Peter Ludwigs Initiative, sich 1969 mit seiner Ausstellungspräsentation mutig gegen den Zeitgeist zu stellen, hätte es die als »oberflächlich« und »kunstlos« diffamierte Pop Art womöglich gar nie in ein deutsches Museum geschafft.

Es war also schon lange vor 1980 viel los in Köln in puncto Gegenwartskunst und Streit um sie. Und wie so viele zunächst heftig angefeindete Kunststile wurde auch die Pop Art in den Siebziger-Jahren schließlich doch ein Publikumshit – bis heute. Peter Ludwig überließ seine Pop Art-Sammlung dem Wallraf-Richartz-Museum nach der Ausstellung 1969 zunächst als Dauerleihgabe, bevor er ein paar Jahre später bei den Kölner Stadtpolitikern die Idee eines nach ihm benannten Museums ins Gespräch brachte. Ludwigs Gegenleistung für das kostspielige Bauprojekt: die Schenkung seiner wertvollen Pop Art- und US-Expressionisten-Sammlung an die Stadt, insgesamt 340 Exponate. Ein Angebot, das die Stadt nicht ablehnen konnte. Mit Peter Busmann und Godfrid Haberer beauftragte man zwei junge, noch weitgehend unbekannte Kölner

Architekten, die sich überraschenderweise mit ihren Plänen gegen die renommierteren Konkurrenten Oswald Matthias Ungers und Gerhard Böhm durchgesetzt hatten. Und schon der avisierte Standort fürs neue Museum auf der Domplatte zeigte, wie wichtig der Stadtspitze dieses Projekt war. Hier, umrahmt von den Kölner Hauptwahrzeichen Dom und Rhein, sollte der Kunsttempel samt Philharmonie stehen. Zehn Jahre betrug am Ende die Bauzeit, und mit rund dreihundert Millionen Mark wurde das damals mit Abstand größte Museum Deutschlands deutlich teurer als geplant. Die Domstadt war schließlich so stolz auf ihr neues Schau-Haus der Superlative mit seinen 8000 Quadratmetern Ausstellungsfläche, dass sie dessen Fertigstellung 1986 gleich neun Tage lang durchfeierte. Und während die lokale Presse das Prachtstück frenetisch als »Geniestreich« oder »architektonisches Kunstwerk« bejubelte, war man außerhalb des Rheinlands nicht ganz so begeistert vom Bauergebnis. Die Außenfassade erinnere an »Güterwägen beim Gruppensex« spottete der Kritiker der *Harald Tribune* garstig. Verena Auffermann von der *Süddeutschen Zeitung* bemängelte, dass die Tausend-Quadratmeter-Ausstellungsfläche im Untergeschoss »allenfalls eine Abstellkammer« sei, in der man »Bilder lieber erst gar nicht sehen« wolle. Und als sichtbarer Kompromiss zwischen postmoderner Verspieltheit und funktionaler Zweckmäßigkeit war der Museumsbau manchem Kritiker außerdem architektonisch zu »unentschieden« *(Das Handelsblatt)* geraten oder gar zum »Monument verpasster Gelegenheiten« *(Stuttgarter Zeitung)*. Insgesamt jedoch überwog die Zustimmung zum neuen Vorzeigemuseum der Republik. Vor allem die lichtdurchflutete Offenheit der Räume und die zentrale Prachttreppe stießen auf Bewunderung. Von daher war auch der Namensgeber und Stifter Peter Ludwig am Ende ganz glücklich über »sein« Museum in Köln. Dieses sei, so schwärmte der Sammler bei einem Fernsehauftritt am 1. September 1986, ein Bau, »der großartig die Mitte hält zwischen Demut und Stolz«.

Seitdem hat sich das Museum Ludwig mit alljährlich rund 250.000 Besuchern als großer Publikumsmagnet in Köln bewährt. Was sicherlich nicht zuletzt an der von Peter Ludwig gestifteten Sammlung von knapp dreihundert Pop Art-Werken liegt, die hier seit 1986 verwahrt werden – und die man, immer wieder neu variiert, in Ausstellungen bewundern kann. Denn so viel hochrangige Pop Art wie im Ludwig findet man tatsächlich nirgendwo sonst auf der Welt an einem Platz.

»Durch die Pubertät zum Erfolg«: Porträt des Künstlers als zorniger Mann – das Karrieremodell Martin Kippenberger

Der Kunstbetrieb hat naturgemäß ein Interesse an der Provokation, am kalkulierten Tabubruch und am Skandal. Denn all das garantiert Aufmerksamkeit, die wichtigste Währung unserer Tage. Für die boomende, schrille und hart umkämpfte Kunstszene der Achtziger- und Neunziger-Jahre aber gilt diese Aussage noch einmal ganz besonders, weil eine gewisse Ruppigkeit damals zum normalen Umgangston gehörte – und man darum als Künstler oder Künstlerin von vornherein noch ein bisschen ruppiger und unverschämter auftreten musste, um überhaupt aufzufallen. So gesehen war die »lebende Provokation« Martin Kippenberger (ein Zitat der Galeristin und ehemaligen Kippenberger-Freundin Bärbel Grässlin) letztlich ein typischer Künstler einer Dekade, in der die provozierende Grenzverletzung quasi zum Anforderungsprofil eines Kunsttalents gehörte. Und der ebenso hochtalentierte wie hochambitionierte Martin Kippenberger war früh fest entschlossen, als *Bad Boy* der Szene Karriere zu machen. 1953 als Sohn eines Bergbauingenieurs zur Welt gekommen, hatte er schon als Schüler die Berufung zum »geborenen Künstler« in sich gespürt. Doch nur eines unter vielen Kreativgenies wollte er nicht sein. Martin Kippenberger wollte mehr.

Viel mehr. Nichts Geringeres als *die* herausragende Künstlerfigur seiner Generation wollte er werden.

Diese ehrgeizige Mission aber bedeutete im Umkehrschluss, dass es für ihn als schöpferisches Aushängeschild quasi nie eine Pause gab. Keine Unterbrechung oder mal einen längeren Urlaub vom »Ausnahmekünstler-Sein«. Stattdessen war Kippenberger seit den Siebziger-Jahren eigentlich ununterbrochen im Einsatz als Kreativgenie und wandelnder Kunstskandal. Denn nach seinem existenziellen Künstlerverständnis reichte es eben beileibe nicht aus, das deutsche Wohlstandsbürgertum einfach nur mit ironisch-provokanten Werken zu schocken. Nein, Kippenbergers Absolutheitscredo sah vor, dass er auch im Privaten seine Mission weiterverfolgte. »Es gab keinen Stillstand in seinem Schaffen«, meint seine ehemalige Managerin und spätere Galeristin Gisela Capitain dazu im *Audioarchiv Kunst*. »Stillstand war nicht erlaubt und auch keine, wie er immer sagte, ›lauwarme Vorstellung‹. Lauwarm galt nicht. Es musste hundertprozentig oder am besten tausend-Volt-mäßig sein.«

Die öffentlich dargebotene Kippenberger-Show in Köln war entsprechend oft großer Punk, regelmäßig befeuert von Alkohol und anderen Stimulanzien. Öfter, so berichten Zeugen, konnte das Groß- und Lästermaul dabei durchaus witzig und charmant sein, höchst unterhaltsam, geistreich oder manchmal melancholisch-tiefsinnig. Dann aber schlugen die nächtlichen Kneipen-Darbietungen von Martin Kippenberger immer wieder in Exzesse um, in denen sich der betrunkene Künstler in einen rhetorischen Berserker verwandelte.

Selbst seine spätere Ehefrau, die Mode- und Kunstfotografin Elfie Semotan, spricht in einem Interview mit dem *FAQ*-Magazin 2012 davon, dass sich Martin Kippenberger in solchen Momenten aufgeführt habe wie ein wütender Kunst-Diktator – er war also eine nicht ganz ungefährliche Feierabend-Begleitung. Und viele, die seine Ausfälle nachts erlebt haben, machten aus Angst davor dann bald schon lieber einen Bogen um ihn, auch wenn diese

Tiraden womöglich gar nicht so böse gemeint waren, wie sie sich anhörten.

Der selbstzweiflerische Gedanke, dass die eigene Wahrheit vielleicht nicht immer ganz so wahr ist, kam dem Wahrhaftigkeitsapologeten Kippenberger offenbar nur sehr selten in den Sinn. Ebenso wie die nervenschonendere Alternative, dass man auch als wahrhaftiger Mensch seinen Mitmenschen nicht immer sofort jede bittere »Wahrheit« auftischen muss. »Verletzungsvirtuose« nennt ihn sein ehemaliger Künstlerfreund Werner Büttner deswegen in der Kippenberger-Biografie.

» **Ralf Niemczyk:** Als Figur unterschied sich Kippenberger für mich nicht besonders von den anderen Krawall-Heinis, die man vorher schon im *Blue Shell* traf. Der war halt extrem aufdringlich, erzählte ungefragt Witze und kaute einem das Ohr ab. Man musste sich dem regelrecht entziehen. Und zwar auf die harte Tour: Hey, kannste jetzt mal die Fresse halten!

Ein anderer unerschrockener Weggefährte, der es sogar schaffte, in Köln über Jahre hinweg eng mit Kippenberger befreundet zu bleiben, ist Diedrich Diederichsen. Er bestand den Provokationstest des Szene-Großmauls und konnte über dessen Hardcore-Beleidigungen mitunter sogar lachen, erfährt man aus dem Buch von Susanne Kippenberger. »Jemand wie Diederichsen«, wird der Künstler Michael Krebber hier zitiert, »der konnte sich sagen, jetzt kommt der Kippenberger, der demütigt mich gleich, aber das weiß ich, das amüsiert mich. Er konnte über den ganzen Quatsch lachen. Den Abstand hatte ich nicht.« Vielleicht besaß Diedrich Diederichsen diesen inneren Sicherheitsabstand zu seinem launischen Freund auch deshalb, weil er Kippenberger schon vor dessen Heißlaufphase in Köln kennengelernt hatte. Nämlich schon 1980, als dieser noch nicht der amtliche Radaumacher war, sondern am

Anfang seiner Karriere stand und in Berlin-Kreuzberg versuchte, nach Andy Warhols *Factory*-Vorbild mit »Kippenbergers Büro« einen Künstlertreff aufzubauen.

» **Diedrich Diederichsen:** Ich kann mich noch genau an den Tag erinnern, an dem ich Kippenberger kennenlernte. Wir kamen an diesem Tag ins Gespräch über die Entlassung von Branko Zebec als Trainer des HSV, das war gerade das Thema in Hamburg – und muss also Ende 1980 gewesen sein.

Die beiden dürften 1980 mit der angesagten Punk- und Postpunkmusik aber auch noch ein zweites gemeinsames Gesprächsthema gehabt haben. Denn Martin Kippenberger hatte sich kurz vorher in den Kreuzberger Punk-Laden *SO36* eingekauft.

» **Diedrich Diederichsen:** Ja, das *SO36* gehört heute auch zum Kippenberger-Mythos. Was daran stimmt, ist: Er hat mal Geld ins *SO36* gesteckt und eine Zeit lang als Booker des Clubs gearbeitet, also Konzerte gebucht und Aktionen veranstaltet. Das war aber nur für die Dauer von vielleicht vier oder fünf Monaten. Und ein Monat davon war auch wirklich interessant, weil er in diesen Wochen ein tolles Musikprogramm zusammengestellt hat, obwohl er ansonsten von Musik keine Ahnung hatte. Und er war ja dann auch immer mal wieder länger weg aus Berlin. Und Köln wurde dann 1982 eigentlich der erste Ort, wo er tatsächlich mal länger durchgehend blieb.

Nachdem der Künstler zunächst rund vier Jahre in Hamburg gewohnt hatte und danach fünf Jahre in Westberlin (jedoch nie durchgängig, weil der rastlose Kippenberger immer ständig auch anderswo unterwegs war), wurde das trubelige Köln 1982 tatsächlich so etwas wie sein Heimathafen. Wobei man hinzufügen muss, dass er sich weniger in Städten oder Wohnungen zu Hause fühlte als in Kneipen und Hotelbars. Und es war dann wohl vor allem die hohe Kneipendichte der Kölner Innenstadt plus ihrer hohen Künstlerdichte, die für den Nachtmenschen Kippenberger 1982 spontan den Ausschlag gab, sich in der Domstadt niederzulassen. »Köln war für Martin das Paradies«, schreibt seine Schwester Susanne. »Eine Stadt voll von Künstlern. Er musste nur aus der Haustür treten und stolperte über sie. Und vor der Haustür war er unentwegt. Das Leben in Köln war ein einziges Unterwegs-mit-anderen-zusammen-Sein. Von der Kneipe ging's in die Buchhandlung und in die Galerie.«

Tatsächlich ist die Millionenmetropole Köln bis heute im Grunde genommen ein als Großstadt getarntes Dorf. Eine Metropole der kurzen Wege. Fast alle wichtigen Anlaufstationen befinden sich im Innenstadtbereich auf nur wenigen Quadratkilometern zusammengedrängt und sind fußläufig oder ohne großen Aufwand erreichbar – ganz anders als in der flächenmäßig immer mehr auswuchernden, schachbrettmusterartig angelegten ehemaligen Preußenstadt Berlin. Und da Martin Kippenberger in seinen Kölner Jahren, trotz diverser Umzüge, durchgehend sehr zentral mal am Friesenplatz, mal am Hansaring, mal in der Eifelstraße und zuletzt im *Hotel Chelsea* an der Lindenstraße wohnte, erreichte er stets mit nur wenigen Schritten die damals szenewichtigen Läden, Galerien und Bars. Diese wurden für den Künstler dann schnell zu einem zweiten Wohnzimmer und zu seinen nächtlichen Auftrittsbühnen. Was für einen Kölner Bohemien jener Jahre allerdings keineswegs ungewöhnlich war. Jeder und jede, der (oder die) damals in der Kölner Kunst- und Kulturszene mitreden wollte, musste nachts diese einschlägigen Szenetreffs aufsuchen und sich an der Theke mit Schlagfertigkeit, Sprachwitz und gegebenenfalls coolem Theoriewissen bewähren.

Der Wahlkölner Martin Kippenberger hatte diese wichtigen Orte nach seinem Umzug natürlich in Windeseile herausgefunden und inszenierte sich danach dort gern als deren Zeremonienmeister. Vor allem das allsamstägliche Zusammenhocken im *Broadway Café* in der Ehrenstraße wurde zu jener Zeit nicht nur für ihn zum absoluten Pflichttermin.

Bevor man als Kölner Kunstmensch damals jedoch am Samstag im *Broadway* sein »Sektchen« trank, ging's erst einmal im Pulk rüber in die direkt gegenüberliegende Kunstbuchhandlung von Walther König zum sogenannten Kreisverkehr. Bis heute steht in Königs Laden ein großer Präsentiertisch mit neu erschienenen Kunstbüchern und Katalogen. Und um diesen Tisch herum tippelten dann jeden Samstagmittag die Kölner Künstler (oder jene, die es werden wollten), brav hintereinander aufgereiht zum gemeinsamen Gänsemarsch. Man tippelte und plauderte über die neuen Kunstbücher und den neuesten Szenetratsch. »Zehn Minuten im Kreis, und ich weiß, was ich in Köln wissen muss«, erzählte Martin Kippenberger seiner erstaunten Schwester Susanne. Und im Anschluss ging's rüber ins *Broadway*, um weiterzuplauschen oder weiterzuzanken – ganz nach Bedarf.

» **Peter Bömmels:** Dort war immer einer, den man kannte. Man stieß zum Beispiel auf A. R. Penck. Gerade zwangsausgereist, erzählte er mit keckem Blick, dass er jetzt noch kapitalistischer sein wolle als die Kapitalisten. Sein Plan war, die nächste Ausstellung im *Kaufhof* zu präsentieren. Das sei der adäquate Ort. Er brenne darauf, viel, viel zu produzieren.

Es galten noch die Aufmerksamkeitsregeln des Prä-Internetzeitalters, deren oberstes Gebot lautete: persönliche Präsenz unbedingt erforderlich. Denn anders als heute war Prominenz damals eine Kategorie, die an die Zeit, den Ort und die körperliche Anwesenheit geknüpft war. Man musste sich als Szenegänger in Köln seinen Platz darum sehr handfest und lautstark erkämpfen, erinnert sich Gisela Capitain. »Es ging ja nicht übers Netz. Um sich sichtbar zu machen, brauchte es den persönlichen Auftritt, das Vorhanden-Sein, das Anwesend-Sein, die Stimme. Das war das Entscheidende.«

» **Diedrich Diederichsen:** Man sah sich in Köln ja recht oft. Und dann ging's eigentlich nur um die Frage: Mit wem kann man sich wie lange unterhalten? Und mit Kippenberger konnte ich mich, solange er nicht total besoffen war, ganz gut unterhalten.

» **Isabelle Graw:** Martin war nicht nur der Berserker, den er manchmal spielte. Er konnte auch sehr unterstützend sein. Für die erste Ausgabe der *Texte zur Kunst* stellte er ganz selbstverständlich ein Multiple zur Verfügung. Und auch privat stand er mir oft bei. Es gab aber ebenso Geschichten, die ich traurig fand. Das war einfach ein Gemisch und man wusste nie, was genau auf einen zukommt: Werde ich heute zur Zielscheibe oder nicht? Das war schon sehr anstrengend. Was die Person Kippenberger betrifft, erinnere ich sowohl schöne als auch unangenehme Momente. Aber mich interessierte das Kippenberger-Milieu einfach, obwohl mir zugleich klar war, dass ich da als Frau kein Bein auf die Erde bekomme bzw. höchstens als Muse vorgesehen war. So musste ich ständig auf der Hut sein, d. h. darauf achten, dass ich nicht für seine Projekte eingespannt werde: Kippenberger schlug mir z. B. vor, dass wir das gesamte zweite Heft von *Texte zur Kunst* mit einem Interview zwischen ihm und Jutta [Koether] bestreiten. Das kommt überhaupt nicht infrage, war meine Antwort.

Martin Kippenberger hat es mit seinem Selbstvermarktungs-Konzept des schockierenden Oberrüpels dann mit der Zeit wohl einfach übertrieben. Denn je heftiger seine Gonzo-Auftritte wurden, desto mehr verschwand dahinter der Künstler und desto weniger nahmen ihn Kritiker, Galeristen und Museumsleute noch als Kreativtalent ernst. Von daher bekam er in seiner Kölner Zeit zwar jede Menge Aufmerksamkeit. Aber eben vor allem als wilder Kerl des Betriebs – und nicht in der Rolle, die er sich sehnsüchtig wünschte: als interessanter Künstler.

Peter Pakesch, sein ehemaliger Wiener Galerist, resümierte diese Tragik von Kippenbergers Biografie im erwähnten Artikel des *FAQ*-Magazins 2012 so: »Man hat ihn und seinen Anspruch lange nicht ernst genommen, weil er sich zunächst als Großmaul positioniert hat. Bevor es mit seiner Karriere in den späten Achtziger-Jahren dann wirklich losging, hat er [Kippenberger] den anderen [Hetzler-Boys], in diesem Fall Oehlen und Büttner, die erste Reihe überlassen. Er selbst sah sich lange Zeit nur als Künstler der zweiten Reihe.« Und Peter Weibel, der 2023 verstorbene, umtriebige Kurator und Leiter des ZKM in Karlsruhe, kam im Fall Kippenberger zu einer ähnlich traurigen Diagnose. 2009 wird er im *Brand Eins*-Essay *Heiße Ware* mit den Worten zitiert: »Ich war bei den Partys dabei, bei denen Kippenberger auf den Tischen getanzt und die Hosen runtergelassen hat. Die Galeristen haben ihn geliebt, weil sie die Zahnärzte und reichen Erben einladen konnten. Kippenberger hat ihnen die harmlosen Exzesse geliefert, die sie haben wollten. Das Tragische aber ist, dass er ein bedeutender Künstler war, auch wenn viele in ihm nur den Exzess-Zampano gesehen haben.«

So dauerte es dann auch relativ lange, bis Martin Kippenberger seine erste Einzelausstellung in einem deutschen Museum 1986 erhielt. *Miete Strom Gas* hieß diese Schau im hessischen Landesmuseum in Darmstadt, in der er Gemälde und Skulpturen zum Thema Architektur präsentierte. Oder eben dazu, wie er das Thema verstand, nämlich in seiner typisch ironisch-provokativen Art. Davon zeugen bereits die Sprachwitz-Titel seiner gezeigten Werke wie

»Drei Häuser mit Schlitzen«, »New York von der Bronx aus gesehen« oder »Zwei proletarische Erfinderinnen auf dem Weg zum Erfinderkongress«. *Miete Strom Gas* blieb für lange Zeit die einzige Einzelausstellung in einem deutschen Museum von ihm. Erst elf Jahre später, kurz vor seinem Tod 1997 folgte mit »Der Eiermann und seine Ausleger« eine weitere im Museum Abteiberg in Mönchengladbach. Die ganz große öffentliche Anerkennung aber, einer der wichtigsten, wenn nicht vielleicht *der* wichtigste westdeutsche Künstler der Achtziger-Jahre gewesen zu sein, die hat Martin Kippenberger tragischerweise nicht mehr selbst erlebt. Er starb am 7. März 1997 mit nur vierundvierzig Jahren an Leberkrebs. Seine exzessive »Alkoholfolter« über Jahrzehnte hinweg forderte ihren Tribut.

An ihm zeigt sich einmal mehr jenes alte Dilemma der Kulturgeschichte, wonach die besten Künstler nicht immer die sympathischsten Menschen sind. Denn rein menschlich betrachtet kann man vieles gegen diesen Wüterich vorbringen. Kippenberger trat rabiat frauenverächtlich, homophob, ehrverletzend und zynisch-respektlos auf. Das ändert aber trotzdem nichts daran, dass er ein großer, bedeutender und längere Zeit unterschätzter Künstler war. Erst recht nicht für Diedrich Diederichsen, der Kippenbergers künstlerische Qualität schon in Köln früher als andere erkannt hat und seinem Freund dessen Aussetzer immer wieder verzieh.

» **Diedrich Diederichsen:** Kippenberger machte halt die interessanteste Kunst, zusammen mit Albert Oehlen. Diese beiden machten die interessanteste, ungewöhnlichste Kunst, deren Deutungshoheit eben nicht in New York lag. Natürlich gab es damals auch andere deutsche Künstler, die sich erfolgreich an Trends abarbeiteten. Aber da lag die Deutungshoheit woanders. Kippenberger und Oehlen (und vielleicht noch Michael Krebber) jedoch hatten eine stark von ihnen selbst bestimmte Vorstellungswelt, was gute, richtige und interessante Kunst ist. Und sie zogen das durch und definierten das. Und damit unterschieden sie sich maßgeblich von anderen Lautmaus-Figuren, die eine Kneipe um sich scharen konnten.

Als großmäuliger Öffentlichkeits-Junkie, der es nie allzu lange mit sich alleine aushielt, verkörperte Kippenberger vom Naturell her so ziemlich das Gegenteil des romantischen Idealbilds eines Künstlergenies, das still und leise im abgeschirmten Kämmerchen vor sich hin brütet. Auch das hat wahrscheinlich zur Irritation beigetragen. Seine Mission aber, den Dingen künstlerisch auf den Grund zu gehen, trug Früchte und fand in den späteren Neunziger-Jahren mit Christoph Schlingensief einen ähnlich provokativ-scharfzüngigen, nach bitteren Wahrheiten forschenden Künstler, mit dem sich Martin Kippenberger wahrscheinlich gut verstanden hätte.

»The Köln Show«: Letzter Aufschwung, jäher Abschwung – und der unvermeidliche Sinkflug der Kunsthauptstadt Köln nach der Wiedervereinigung

In den späten Achtziger-Jahren lief der Kunstmarkt dann noch einmal richtig heiß. Die Nachfrage nach Arbeiten stieg, die Preise ebenfalls, und es gab jede Menge Ausstellungen, Galerie-Partys und Auktionsrekorde. Die beiden Traditionshäuser *Christie's* in London und *Sotheby's* in New York, beide im 18. Jahrhundert gegründet und sich seitdem spinnefeind, lieferten sich einen geradezu irrwitzigen Konkurrenzkampf. Am 30. März 1987 wurde bei *Christie's* ein Van-Gogh-»Sonnenblumen«-Gemälde für umgerechnet 72,5 Millionen Mark ersteigert. Damaliger Weltrekord. Rund sieben Monate später, am 11. November 1987, schlug man bei *Sotheby's* mit einer Versteigerung von Van Goghs »Schwertlilien« zurück, die diesmal für umgerechnet 89,7 Millionen Mark unter den Hammer kamen. Befeuert wurde dieser internationale Kaufrausch dadurch, dass nur noch sehr wenige hochrangige Werke der Klassischen Moderne und des Impressionismus im Umlauf waren, weil die meisten solcher Klassiker inzwischen ihren Platz in den Museen gefunden hatten. Wer also trotzdem noch erstklassige Kunst kaufen wollte, musste jetzt entweder sehr viel Geld hinblättern oder auf Zeitgenössisches umsteigen. Entsprechend wuchs die sowieso schon boomende Nachfrage nach Gegenwartskunst noch stärker. Und zwar so sehr, dass sie »das Angebot bei Weitem« überstieg, wie der *SPIEGEL* meldete. Es war also massig Geld unterwegs, und in der Szene herrschte Goldgräberstimmung. Auch und gerade in der Kunsthauptstadt Köln, wo man sich schon länger als Nabel der Kunstwelt fühlte. »Es gibt nur sechs bedeutende Galerien in Europa, und fünf davon sind in Köln«, behauptete Max Hetzler 1988 vollmundig.

In diesem Jahr war gerade das große dreistöckige Galeriehaus fertig geworden, das Hetzler sich vom Stararchitekten Oswald Matthias Ungers mitten in der Stadt hatte bauen lassen. Ein viereckiger moderner Bau nur für die Kunst, der, für alle sichtbar, gleich um die Ecke vom Friesenplatz an der Venloer Straße lag und von den Kölnern bald nur »das Ungers-Haus« genannt wurde. Max Hetzler bezog mit seiner Galerie die untere Etage. Das obere Geschoss vermietete er an den Galeristen Rafael Jablonka, während er die mittlere Etage Daniel Buchholz schmackhaft machen konnte.

» **Daniel Buchholz:** Ja, 1988 bin ich in die Venloer Straße in das sogenannte Ungers-Haus umgezogen. Meinen Raum habe ich dann mit Isa Genzken eröffnet. Das war ziemlich kompliziert, weil Isa für die Ausstellung ein Fenster ausbauen, das heißt, die für Ungers typische, quadratisch durchgerasterte Fassade des Hauses verändern wollte. Das sollte auch ein Kommentar zu Ungers' Architekturkonzept sein. In der Folge kam es zu einem Briefwechsel mit Oswald Ungers, der dadurch sein Werk verunstaltet sah: ›Ich teile Ihre barbarische Sicht auf die Architektur nicht‹, hat er mir geschrieben und wir mussten das extra für die Präsentation gebaute Fenster im Raum gegen die Wand lehnen.

Und dann kam 1990 – von Insidern nicht ganz unerwartet, aber doch recht plötzlich –, ziemlich genau zum Beginn des neuen Jahrzehnts und ungefähr zeitgleich zur deutschen Wiedervereinigung: der große Kollaps. Nachdem die Preise für Kunstwerke in den gesamten Achtziger-Jahren fast durchweg gestiegen waren, drehte sich diese Dynamik jetzt radikal um. Die Preise rauschten in den Keller, und die Kauflust nahm rapide ab.

» **Daniel Buchholz:** In Amerika war das bereits 1988 oder 89 zu spüren. Da fing so was wie eine Krise an. In den Achtzigern war bis dahin alles super gelaufen, doch nun wurde es zäh, und ab 1990 kam es zum Stillstand. Es wurde deutlich schwieriger, Kunst zu verkaufen. Vor allem die neueren Tendenzen. Das ist dann aus den USA nach Europa geschwappt, wie das oft so ist. Damals war Kunst ja auch noch nicht unbedingt als Geldanlage anerkannt, das hat sich erst später entwickelt. Und es gab auch noch nicht den Kunstbetrieb, so wie er heute ist, mit der Vielzahl an Messen und Auktionen. Das befand sich erst in den Anfängen. Alles war ein bisschen ruhiger, sodass man auf die echten Kunstliebhaber angewiesen war. Und die haben dann einfach weniger Geld ausgegeben, was schon ein Einschnitt war: Für mich war das tatsächlich existenzbedrohend. Ich musste einen Kredit aufnehmen. Den habe ich dann noch bis 2000 glaube ich abgezahlt. Ich hatte einfach kein Geld mehr, konnte kaum noch reisen und habe auch fast keine Messen mehr mitgemacht, weil ich mir das nicht leisten konnte.

Die Umsatzeinbrüche waren tatsächlich dramatisch. Wurden etwa Landschaftsbilder von Georg Baselitz 1989 noch mit 700.000 Mark gehandelt, hatten sie wenige Monate später, 1990, nur noch einen Verkaufswert von 170.000 Mark, berichtete der *SPIEGEL*. So machte sich in der Kölner Kunstszene ziemlich schlagartig Katerstimmung breit. Hinzu kam, dass zu allem Unglück nach dem Mauerfall nun auch das Anarcho-Berlin aus seinem karrieristischen Tiefschlaf zu erwachen schien.

» **Ralf Niemczyk:** Dieses Es-geht-immer-weiter-Klima war eigentlich schon mit dem Mauerfall vorbei, obwohl man den in Köln ja eher so kommentierte: Ach, interessiert mich nicht, dieses blöde Berlin! Trotzdem schwante einem doch, dass danach etwas anderes kommen würde.

Doch längst nicht alle Kölner Bohemiens waren im November 1989 bereits so hellsichtig wie Ralf Niemczyk. Und längst nicht alle erkannten damals, dass nun bald schon ein derart starker Berlin-Sog einsetzen würde. Genauso wie sieben Jahre früher die Kunstgemeinde euphorisch nach Köln gepilgert war, so zog sie jetzt weiter an die Spree, angezogen vom Hauptstadtschimmer Berlins.

Zum Glück im Unglück aber kam kurz vor dem Crash eine Frau in die Stadt, die das passende Theoriebesteck zur Aufarbeitung der Krise bereits im Gepäck hatte: die Kunstkritikerin Isabelle Graw. Diese 1962 geborene Tochter eines Wirtschaftsprüfers hatte in Frankfurt am Main studiert, war danach aber schnell weiter nach Paris gezogen und dann nach New York, wo sie als Autorin für das renommierte Kunstmagazin *Wolkenkratzer* arbeitete. Bald jedoch langweilte sie diese Arbeit, weil die beiden Herausgeber, wie sie sagt, an kunsttheoretischen Fragen gar nicht interessiert waren. So reifte in Isabelle Graw allmählich der Plan, selbst eine Kunstzeitschrift in Deutschland herauszubringen. Aber eine, die eine eindeutig links-intellektuelle, kulturwissenschaftliche Ausrichtung haben sollte.

> » **Isabelle Graw:** In Deutschland gab es ja eigentlich nur das *Kunstforum*. Das heißt, es existierte eine etwas blumige, poetisch angehauchte Kunstkritik von alteingesessenen Kunsthistoriker*innen. Was aber nicht existierte, war eine politisch ambitionierte und theoretisch avancierte Kunstkritik. Und einer der wenigen, die dafür in Deutschland standen, nämlich Benjamin Buchloh, hatte das Land verlassen. So gab es in Deutschland für mich kaum Vorbilder, also keine*n Kunstwissenschaftler*in, der*die eine Brücke zwischen kunsthistorisch fundiertem Wissen und Gegenwartskunst schlug. Anders als heute hieß die Kunstgeschichte eben noch Kunst*geschichte*. Mit Betonung auf ›Geschichte‹. Ich wollte das Bewusstsein der Historizität von Kunst mit aktuellen Fragen der Kunstproduktion verknüpfen.

So ganz neu, wie es hier klingt, war Graws publizistische Idee, Kunstkritik mit neuerer linker Kulturtheorie zu verschalten, um 1990 allerdings nicht. Und zwar schon allein deshalb nicht, weil ihre in diesem Jahr erstmals erschienene Zeitschrift *Texte zur Kunst* zwar kein deutsches Vorbild, aber ein US-amerikanisches hatte, nämlich das Kunstmagazin *October*. Davon abgesehen schlug damals, zu Anfang der Neunziger-Jahre, sowieso gerade die große Stunde der Theorie im deutschen Kunst- und Kulturbetrieb. Wie bereits erwähnt war es die Zeit, als die *Political Correctness*-Debatte aus den USA endgültig Deutschland erreichte und damit neue Fragen nach sozialer Gerechtigkeit aufkamen. Die postmarxistische Theorie der *Cultural Studies* und die radikalkritischen Thesen der französischen Postmoderne-Denker wurden jetzt bei jungen Linksbohemiens beliebt. Und es begannen damals jene identitätspolitischen Diskussionen um Gender und Race, die bis heute die Gemüter erregen – und dank derer nun immer stärker die feministische und postkoloniale Perspektive in den Mittelpunkt rückte. Schließlich hatte sich nach dem Zusammenbruch des DDR-Sozialismus (und wenig später des Sowjetkommunismus) das althergebrachte marxistisch-leninistische Modell quasi erledigt. Es bedurfte einer Neuorientierung der politischen Linken im wiedervereinigten Deutschland, und hierzu bot sich der Rückgriff auf die identitätspolitische Kulturtheorie an.

» **Diedrich Diederichsen:** Ja, diese Verschaltung von Kunstkritik mit Kulturtheorie, das war nach 89 ja unser aller erklärtes Programm! Auch als Reaktion auf 89. Der offiziell immer wieder vertretende Shift damals hieß: ›So, jetzt ist mal Schluss mit Baudrillard, jetzt wird Stuart Hall gelesen!‹ Und da waren *Texte zur Kunst* längst nicht die Einzigen, die das vertraten. Das nahmen auch andere so wahr. Auch wir bei *SPEX* zum Beispiel. 1990 zeigte sich schon, dass die Kulturwissenschaften für die Kunstwelt wichtiger wurden. Auch der Feminismus wurde jetzt wichtiger, sodass sogar Kippenberger das zur Kenntnis nahm und 1991 erklärte: ›Ab jetzt interessiert mich nur noch Andrea Fraser‹, also sehr früh. *Texte zur Kunst* hat sich diesen Shift hin zu den Kulturwissenschaften also längst nicht alleine ausgedacht.

Ganz alleine aber konnte und wollte Graw ihr Zeitschriftprojekt nicht stemmen. Also fragte sie den in Köln geborenen, international renommierten Kunsthistoriker Benjamin Buchloh, ob er ihr nicht vielleicht einen Kollegen empfehlen könnte, der als Mitherausgeber des Magazins geeignet sei. Buchloh überlegte nicht lange. Dafür, so antwortete er Graw, käme in Deutschland eigentlich nur einer infrage: Stefan Germer.

» **Isabelle Graw:** Und als ich dann in Köln war, schaute ich ganz klassisch im Telefonbuch nach und fand dort Stefans Nummer. Ich rief ihn an, und wir verabredeten uns spontan, und drei Stunden später hatten wir die ersten drei Ausgaben von *Texte zur Kunst* konzipiert. Das mag jetzt vielleicht nach retroaktiver Verklärung klingen, aber uns verband sofort ein vollkommener Gleichklang. Und zwar nicht nur in inhaltlichen Fragen, sondern auch im Arbeitstempo. Zunächst einmal ging es uns darum, bestimmte Diskussionen nachzuholen. So beschäftigte sich das erste Heft mit dem Spannungsverhältnis zwischen High- und Low-Art, das zweite mit Sozialgeschichte als Methode. Das waren ja alles Diskussionen, die im deutschsprachigen Raum bis dahin gar nicht stattgefunden hatten. So starteten wir eine kunsttheoretische Aufholarbeit. Hinzu kam ein starkes Interesse an Künstler*innen, die eine politische Agenda vertreten, ohne Agitprop zu betreiben, sowie ein Interesse an konzeptueller Malerei und an *Appropriation Art* aus den USA. Da waren Stefan und ich einfach auf derselben Wellenlänge.

Mit den beiden ebenfalls identitätspolitisch und institutionskritisch interessierten Künstlern Stephan Dillemuth und Josef Strau, die 1990 den Kunstraum *Friesenwall 120* eröffneten, eine Art moderner Salon, in dem Lesungen, Filmvorführungen und Diskussionsrunden stattfanden, fanden Graw und Germer schnell zwei Verbündete. Zu einem anderen sehr wichtigen Mitstreiter vor Ort wurde außerdem der aus München zugezogene Galerist Christian Nagel, der sich die Förderung der »Kontextkunst« auf die Fahnen geschrieben hatte. Ein weiterer Trendbegriff im immer wieder neu begriffsfreudigen Kunstbetrieb. Gemeint war damit damals eine junge Reihe institutionskritischer Künstler und Künstlerinnen wie Andrea Fraser, Faared Armaly, Cosima von Bonin oder

Renée Green, deren künstlerische Praxis stark von der *Political Correctness*-Debatte beeinflusst war. Den Oberbegriff »Kontextkunst« hatte man diesen eigentlich sehr unterschiedlichen Künstlern und Künstlerinnen verliehen, weil ihnen gemeinsam war, dass sie mit ihren Arbeiten die sozialen Bedingungen (= den »Kontext«) ihrer Kunstproduktion aufzeigen und kritisch hinterfragen wollten.

Als eine konzeptionell-intellektuelle und erklärtermaßen linkspolitische Strömung wurde die »Kontextkunst« dann natürlich auch ab 1990 in *Texte zur Kunst* mit ausführlichen Artikeln bedacht. Was in der debattierfreudigen Kunstgemeinde, wie sich denken lässt, nicht nur auf Beifall stieß.

» **Isabelle Graw:** Zu Beginn hatte *Texte zur Kunst* schon mit viel Gegenwind zu kämpfen. Insgesamt kann man die Situation vielleicht so beschreiben: Auf der einen Seite gab es die Künstler wie Kippenberger, Oehlen, Georg Herold oder Christa Näher, also diese konzeptuelle Malerei und der Kult um eine Künstler-Persona. Und auf der anderen standen Renée Green, Andrea Fraser, Mark Dion und Fareed Armaly, also Künstler*innen, die die Überzeugung vertraten, dass man aufgrund einer bestimmten Positioniertheit – zum Beispiel als Frau oder als schwarze Frau – mit Festschreibungen, Rassismen und Sexismen konfrontiert ist und das thematisiert werden muss. Und zwischen diesen beiden sehr konträren Kunstauffassungen spielten sich die Konflikte ab. Durch meine New-York-Zeit war ich nun einerseits für die antikoloniale und antisexistische Diskussion sowie die dazugehörigen Referenzen sensibilisiert. Andererseits aber interessierte ich mich auch schon immer für einen Künstler wie Jörg Immendorff. Und dieser Spagat zwischen, sagen wir mal: Armaly und Immendorff, der spiegelte sich auch in

> den ersten Ausgaben von *Texte zur Kunst* wider. Unser Angebot war, darüber nachzudenken, ob sich beides wirklich gegenseitig ausschließen muss – oder ob beides nicht auf unterschiedliche Weise interessant ist. Ich habe mich jedenfalls immer dazwischen verortet. Und ich fand sowohl Andrea Frasers Kunst fantastisch als auch Immendorffs, vor allem die des frühen Immendorff.

Nachdem die Redaktion 1990 einen Raum im Haus der Nagel-Galerie bezogen hatte und in ihren ersten beiden Ausgaben bereits gleich mehrere Texte über die feministische US-Konzeptkünstlerin Barbara Kruger, »Postfeminismus« oder den neuen »Kontext«-Begriff enthielten, wurde die Zeitschrift schnell als ein Amtsblatt der neuen akademischen Kulturlinken wahrgenommen. Doch schon im dritten Heft vom Juni 1991 wagte es die Herausgeberin Isabelle Graw dann, ausgerechnet den als Ober-Macho verschrienen Martin Kippenberger mit einem Zitat aufs Zeitschriftcover zu heben. Und nicht nur das. Sie kombinierte das Kippenberger-Zitat (»Ich fühle mich mehr als Vertreter«) auf dem Titelblatt auch noch mit einem Szenenfoto aus dem 1990 erschienenen Film *Paris is bumming,* einer Dokumentation über die transsexuelle Drag-Szene in New York, bis heute ein Kultfilm der queeren Community. Der Aufschrei in der linkspolitisch korrekten Leserschaft war entsprechend groß. Als Graw in Begleitung ihrer Heftautoren Diedrich Diederichsen und Jutta Koether die Ausgabe 1991 im Berliner Literaturhaus vorstellte, so erzählt sie rückblickend, »hätten uns die Judith-Butler- und Queer-Theory-Vertreter wohl am liebsten gelyncht. Für die war Kippenberger natürlich ein rotes Tuch, und die Episode zeigt, dass uns nicht nur schiere Begeisterung entgegenschlug.«

Die *Texte zur Kunst*-Macherin und ihre Mitstreiter gerieten in der ideologisch aufgeheizten Wendezeit nach dem Mauerfall also gleich doppelt ins Kreuzverhör: Den einen war ihre neue Kunstzeitschrift zu wenig linksideologisch. Die anderen wiederum störte genau umgekehrt deren Korrektheit und Theoriesound. Am Ende aber haben es Graw und Germer trotz aller Widerstände geschafft, sich mit ihrem vierteljährlich erscheinenden Magazin durchzusetzen und dauerhaft einen Platz in der deutschen Medienlandschaft zu erkämpfen, auch wenn insbesondere das Fremdwortgeklingel im Heft umstritten blieb. Denn so sehr das *TzK*-Team bestrebt war, vor allem linke, konsum- und institutionskritische Kunst zu promoten, so tat es das eben doch oft genug in einer akademisch abgehobenen Spezialsprache, die auf viele ausgrenzend wirken musste.

Und passend zum neuen politischen Ernst der Lage war es 1990 dann kein Zufall, dass die linkstheoretisch beschlagene Kunstkritikerin Isabelle Graw bei einem der letzten Comeback-Versuche der angeknacksten Kunsthauptstadt Köln eine Hauptrolle spielte, nämlich als Katalog-Redakteurin bei der *Köln Show*. Dafür hatten sich neun, vor allem jüngere Kölner Galeristen und Galeristinnen wie Daniel Buchholz, Esther Schipper, Monika Sprüth, Rafael Jablonka, Tanja Grunert, Isabella Kacprzak, Sophia Ungers, Gisela Capitain und Max Hetzler für diese vierwöchige Ausstellung zusammengetan, die parallel zu den Premierentagen der *Art Cologne* stattfand.

» **Daniel Buchholz:** Es lag einfach in der Luft, dass bestimmte Kölner Galerien etwas zusammen planen. Also konzipierten wir mit der *Köln Show* eine Gemeinschaftsausstellung, die in den beteiligten Galerien stattfinden und von uns Galeristen verantwortet werden sollte. Ein Katalog sollte ebenfalls erscheinen. Die beteiligten Galerien wurden alle gelb gestrichen, damit die verschiedenen Räume als ein gemeinsamer Ausstellungsraum erkennbar wurden. Der Titel *The Köln Show* war bewusst lokal-international gewählt: Köln mit K und ö – und eben nicht ›Cologne‹. Aufs Ganze gesehen, wollten wir mit der *Köln-Show* die Lage sondieren, aber auch uns selbst austesten.

Quer über die Innenstadt verteilt präsentierten die Organisatoren der *Köln Show* vom 26. April bis 26. Mai 1990 insgesamt 66 Künstler und Künstlerinnen in ihren neun Galerien. Wobei jede Galerie nicht ihre eigenen Künstler, sondern nur diejenigen der Konkurrenz ausstellen durfte. Darüber hinaus war auch die Redaktion der Popzeitschrift *SPEX* inhaltlich am Event beteiligt. Die Kölner Kampfansage in Richtung Berlin war damit klar. Sie lautete schlicht: Gemeinsam sind wir stark und noch lange nicht am Ende. Und nicht zuletzt diese ungewöhnliche, offensiv demonstrierte Solidarität der Kölner Kulturszene kam bei der überregionalen Presse sehr gut an. »Die Idee, einmal nicht miteinander zu konkurrieren, sondern unbekannten Talenten eine Plattform zu bieten, ist allemal anziehender als Routinepremieren«, lobte etwa der *taz*-Kritiker Christof Boy. Und so verziehen die Kritiker den Veranstaltern denn auch großmütig die angeberische Attitüde, mit dem diese ihre *Köln Show* im Frühjahr 1990 präsentierten: »Heute Nacht werden wir feiern, als wäre es 1999«, prunkte auf dem Titelblatt des Ausstellungskatalogs, und auch die Überschrift des Katalogs war im Grunde genommen die schiere Anmaßung. Der hieß nämlich frech *Nachschub* und suggerierte damit, dass der künstlerische Nachschub weiterhin demnächst vor allem aus Köln kommen würde – und eben nicht aus Berlin.

» **Isabelle Graw:** Die Idee der *Köln Show* war dann, dass man viele US-amerikanische Künstler zeigen wollte, d. h. gerade auch die, die identitätspolitische Positionen vertraten und konzeptuell arbeiteten. 1990 war der Kunstmarkt ja in der Krise. Ich weiß noch, dass im Zuge auch dieser Rezession das Interesse der Galerist*innen und Sammler*innen an inhaltlichen und theoreti-

> schen Diskussionen zunahm. Und weiterhin erinnere ich mich, dass man diese aktivistische *Act-Up*-Stimmung aus New York nach Köln importieren wollte. Ein zusätzliches Motiv für die *Köln Show* war sicherlich die Überzeugung, dass es besser ist, sich zusammenzutun, wenn es wirtschaftlich ungemütlich wird. Doch war auch diese Initiative natürlich kein harmonisches Unterfangen, ich erinnere mich da an anstrengende Diskussionen und Streitigkeiten.

Am Ende jedoch hatte sich alle Mühe gelohnt. Die *Köln Show* wurde ein großer Erfolg. Und nicht wenige der hier präsentierten Künstler und Künstlerinnen wurden später (zumindest halbwegs) berühmt, etwa Andrea Fraser, aber auch Fareed Armaly, Mark Dion, Peter Fend, Michael Krebber oder Angela Bulloch. »Man muss diese Kunst nicht mögen«, schrieb Christof Boy in der *taz*. »Ein Erlebnis ist sie dennoch.« Und seine Kollegin vom *Kunstforum International*, Amine Haase, war regelrecht hingerissen. Die *Köln Show*, jubelte sie, sei »ein Meilenstein auf dem Weg der Kunststadt durch die Neunziger-Jahre, mit einem verblüffenden, in die Zukunft gerichteten Optimismus.«

Das klang fast so, als wenn es für die Kunsthauptstadt Köln doch noch ein Happy End im neuen Jahrzehnt hätte geben können. Den großen Szene-Exodus nach Berlin aber konnte dieser allerletzte Aufschwung nicht verhindern. Ein Galerist nach dem anderen strich nach 1990 die Segel und zog vom Rhein an die Spree. Und mit den Galerien verschwanden auch die szenewichtigen Künstler und Künstlerinnen aus der Domstadt. Es wurde ruhiger, und es wurde leerer in Köln. Und als nach dem Regierungsumzug zum Jahrtausendwechsel dann noch die letzten Nachzügler wie Isabelle Graw mit ihrer *Texte zur Kunst*-Redaktion in die neue »Kulturhauptstadt« Berlin zogen, konnte einem als Kölner Kulturmensch schon etwas mulmig zumute werden. Die Musik spielte jetzt spürbar woanders. Und der Tiefpunkt für dieses Dropout-Gefühl war schließlich im Herbst 2002 erreicht, als die Stadt Köln wegen des neugeplanten riesigen Rautenstrauch-Joest-Museums am Neumarkt nicht nur das Domizil des Kölnischen Kunstvereins, sondern auch das traditionsreiche Josef-Haubrich-Forum abreißen ließ, in dem ab 1968 mehrere Jahre lang Zwirners »Kölner Kunstmarkt« stattgefunden hatte. Beides waren Orte mit viel aufgespeicherter, glorreicher Kölner Kunst-Historie. Insofern regte sich prompt großer Protest gegen den Abriss. Die Künstlerin Rosemarie Trockel und der Künstler Marcel Odenbach führten ihn an, flankiert vom damaligen Direktor des Museum Ludwig Kaspar König. Eine Bürgerinitiative gegen den Abriss wurde gegründet namens »Loch e. V.«. Mehr als vierhundert Unterschriften wurden gegen den Abriss gesammelt und bereits frühmorgens um sieben Uhr gegen die Bagger demonstriert. Indes – es half alles nichts. Im November 2002 ließ die Stadt sowohl das 1967 errichtete Josef-Haubrich-Forum als auch das Gebäude des Kölnischen Kunstvereins abreißen. Zurück blieb danach für mehrere Jahre ein riesiges Bau-Loch mitten in der Stadt, das irgendwie sinnbildlich für den Niedergang der Kunstszene wirkte. Denn die Kunststadt Köln musste in jenen trüben Nuller-Jahren wahrlich kämpfen.

Inzwischen aber hat sich der Abwärtstrend schon seit einer Weile gedreht. Nach einigen Krisenjahren hat die *Art Cologne* zu neu-alter Attraktivität zurückgefunden. Einige wichtige Galeristen und Galeristinnen für zeitgenössische Kunst wie Daniel Buchholz oder Gisela Capitain sind in der Stadt geblieben. Und es war sicherlich ein Glücksfall, dass im Jahr 2000 das Museum Ludwig mit Kaspar König für zwölf Jahre einen Museumschef erhielt, der schon damals zu den visionärsten Kuratoren Deutschlands zählte. Das alles hat mit dazu beigetragen, dass Köln heute wieder ein herausragender Kunst-Standort ist, zumal die Kauffreude der rheinischen Sammler ungebrochen zu sein scheint. Köln und die Kunst: Das ist somit eine sehr lange und stürmische Liebesgeschichte, die letztlich krisenresistent wirkt. Und wer weiß, vielleicht liegt diese lange Kunstaffinität der Kölner ja tatsächlich nicht zuletzt am nicht durchweg perfekten Erscheinungsbild ihrer Stadt. Diese Meinung zumindest vertrat der früh verstorbene Köln-Liebhaber und Berliner Kunstkritiker Wolfgang Max Faust. Er war überzeugt davon, dass es gerade die architektonische Mangelhaftigkeit Kölns sei, welche die schöpferische Fantasie seiner Einwohner beflügeln würde.

» **Diedrich Diederichsen:** In den Achtzigern und Neunzigern war Köln, von außen betrachtet, wirklich ein sehr hässliches Nest. Doch andererseits hätte man es auch nicht gut gefunden, das zu verbessern. Mit Köln assoziiere ich immer eine improvisierte Nachkriegsarchitektur, viele Baustellen und eine Stadt, die irgendwie nie richtig nach Großstadt aussieht, trotz ihrer monumentalen Bauten zwischendrin. Ein völliges Chaos also. Und in so einem Chaos voller Löcher kann man eigentlich gar nichts falsch machen. Ich fand immer, dass sich die Dinge in Köln auf chaotisch-anarchische Weise wunderbar entwickelten – und dass diese typisch kölsche Egal-Haltung der Stadt immer sehr gutgetan hat. Für mich persönlich war Köln irgendwann strukturell zum Schreiben nicht mehr so gut geeignet. Aber das hatte ausschließlich persönliche Gründe. Ansonsten hätte ich hier ewig so weitermachen können.

Kiepenheuer & Witsch und das Köln der Achtziger-Jahre – eine Skizze

Helge Malchow, lange Jahre Lektor und Verleger des Verlags Kiepenheuer & Witsch, wirft in diesem Text einen persönlichen Blick zurück auf die Bücher, die in dieser Zeit entstanden sind, von denen viele nachhaltige Auswirkungen hatten – und auch großen Einfluss auf die weitere Entwicklung des Verlags genommen haben.

Am Sonntag, dem 8. März 1987, wurde im Kölner *Rose Club* nicht etwa der Internationale Frauentag gefeiert, sondern eine Buchpremiere. Joachim Lottmanns Roman »Mai, Juni, Juli« ist ein erzählerisches Dokument der drei titelgebenden Sommermonate des Jahres 1986 im Kölner Nachtleben rund um die damalige Subkultur der *SPEX*-Journalisten, der bildenden Künstler, der Musikszene und der Kölner Verlagswelt. Das Einladungsplakat stammte von Martin Kippenberger und vermerkt lapidar: »Schallplatten: Diedrich Diederichsen«. Und neben der Ankündigung einer Hamburger Band namens »Medien, Märkte, Meinungen« (Mitglieder u. a. Detlef Diederichsen und Hans Nieswandt) lautet ein weiterer Programmpunkt: »Sabotage: Clara Drechsler«.

Ich nahm als junger Lektor an dem Abend teil, und soweit ich mich erinnere, wurden alle Ziele erreicht: Es ging wüst zu, Alkohol, handgreifliche Beleidigungen, eine defekte PA – das Gegenteil einer gepflegten literarischen Lesung.

Aus heutiger Sicht ist »Mai, Juni, Juli« ein archäologischer Fund und wirft ein Schlaglicht auf die wenigen Jahre, in denen sich

»der Weltgeist tatsächlich nach Köln verfügt« hatte (so Diedrich Diederichsen), in die Kölner Club- und Kneipenszene zwischen *Königswasser*, *Blue Shell*, *Pink Champagne* und *Kurfürstenhof*. Und es stellt als Roman eine interessante Frage: Ist das Medium Buch in der Popkultur, die damals begann, konkurrenzfähig? Dass die Antwort auf diese Frage bis heute ja lautet, hat auch mit der Rolle des Kölner Verlags Kiepenheuer & Witsch zu tun, der in diesen Jahren die Energie des kulturellen Aufbruchs aufnahm und verstärkte, in Literatur umwandelte, in Theorie, in Streitschriften, Manifeste, die dem Medium Buch die Antiquiertheit nahm, die diesem in den Siebziger-Jahren bisweilen spürbar anhaftete. Joachim Lottmanns Roman gilt auch deswegen bis heute als ein Impulsgeber für das, was dann eine ganze Zeit lang als Popliteratur firmierte – ohne, dass je wirklich klar wurde, was diese Bezeichnung bis heute meint: Lediglich neue Themen (Popmusik, Nachtleben, Mode, Konsum, Drogen, Gegenwartskunst) oder auch neue künstlerische Verfahren: Cut-ups, Medienmixturen, Netzaffinität, performative Verfahren? Sicher ist: Gemeint war und ist eine Literatur, die ein empathisches Auge und Ohr für das Jetzt und Hier hat (ohne unkritisch zu sein), für den Glanz und die Schönheit und auch die Abgründe der Massenkultur und der Konsumgesellschaft, die Berührung hat zu anderen Kunstformen und Ausdrucksformen vom Journalismus bis zur digitalen Kommunikation, von der Jugendkultur und -sprache bis zum Sport, von der bildenden Kunst bis zum Film.

So waren diese paar Kölner Jahre für eine fast unübersehbare Zahl von Autoren und Büchern eine Startrampe, die bis in die Gegenwart weist. Auf »Mai, Juni, Juli« folgten bei KiWi bis heute acht weitere Romane von Joachim Lottmann (u. a. »Die Jugend von heute«, »Endlich Kokain« und »Alles Lüge«).

Den Beginn der Verlagsoffensive auf diesem Feld aber markierte Peter Glasers Anthologie »Rawums« aus dem Jahr 1984 mit Texten und Bild/Text-Collagen von Hubert Winkels, Heike-Melba Fendel, Georg Dokoupil, Clara Drechsler, Rainald Goetz, Diedrich Diederichsen und vielen anderen.

Den Österreicher Peter Glaser hatte ich in Düsseldorf über Hubert Winkels, damals Chefredakteur des Stadtmagazins *Überblick*, kennengelernt. Peter Glaser hatte für die Anthologie ein feurig-witziges Manifest für einen notwendigen Aufbruch in der Literatur verfasst: »Zur Lage der Detonation. Ein Explosé«. Seine Lagebeschreibung der damaligen gängigen Gegenwartsliteratur würde auch heute hier und da wieder passen: »Botschaft wölkt aus den meisten Texten, wenn die Sprache sich nicht gerade wieder in Selbstbespiegelungen theoriebetrunken um sich selber dreht.« Das Gegenprogramm – nachdem er festgestellt hat: »Das beste Buch des Jahres ist eine Schallplatte: ›Monarchie und Alltag‹ von *Fehlfarben*« – ist »Spannung, Verständlichkeit, Unterhaltungswert, Esprit, Thrills, straight und präzise«. In den folgenden Jahren und Jahrzehnten wurde Peter Glaser zum Digital-Pionier (inklusive Ehrenmitglied im *Chaos Computer Club*, bis heute) sowie 2002 zum Ingeborg-Bachmann-Preisträger für Literatur.

Das wichtigste aus der Kölner Werkstatt dieser Jahre hervorgegangene Buch war jedoch Diedrich Diederichsens »Sexbeat« (KiWi, 1985). Neben dem bahnbrechenden Roman »Irre« seines Münchner Freundes Rainald Goetz (Suhrkamp, 1983) war dies die folgenreichste Buchveröffentlichung dieses historischen Moments. Beide Bücher kreisen um das Phänomen Pop, treiben es an seine Grenzen und testen seine kulturelle Sprengkraft – das eine essayistisch-erzählerisch, das andere literarisch. Der eine Autor in Köln, der andere in München.

Diedrich Diederichsens Veröffentlichungsliste ist mittlerweile unüberschaubar und markiert einen Denkweg zwischen Kunst, Musik, Theorie und progressiver Politik, der im deutschsprachigen Raum einzigartig ist. Nach allein zehn Büchern bei KiWi (u. a. »Politische Korrekturen« 1996, »Über Popmusik« 2014) erscheint im Frühjahr 2024 »Das 21. Jahrhundert/Essays«.

So hat die explosive Kreativität des Kölner *SPEX*-Umfelds nicht nur eine Serie von Büchern bei Kiepenheuer & Witsch nach sich gezogen, sondern den Kölner Verlag zumindest für einige Jahre zum Vorreiter einer Buchkultur gemacht, zu der wie selbstverständlich ein popliterarischer Programmanteil gehört. 2007 schaute Kerstin Gleba (mit Eckhard Schumacher) auf diese Zeit mit der Anthologie »Pop seit 1964« zurück, es erschienen Hans Nieswandts Bücher über DJ-Kultur („plus minus acht«, »Disko Ramallah«), Ralf Niemczyks Buch über die *Fantastischen Vier,* Gerald Hündgens Buch über Soul und den frühen Hip-Hop »Chasin' a Dream«.

Dabei hatte diese Bücherexplosion bei KiWi ein Vorspiel, eine internationale Erweiterung und Folgen bis in die Gegenwart. Das Vorspiel: Die Literatur der Beat-Generation der Sechziger von William S. Burroughs (»Naked Lunch«) und »Silver Screen«, eine frühe deutsche Anthologie der US-Beat-Literatur, befördert durch den charismatischen Autor Rolf Dieter Brinkmann, eine Entdeckung des legendären Verlagslektors Dieter Wellershoff.

Die internationale Erweiterung: KiWi brachte einen wichtigen Teil der angloamerikanischen und englischen Pop-Literatur der damaligen Zeit (die dort nie so hieß) in den deutschsprachigen Buchhandel, die zu einer Dauerinspiration für viele Autoren in Deutschland wurde: Kurze Berühmtheiten wie Tama Janowitz (»Slaves of New York«), Klassiker wie Bret Easton Ellis (von »Unter Null« bis zum 2023 erschienenen »The Shards«-Roman) oder Nick Hornby (»High Fidelity« und »Fever Pitch«) sowie die Punk-Autorin Julie Burchill.

Die Auswirkungen dieser frühen Jahre definieren den Verlag bis in die Gegenwart: Die Autobiografien von Neil Young und Patti Smith, von Bob Geldof, Eric Clapton und Leonard Cohen wären sonst hier nicht erschienen, ebenso wenig wie die Romane von Nick Cave, die Erinnerungsbücher von Kim Gordon (Sonic Youth), von Jeff Tweedy (Wilco), Dirk von Lowtzow (Tocotronic), Rio Reiser (Ton Steine Scherben), Kurt Cobain (Nirvana), Courtney Love, die Lyrics von Lou Reed oder die Bücher von Thees Uhlmann – um nur einige zu nennen.

Und später, als der Weltgeist weitergezogen war und eine neue Generation von Autorinnen und Autoren zum Beispiel bei *Tempo* in Hamburg einen neuen, erzählerischen Journalismus erfanden, waren viele darunter, die die Autoren der frühen Kölner Jahre zumindest aufmerksam gelesen hatten. Auch dies wirkt bis heute nach.

Helge Malchow, August 2023

Die Gesprächspartner:innen

Marcel Beyer, geboren 1965, wuchs in Kiel und im Rheinland auf, lebte bis 1996 in Köln, seitdem in Dresden. Von 1992 bis 1998 schrieb er regelmäßig für *SPEX,* später gelegentlich für *RIDDIM.* Er veröffentlicht Romane, Gedichte, Essays. Zuletzt erschien: Die tonlosen Stimmen beim Anblick der Toten auf den Straßen von Butscha. Göttingen: Wallstein 2023.

Peter Bömmels gehörte ab 1980 zur Künstlergruppe *Mülheimer Freiheit.* Ausstellungen in renommierten Galerien/Museen im In- und Ausland folgten. Zuletzt war er Professor an der Kunstakademie Dresden und lebt heute in Berlin.

Daniel Buchholz eröffnete 1986 seine international erfolgreiche Galerie in Köln, die dort bis heute an wechselnden Orten existiert. Ausstellungsräume in Berlin und New York kamen hinzu. 1993 zeigte er die erste Ausstellung des Fotografen Wolfgang Tillmans.

Wolfgang Burat gehörte als Fotograf zum *SPEX*-Gründungsteam. Dort entwickelte er seine Technik einer „Nähe ohne Penetranz« (Bömmels), die seine Arbeit bis heute auszeichnet. Betreibt ein eigenes Fotostudio in Köln.

Jörg Burger spielte bei *Kråhl Høsel* und *Les Immer Essen* Bass. Unter den Pseudonymen *The Bionaut*, *The Modernist* und *Triola* gehört er zu den Pionieren technoider Musik in Deutschland. Enge Zusammenarbeit mit Wolfgang Voigt. Lebt in Köln.

Diedrich Diederichsen ist Kulturwissenschaftler, Poptheoretiker und arbeitete lange Jahre als Chefredakteur der Musikzeitschrift *SPEX*. Er lehrt als Professor an der Akademie der Bildenden Künste in Wien, lebt dort und in Berlin.

Heike-Melba Fendel schreibt Prosa, Filmkritiken und Essays. Als Künstler- und PR-Agentin ist sie Geschäftsführerin und Eigentümerin der Agentur *Barbarella Entertainment*. Lebt in Köln und Berlin.

Isabelle Graw ist Kunsthistorikerin, Kritikerin, Kuratorin und Buchautorin. 1990 gründete sie zusammen mit Stefan Germer die Zeitschrift *Texte zur Kunst*. Seit 2002 lehrt und forscht sie als Professorin für Kunsttheorie an der Städelschule in Frankfurt am Main. Lebt in Berlin.

Norbert Hummelt schreibt vor allem Lyrik und Essays. Arbeitet daneben auch als Kulturjournalist und Übersetzer. Von 1988 bis 1992 leitete er die Autorenwerkstatt an der Universität zu Köln. Mit Marcel Beyer Auftritte als *Postmodern Talking*. Lebt in Berlin.

Bernd Imgrund ist Journalist und Autor mehrerer Romane und Sachbücher über Köln und das Rheinland. Arbeitete fünf Jahre als stadtpolitischer Redakteur der *Kölner Stadtrevue*. Lebt in Köln.

Dirk Mecky eröffnete 1988 das *XX*. Betreibt heute das Kneipen-»Imperium« (Fendel) *Salon Schmitz* und ist zusammen mit seiner Frau Trixi Organisator der Aktivitäten der *Kunstgruppe* in Köln. Lebt ebenda.

Ralf Niemczyk schreibt seit Anfang der 1980er-Jahre über Popkultur, Stadtentwicklung und Sport. Kam 1980 zu *SPEX* und gehörte fortan zu den prägenden Autor*innen des Musikmagazins. Lebt in Berlin und Köln.

Hans Nieswandt ist DJ, Musikproduzent, Buchautor. Landete 1997 mit seiner Band *Whirlpool Productions* einen Nummer 1-Hit in Italien. Arbeitete als künstlerischer Leiter des Studiengangs Popmusik der Folkwang Universität der Künste. Lebt in Seoul.

Frank Schauhoff betrieb in Köln die Kneipen *Peppermint* (mit Ludger Deimel) und *Blue Shell*, das er 1979 eröffnete. Arbeitete auch für das Radio und schrieb Krimis. Lebt heute auch als freier Autor auf Mallorca und in Lüttich.

Gerd Türke war Schlagzeuger der Bands *Kråhl Høsel*, *Les Immer Essen* und *King Candy*. Unter dem Pseudonym *Turquoise* wendete er sich der elektronischen Musik zu. Arbeitet heute auch im IT-Bereich und lebt in Köln.

Wolfgang Voigt ist Musikproduzent und gründete mit Freunden das international erfolgreiche und wegweisende Technolabel *Kompakt*. Gilt als Wegbereiter des *Minimal Techno*. Enge Zusammenarbeit mit Jörg Burger. Lebt in Köln.

Danksagung

Zum guten Schluss möchten wir uns zuallererst ganz herzlich bei allen unseren Interviewpartnern bedanken, die uns viel Zeit geschenkt haben, um ihre Erinnerungen bereitwillig mit uns zu teilen. Ihnen gebührt umso mehr Dank, als es leider länger als geplant mit der Buchveröffentlichung gedauert hat – nicht nur wegen der Coronapandemie, sondern auch aufgrund eines Schicksalsschlags. Für die Verzögerung möchten wir uns bei allen Gesprächspartnern entschuldigen.

Des Weiteren danken wir unseren beiden immer geduldigen, immer motivierenden und hervorragend redigierenden Lektoren Stephanie Kratz und David Rupp. Ein herzlicher Dank geht außerdem an Kerstin Gleba, die unsere Köln-Chronik ins KIWI-Programm aufgenommen hat, wo sie unserer Meinung nach hervorragend hinpasst.

Ein großes Dankeschön möchten wir außerdem an Sven von Reden und Gerhard Richter senden, die netterweise beide ihre über Jahrzehnte liebevoll gehorteten *SPEX*-Hefte zur Verfügung gestellt haben. Eine altruistische Geste, die man bei einem *SPEX*-Fan gar nicht hoch genug einschätzen kann. Thanx a lot! Und: Ohne die selbstlose Hilfe von Sabine Oelze und Marion Ritter, den beiden Initiatorinnen des *Audioarchivs Kunst,* hätten wir nicht so viel Interessantes über die Kunststadt Köln zu erzählen gehabt. Auch euch beiden herzlichen Dank für die kollegiale Unterstützung. Wer sich für zeitgenössische Kunst in Deutschland interessiert, kommt an eurer Oral History zum Nachhören (www.audioarchivkunst.de)

nicht vorbei. Abschließend möchten wir die Gelegenheit nutzen, den Fotografen Caroline Nathusius und Wolfgang Burat zu danken, von denen die großartigen Bilder in diesem Buch stammen.

Ohne euch alle hätte es »Wir waren hochgemute Nichtskönner« nicht gegeben.

NIPPES
Kölner Zoo
AGNES-
VIERTEL
20
59
4
19
EHRENFELD
NEUSTADT-
NORD
9
22
24
7
15
6
23
28
1
BELGISCHES
VIERTEL
INNENSTADT
27
9
3
14
8
264
12
16
18
13
17
Rhein
26
Volksgarten
Köln
21
10
11
25
2
5
265
SÜLZ
51
BAYENTHAL